上海纺织
SHANGTEX
三枪
THREEGUN LivingConcept
U0907068

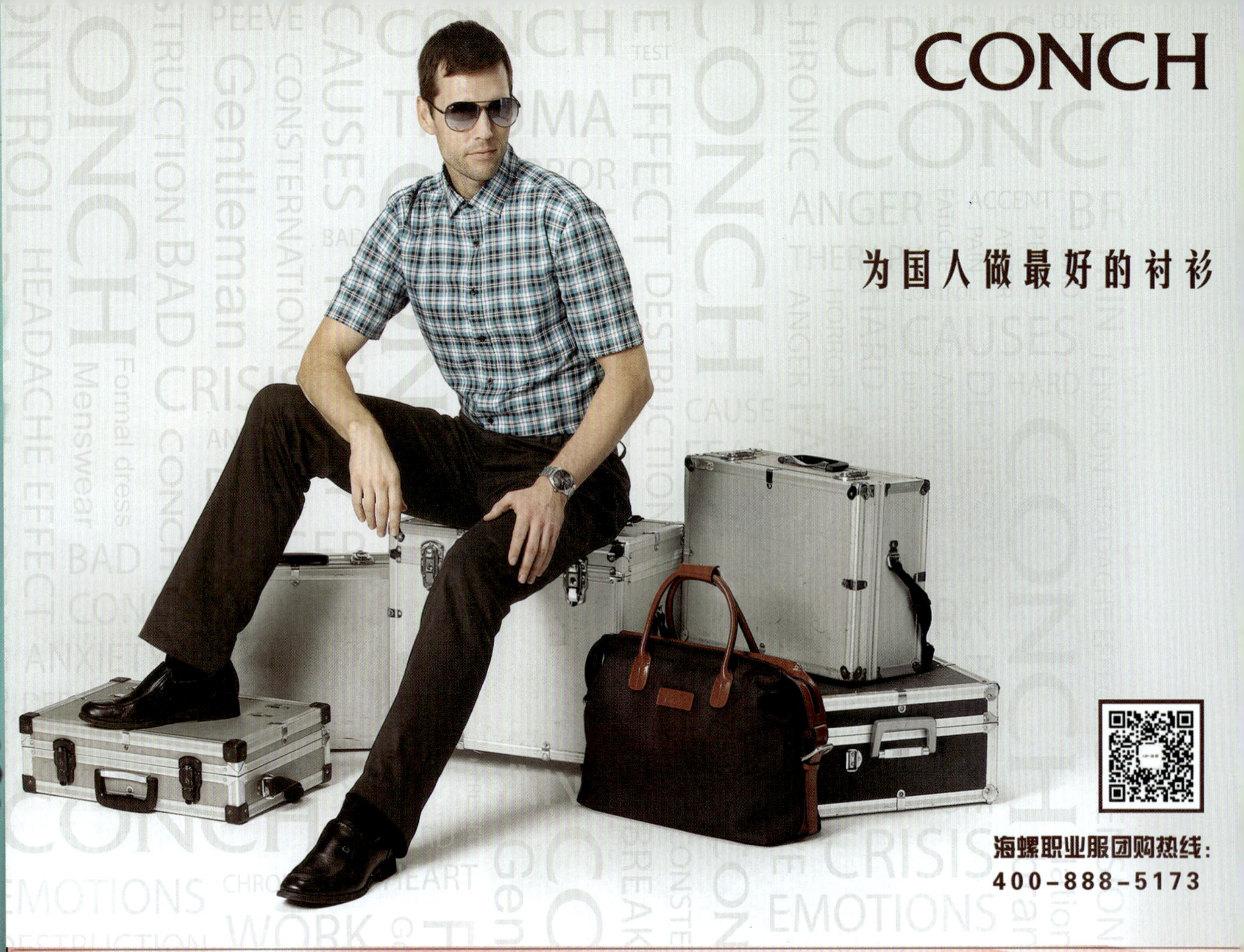
CONCH
为国人做最好的衬衫
海螺职业服团购热线：
400-888-5173

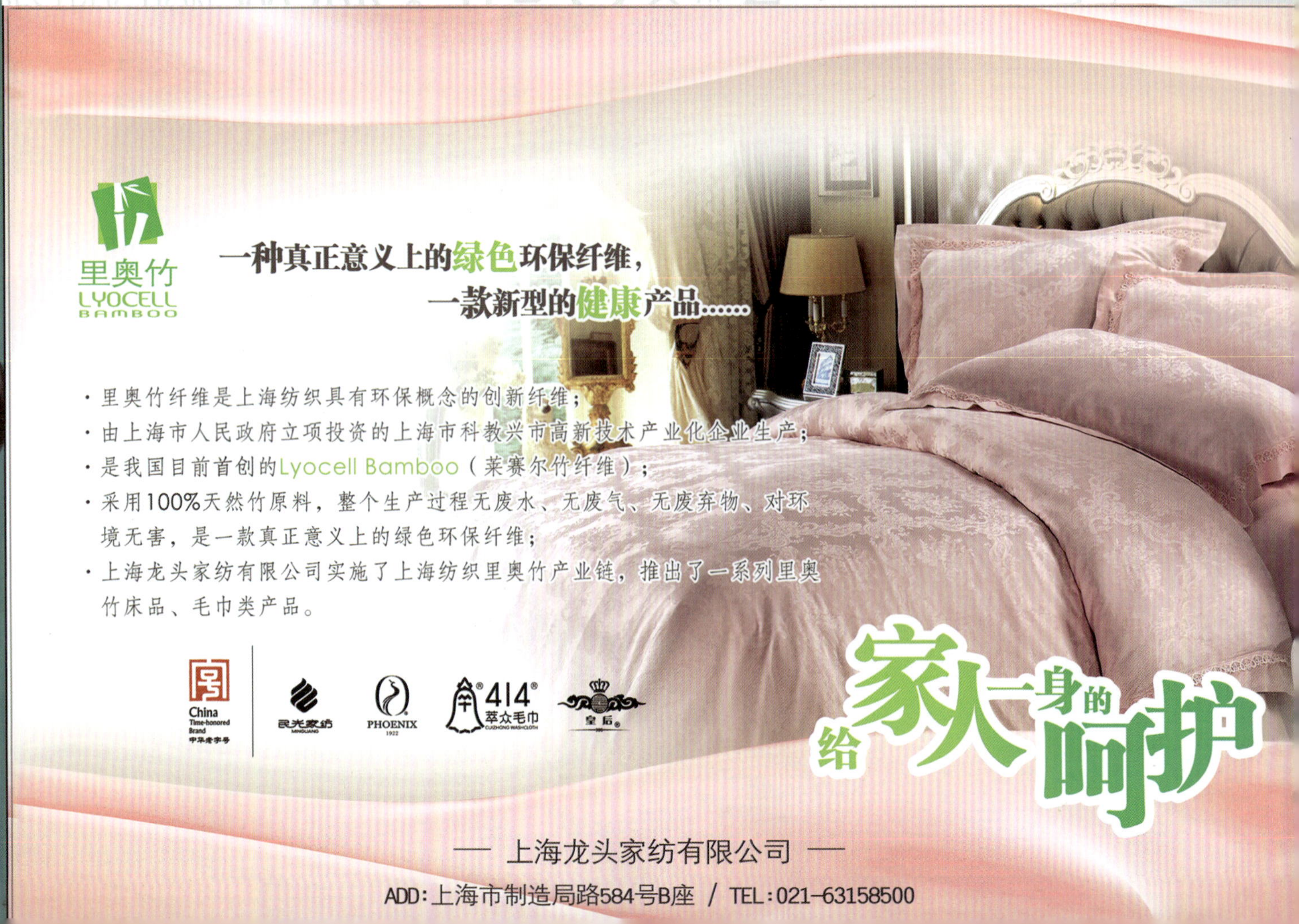
里奥竹
LYOCELL
BAMBOO
一种真正意义上的绿色环保纤维，
一款新型的健康产品……
·里奥竹纤维是上海纺织具有环保概念的创新纤维；
·由上海市人民政府立项投资的上海市科教兴市高新技术产业化企业生产；
·是我国目前首创的Lyocell Bamboo（莱赛尔竹纤维）；
·采用100%天然竹原料，整个生产过程无废水、无废气、无废弃物、对环境无害，是一款真正意义上的绿色环保纤维；
·上海龙头家纺有限公司实施了上海纺织里奥竹产业链，推出了一系列里奥竹床品、毛巾类产品。
China Time-honored Brand
中华老字号
民光家纺
PHOENIX
414
萃众毛巾
皇后
给家人一身的呵护
— 上海龙头家纺有限公司 —
ADD:上海市制造局路584号B座 / TEL:021-63158500

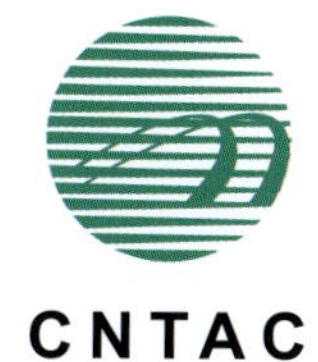

中国纺织工业发展报告

CHINA TEXTILE INDUSTRY DEVELOPMENT REPORT

2012/2013

中国纺织工业联合会　　编著

中国纺织出版社

《2012/2013中国纺织工业发展报告》

内容提要

《中国纺织工业发展报告》是我国唯一一部集中反映纺织工业及其子行业年度发展与趋势的研究报告，即“中国纺织白皮书”。该书2012/2013年版主要包括中国纺织工业现状与趋势综合分析，中国纺织12个行业（化学纤维、棉纺织、毛纺织、丝绸、麻纺织、长丝织造、印染、针织、服装、家用纺织品、产业用纺织品、纺织机械）年度状况分析与展望，科技创新，企业文化，行业研究，原料供求，行业新闻，行业年度颁发的奖项及年度国内外统计资料等栏目和内容。《中国纺织工业发展报告》主要面向国内外纺织及相关企业国内外，金融与投资、贸易与咨询、科研与教育机构，以及各级政府综合管理部门和行业社团组织。为全面、客观了解中国纺织工业发展状况与趋势提供权威性指南，为相关企业、部门机构科学决策和国家宏观经济管理提供可靠依据，极具研究和收藏价值。

Abstract:

China Textile Industry Development Report, a White Print for China Textile Industry, is the only report that reflects the annual development trend of China textile industry and individual sectors within the industry. The main contents of the 2012/2013 edition including the following:

- An analysis of the performance of China textile industry in 2012 as well as its development trend in 2013
- A review and prospect of the 12 sectors of China textile industry including: chemical fiber, cotton textile, wool textile, silk, bast fiber textile, filament weaving, printing and dyeing, knitting, apparel, home textile, industrial textile and textile machinery
- Technology Innovation
- Corporate Culture
- Industrial Research
- Raw material supply
- News
- Annual Award
- Statistics

The target readers of the report are mainly working overseas and domestic textile enterprises, departments of finance, investment, textile trade, scientific research and education, within the government and textile industrial associations and organizations. The report provides an authoritative guide for all textile organizations related and it is highly collectable.

目　录 Contents

行业运行　Industries

科技创新　Technology Innovation

企业文化　Corporate Culture

行业研究　Industrial Research

原料供求 Raw Material Demand and Supply

行业新闻 News

年度奖项 Annual Awards

统计资料 Statistics

国内统计 Domestic

国际统计 Overseas

成都纺织高等专科学校
CHENGDU TEXTILE COLLEGE

国家骨干高等职业院校建设单位
四川省首批示范性高等职业院校建设单位

成都纺织高等专科学校坚持“以服务为宗旨，以就业为导向”，形成了特色鲜明、开放多样的“培养体系多元制定、培养过程有效监控、培养质量多元评价”工学结合人才培养模式，打造国内一流的纺织服装专业集群，建成了中国纺织工业联合会授牌的“中国纺织服装高技能人才培训基地”，培养高端技能型专门人才。

2012届毕业生服装暨艺术优秀设计作品展示

学校名片：

☆ 1939年创立，前身为国立中央技艺专科学校
☆ 中国西南地区独立建制的纺织服装类高等院校
☆ 中国纺织服装高技能人才培训基地
☆ 地处中国西部中心城市——四川省成都市
☆ 在校学生9436名，教职工861名，教授、研究员39名
☆ 设纺织服装类、工程技术类、管理艺术类共9个学院、45个常年招生专业
☆ 近年，学生在各类竞赛中获国家级奖160余项、省级奖250余项
☆ 连续19年毕业生初次就业率95%以上
☆ 连续7次被授予普通高等学校毕业生就业工作先进集体

校园文化：

办学理念：服务纺织、服务社会、服务学生、服务人民
育人传统：培养具有“工程师之素养，技工之身手”的高端应用型人才
学校精神：敬业奉献、民主和谐、自强不息、追求卓越
校　　训：德修于正、学究于行
校　　风：团结、勤奋、求实、创新
教　　风：范、勤、严、爱
学　　风：好学、善问、勤思、笃行
发展目标：打造西部特色高专 争创职教一流水平

材料与环保学院学生激光印花实训

服装学院学生立体裁剪实训

学生在蜀锦蜀绣中心刺绣

长向桑梓纺经纬　永为河山织锦绣

探索多元合作办学模式 构建校企合作长效机制

学校积极主动适应我国纺织服装产业结构调整和加快转变发展方式的新要求，深化内部管理改革，探索并初步形成了“政府统筹、行业指导、园区协调、校校联合、校企融合”的多元合作办学模式，建立了“资源共享，优势互补，相互依存，共谋发展”校企合作长效机制。

学校先后全面融入彭州纺织服装产业园区、乐山土主纺织工业园区、新塘纺织园区、西樵纺织园区、富顺服装产业园区、广安牛仔产业园区等8个大型纺织服装产业园区，政、园、校、企多方合作共建人才培训、技术服务等公共服务平台和纺织服装生产性实训基地。近年来，学校参与社会培训万余人次，实现社会服务收入767.3万元。

2012年3月，学校牵头成立了西南纺织服装职业教育联盟。首批加盟单位108家，其中政府部门6个、行业协会14家、企业47家、中高职和本科院校38所、科研院所3个。西南纺织服装职业教育联盟依托产业，联合企业，通过校企共建、中职高职衔接、省内外区域联动等方式，进一步加强了学校与企业、学校与学校、企业与企业、学校与地方政府的联系，实现了职业教育的规模化、集约化和高效化。

按照校企合作运转模式，学校成立了9个设有董事会或理事会的二级学院。董事会或理事会为二级学院的专业设置与调整，推进工学结合的人才培养模式改革及各项教学改革发挥重要指导作用。

学校牵头成立西南纺织服装职业教育联盟

学校与彭州市人民政府签署校地合作协议

学校与乾宏集团遂宁纺织有限公司合作开展双元制“就业+培养”人才培养模式

学校与雷迪波尔时尚服饰有限公司联合成立服装学院 着力培养高端技能型服装人才

机械学院学生在学校通力电梯实训基地实训

长向桑梓纺经纬 永为河山织锦绣

十年磨砺铸利剑　乘风破浪再扬帆

天地之间，时间绽放。

2003年，江苏申久化纤有限公司成立。经过三年的基础建设、七年的稳健经营，申久化纤已成为太仓化纤行业的龙头企业和最大的民营企业。

申久，地处素有“中国加弹第一镇”之称的江苏省太仓市璜泾镇。十年间，申久一次规划，分步实施，茁壮健康成长。一期工程为年产6万吨切片纺生产装置，投资1.04亿元，2003年筹建当年投产。二期工程投资为年产50万吨聚酯和40万吨直纺熔体涤纶长丝装置，投资14.72亿元，2004年建设2005年7月投产。2005年10月，上海工业投资（集团）有限公司投资入股，强强联手，国有企业的严谨和民营企业的灵活在这里相得益彰，为企业经营带来勃勃生机。

在生产经营中，申久坚持产品质量不动摇，坚持品种调整不动摇，坚持技术进步不动摇。在自身没有新产能扩产下实现了主营收入逐年增加的良好发展势头，与当地加弹企业建立稳固合作关系，为太仓化纤产业健康发展做出了积极贡献，获得了中国民营企业500强、中国纺织服装企业竞争力500强、中国纺织服装行业主营收入百强企业、江苏省质量奖等殊荣，成为中国纺织行业涤纶预取向丝标准的8个起草单位之一、中国海关AA类企业、苏州市“企业技术中心”以及苏州差别化涤纶长丝工程技术研究中心。

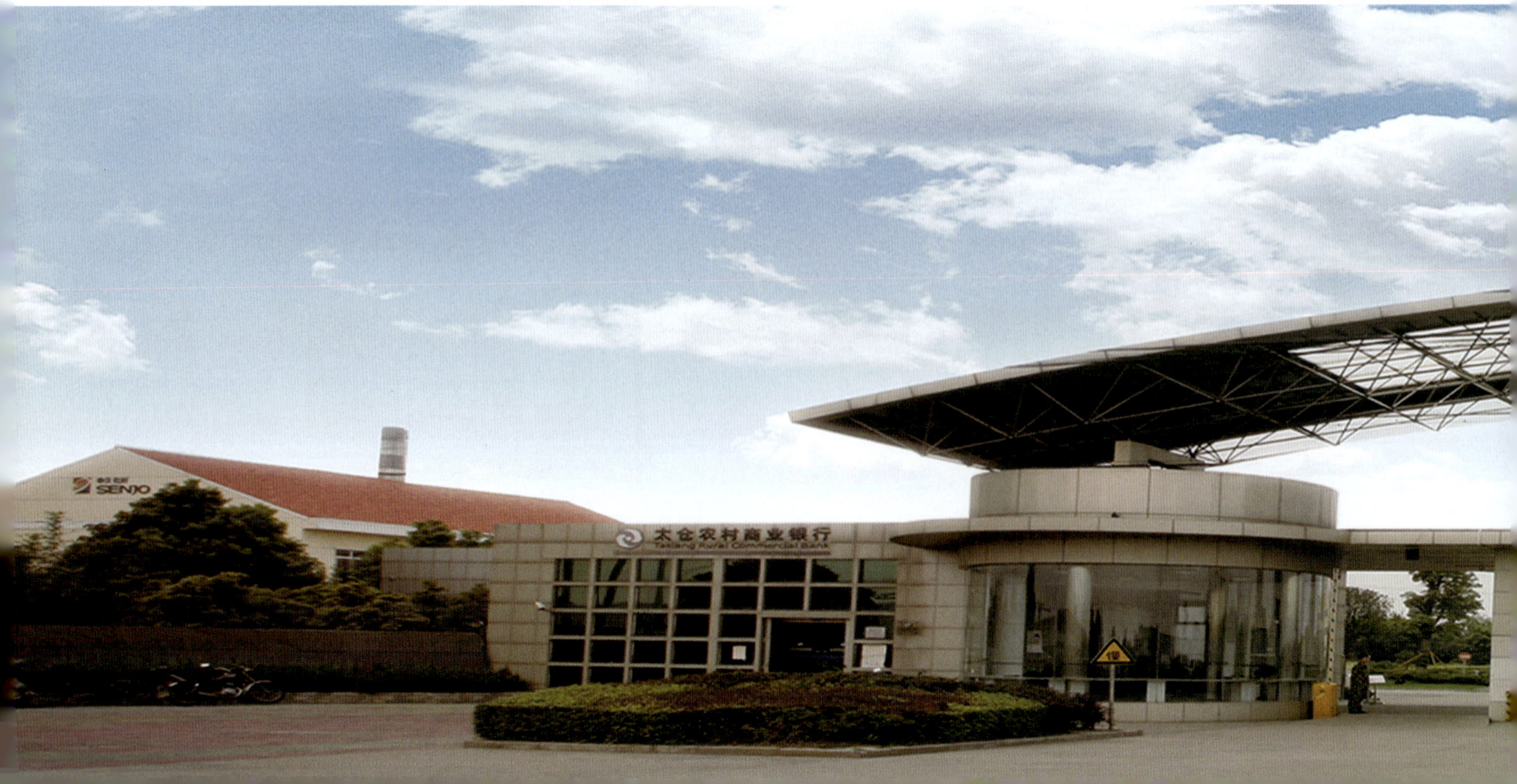

“一个民族、一个国家，如果没有自己的精神支柱，就等于没有灵魂。”企业文化就是企业的精神支柱。结合申久实际，总经理魏志红提出了“竞争、法制、诚信、用户、创新、效率、人才、责任、和谐”的九大核心价值观，倡导员工以九大核心价值观为行为准则，为企业文化建设注入了丰富内涵。

企业文化建设是一项系统工程，根据自身条件，总经理魏志红提出了企业文化中短期发展目标和计划。2007年至2009年，消缺陷，树品牌，严管理，提素质，出效益；2010年至2012年，调结构，树品牌，出形象，保增长，谋发展；2013年至2015年，求创新，树品牌，提效率，稳增长，谋发展……随着一系列措施的到位，九大核心价值观转化为可检查、可考核的具体工作，成为申久公司企业文化建设的坚强基石，为提高员工整体素质、统一干部思想认识、营造申久和谐的经营环境发挥了重要作用。

从“消缺陷”到“调结构”再到“求创新”，申久走向了差异化、功能化、细旦化纤维新材料发展之路。三年的“消缺陷”工作，解决、改善了聚酯装置存在的重大隐患，为生产稳定运行立下汗马功劳，借此更进一步提高了设备管理水平。挺过了2008年金融危机的寒冬，寻找公司新的效益增长点，成为申久的生存问题。2009年，总经理魏志红适时提出了“10KG产品高端化、15KG产品细旦化、FDY产品精品化”的品种结构调整方向。为满足品种调整的生产条件，申久开始了长达4年的环吹改造，前后改造了20条环吹风生产线。“三化”工作在2010年、2011年为公司效益做出极大贡献，主推产品产量占比从10%提高到17%，保持了申久在行业里的技术地位。

“树品牌”始终如一，以产品质量作为树品牌工作的核心。坚持一手抓硬件，七年投资近9000万元的技改项目为提高产品质量奠定生产基础，一手抓软件，狠抓现场基础管理和操作工培训，依靠质量管理体系的良好运行，质量管理工作持续改进，产品质量深得客户信赖。2010年荣获“江苏省质量奖”，这是省内同行第一家获此殊荣的企业，既是对申久产品质量的肯定，也是对申久管理工作的全面肯定。

从“严管理”到“提素质”再到“提效率”，申久加快建设现代化企业。在市场的剧烈变化中，申久加强成本控制，实行预算管理，将预算指标作为绩效考核的基础，实行全面预算管理与全员绩效考核，以考核促进各项管理工作迈上新台阶。在操作工中开展“操作示范岗”活动，组织

公司技术力量按专业编写培训教材，通过技术岗位比武形式，普遍提高工人的技术水平；以“请进来、送出去”等方式多渠道开展干部培训工作，为提高值班长等基础管理岗位人员的文化素质，与当地高校合作开班，开展学历教育。在员工素质稳步提升的基础上，今年又进一步提出了“提效率”的工作目标。提效率主要指提高运行效率和工作效率，以提高工作效率来促进运行效率的提高，以降低能耗来提高运行效率。

从“出效益”到“保增长”再到“稳增长”，效益是企业经营的目的。市场走势不能左右，市场走势可以预判，在原料采购、产品销售节奏上搭准脉，是“聪明经营”之道。在品种调整、技改技措、修旧利废等多项长期工作得到有效实施后，申久实现了销售收入和利润逐年增长的总体目标。

一流的管理水平，一流的经济效益，一流的管理团队。这就是申久向社会展示的企业综合形象。经过多年的市场洗礼与自身修炼，申久已成为国内一家极具影响力的聚酯生产企业。不仅是中国化学纤维工业协会副会长单位，同时也是化纤标准国际化推进委员会主席团副主席单位，参与涤纶长丝标准的制定。雄关漫道真如铁，而今迈步从头越。已经走过的十年是胜利的十年，未来十年、百年，申久必将书写更加宏伟的篇章。

中国纺织工业发展报告

CHINA TEXTILE INDUSTRY DEVELOPMENT REPORT

2012/2013

行业运行

纺织工业

中国纺织工业联合会产业部

2012年纺织工业经济运行情况

2012年，受到国际市场需求低迷、国内外棉花价差拉大、生产要素价格上涨等诸多因素影响，我国纺织工业发展压力明显增加，前8个月主要经济指标增速均呈现持续放缓态势。但是，全行业坚持深化结构调整，加快转型升级，紧抓内需增长机遇，积极应对外部风险，9月以来行业经济呈现出缓中趋稳走势，各项指标增速有所回升。全年，纺织行业基本实现平稳运行，生产增速在全国主要工业制造业中位居中上游，利润增速位居前列，总体增长水平与国内外宏观经济环境和行业所处的转型调整阶段相适应，对国民经济发展发挥了应有的支撑作用。

2012年纺织行业经济运行主要呈现以下特点：

一、生产实现稳定增长，增速同比有所放缓

2012年纺织行业生产继续实现增长，增速较2011年有所放缓。根据国家统计局数据，全国3.7万户规模以上纺织企业全年累计实现工业总产值57809.98亿元，同比增长12.29%，增速低于2011年14.55个百分点；实现工业销售产值56701.77亿元，同比增长10.63%，增速低于2011年16.23个百分点。主要大类产品中，全社会化纤产量达到3800万吨，同比增长12.1%；纱产量达到2984万吨，同比增长9.8%；布产量达到841亿米，同比增长3.3%，低于2011年1.3个百分点；规模以上企业服装产量达到267.28亿件，同比增长6.2%，低于2011年1.94个百分点。

从全年走势看，纺织行业生产增速在2012年前8个月呈现持续放缓态势，但增速降幅呈现逐月收窄趋势；自9月起，随着内需增长加速、企业生产和库存调整效果显现以及出口旺季到来，行业生产增速开始回升。规模以上企业全年12.29%的工业总产值增速较2012年一季度下降2.41个百分点，较1～8月回升1.53个百分点；工业销售产值全年增速较一季度下降3.49个百分点，较1～8月回升0.22个百分点。

图1 规模以上纺织企业工业总产值、工业销售产值累计同比增长情况

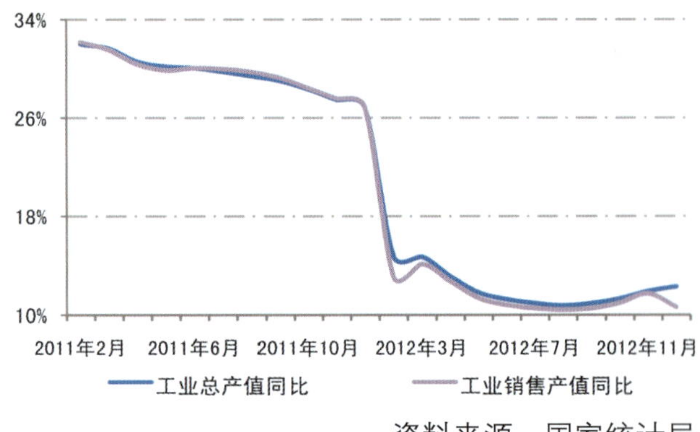

资料来源：国家统计局

二、内销增长基本平稳，对行业的支撑作用突出

2012年，我国纺织品服装内需消费增长基本平稳，但受到国内宏观经济增速趋缓以及原料价格上涨带动纺织服装产品价格高位影响，内需消费实际增速较2011年有所放缓，且年初阶段增速放缓较为明显，至二季度以后才逐步平稳回升。国家统计局数据显示，全年全国限额以上服装鞋帽、针纺织品零售额同比增长18%，增速低于2011年6.2个百分点，但较2012年一季度提高3.4个百分点，较上半年

表1 纺织行业主要大类产品产量情况

产品名称	单位	产量	同比（%）	产品名称	单位	产量	同比（%）
化学纤维	万吨	3800	12.1	苎麻布	亿米	4.34	-75.79
纱	万吨	2984	9.8	亚麻布	亿米	5.28	20.69
布	亿米	841	3.3	蚕丝	万吨	12.60	10.28
印染布	亿米	566.02	-2.06	非织造布	万吨	236.47	23.08
毛机织物	亿米	6.03	1.40	服装	亿件	267.28	6.20

注 本表格中化纤、纱、布产量为全社会数据，其余为规模以上企业数据。

资料来源：国家统计局

提高1.1个百分点；扣除价格因素后实际增速为14.5%，低于2011年7.1个百分点，但较2012年一季度、上半年分别提高3.9和12.4个百分点。

图2 全国限额以上服装鞋帽针纺织品零售额同比增长情况

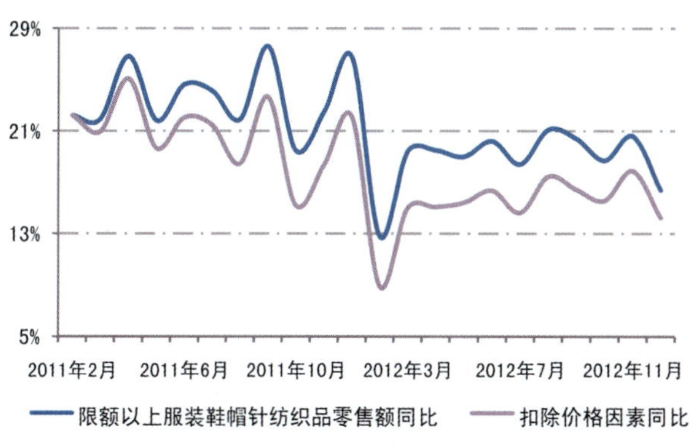

资料来源：国家统计局

受衣着类内需消费增速较2011放缓影响，纺织行业内销产值增速同比也有所下降，全年规模以上企业实现内销产值47803.72亿元，同比增长12.3%，增速低于2011年17.23个百分点。但是，由于行业出口增速下降更为明显，内销对行业的支撑作用依然突出，全年规模以上企业内销产值同比增速高于出口交货值增速9.87个百分点，占工业销售产值的比重达到84.31%，同比提高1.26个百分点。

图3 规模以上纺织企业内销产值累计同比增长情况

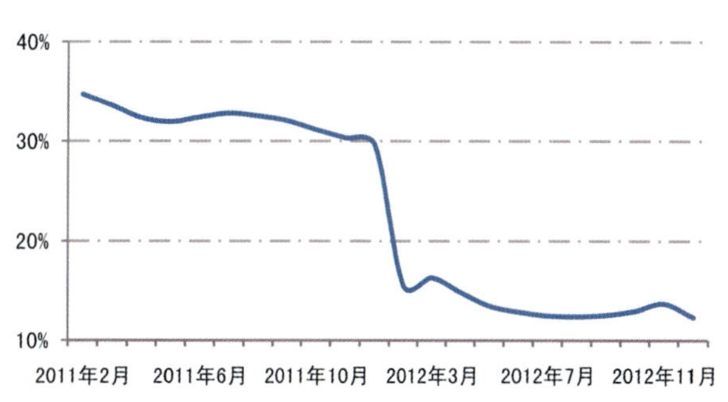

资料来源：国家统计局

三、出口增长压力突出，出口数量同比减少

受国际市场需求低迷、国内外棉花价差拉大及企业生产成本上升等因素影响，2012年纺织行业出口总额虽然实现增长，但增速明显放缓，出口数量则同比减少。根据海关统计数据，2012年我国共出口纺织品服装2625.63亿美元，同比增长3.32%，增速低于2011年16.55个百分点；如扣除价格上涨因素，实际出口数量同比减少0.57%，低于2011年1.06个百分点。从全年走势看，自3月以来行业出口即呈现增速持续下滑直至负增长的走势，直至9月才随国外采购商季节性补库需求增加恢复正增长，且增速稳步回升。

图4 我国纺织品服装出口额累计同比增长情况

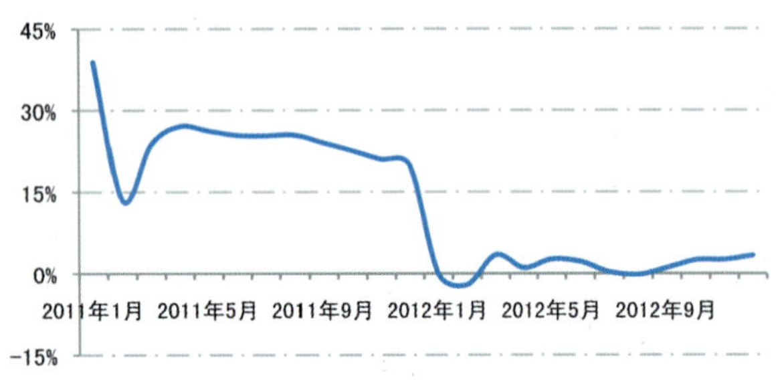

资料来源：中国海关

图5 我国纺织品服装出口价格、出口数量同比增长情况

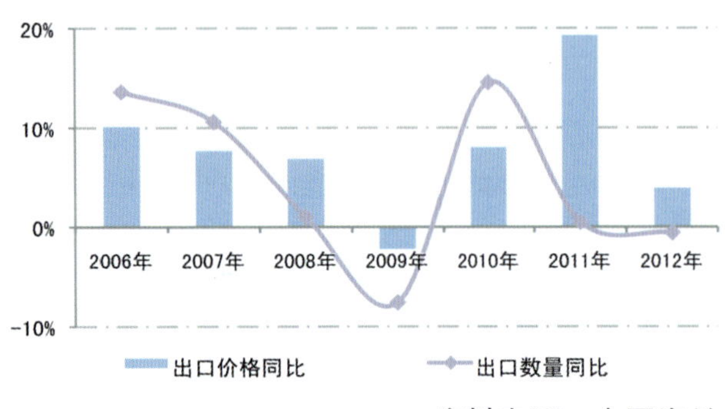

资料来源：中国海关

主要出口产品中，上游棉制产品受内外棉价差影响突出，出口绝对减少，全年棉制纺织品出口额同比下降3.33%，增速低于2011年18.73个百分点，低于同期化纤制纺织品出口额增速6.35百分点。主要出口市场中，欧盟市场需求明显萎缩，2012年我国对欧盟纺织品服装出口额同比下降11.68%，低于2011年31.16个百分点；日本需求总体低迷，行业对日本出口额同比仅增长0.81%，低于2011年21.85个百分点；东盟市场则继续保持较快增长，行业对其出口额同比增速达到35.02%，高于2011年1.09个百分点，其中对东盟服装出口额同比增速达到94.08%，表明新兴市场终端需求仍较为旺盛。

四、效益实现增长，增速有所下滑

2012年，纺织行业生产效率继续稳步提升，全年规模以上企业劳动生产率同比提高13.42%，为化解各种外部风险提供了支撑，带动行业盈利整体实现增长。但是，由于各种外部压力因素作用集中，内外棉价差问题影响突出，纺织企业效益增速较2011年明显下滑，其中利润一度持续负增长，直至9月以后才逐步企稳好转。全年规模以上纺织企业累计实现主营业务收入56852.3亿元，同比增长10.61%，增速低于2011年16个百分点，但高于

表2 2012年我国主要纺织服装产品出口情况

主要出口产品	出口额（亿美元）	同比（%）	增速比2011年增减（百分点）
纺织品服装	2625.63	3.32	-16.55
纺织品	1024.08	1.49	-20.78
棉制纺织品	254.23	-3.33	-18.73
化纤制纺织品	532.80	3.02	-26.23
服装	1601.55	4.53	-13.81
棉制服装	647.12	5.64	-6.89
化纤制服装	618.44	3.59	-21.01

资料来源：中国海关

表3 2012年我国对主要市场出口纺织品服装情况

主要出口产品	出口额（亿美元）	同比（%）	增速比2011年增减（百分点）
欧盟	483.43	−11.68	−31.16
美国	410.74	3.77	−7.43
日本	283.67	0.81	−20.23
东盟	270.41	35.02	1.09
香港地区	164.33	6.29	3.17
非洲	161.73	16.96	−7.65
韩国	60.12	−8.91	−29.86

资料来源：中国海关

2012年1～8月1.32个百分点；实现利润总额3015.06亿元，同比增长7.68%，低于2011年18.26个百分点，高于2012年1～8月8.84个百分点；销售利润率为5.3%，同比下降0.14个百分点。

图6 规模以上纺织企业利润总额累计同比增长情况

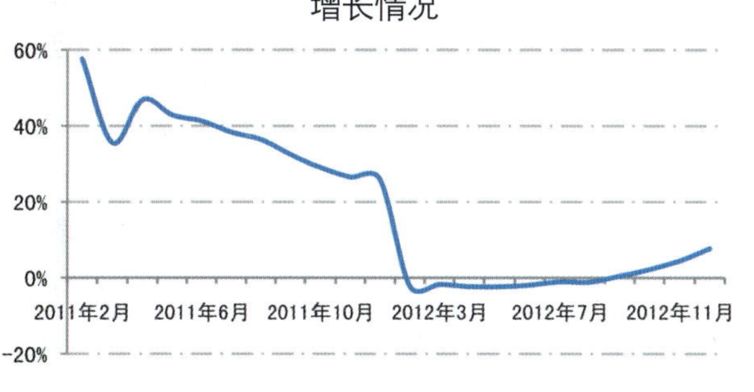

资料来源：国家统计局

主要分行业中，上游棉纺、化纤行业效益情况受棉花价格波动影响突出，2012年规模以上棉纺行业利润总额同比增长10.9%，较2011年大幅下滑了19.72个百分点；化纤行业利润总额同比下降28.31%，低于2011年29.8个百分点。终端行业效益增势则相对平稳，服装、家纺和产业用三大终端行业规模以上企业利润总额增速分别达到10.16%、12.68%和18.85%，均显著高于行业平均水平。

图7 规模以上纺织企业利润总额分行业增长情况

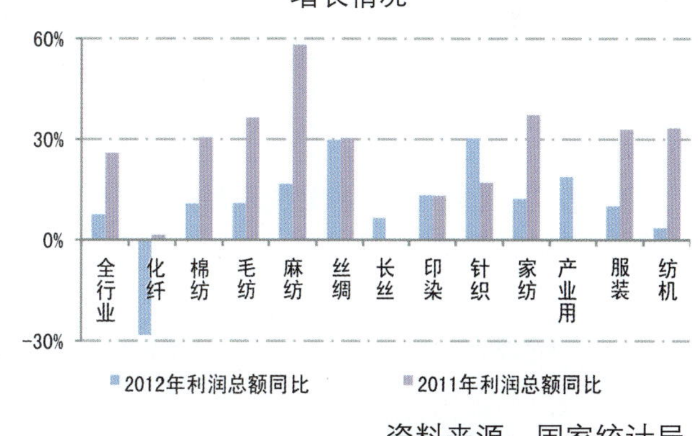

资料来源：国家统计局

五、投资增速趋缓，区域结构继续优化

受行业经济增速放缓影响，2012年纺织企业投资信心有所下降，行业投资增速持续呈现放缓走势，新开工项目同比减少。根据国家统计局数据，

全年纺织行业累计完成500万元以上项目固定资产投资总额7793.02亿元，同比增长14.62%，增速较2011年下降21.71个百分点，较2012年上半年下降0.57个百分点；新开工项目12959个，同比减少5.51%，较2011年下降7.78个百分点。

图8 纺织行业固定资产投资完成额累计同比增长情况

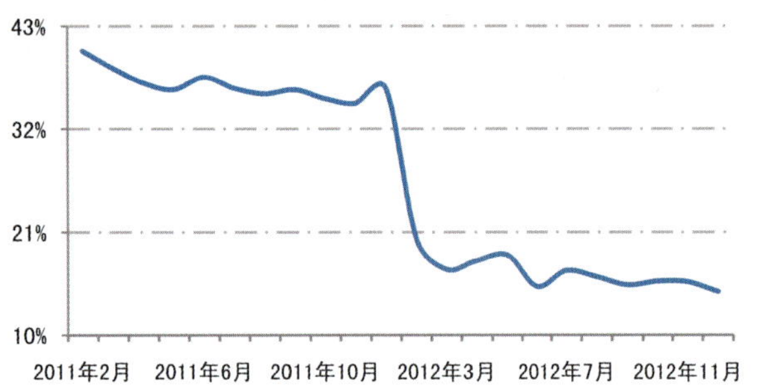

资料来源：国家统计局

尽管全行业投资增速持续放缓，我国中部地区作为承接纺织产业转移的主体区域，新增投资仍保持较快增长。2012年中部六省纺织企业固定资产投资完成额同比增长15.87%，高于东部地区投资增速2.94个百分点；投资额占全国比重达到32.05%，较2011年提高0.34个百分点。

图9 纺织行业固定资产投资完成额按地区分布比重情况

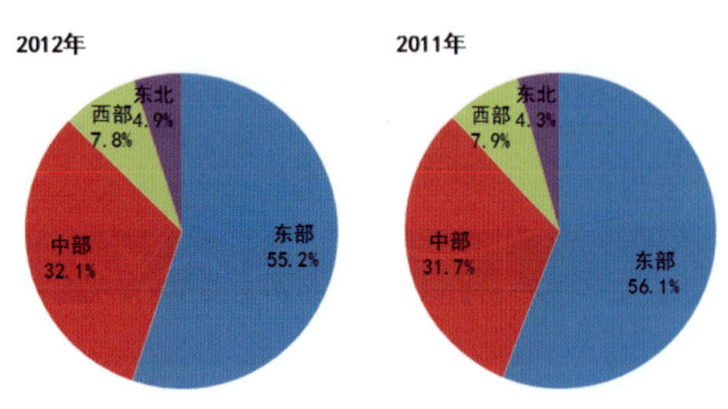

资料来源：国家统计局

2012年纺织工业运行面临的主要问题

2012年，纺织行业经济增速有所放缓，发展压力明显增加，主要是受到外部形势变化的影响，与此同时，行业长期积累形成的一些内在矛盾也在外部压力之下愈显突出。

2012年影响纺织运行的因素主要体现在以下方面：

一、国际市场需求低迷

受欧债危机影响，2012年纺织品服装国际市场表现总体低迷，部分发达经济体市场需求出现萎缩，造成部分纺织企业面临出口订单不足问题，且出口产品价格提升困难，效益有所下降。相关统计数据显示，2012年美国和欧盟两大市场纺织品服装进口总额同比分别下降0.39%和5.21%，分别低于2011年增速9.01和10.66个百分点；日本进口额同比虽增长2.08%，但较2011年下降了10.57个百分点。由于发达市场终端需求低迷，以服装出口为主的各发展中经济体进口上游纱、布产品的需求增速也明显减缓，造成我国相关产品出口增长减速。根据越南统计局数据，2012年越南纺织品服装出口额同比仅增长7.1%，低于2011年18个百分点；与终端产品出口增长放缓相对应，越南对上游产品的进口需求增长也大幅减速，2012年面料进口额同比仅增长4.7%，低于2011年24.1个百分点，纱线进口额同比下降9%，较2011年大幅下降39.6个点。

二、内外棉价持续拉大

受需求不足影响，2012年国际棉价总体呈现下行走势，而国内棉价则在临时收储价格的支撑下始终维持每吨约2万元的高位，国内外棉花价差因此不断扩大。到2012年底，国内棉价已高于国际市场40%以上，即每吨棉花价格高出近6000元，价差比年初扩大95%。内外棉价差过大造成我国棉制纺织品市场竞争力受损，市场份额流失。根据我国海关数据，2012年我国棉纱线出口额同比下降3.23%，棉织物出口额同比下降4.14%，棉制床上用品出口额同比下降6.22%。其中，我国棉纱出口额同比仅增长0.5%，而受国内棉价过高影响，棉纱进口额却大幅增加了56.34%，对国内纺纱产业造成了较大冲击。根据美国商务部数据，2012年美国从我国进口棉制产品的总金额同比下降5.19%，从越南进口同比仅下降0.65%，从孟加拉进口则增长了0.48%。

图10 2012年国内外棉花价格变化情况

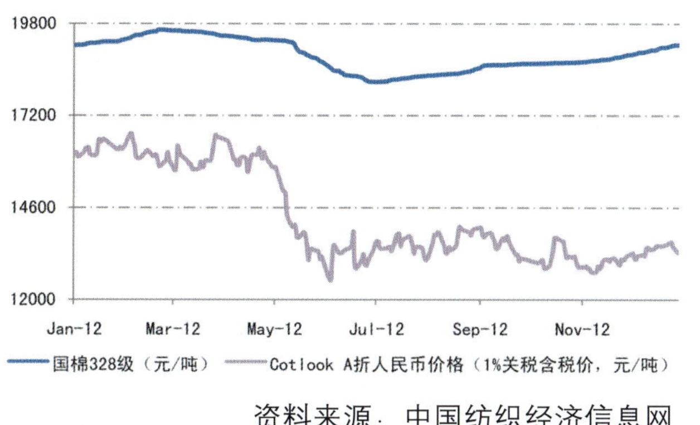

资料来源：中国纺织经济信息网

三、生产成本继续提升

2012年，纺织企业的综合成本继续提高。其中，用工成本上升的影响最为突出，根据中国纺织工业联合会第十一期《企业经营者跟踪调查报告》，2012年纺织行业人均工资涨幅为10%~15%，超过七成的中小企业将用工成本上涨选为影响效益的首要因素。企业财务成本增加的压力仍然较大，全年规模以上企业利息支出同比增长25.7%，高于同期主营收入增速15.09个百分点；财务费用占主营收入的比重为1.27%，同比上升0.11个百分点。此外，企业土地使用、营销渠道等方面的费用也在不断增加。由于外需低迷造成产品价格涨幅普遍偏低，多种成本费用提高压力与内外棉价差拉大叠加作用，造成企业利润空间压缩，盈利压力明显加大。

四、国际市场竞争加剧

2012年，在国际市场需求持续低迷的环境下，市场竞争更趋激烈。由于我国棉花价格显著高于国际市场，且生产成本持续提升，部分产品出口价格涨幅已超出国际采购商承受能力，国际采购订单向

表4 美、欧、日主要纺织品服装进口来源国所占份额情况

国家	欧盟		日本		美国	
	2012年进口额占比（%）	较2011年增减（百分点）	2012年进口额占比（%）	较2011年增减（百分点）	2012年进口额占比（%）	较2011年增减（百分点）
中国	40.02	−1.10	73.22	−1.73	40.21	0.08
越南	2.25	0.19	5.90	0.77	7.58	0.48
孟加拉	9.42	1.10	1.22	0.32	4.58	−0.01
印尼	1.80	−0.02	2.93	0.40	5.15	−0.01

资料来源：欧盟统计局、日本海关、美国商务部

东南亚等发展中国家转移的趋势日益明显，我国纺织行业的国际市场份额有所流失。根据美国商务部、日本海关和欧盟统计局相关数据，2012年美国从我国进口纺织品服装的总金额同比下降0.19%，从越南进口则增长了6.37%；我国在日本、欧盟纺织品服装进口市场中所占份额虽然保持73.22%和40.02%的高位，但与2011年相比已分别下降了1.73和1.1百分点，越南、孟加拉、印尼等国所占份额则有所上升。

五、小微型企业发展压力突出

2012年，在严峻的外部形势下，纺织企业之间发展水平差异大的特征更加突出，行业中具备较强自主创新能力的大型企业依然保持较好发展态势，而广大缺乏科技、品牌竞争力的加工型小微企业，特别是出口加工型小微企业则面临严重困难，甚至退出市场竞争。根据国家统计局和中国海关统计数据测算，2012年我国规模以下企业纺织品服装出口额同比下降了0.61%，低于规模以上企业出口增速3.04个百分点。根据中国服装协会跟踪调查数据，2012年前三季度，139户规模以下小微企业主营业务收入同比下降1.5%，低于同期规模以上服装企业主营业务收入增速11.75个百分点。而根据商务部对东部地区出口企业的调研结果，2012年出口额低于1000万美元的服装企业数量同比减少1.06%。

2013年纺织工业发展趋势展望

2013年，国内外经济形势依然较为复杂，纺织行业发展既具备一定的积极因素，也面临着诸多风险挑战。一方面，内需市场仍将继续为纺织行业提供实现平稳发展的动力，外需也并未显现明显恶化迹象；但同时，国际市场前景仍存在不确定性，国内棉花供给、内外棉价差、生产成本等问题依然存在，节能环保压力也更为突出。总体上看，2013年纺织行业的发展形势好于2012年，行业经济有望继续保持平稳增长的态势，增速有望在2012年水平上进一步提升，但提升空间可能比较有限，且积极克服各种不利因素的影响仍是重要前提。

2013年可能影响纺织行业运行的因素主要表现为：

一、国内需求保持稳定增长

2013年，内需市场稳定增长仍将是纺织行业发展的首要驱动力。经过2012年的调整，我国宏观经济增长在2013年将随着调控政策及产能调整效果显现呈现出温和加速走势，内需尤其是消费将成为经济增长的主引擎。而随着经济发展带动社会就业规模保持稳定，城乡居民收入继续稳步增加，城镇化建设有序推进，各种惠民生、扩内需的政策措施进一步落实并显现效果，以及物价水平保持相对平稳，我国纺织服装产品内需消费将继续保持稳定较快增长，且增速将在2012年水平上有所提升。预计全国限额以上服装鞋帽、针纺织品零售额名义增速可达到20%以上，将带动纺织行业产销增长有所加速。

二、国际市场仍将持续低迷

2013年，纺织行业出口增长的市场动力依然不足。由于欧债危机等不稳定因素尚未消除，国际经济形势依然复杂，国际市场需求仍缺乏显著好转的动力。纺织行业出口在2012年末呈现回升走势，很大程度是受到部分国外采购商季节性补库需求影响，并非需求出现实质性好转。但总体上看，国际经济宏观面上尚未表现出将较2012年明显恶化的趋势，估计国际市场需求仍可保持平稳走势，纺织行业出口也有望保持相对平稳增长，增速略高于2012年水平。由于国际需求整体仍处于低速增长区间，部分简单加工订单进一步向国外调整转移的趋势仍将继续，市场竞争将更趋激烈。

三、棉花问题的影响仍将存在

棉花问题仍将是影响2013年纺织行业发展的重要因素。由于国际棉花市场整体仍处于供大于求的状态，而国内棉花临时收储继续实行的概率较大，棉价将继续保持高位，预计内外棉价差压力仍将存在，仅依靠企业自身调整很难彻底化解。与此同时，国储已经成为2013年国内棉花的主要供给渠道，储备棉的抛售价格、潜在出库成本、棉花品质等问题将对企业生产经营产生直接影响。因此，如何从政策层面采取措施有效缩小内外棉价差，缓解棉纺企业成本及竞争压力，将成为影响纺织行业发展的重要因素。

四、成本上升、环境保护及资金短缺等压力突出

2013年，随着国内宏观经济增速回升，国内各种生产要素价格上涨压力将比2012年更为明显，其中，受我国人口结构变化等因素影响，纺织企业用工短缺的现状并不会有明显改善，预计用工成本涨幅不会低于2012年水平。与此同时，纺织染整、毛纺、麻纺、缫丝工业水污染物排放强制性新标准自2013年起正式实施，提高了对化学需氧量（COD_{Cr}）排放浓度的限值要求，并新增了部分限制指标。由于新标准执行不设过渡期，纺织企业面临的环保形势更为严峻，相关技术改造投资成本压力将明显增加，资金短缺问题也更加突出。纺织企业盈利压力不断增大的问题仍然存在，进一步提高效率，最大限度地化解各种成本费用压力已成为必然途径。

五、结构调整步伐进一步加快

产业结构进一步深化调整将是纺织行业实现平稳发展的重要内在支撑。自2008年国际金融危机爆发以来，纺织行业已经从此前持续高速增长的阶段逐步转向了在平稳增长的同时更加注重结构优化的发展阶段。严峻外部形势所形成的倒逼机制与市场竞争机制综合作用，促使纺织企业对于调结构、促升级的自觉需求不断增强，结构调整进程明显加快。2013年，行业继续加快结构调整与转型升级的内在动力依然充足，内需升级将发挥正面引导作用，国内外宏观环境虽然将较2011年有所改善，但竞争加剧、成本上升等压力依然存在，倒逼机制作用仍然较强，优化调整与升级发展的新成效将为行业发展注入根本性的活力。

2013年纺织工业发展重点

2013年是深入贯彻落实党的十八大精神的开局之年，是实施“十二五”规划承前启后的关键一年，也是为全面建成小康社会奠定坚实基础的重要一年。为确保纺织行业经济发展进一步平稳向好，继续发挥行业在满足人民生活需求和维护社会和谐稳定方面的重要民生作用，全行业将积极采取措施加快产业结构调整与转型升级，有效应对复杂的外部形势和各种困难问题。

2013年纺织行业发展将重点围绕以下方面：

一、深化落实行业发展战略任务

继续深入贯彻落实《纺织工业“十二五”发展规划》和《建设纺织强国纲要》。结合各项规划做出的形势判断及客观实际，准确把握纺织行业当前所处发展环境，充分认识行业加快转型升级的必要性和紧迫性，加强以规划思想、任务、目标指导行业工作，增强行业工作的方向感和驱动力。进一步有序落实各项规划部署重点发展任务，加快形成新的经济发展方式，促进产业结构优化调整，提高创新、质量、效益对行业经济发展的贡献作用，发展形成符合全面建成小康社会要求的现代纺织产业体系，为实现纺织强国目标奠定基础。

二、大力促进产业创新发展

结合各项发展规划的任务部署，加快纺织行业内在创新发展，全面提高综合竞争实力。进一步推动科学技术创新，整合资源，突出重点，加快高新技术纤维材料、节能环保染整、高端纺织装备等关键技术的研发攻关，扩大先进科技成果应用，提高产业核心竞争力。深入创新发展自主品牌，继续以服装、家纺行业为主要切入点，开展品牌培育与试点工作，总结先进经验加以推广，丰富企业发展自主品牌的思维与方法。大力发展低碳、绿色、循环经济，加强技术支撑，完善标准体系，优化行业性公共服务，全面提高可持续发展能力。创新纺织人才培养工作，着眼不同层次的人才开展培养、培训工作，将人才建设任务落到实处。

三、进一步加快产业结构优化调整

坚持以加快产业结构调整为主攻方向，促进纺织行业转变经济发展方式。进一步调整终端产品结构，促进产业用纺织行业加快优化发展，加强行业与应用部门之间沟通交流与应用规范对接，扩大产业用纺织品的应用领域。大力促进产业区域布局结构优化，鼓励东部企业向中西部加快转移新增制造能力和加工订单，支持骨干企业在海外建立研发中心、原料基地及加工基地等，进一步引导产业加强集聚化发展，促进产业集群优化升级。继续改善产业组织结构，鼓励有条件的骨干企业通过兼并重组优化产业存量资源，同时培育发展具有“新、精、专、特”特征的纺织中小企业，增强中小企业活力。

四、积极开拓国内外市场

充分挖掘、调动企业积极性和内在潜力，大力开拓和稳定国内外市场，增强行业发展的市场动力。将内需市场作为市场开拓主攻方向，结合内需多层次、多元化、多领域的特点，加快产品结构优化调整；加快产品研发创新，主动引导市场需求；优化和创新商业模式，扩大营销网络，减少流通环节；积极开拓广大农村市场，便利农民消费，全方位满足内需消费。努力稳定国际市场份额，积极改善出口产品品种，扩大高附加值产品和自主品牌产品出口，优化出口产品结构；多元化扩展出口市场，结合需求实际合理开拓新兴市场，形成新的出口增长点；鼓励企业“走出去”，在主销市场建立营销中心和销售网络，整合全球资源优化出口渠道。

五、充分发挥行业组织作用

完善纺织行业组织的各项公共服务职能，充分发挥桥梁纽带作用。深入开展产业分析和政策研究工作，经常性组织行业调查研究，与政府有关部门加强沟通协调，及时反映行业动态与企业诉求。有序开展行业科技创新项目收集、推荐、推广及奖励活动，承担行业标准制定工作，促进行业科技创新活动更加活跃。加强网络平台建设，完善信息收集与发布渠道，提供更为全面的行业信息服务。办好行业性展会，创新和丰富展会内容，为企业开拓国内外市场提供更好的平台。认真做好统计监测分析、工程技术咨询、产业转移引导、对外交流等其他基础性服务工作，为纺织企业创造更好的发展环境。

（撰稿人：孙淮滨　赵明霞）

化纤业

中国化学纤维工业协会

2012年化纤行业运行基本情况

2012年是化纤行业深入调整的一年，面对严峻的国内外经济形势和国内纺织市场的低迷，化纤行业整体运行也较为困难，市场表现低迷，效益明显下降，但是，下半年特别是第四季度，行业出现一些好转趋势。

一、行业生产基本正常

2012年，化纤行业生产基本正常，大部分子行业的开工率相比2011年较为平稳，并且部分行业呈回升走势。

全年完成化纤产量3792.16万吨，同比增长11.20%，增速虽比2011年下降2.6个百分点，但仍然保持在两位数增长。

其中，粘胶短纤249.21万吨，同比大幅增长31.95%，增速提高了6.65个百分点；涤纶3057.03万吨，同比增长9.46%，增速下降了5.76个百分点；锦纶、丙纶和氨纶产量增长也较快；腈纶是化纤行业中唯一产量下降的行业。

从化纤月度产量来看，每月化纤产量基本保持在300万吨以上，并且从9月份开始同比增长速度稳定在10%以上。

表1 2012年化纤行业生产情况

	2012年（万吨）	2011年（万吨）	2012年增速（%）	2011年增速（%）
化学纤维	3792.16	3410.10	11.20	13.87
人造纤维	348.03	262.81	32.43	9.49
其中：粘胶短纤	249.21	188.87	31.95	25.30
粘胶长丝	24.06	23.06	4.37	−0.65
醋酸长丝	31.52	29.42	7.15	0.88
合成纤维	3444.12	3147.28	9.43	14.21
其中：涤　纶	3057.03	2792.71	9.46	15.22
锦　纶	181.46	157.75	15.03	9.60
腈　纶	69.35	70.71	−1.93	4.21
丙　纶	36.86	30.47	20.96	12.10
氨　纶	30.75	26.44	16.29	−1.95

资料来源：国家统计局

图1 2012年化纤月度产量变化

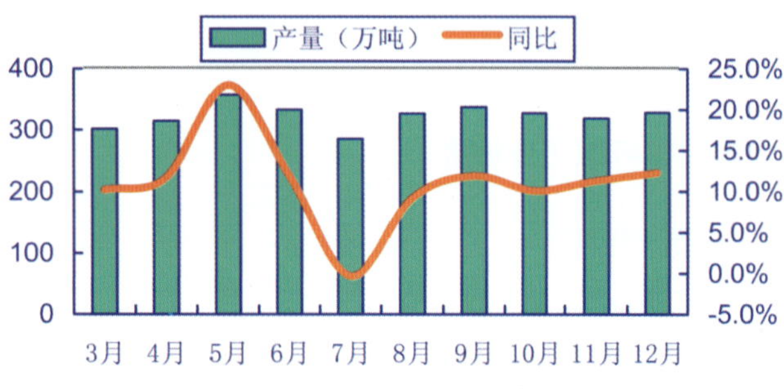

资料来源：国家统计局

二、进口小幅减少

2012年，共进口化纤82.1万吨，同比小幅减少7.23%。分品种看：大部分品种进口量有不同程度的下降，但腈纶、锦纶进口量仍较大，分别占化纤进口总量的22.72%和19.98%；粘胶短纤进口量不降反增，同比增加了5.15%，增量主要来自于奥地利。

三、出口增速大幅回落

2012年，化纤出口246.81万吨，同比微增4.44%，增速同比大幅回落18.3个百分点。其中，涤纶长丝出口107.89万吨，占化纤出口总量的43.71%；涤纶短纤出口67.07万吨，占27.17%。

自2000年以来，化纤出口量一直保持了较快的增长，只有2009年因为金融危机的影响出现过一次下降。而2012年前8个月，化纤出口量同比一直是下降的状态，反映出国际市场需求低迷。值得欣慰的是，化纤出口量降幅持续收窄，9月份起扭转为正增长。

图2 2012年化纤出口量增速变化

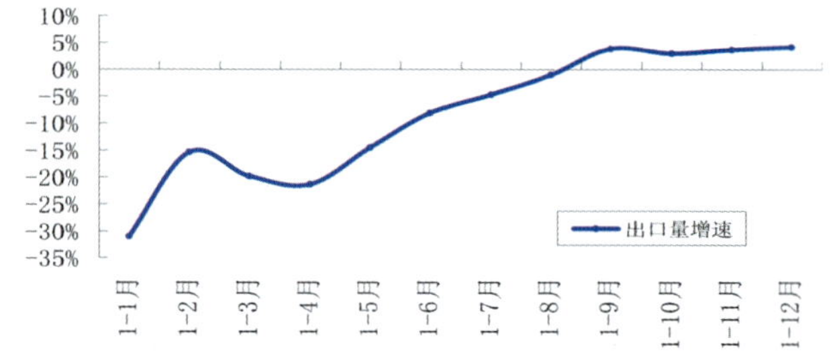

资料来源：中国海关

表2 2012年化纤行业进口情况

	数量			金额		
	2012年（万吨）	2011年（万吨）	同比（%）	2012年（亿美元）	2011年（亿美元）	同比（%）
化学纤维	82.10	88.49	−7.23	30.77	33.61	−8.47
其中：涤纶长丝	12.04	15.50	−22.30	3.40	4.17	−18.48
涤纶短纤	11.24	12.02	−6.53	2.11	2.38	−11.46
锦纶长丝	16.40	16.90	−2.96	6.66	7.12	−6.56
腈　纶	18.65	19.53	−4.49	5.92	6.79	−12.71
粘胶长丝	0.98	1.12	−12.81	0.71	0.70	1.87
粘胶短纤	14.56	13.84	5.15	4.79	4.86	−1.42
氨　纶	1.88	2.28	−17.48	1.73	1.95	−11.13

资料来源：中国海关

化纤出口市场以土耳其、美国、巴基斯坦、印尼、越南为主，分别占化纤出口总量的13.0%、10.5%、10.3%、6.2%、5.8%，并且对土耳其、印尼、越南的出口量还在继续大幅增加，说明这些新兴国家的纺织产业快速发展增加了对化纤的需求。

图3 2012年我国化纤出口市场份额与2011年对比

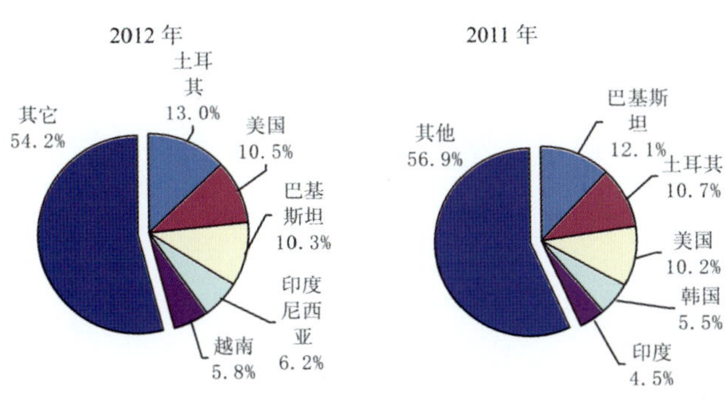

资料来源：中国海关

四、行业投资增速回归合理水平

化纤行业自2011年第四季度已进入下行周期，行业投资热情也逐渐回归理性，2012年行业投资增速稳定在20%～30%。

图4 2011～2012年化纤行业固定资产投资增速变化

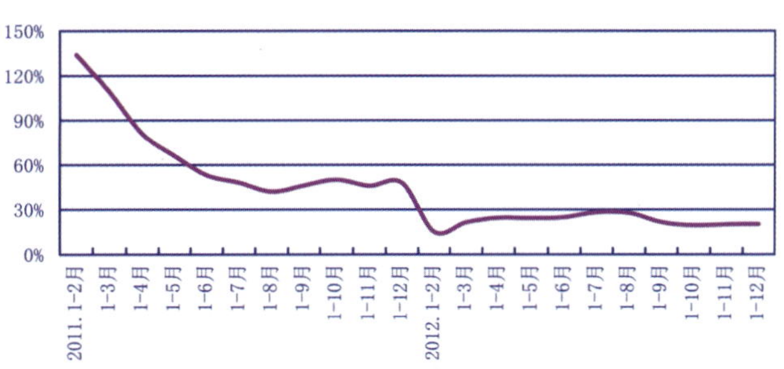

资料来源：国家统计局

2012年，化纤行业新开工项目数同比仅增长3.69%；实际完成投资883.37亿元，同比增幅为20.34%，比2011年同期增速回落27.53个百分点，但锦纶行业投资增速仍偏快。

五、市场表现低迷

化纤主要品种市场价格总体呈下降走势，但涤

表3 2012年化纤行业出口情况

	数量			金额		
	2012年（万吨）	2011年（万吨）	同比（%）	2012年（亿美元）	2011年（亿美元）	同比（%）
化学纤维	246.81	236.31	4.44	59.74	63.27	–5.59
其中：涤纶长丝	107.89	94.52	14.14	21.36	21.69	–1.53
涤纶短纤	67.07	81.61	–17.83	9.73	13.43	–27.59
锦纶长丝	11.62	12.26	–5.21	5.18	5.89	–12.09
腈　　纶	0.58	0.41	42.64	0.18	0.14	35.76
粘胶长丝	7.65	8.12	–5.86	4.88	5.67	–14.03
粘胶短纤	26.91	16.41	64.01	5.76	4.63	24.61
氨　　纶	4.41	3.49	26.41	2.96	2.38	24.09

资料来源：中国海关

表4 2012年化纤行业固定资产投资情况

	新开工项目数	同比(%)	实际完成投资额(亿元)	同比(%)
化学纤维制造业	618	3.69	883.37	20.34
纤维素纤维原料及纤维制造	137	-17.47	191.09	13.80
化纤浆粕制造	24	-50.00	30.30	-7.46
人造纤维制造	113	-4.24	160.79	18.96
合成纤维制造	481	11.86	692.29	22.28
锦纶纤维制造	50	6.38	88.05	68.50
涤纶纤维制造	187	23.03	321.41	16.68
腈纶纤维制造	5	0.00	5.47	-33.77
维纶纤维制造	22	29.41	11.72	-55.69
丙纶纤维制造	13		24.56	
氨纶纤维制造	16		26.05	
其他合成纤维制造	188		215.03	

资料来源：国家统计局

纶和腈纶产品7、8月份明显反弹；粘胶纤维几乎是一路下滑的走势；锦纶价格自3月份快速下跌，8月份之后行情较为平稳；氨纶市场保持低位平稳运行。

以涤纶为例：1月份在原料价格上涨的推动下，涤纶产品价格小幅上扬；但终端需求疲弱导致下游订单偏少，缺乏需求的涤纶市场在2月份之后一直延续疲弱走势，期间虽有反弹，但反弹力度以及持续性明显不强；5、6月份，一直作为支撑的聚酯成本出现下跌导致涤纶价格快速下滑；6月末，涤纶长丝行业自律再加上原油市场大幅反弹，涤纶产品也出现明显的修复性反弹；但在下游企业的原料备货稍显充裕之后，其采购归于谨慎，8月中旬至10月中旬涤纶产品价格相对稳定；四季度涤纶产品价格随着原料价格的波动而变化。

图5 2012年涤纶价格走势图

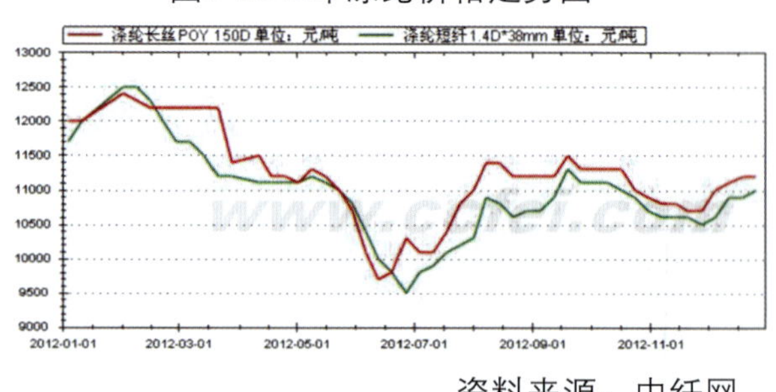

资料来源：中纤网

图6 2012年锦纶价格走势图

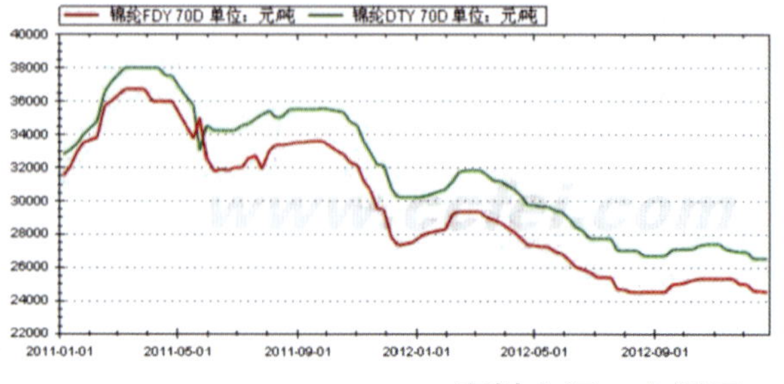

资料来源：中纤网

图7 2012年腈纶价格走势图

资料来源：中纤网

图8 2012年氨纶价格走势图

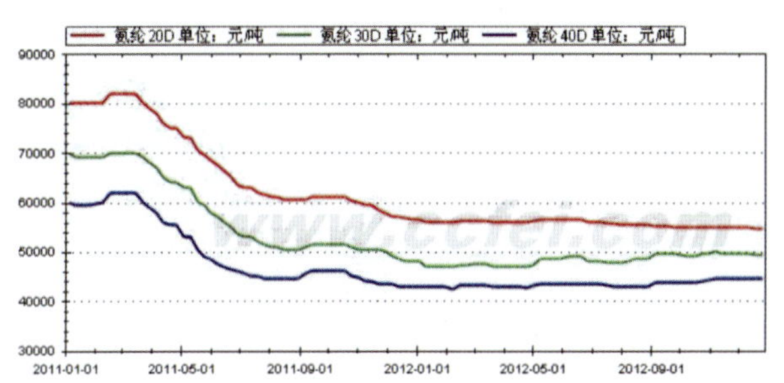

资料来源：中纤网

图9 2012年粘胶短纤价格走势图

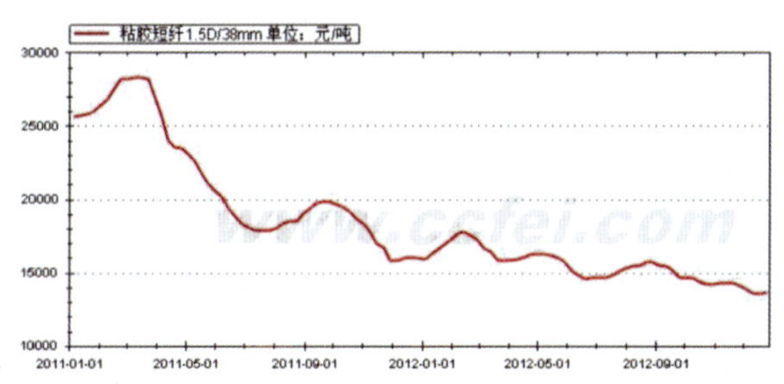

资料来源：中纤网

六、产销衔接不畅

据国家统计局经济月报数据测算，2012年，化纤行业平均产销率降至96.95%，同比下降1.24个百分点，人纤、锦纶、涤纶等主要子行业同比出现下滑，反映出市场需求不旺，产销衔接不畅。

但环比来看，产销情况逐渐好转，1～12月产销率96.95%，比1～2月的91.24%提高了5.71个百分点。

表5 2012年化纤行业产销率情况

	2012年（%）	2011年（%）	同比（百分点）
化纤行业	96.95	98.18	−1.24
其中：人造纤维	97.12	98.40	−1.28
锦纶	95.19	97.36	−2.17
涤纶	97.19	98.70	−1.51
腈纶	94.41	95.08	−0.67
维纶	99.05	95.27	3.78
丙纶	98.80	95.62	3.18
氨纶	96.51	94.40	2.11

资料来源：国家统计局

图10 2012年化纤产销率变化情况

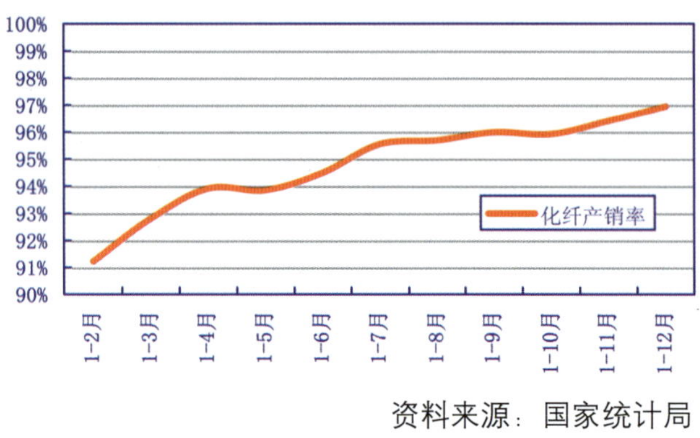

资料来源：国家统计局

产销率的下降直接导致库存增加。由于下游需求持续低迷，并且整个产业链都对后市预期不佳，各环节均在去库存化，使库存逐步向上游转移，因此上半年化纤库存压力逐渐加大，至6月底，化纤主要品种库存均达年内高位，粗略估算，5月中至6月中涤纶行业由于库存跌价而导致的损失约50亿元。6月底的行业自律之后，化纤产品库存出现明显下降，8月末部分产品库存降至年内低位。四季度随着临近年末，库存又有所增加。

七、效益大幅下滑，运行质量明显下降

国家统计局数据显示，2012年，化纤行业实现利润总额225.27亿元，同比下降28.31%，行业亏损面达22.72%，亏损企业亏损额也大幅增加46.81%。但从月度经济数据看，行业经济效益自三季度出现明显好转趋势，单月利润总额环比快速增加，同时亏损企业亏损额环比明显减少，亏损面也有所下降。

行业运行质量明显下降。行业负债率增加，偿债能力却有所下降；资金使用效率有所下降；盈利能力大幅下降，利润率仅为3.34%，同比下降1.53个百分点；百元销售收入财务费用同比大幅增加了21.59%，主要原因是由于库存增加占用了大量资金，导致财务成本大幅增加。

表6 2012年化纤行业经济效益情况

	利润总额			亏损企业亏损额		
	2012年（亿元）	2011年（亿元）	同比（%）	2012年（亿元）	2011年（亿元）	同比（%）
化纤	225.27	314.22	-28.31	50.67	34.51	46.81
其中：人纤	57.99	52.32	10.85	17.10	18.07	-5.39
锦纶	33.31	28.55	16.65	2.21	1.27	74.14
涤纶	111.38	202.69	-45.05	16.81	5.01	235.76
腈纶	-0.26	0.83	-131.61	1.57	0.43	268.25
维纶	-1.41	0.88	-260.07	1.86	0.90	107.41
丙纶	3.51	2.47	42.52	0.30	0.27	11.99
氨纶	2.58	7.78	-66.83	5.60	2.49	124.95
其他合成纤维制造	10.38	11.50	-9.70	2.81	2.69	4.47

资料来源：国家统计局

表7 2012年化纤行业运行质量情况

	单位	2012年	2011年
偿债能力指标			
资产负债率	%	62.99	62.00
产权比率	%	170.23	163.19
已获利息倍数	倍	2.90	4.33
营运能力指标			
应收帐款周转率（次）	次	19.98	22.40
产成品周转率（次）	次	17.03	18.15
流动资产周转率（次）	次	2.32	2.36
总资产周转率（次）	次	1.19	1.25
盈利能力指标			
利润率	%	3.34	4.88
成本费用利润率	%	3.44	5.10
总资产报酬率	%	5.37	7.34
净资产收益率	%	10.75	16.10
发展能力指标			
销售增长率	%	4.56	29.39
总资产增长率	%	10.28	17.03
三废比例			
销售费用比例	%	0.92	0.93
管理费用比例	%	2.15	2.13
财务费用比例	%	1.83	1.50

资料来源：国家统计局

影响行业运行的主要因素

一、宏观经济增长速度放缓

调整和减速不只是化纤行业的运行特点，2012年我国国民经济增长速度整体呈放缓趋势。GDP增长速度一季度保持8.1%，二季度为7.6%，三季度降至7.4%，创2009年以来最低增速，中国经济连续第7个季度放缓；规模以上工业增加值，一季度同比增长11.6%，1～6月份同比增长10.5%，1～9月份同比增长10.0%，增速逐渐回落；固定资产投资增速也有所放缓，1～12月份同比增长20.6%，增速同比下降3.4个百分点；1～12月我国累计出口额增长7.9%，增速下降12.4个百分点；从中国制造业采购经理指数（PMI）来看，5～8月持续下滑，8月、9月一度降至50以下，显示经济进入衰退期。

但是四季度我国经济出现回升，并且回升势头逐渐巩固。四季度GDP增速反弹至7.9%；9～12月份规模以上增加值增长速度连续四个月回升；四季度投资增速环比回升；出口规模也再创新高，12月出口额同比增长14.1%；PMI在10～12月连续三个月保持在50的荣枯分界线之上。

二、下游市场需求不足

下游市场需求持续不旺是影响化纤行业运行的最主要因素。

（一）下游工厂开机率不足

以江浙地区为例，织造工厂受制于订单不足、需求疲弱，开机负荷明显低于2011年同期。但9月份之后下游开工保持稳定，好于2011年四季度。

图11 2011～2012年江浙织机开机负荷变化

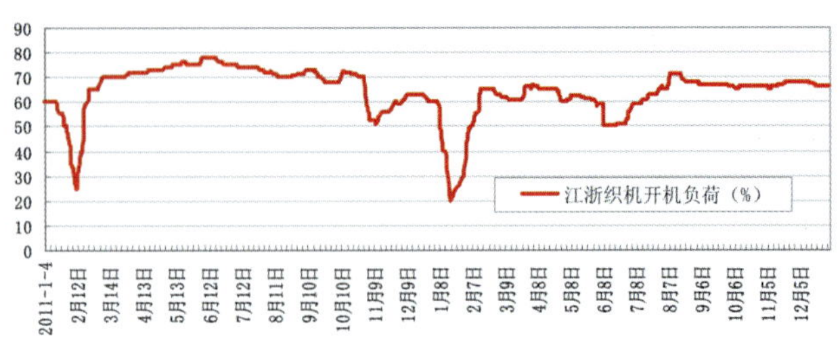

资料来源：中国化纤信息网

（二）化纤下游主要产品产量增速放缓

2012年，化纤下游主要产品纱、棉混纺布、化纤布、帘子布的产量增速比2011年同期明显下降。无纺布产量增速为23.08%，比2011年同期增速提高8.38个百分点，呈现快速增长的态势，为化纤行业发出一个积极的信号。

（三）纺织品服装出口增速下滑

2012年，全国纺织品服装出口2625.63亿美元，同比仅微增3.32%，比2011年同期增速回落16.55个百分点。但9～12月，纺织品服装出口增速连续四个月小幅回升。

表8 2012年化纤下游主要相关品种生产情况

品 种	单位	2012年产量	同比（%）	2011年增速（%）
纱	万吨	2984.00	9.80	12.43
棉混纺布	亿米	112.15	11.23	18.54
化学纤维布	亿米	166.34	8.27	14.82
无纺布	万吨	236.47	23.08	14.70
帘子布	万吨	75.14	10.16	15.27
绒线（毛线）	万吨	42.55	3.07	5.84
毛机织物（呢绒）	亿米	6.03	1.40	1.35
蚕丝及交织机织物	亿米	6.97	10.38	−0.97

资料来源：国家统计局

图12 全国纺织品服装出口增速变化

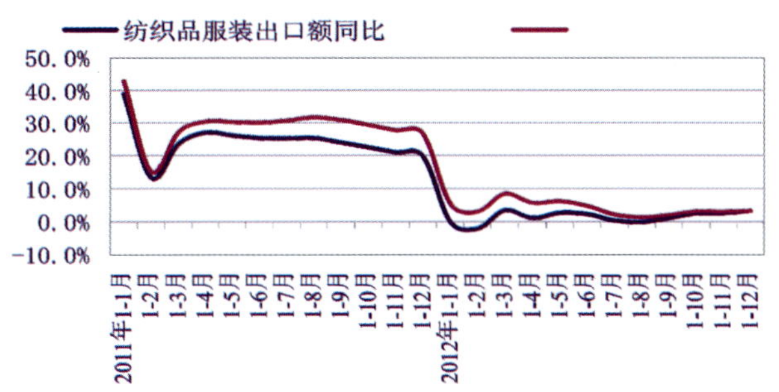

资料来源：中国海关

三、原料价格大幅波动

由于化纤价格和原油市场具有很强的相关性，所以原油市场的大幅波动导致化纤市场的不稳定，增加了企业的经营风险。这种风险不仅直接体现在产品价格的下跌上，更重要的是产业链信心备受打击，而且在价格快速下跌过程中，企业库存原料和产品跌价损失严重。

图13 2012年原油/PTA/涤纶POY价格走势图

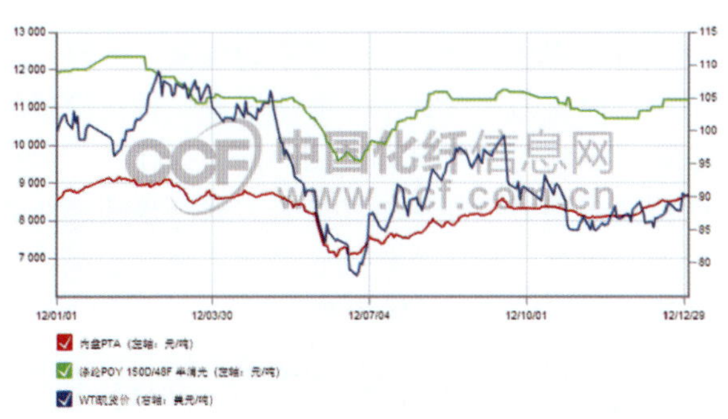

资料来源：中国化纤信息网

以涤纶为例，从涤纶POY和原料PTA的价格走势对比来看，企业的加工利润空间虽有下降但基本保持稳定。但是，2月中旬到6月底处于价格下降通道，下游企业对原料化纤的采购都是随用随买，原本应该是下游企业的原料库存都转移到了化纤企业，导致化纤企业的库存损失非常严重。

四、新增产能压力仍然较大

前两年，化纤行业整体运行情况良好，行业内外资本对行业关注度持续上升，导致产能增长较快。2012年投资增速虽已大幅回落，部分项目也在推迟建设或投产，但新增产能压力依然很大。以聚酯涤纶行业为例，投产聚酯产能大约400多万吨，其中聚酯瓶片160万吨。

五、棉花价格的支撑

2012年，由于国家对棉花实施收储政策，棉价基本稳定在1.9万元/吨上下，对涤纶短纤和粘胶短纤市场起到一定的支撑作用。特别是国内外高棉价差，导致下游纺企增加了对化纤短纤的使用量，消化了不少化纤增量。

图14 2011～2012年涤纶短纤与棉花价格走势对比图

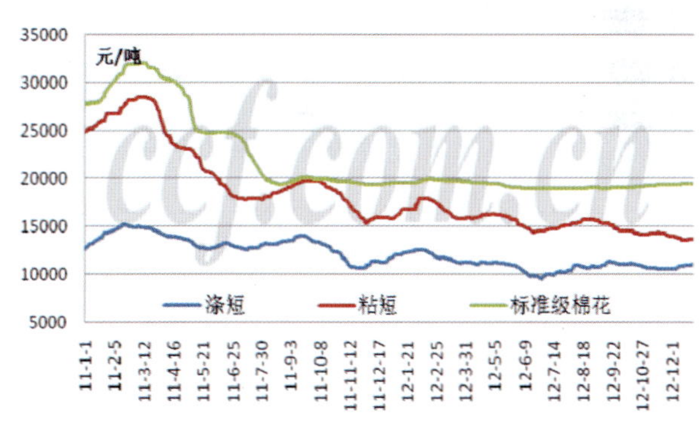

资料来源：中国化纤信息网

2013年化纤行业运行预测

一、2013年影响化纤行业运行的因素

（一）世界经济趋稳，或将缓慢回升

预计2013年世界经济增速与2012年相比不会出现太大波动，大体持平或轻幅上扬的可能性较大。

在全球金融危机爆发五年之后，世界经济最坏的时候已经过去，尽管世界经济依旧脆弱，但总体释放出比较积极的信号：美国经济正以缓慢的速度扩张，个人消费温和增长，房地产市场趋势回升，失业率稳在了8%以下；中国与世界经济的双向反馈效应越来越明显，四季度在中国经济“筑底回升”后，一些资源国和出口国得到了中国需求的支撑，世界经济开始企稳；欧元区整体局势趋于稳定，尾部风险正逐步得到消除。根据联合国于2012年12月18日发布的《2013年世界经济形势与展望》报告，2012年世界经济增长仅2.2%，预计2013年很可能继续保持低迷，但比2012年微幅回升，预计将增长2.4%。国际货币基金组织（IMF）在2013年1月份的世界经济展望中指出，压抑全球经济活动的因素预计将消退，2013 年全球经济增长将缓慢回升，预计2013年世界经济将增长3.5%，比2012年提高0.3个百分点。

（二）中国经济转型，提高质量效益

关于中国经济，2012年的中央经济工作会议上，18年来经济工作会议定调中首次去掉了“快”字，更加强调“稳中求进的工作总基调”。2013年将继续实施积极的财政政策和稳健的货币政策，第十二届全国人民代表大会第一次会议的《政府工作报告》中提出了国内生产总值增长7.5%的目标，主要基于两方面考虑：一方面，要继续抓住机遇、促进发展；另一方面，要切实按照科学发展观的要求，引导各方面把工作重心放到加快转变经济发展方式和调整经济结构上，放到提高经济增长的质量和效益上，推动经济持续健康发展。

（三）原油保持震荡，波动区间收窄

2013年原油需求复苏可期，地缘政治因素仍将短期影响原油市场走势，但国际原油供应继续增长，预计原油市场仍保持震荡格局，波动区间较之2012年有所收窄，因此化纤原料价格波动幅度可能减小。

（四）内外棉价差大，化纤短纤受益

2013年，棉花临时收储政策继续执行的概率较大，国内棉花价格仍将保持高位，而国际棉花市场仍处于供大于求状态，国际棉价缺乏大幅回升的动力，因此，国内外高棉价差问题仍将继续存在，严重影响我国纺织产业的竞争力。棉纺企业为降低原料成本，可能会继续加大化纤短纤使用量，但纺织产业竞争力的下降，对化纤行业整体运行来说是不利的。

（五）压力继续存在，动力更加充沛

2013年，化纤行业面临的新增产能压力、资源环境压力、要素成本压力等问题仍将继续存在，但行业在推进产业结构优化调整与转型升级方面已经取得一定成绩，高新技术纤维发展取得重点突破，产业创新联盟工作取得突破，自主创新能力进一步提高，标准体系建设更加完善，这些都为未来化纤行业的发展提供了充沛的动力。

二、2013年化纤行业运行具体预测

综合以上分析，2013年我国化纤行业所处的宏观经济环境比较平稳，乐观一点说，可能会有所回升，这将支撑化纤纺织产品需求的恢复。同时，化纤新增产能压力将会比上年有所缓解，棉花价格的高位运行也将对化纤市场起到一定支撑作用，而行业会把更多精力倾注于转变增长方式、提高产业竞争力上，因此，行业总量增长速度将继续放缓，运行质量会有所好转。具体预测如下：

市场：预计2013年化纤市场将会比2012年平稳很多，可能会出现正常的季节性行情，但波幅不大，总体呈前低后高走势。

产量：预计全年产量4100万吨，增长8%左右。

出口量：预计出口量280万吨，增长15%左右。

经济效益：预计利润总额可能达250亿元，增长10%左右。运行质量有所好转。

（撰稿人：吴文静）

棉纺织业

2012年我国棉纺织行业运行分析

中国棉纺织行业协会

2012年，在全球经济较为低迷以及诸多不确定因素的形势下，国内外市场需求维持较弱，加之国内外棉花价差持续过大，导致我国棉纺织行业全年处于较为困难的环境之下。下半年，宏观环境有所企稳，棉纺织行业下滑幅度逐步收窄。总体看，棉纺织行业在较为艰难的形势下表现坚强，在技术进步、结构调整、产业升级等方面取得了较大的进步。

一、纱布生产稳中放缓

根据《2012年国民经济和社会发展统计公报》，我国全社会纱产量2984万吨，同比增长9.8%；全社会布产量841亿米，同比增长3.3%。从规模以上企业逐月累计同比增速看，纱产量同比增速在13%～15%区间浮动，其中纯棉纱产量同比增速在3～7月份期间直线下滑，7月份之后触底反弹，其中纯棉纱同比增速持续低于纱产量同比增速；布产量则从3月份开始呈现一路下滑趋势，截至10月份，较3月份同比增速相比放缓超过约7个百分点，10月份之后增速回升。

图1 2012年纱产量及布产量逐月累计同比增速

单位：%

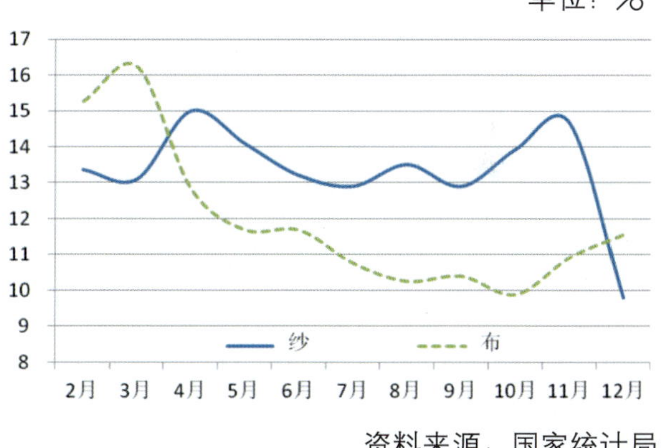

资料来源：国家统计局

二、贸易呈现进增出减格局

2012年，欧债危机波及全球经济，国际需求

表1 2012年我国棉制纺织品出口市场同比增速变化

国家及地区	2011年同比（%）	2012年同比（%）	同比变化（百分点）
东　盟	25.6	5.2	−20.4
香港地区	−2.1	−2.9	−0.8
非　洲	21.4	−1.5	−22.9
欧　盟	13.9	−17.8	−31.7
美　国	−9.0	−1.6	7.4
日　本	21.9	−11.5	−33.4

资料来源：国家统计局

疲软，国内各项成本价格竞争力减弱。在内因、外因的共同作用下，棉纺织行业出口遭遇严峻考验。

（一）涉棉类产品出口呈现回升态势

根据中国海关数据，2012年我国纺织品服装累计出口金额2626亿美元，同比增加3.32%，其中棉制纺织品服装累计出口金额901亿美元，同比增长3%。棉制纺织品服装出口金额占纺织品服装出口金额的比重约34.3%，与2011年同期相比略有下降。从我国棉制纺织品及服装出口金额逐月累计同比变化看，呈现回升态势，四季度在棉制服装出口增速又负转正，棉制纺织品尚未脱离负增长局面。

由于国内外棉价差持续过大，我国涉棉纺织品服装出口压力骤增，棉制纺织品及棉制服装出口竞争力大幅下滑，国际市场份额遭到来自东南亚等国家的抢占。根据中国海关数据，2012年我国原棉出口数量累计同比减少32%；棉纱线出口数量累计同比分别增加13.9%，主要因为2011年同期基数较小；棉制服装、棉制床上用品出口数量累计同比分别减少2%、4.5%；由于大量使用进口低价纱线，棉织物出口由年初同比负增长缓慢转为小幅正增长，1～12月出口数量累计同比增长3%。

图2 2012年我国棉制纺织品及服装出口金额逐月累计同比

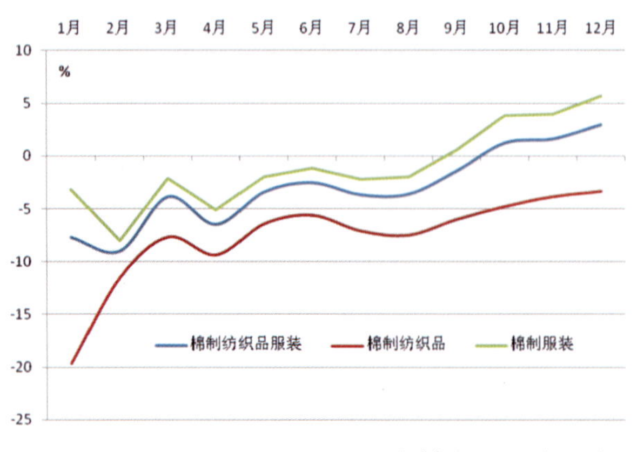

资料来源：中国海关

（二）内外棉价差促使涉棉类产品进口需求加大

由于国内棉花价格大幅高于国际棉价，促使国内市场对棉花、棉纱线、棉织物以及棉制服装的进口需求大幅增加。根据中国海关数据，2012年，我国累计进口棉制纺织品服装89亿美元，同比增长22.5%，占纺织品服装进口总额的比重约36%，较2011年提高5个百分点。

从分类看，2012年我国累计进口棉花、棉纱线、棉织物以及棉制服装的数量分别同比增加53%、69%、10%、14%。其中，棉纱线累计进口金额50亿美元，占棉制纺织品进口金额的67%，占棉制纺织品服装进口金额的比重超过一半。

2012年以来，由于国内外棉价差过大，国内对于进口原棉的需求受到配额限制无法得到满足。生产用棉企业在配额不足的情况下，以高达5000元/吨的价格购买配额或以40%的高关税进行清关，大幅增加了企业用棉成本。

图3 2012年我国原棉及棉纱线月度进口数量及累计同比

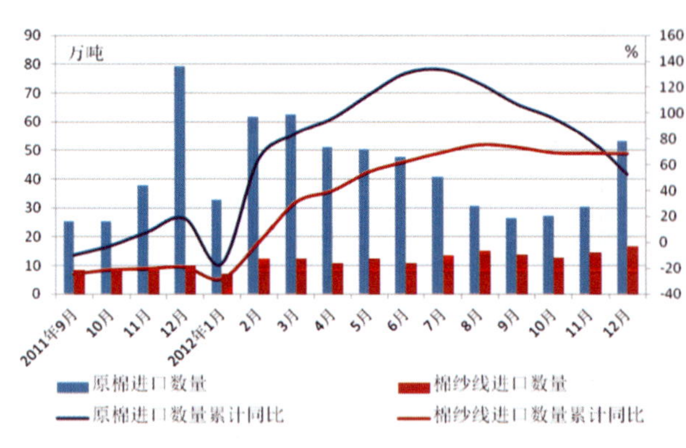

资料来源：中国海关

（三）美国市场率先恢复

2012年我国棉制纺织品主要出口市场整体表现较为乏力。2012年出口金额同比增速与2011年同期增速相比，美国市场率先恢复，同比降速收窄7.4个百分点，其余主要出口市场出口金额同比增速均有不同程度下滑。月出口金额增速方面，仅东盟市场保持小幅正增长，其余主要出口市场同比增速均为负增长。

三、市场价格呈现不同特点

（一）国内棉价持续大幅高于国际棉价

1．国内外棉价差持续过大

2012年，国内棉价基本稳定在19000元/吨左右，上下浮动在1000元/吨之内。由于下游需求不足，且国内棉价长期大幅高于国际棉价，棉纺织企业中低支纱线出口订单锐减，导致棉花价格缺乏上涨动力；同时，在收储政策的有力支撑下，国内棉价全年处于较为稳定的状态。

国际棉花价格走势主要受供需基本面的主导，欧洲市场需求萎缩，美国复苏仍存不确定性，新兴市场也较为不稳定，国际棉花价格全年处于弱势下跌中，折人民币1%关税价格最低跌至13000元/吨左右。

全年来看，国内棉价持续大幅高于国际棉价，且价差较2011年四季度继续扩大。从2011年9月价差1158元/吨扩大到2012年3月价差3680元/吨，再扩大至2012年6月的5500元/吨，截至2012年年底仍持续在5000元/吨左右的高位，高于国际棉价的幅度高达40%左右。

图4 2012年国内外棉价走势图

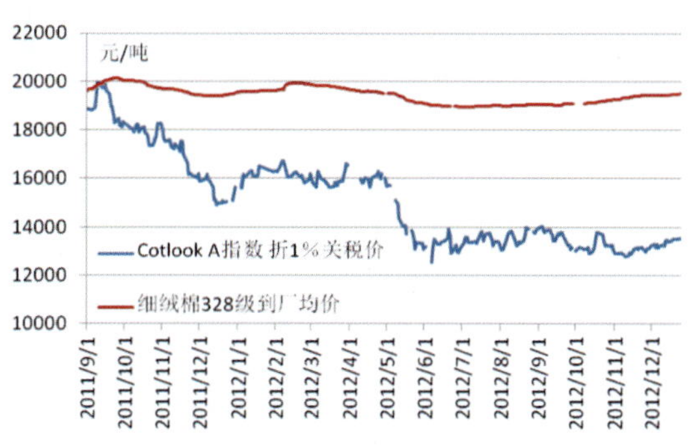

资料来源：中国棉纺织行业协会

2．国内收放储政策同时启动

2012年9月，国家同时启动了放储与收储政策。9月3～9月29日，为了满足纺织企业用棉需求，国家投放储备棉100万吨，起拍价格18500元/吨，实际成交49万吨，成交率约50%，成交价格折328级价格18640元/吨，基本与市场价格相当。

为了保护棉农利益，2012年9月10日启动收储政策，收储固定价格20400元/吨，高于当时市场价格约1400元/吨，截至2013年3月8日累计成交632万吨。由于收储价格高于市场价格，新棉基本交储，按照国家统计局公报公布的全国棉花产量684万吨计算，截至2013年3月1日，2012年新棉交储占棉花产量的比重已超过90%。

收储与放储同时进行，加之国内棉价高于国际棉价，国内市场同时存在多种价格，棉纺企业处于购棉难、用棉贵的境地。

3．国内外期棉价格走势迥异

在国内供需基本面与政策面共同作用下，全年国内郑州商品交易所的棉花期货价格较2011年相比较为稳定，波动区间较窄。2012年1～5月，郑棉近月合约结算价小幅高于国内现货价格，5～9月略低于现货价格，9月以后开始小幅拉升，逐步高于现货价格。在收储启动后，由于现货价格低于收储价格，郑棉近月合约结算价逐步走强，而远期看由于需求低迷，缺乏支撑棉价动力，郑棉远月合约结算价呈现弱势，整体形成近强远弱格局。

国内郑棉价格坚挺，国际期棉持续走弱，国内外期棉价差逐步拉大，且始终高于国内外棉花现货价差。截至12月底，国内外期棉依然维持7500元/吨左右。

图5 2011年9月起内外期棉价格走势图

资料来源：中国棉纺织行业协会

（二）化纤短纤价格波浪式下跌

2012年，国内粘胶短纤市场价格总体呈现波浪式下降，主要原因是下游需求不足。但由于内外棉价差过大，部分纺纱企业随时调整产品结构，以粘胶短纤替代棉纤维，加上阶段性集中补库因素，造成粘胶短纤阶段性小幅止跌或上扬，全年形成波浪式下跌。截至12月底，粘胶短纤价格由2月中旬18000元/吨跌至14000元/吨，跌幅达22%。

涤纶短纤市场价格全年小幅下跌，虽然下游市场同样需求不足，但国际石油价格的支撑作用明显，涤纶短纤价格在一定窄幅区间内上下波动，基本保持在10000～12000元/吨之间。

化纤短纤价格的下跌走势一定程度上促使了棉纺企业以化纤短纤替代棉花进行生产。

图6 2012年国内棉花及化纤短纤价格走势图

资料来源：中国棉纺织行业协会

（三）下游需求不足，纱布价格弱势维稳

下游终端消费动力不足，全年需求平淡，导致纱布市场价格整体呈现下跌态势。企业采取控制库存策略，纱布价格仅在集中补库阶段有所反弹。由于国内棉花价格相对稳定，纱布价格跌幅较2011年相比大幅缩小，受原料成本价格的直接支撑，纱线价格跌幅相对小于坯布价格跌幅，以纯棉普梳32支纱和32支纯棉坯布为例，截至12月底，分别较年初下跌0.4%和3.6%。总体看，布产品下跌幅度普遍大于纱线产品，随着下游价格接受能力，上游利润空间进一步压缩。

图7 2012年国内纱布市场价格走势图

资料来源：中国棉纺织行业协会

（四）国内外纱线价差持续较大

国内外棉花价差直接导致国内纱线价格高于国际同类纱线价格。

以32支纯棉普梳纱价格为例，2012年前三季度，国内外纱线价差维持在1000～1200元/吨左右。四季度以来，巴基斯坦纱线价格依靠我国对进口纱需求的增加而较快提高，纱线价差略有缩小。

再以10支转杯纺纯棉纱为例，由于低支纱原料成本占比较大，印度凭借用棉成本优势，纱价低于我国国内纱价的幅度曾高达2000元/吨，下半年同样因我国对进口低支纱需求较大而上调价格。

图8 2012年中巴32支纯棉普梳纱价格对比

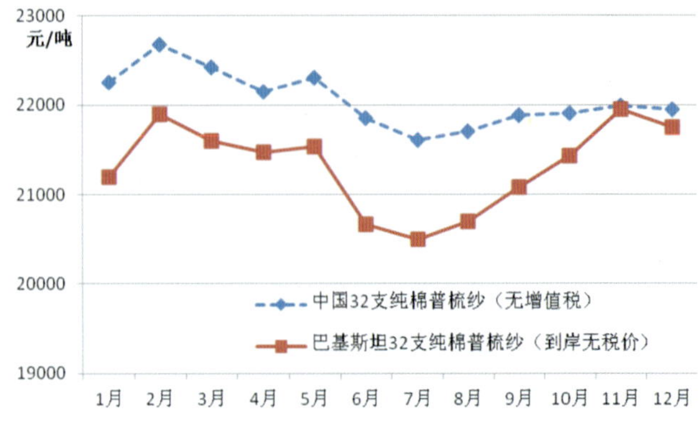

资料来源：中国棉纺织行业协会

四、投资增速放缓，以转型升级为主

（一）投资额同比增速放缓

2012年，棉及化纤纺织加工业累计实际完成投资金额1931亿元，同比增长15.1 %，较2011年大幅放缓约22个百分点；新开工项目数累计2764个，同比减少11%，较2011年减幅扩大10个百分点。从分行业看，棉纺行业月度投资额自下半年起下降较为明显，棉织造加工业月度投资额相对稳定。

从投资额同比增速上看，尽管增速有所放缓，但同比15%～20%的增速说明棉纺织行业依然保持平稳增长。

图9 2012年棉纺织行业实际完成投资逐月累计同比增速图

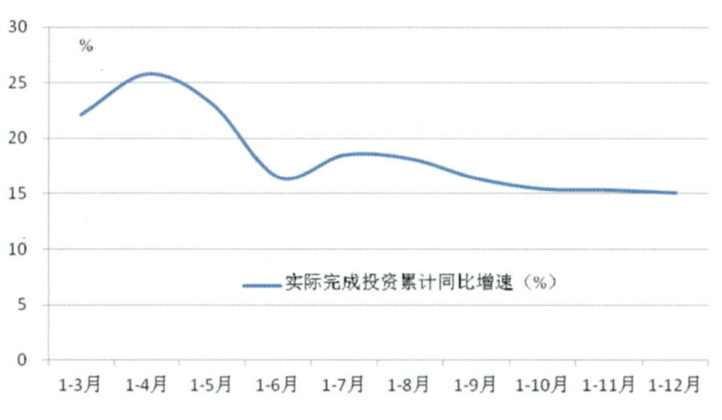

资料来源：国家统计局

（二）新开工项目注重转型升级

虽然这一年棉纺织行业比较困难，新开工项目数量同比减少，但仍保持一定的新开工项目投资，是以转型提升的新方式推动着棉纺织行业的发展。

1. 企业加快退城进园

随着国内土地、人工、电费以及其他管理费用的不断上涨，纺织行业作为人工密集型的制造业产业，为了提高产业集中度、降低成本，以及土地资源利用率，部分纺织企业已经或正在规划退城进园，实现区域内转移。在退城进园的过程中，纺织企业也进行相应地自身规划，积极进行技术改进，设备升级，产品转型。

2. 新增产能较为慎重，新购设备以提升产品质量及劳动生产率为主

2012年，棉纺织行业整体开工不足，企业经营困难，部分企业严重亏损。多数棉纺织企业暂无新增产能计划，部分年初计划购买生产设备的企业也较为慎重或暂缓。在转型升级的大趋势下，新增设备以中高端设备为主。

根据海关统计，2012年，我国累计进口精梳机、棉细纱机、喷气纺纱机、自动络筒机分别为262台、364台、148台、2411台。

五、质效指标前低后升

（一）产销及效益指标逐步回升

2012年，我国棉纺织行业规模以上企业工业总产值及销售产值同比增速均较2011年放缓约15个百分点。两指标逐月累计同比增速均呈现下滑态势。

2012我国棉纺织行业规模以上企业利润总额增速较2011年下降20个百分点。逐月累计同比增速在上半年均处于负增长状态，下半年转为正增长，呈现单边回升趋势。

图10 2012年棉纺织行业主要指标逐月累计同比变化图

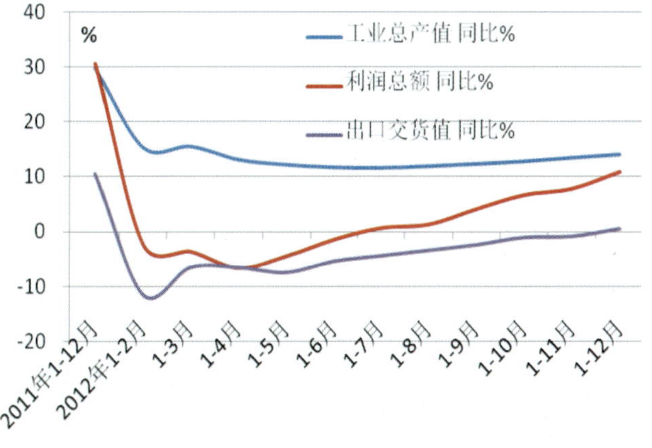

资料来源：国家统计局

（二）出口交货值恢复正增长

受国际需求疲软、棉纺织行业国际竞争力严重下滑的影响，2012年我国棉纺织行业规模以上企业出口交货值累计986亿元，同比小幅增长1.5%，较2011年下降近12个百分点。全年逐月累计同比增速处于负增长状态，年底恢复正增长。

其中棉纺纱加工业出口交货值累计同比增加2%，棉织造加工业同比下滑1%。

全年看，棉纺织行业出口交货值累计同比增速呈现回升态势，出口形势温和改善。

（三）棉纺纱加工利润空间不足

上半年，全国规模以上棉纺纱加工业利润总额持续同比负增长，由于国内棉价大幅高于国际棉价，纺纱企业用棉成本居高不下，利润空间极为有限。以国内18.2tex（32英支）纯棉普梳纱与国内328级棉花价差走势为例，纺纱企业理论利润空间自2011年4季度以来大幅缩水，扣除生产、经营、管理等费用成本，实际利润所剩无几或不同程度亏损。

下半年，随着高价棉花库存的消化，经营情况有所好转，利润同比增速恢复正增长并逐步回升。但利润空间依然不足。

图11 2011年9月至2012年12月国内棉纱及棉花价差走势图

资料来源：中国棉纺织行业协会

（四）亏损程度逐步收缩

截至2012年12月底，我国棉纺织行业规模以上8851户企业亏损面12.2%，其中棉纺纱加工业、棉织造加工业损面分别约13.8%、9.5%；亏损企业亏损金额同比增长59%，其中棉纺纱加工业、棉织造加工业亏损面分别约46%、132%。

全年看，棉纺纱及棉织造加工业亏损面呈现收窄趋势，亏损金额同比增速自2季度开始呈现直线下降，行业效益处于恢复阶段。

图12 2012年棉纺织行业亏损面及亏损金额累计同比

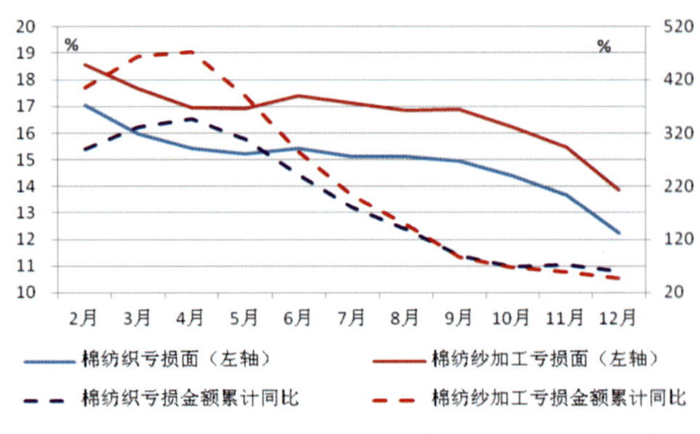

资料来源：国家统计局

（五）产成品库存仍具压力

2012年棉纺织行业月度产成品库存呈增长态势，棉纺纱加工业占用资金量明显高于棉织造加工业。由于国内纺纱订单遭到东南亚国家廉价产品的冲击，出货不畅且亏本经营，但为了维护产业的稳定，大多数纺纱企业生产常规品种以保证企业正常运转，造成产成品库存积压。

六、产业升级显示成效

（一）自主提高自动化程度

近几年，人工成本增长过快，80后及90后逐渐进入社会并成为社会劳动力的重要组成部分，由于生产车间噪声污染及夜班制度，越来越多的年轻人不愿意加入棉纺织行业，形成了工资上涨和招工难的双重用工压力。

棉纺织企业正在自主设备更新，一方面减少用工，提高自动化程度和劳动生产率，另一方面改善工作环境。投资主要以清梳联合机、自动络筒机、长车、集体落纱、细落联等设备为主。其中，2012年细纱带自落纱长车同比增长超过50%。

（二）劳动生产率稳步提升

2012年，面对市场形势不利、用工成本大幅提升，招工难等问题，棉纺织企业积极通过技术装备的改造，产品结构的调整，以及管理水平的提升，全年实现劳动生产率（按工业总产值计算）约69万元/人，同比增加约13%。

2012年棉纺织行业从业人员平均人数240.3万人，同比减少3%。随着劳动力成本不断快速增长，尽快提高劳动率是棉纺织行业的重要任务。

（三）节能减排效果显著

随着我国环境问题的突出以及环境压力的增大，2012年我国棉纺织企业加倍重视开展节能减排工作，并取得了显著效果。根据中国棉纺织行业协会对百家企业进行节能减排有关数据调查分析，2012年万元产值用电同比下降38.45%、综合能耗折标准煤能耗同比降幅9.09%、吨纱和万米布综合能耗分别同比降低1.74%和5.5%，万元产值耗水同比下降了19.11%。

2013年棉纺织行业经济形势展望

一、内需是改善形势的重要动力

2012年12月底，国家召开中央经济工作会议，表示继续实施积极的财政政策和稳健的货币政策。会议强调，2013年是全面贯彻落实十八大精神的开局之年，是实施“十二五”规划承前启后的关键一年，是为全面建成小康社会奠定坚实基础的重要一年。

对于棉纺织行业而言，推动城镇化进程，拉动国内终端消费需求，是2013年棉纺织行业形势得以改善的重要外部动力。同时，棉纺织行业仍将依靠自身全方位积极地转型升级来实现行业的可持续发展。

二、继续稳步增长，预计增速前低后高

从2012年棉纺织行业整体运行情况来看，棉纺织行业在转型升级过程中表现出了增速放缓的特点。就当前我国棉纺织行业发展的总体环境看，预计2013年我国棉纺织行业将继续保持稳定增长，增速呈现前低后高态势。而我国规模以上棉纺织企业运行质效将随着在加快结构调整、提高管理水平等方面的努力得以继续恢复。

三、棉价差促进进口需求，倒逼棉企转型升级

2012年，国内棉花价格全年大幅高于国际棉花价格，棉花价差过大成为纺织产业链的焦点，对棉纺织产业链造成了多重影响。巨大的棉花价差或将在一段时期内持续，预计2013年我国将保持对进口棉花以及中低支棉纱的较大需求。同时，巨大棉花价差的存在对于正处于转型升级关键时期的棉纺织行业而言，形成了一种倒逼转型升级的推动力。如何利用好这种倒逼机制进行转型是我国棉纺织企业2013年的重要课题。

（撰稿人：马琳）

毛纺织业

中国毛纺织行业协会

2012年行业运行情况综述

2012年以来，全球经济持续低迷，欧债危机导致欧盟经济整体下滑，美国经济复苏缓慢，日本在经济增长乏力的同时，中日关系再度交恶，导致国际主要出口市场需求疲软。国内环境则面对着人民币升值、内销发展动力不足、劳动力成本上涨、生产要素价格不断攀高等诸多影响，全年毛纺行业增长速度明显回落，四季度回落态势有所减缓。

一、产销衔接良好

2012年，规模以上企业毛纱线生产一季度开局较好，从二季度开始增速持续下滑，全年毛纱线生产累计同比增长3.07%，比上年同期增速减少2.77个百分点。呢绒生产在二季度开始出现明显的增速放缓，全年累计生产同比增长1.4%，比上年同期增速略高0.05个百分点。

2012年规模以上1149户毛纺织和染整精加工企业累计实现工业总产值2045亿元，同比增长9.70%，同期销售产值增长10.48%。毛纺企业产销率达到97.62%，比上年同期提高0.70个百分点（见表1）。

二、固定资产投资保持增长

2012年二季度以来，毛纺行业投资一直保持较快增长。全年规模以上毛纺织和印染精加工企业实际完成投资247.70亿元，同比增长36.56%，比上年同期增速加快18.01个百分点。新开工项目数392个，同比增长7.99%，自2012年5月以来，保持同比增长的势头（见表2）。

三、内销增速放缓

2012年规模以上毛纺织及染整精加工企业内销产值同比增速为11.38%，比上年增速下调11.65个百分点，与纺织业11.77%的增速基本持平。头7个

表1 2012年分行业产销完成情况

项目	工业总产值		销售产值		产销率	
	2012年（万元）	同比（%）	2012年（万元）	同比（%）	2012年（%）	增减（百分点）
毛纺织和染整精加工	20445080	9.70	19959049	10.48	97.62	0.70
其中：毛条加工	9254526	6.16	9014237	7.31	97.40	1.05
毛纺织	8869335	11.56	8710974	12.04	98.21	0.43
毛染整精加工	2321219	17.87	2233838	18.17	96.24	0.24

资料来源：国家统计局

毛衫、毛梭织服装出口同比分别回落15.34%和15.86%，而毛毯、地毯等室内纺织品出口量与上年同期水平相比差别不大。

图1 2012年主要毛纺产品出口金额及同比变化情况

单位：万美元，%

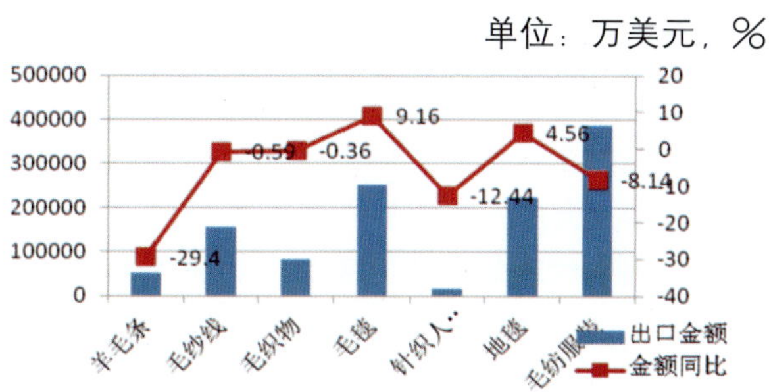

资料来源：中国海关

图2 2012年毛纱线出口数量及出口单价同比变化情况

单位：%

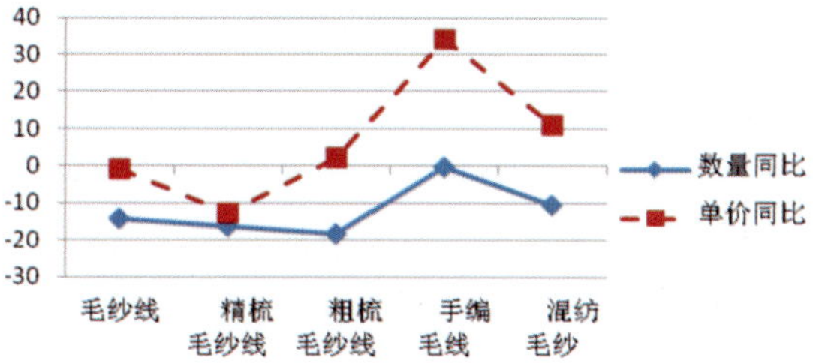

资料来源：中国海关

图3 2012年毛织物出口数量及出口单价同比变化情况

单位：%

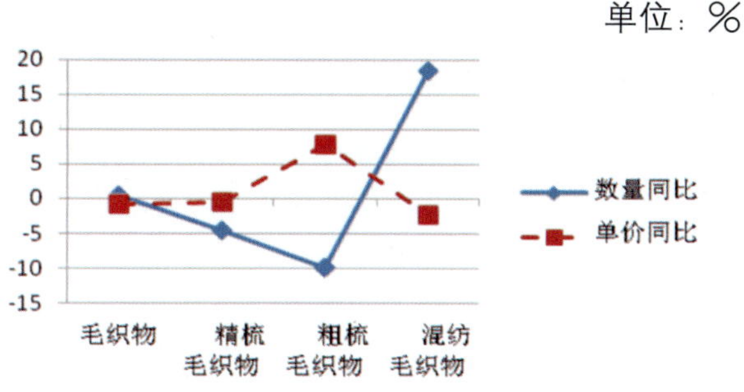

资料来源：中国海关

受生产经营要素成本上涨等因素影响，我国传统毛纺产品消费市场的订单部分转向其他劳动力成本更具优势的经济体。目前这些地区对我国毛纺中间产品的依赖较大，但随着这些地区纺织产业链的逐渐完善，其纺织服装出口劣势将得到弥补，竞争力将得到进一步增强，对未来我国纺织服装出口将造成重大影响。

出口形势的改变首先体现在毛纺产品传统重点消费市场需求不足。毛纺产品对欧盟出口回落明显，与上年同期相比，出口额占毛纺产品出口总金额比重下跌3.66个百分点，同比减少17.68%。其中，毛纱线、毛织物单价均出现下跌；但毛织物对欧盟出口呈现增长，尤其是粗梳毛织物增长较快。下游产品出口数量也普遍下跌，但价格有所提升。对日本出口保持增长，但增幅回落至3.52%。出口美国、香港地区总额同比分别下跌1.98%和10.04%。

除了传统市场的疲软，毛纺产品出口新兴市场在2012年依然有较好的发展，其中，出口东盟的毛纺产品总额同比增长42.98%。东盟市场对国内毛纺产品的需要主要是中间产品，对羊毛纱线、毛织物的需求较大，尤其是毛纱线增长较快，出口量同比增长高达341.37%，单价同比增长105.36%。毛织物出口增速较上年回落较快。

图4 2012年主要毛纺产品出口市场情况

单位：万美元，%

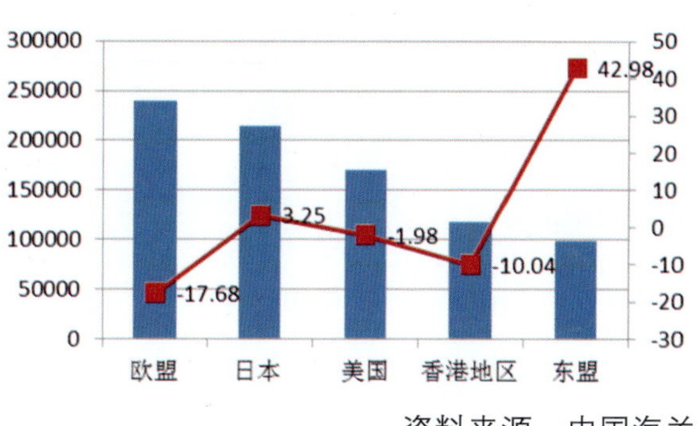

资料来源：中国海关

观察出口地区，出口额排在前五位、总额占比超过75%的江苏、浙江、广东等省市出口额同比增速均呈现放缓，其中江苏、浙江、广东出口呈负增长。

图5 2012年主要出口地区毛纺产品出口情况

单位：万美元

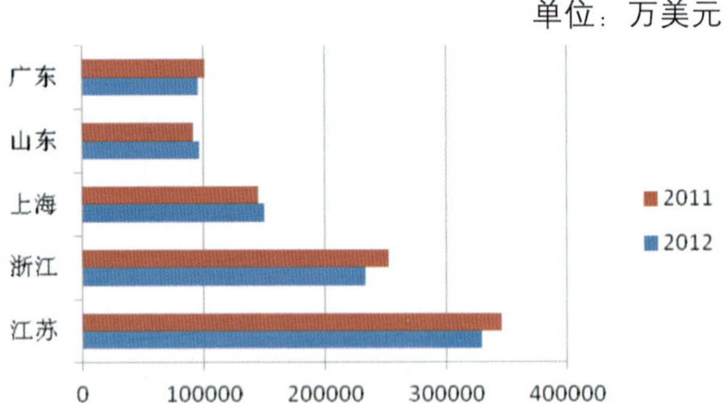

资料来源：中国海关

五、经济运行总体平稳

2012年毛纺织行业1149户规模以上企业实现主营业务收入2013.53亿元，同比增长8.25%；完成销售产值1995.90亿元，其中前7个月销售增速逐月放缓，7月底销售增速为6.9%，8月后销售增速有所回升，全年销售增速为10.5%。利润总额110.91亿元，同比提高11.05%，略低于纺织行业水平，但增速呈现回升。毛纺行业资金运转效率继续下降，总资产周转率与产成品周转率同比分别降低3.07%和4.20%，低于纺织行业平均水平，亏损面达到15.40%，2012年年中，亏损企业亏损额同比增速一直处于高位，一度高达148.78%（三季度），但到12月，亏损额增速已回落至64.34%（见表6、7、8）。

结合2012年全年四期中纺联企业经营者调查问卷来看，行业之间、企业之间发展存在着不平衡的现象，多数企业面临发展困难加大的局面，尤其是以出口加工为主的小企业。

根据中纺联发放的四季度企业经营者问卷反馈信息显示，30.8%的毛纺样本企业订单同比减少，其中外销订单同比减少38.6%；27.7%的样本企业产品销售价格同比下降；52.4%的样本企业盈利水平同比下降，高出纺织行业平均水平22.1个百分点。行业运行遇到的共性问题集中反映在“国际市场需求不足”和“人工成本上涨过快”两个方面。对于企业现阶段生产经营中遇到的主要问题，受访的65家毛纺企业中56.3%的样本企业第一项选择为“国际市场需求不足”，高出纺织行业平均水平19.9个百分点，表明毛纺企业受国际市场低迷的影响更大；关于影响本企业效益的原因，第一位选择“人工成本上涨”的样本企业占比高达79%，可见劳动力成本的持续上升对企业效益的影响之深。

表6 2012年劳动生产率及三费比例情况

效益指标	劳动生产率（现价产值）			三费比例		
	2012年（万元/人年）	2011年（万元/人年）	增减（%）	2012年（万元/人年）	2011年（万元/人年）	增减（百分点）
纺织业	65.61	57.20	14.70	5.27	5.09	0.17
毛纺织和染整精加工	71.77	63.39	13.21	4.85	4.41	0.45
其中：毛条加工	81.19	71.98	12.80	4.69	4.37	0.32
毛纺织	64.56	57.69	11.91	4.44	4.27	0.17
毛染整精加工	69.24	56.16	23.30	7.16	5.10	2.06

资料来源：国家统计局

表7 2012年资金运转情况

效益指标	总资产周转率			产成品周转率		
	2012年（次）	2011年（次）	增减（%）	2012年（万元/人年）	2011年（万元/人年）	增减（%）
纺织业	1.61	1.60	0.58	20.69	20.26	2.12
毛纺织和染整精加工	1.48	1.53	-3.07	12.51	13.06	-4.20
其中：毛条加工	1.52	1.65	-8.07	8.75	9.83	-11.05
毛纺织	1.42	1.44	-1.84	18.67	17.33	7.71
毛染整精加工	1.62	1.41	15.17	21.81	22.87	-4.64

资料来源：国家统计局

表8 2012年行业盈利情况

效益指标	销售毛利率			销售利润率			成本费用利润率		
	2012年（%）	2011年（%）	增减（百分点）	2012年（%）	2011年（%）	增减（百分点）	2012年（%）	2011年（%）	增减（百分点）
纺织业	13.82	13.24	0.58	5.28	5.20	0.08	5.64	5.54	0.11
毛纺织和染整精加工	13.99	12.30	1.69	5.51	5.37	0.14	5.94	5.86	0.08
其中：毛条加工	16.47	13.77	2.70	6.15	5.83	0.33	6.77	6.43	0.34
毛纺织	10.69	10.67	0.01	4.70	4.89	-0.18	4.96	5.26	-0.30
毛染整精加工	17.40	12.47	4.93	6.00	5.29	0.71	6.51	5.77	0.74

资料来源：国家统计局

2012年影响行业运行的主要因素及2013年行业运行走势预测

一、羊毛原料价格保持高位

2012年进口羊毛31.83万吨，同比下降3.91%，进口羊毛单价同比下降3.62%。其中，占总量78.98%的含脂毛进口量同比降低5.78%。

图6 2008～2012年进口羊毛数量同比与单价变化情况

单位：美元，%

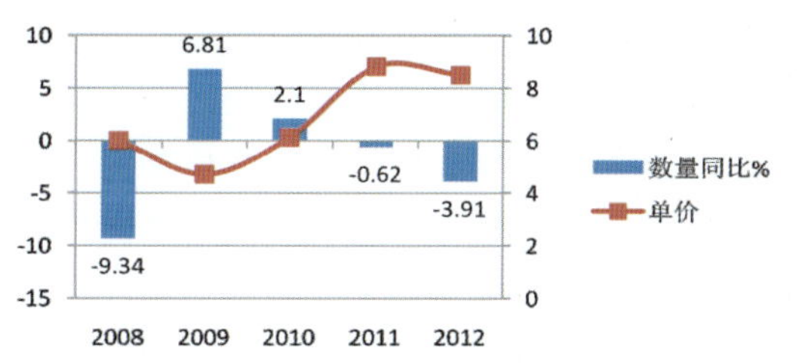

资料来源：中国海关

2012年羊毛原料价格维持在每公斤1000澳分以上的高位波动，2013年世界形势尽管依然不乐观，但出现一些向好的迹象。同时，据估计，2013年全球羊毛产量维持不变或略有下降，毛纺原料供给仍然紧张，加之下半年企业在经营方面更趋谨慎，2012年底原料库存普遍低于往年。2013年头2、3个月，羊毛价格还会处于坚挺的态势，全年羊毛原料价格将保持高位。

下图为英国经济学人智库（EIU）修正后的羊毛价格预测，提出2014年7月以前的羊毛市场前景，并根据IMA–Asia 提供的外汇预期变化将EIU提供的澳元价格数据转化成美元价格数据。从这份预测可以看出，2013年羊毛价格可能保持约5%的增长速度。

图7 羊毛价格趋势预测图（净毛）

单位：美元/公斤

资料来源：澳大利亚羊毛发展公司

二、以劳动成本为主的成本压力增加企业经营难度

近年来，成本上涨过快一直是企业反应的一大问题，其中劳动力成本持续几年每年以超过10%的速度增长。不断攀升的成本，使行业比较优势逐渐丧失，不但使行业内部企业间竞争加剧，而且削弱了行业的国际竞争力，出口产品竞争优势减弱，一些产品的国际市场份额正在被劳动力成本更低的国家所取代。中小企业融资困难，不利于生产活动的开展，企业经营困难。

三、出口形势仍较严峻，出口增速略有回升

面对全球经济增长下滑和诸多不确定因素，已进入第六个年头的全球金融危机不断挤压着世界各国宏观经济政策空间。欧美国家普遍出台紧缩财政政策与超宽松货币政策，贸易壁垒风险加大。预计2013年欧盟区经济可能好于2012年，而美国就业市场好转等，将有助于毛纺行业出口的复苏。同时，政治因素，如中日关系将继续影响两国进出口贸易，出口存在诸多不确定因素。

四、宏观经济影响行业回暖

2013年中国经济的发展不仅受到经济政策的影响，由于新一届中央政府接班，市场对新一届领导集体积极改革的期待，政府将加大国计民生难点问题的改革力度与步伐，积极的改革倾向鼓舞人心，有望推动经济增长加速。预计2013年我国货币政策将延续2012年的稳健，财政政策的力度可能加大。GDP增速有望维持8%的增长水平。促进消费、扩大内需将作为毛纺产品的主要支撑。

五、节能环保要求对行业提出挑战，企业节能减排刻不容缓

《纺织染整工业水污染物排放标准》和《毛纺工业水污染物排放标准》于2013年1月颁布实施，标准严格规定了洗毛、毛纺织企业的水污染物排放标准，特别是提高了水污染物间接排放的限值或增加了排放项目的考核，这对毛纺行业，尤其是洗毛行业提出了更高更严的要求，企业节能减排刻不容缓。

新标准的实施一方面带来染化料成本的增加，另一方面是污水处理设施和处理成本的投入加大，影响了企业的盈利能力。对目前国内毛纺行业而言，在企业产能扩大、开工不足、生产成本不断上

涨、竞争日趋激烈的情况下，新标准的实施更是加剧了矛盾。企业在总氮、氨氮及单位产品基准排水量标准方面将更难达到要求。行业的可持续发展面临挑战。企业想要继续生存发展，必须更新洗毛理念、在污水治理上下功夫，做好节能减排清洁生产各项工作才能使自己立于不败之地。

2013年，复杂的内外部环境将继续影响着企业经营活动的开展，各国政府出台的应对政策以及由此产生的紧张的政治局势都深深地套牢住全球经济和发展，行业仍将面临内外重重压力。但是，积极的政策、措施，以及企业应对局势的决心，将促进行业走出困境。目前毛纺企业对2013年年初的形势保持谨慎乐观，2013年行业发展可能出现前低后高的局面，在二季度或下半年，增长有所加快，但预计幅度不大。

（撰稿人：张书勤）

丝绸业

2012年丝绸工业运行基本情况

中国丝绸协会

2012年以来，世界经济格局继续发生深刻变化，国内经济增长明显放缓，对丝绸工业生产和出口带来了一定冲击。我国丝绸行业努力克服内外环境压力，通过加快产业结构调整与升级，着力提升管理质量和水平，紧紧抓住内需市场机遇，有效化解了各种外部风险，使行业实现了相对稳定的发展，经济运行质量得到稳步提升。

一、蚕茧产量小幅增长

据商务部国家茧丝办统计，2012年全国桑园面积共计1262.46万亩，同比增长1.72%；发种量1672.72万张，同比增长3.28%；蚕茧产量68.78万吨，同比增长3.08%；蚕茧收购量63.2万吨，同比增长4.62%；蚕茧全年综合均价1772元/担，同比上涨3.21%。

从主要省市蚕茧生产情况来看（见表1），广西地区作为蚕茧生产第一大省，2012年蚕茧产量25.6万吨，同比增长10.82%，占全国蚕茧总产量的37.22%，蚕茧产量继续保持稳步增长。东部沿海蚕茧主产区除山东同比增长10%外，浙江同比下降8.17%，其下降幅度相对较大，其余地区蚕茧产量基本平稳。

二、工业生产基本平稳

（一）主要产品产量增长

根据国家统计局统计，2012年全国362家规模以上企业生丝产量12.6万吨（含柞蚕丝），同比增长16.61%（见表2）；绢丝产量1.25万吨，同比下降55.72%；绸缎产量69696万米，同比增长12.78%；蚕丝被产量6215万条，同比增长203.76%。

从国家统计局对各个省市生丝产量统计情况看（见表3），位列前五名的省份中广西增幅较大，达到44.51%，四川同比变化不大，而江苏、安徽、浙江三省的丝产量同比均呈现下滑态势，分别下降

6.88%、1.26%和0.83%。绸缎产量方面，广西、四川、浙江和安徽都有较大增长，同比分别增长14.62%、16.77%、5.45%、62.6%，仅有江苏下降了17.23%。

（二）工业生产增速放缓

据国家统计局对950家规模以上工业企业统计，2012年丝绸工业实现总产值1149.38亿元，同比增长16.16%，较2011年25.97%的增速回落9.81个百分点。从全年走势看，1～8月丝绸工业生产值增速回落明显，9～12月逐渐企稳回升，但全年放缓趋势较为明显（见图1）。

图1 2012年丝绸工业总产值增速情况

单位：%

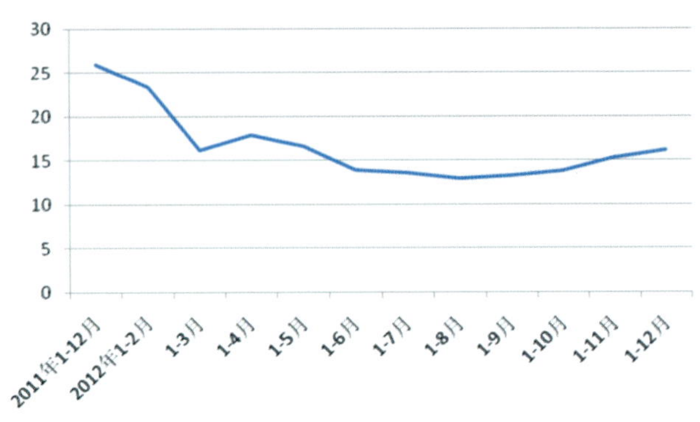

资料来源：国家统计局

表1 2012年主要省市蚕茧生产情况

排名	地区	蚕茧产量（吨）	同比（%）
1	广西	256000	10.82
2	广东	77768	3.6
3	四川	74600	0.8
4	江苏	66537	1.4
5	浙江	46728	−8.17
6	云南	43000	7.5
7	安徽	23800	−5.5
8	山东	22000	10
9	湖北	16850	−2.6
10	重庆	16716	−2.5

资料来源：商务部国家茧丝办

表2 2012年全国规模以上企业产量情况

主要产品	单位	2012年	同比（%）
生丝	吨	125973	16.61
绢丝	吨	12495	−55.72
绸缎	万米	69696	12.78
蚕丝被	万条	6215	203.76

资料来源：国家统计局

（三）经济效益平稳增长

2012年，规模以上丝绸工业实现主营业务收入1111.19亿元，同比增长14.59%（见图2）；实现利润59.4亿元，同比增长29.88%，明显高于纺织行业利润7.68%的增速。其中缫丝加工实现利润37.37亿元，同比增长39.13%；丝织加工实现利润20.39亿元，同比增长19.89%；丝印染加工实现利润1.64 亿元，同比下降12.15 %。除丝印染加工略有下降外，其余分行业利润均实现了正增长，各分行业利润增长对比情况见图3。

图2 2012年规模以上丝绸企业主营业务收入情况

单位：亿元

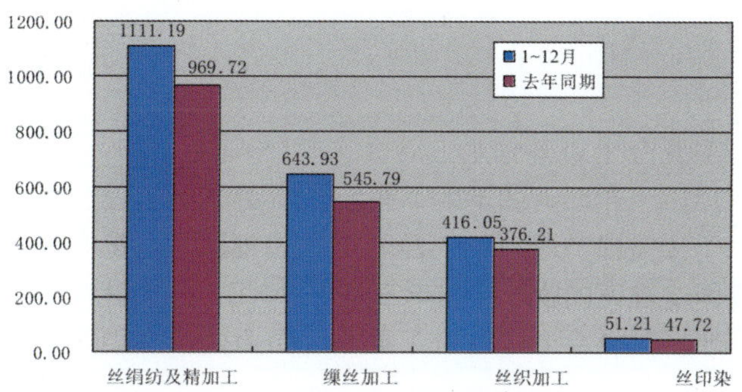

资料来源：国家统计局

图3 2012年规模以上丝绸企业利润情况

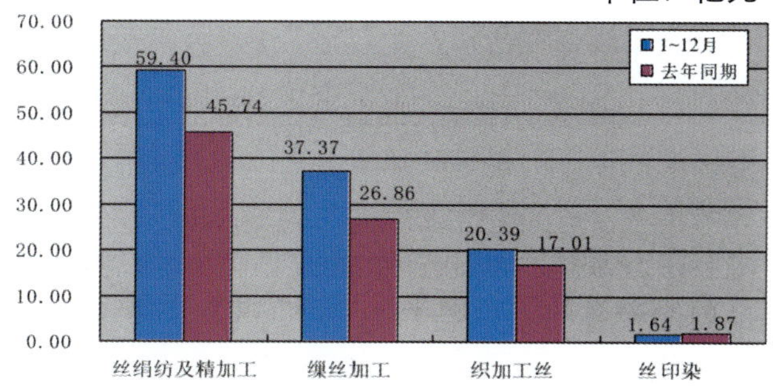

资料来源：国家统计局

（四）成本控制水平有所提高

2012年，丝绸工业主营业务成本支出979.88亿元，同比增加13.77%；主营业务和附加支出6.93亿元，同比增加11.50%；营业费用支出13.15亿元，同比增加9.66%；管理费用支出34.02亿元，同比增加25.72%，财务费用支出13.08亿元，同比增加17.17%。

从主要经济指标对比情况看（见表4），尽管2012年主营业务收入增速下降8.09个百分点，但由于主营业务成本支出、三费支出、利息支出等三项费用增速分别下降8.44、7.38和29.92个百分点，使得行业利润增速仍然实现了1.99%的正增长。虽然企业亏损面增速较去年增加1.56个百分点，但亏损总额同比下降13.63%，较2011年回落了近180个百分点，企业成本控制管理成效开始显现。

表3 2012年主要省市生丝和绸缎产量情况

排名	省市	丝产量(吨)	同比（%）	绸缎产量（万米）	同比（%）
1	广　西	28770	44.51	2342	14.62
2	四川省	27555	1.5	26534	16.77
3	江苏省	22727	-6.88	8353	-17.23
4	浙江省	14467	-0.83	20750	5.45
5	安徽省	8139	-1.26	7673	62.60

资料来源：国家统计局

三、丝绸商品出口略有下降

据中国海关统计，2012年全国真丝商品出口金额34.34亿美元，同比下降2.96%（见图4）。其中，丝类产品出口16694吨，同比下降0.17%，出口金额6.49亿美元，同比下降5.67%，单价同比下降5.52%，丝类产品中厂丝出口6297吨，同比下降10.45%，金额3.02亿美元，同比增长4.79%；真丝绸缎出口数量22007万米，同比增长0.5%，金额10.65亿美元，同比下降了0.21%，单价下降0.61%；丝绸服装及制品出口17.2亿美元，同比下降3.57%，其中真丝绸服装出口3.04亿件，同比下降2.75%，金额11.89亿美元，同比下降1.71%（见表5）。真丝绸商品出口主要呈现以下几个方面的特点：

表4 2012年与2011年丝绸工业主要经济指标对比情况

序号	主要经济指标	2012年增速(%)	2011年增速(%)	增速变化(百分点)
1	工业总产值	16.16	25.97	-9.81
2	利润	29.88	27.89	1.99
3	主营业务收入	14.59	22.68	-8.09
4	主营业务成本	13.77	22.21	-8.44
5	三费支出	15.32	22.70	-7.38
6	利息支出	12.39	42.31	-29.92
7	亏损面	12.84	11.28	1.56
8	负债合计	12.25	24.26	-12.01
9	亏损企业亏损总额	-13.63	166.71	-180.34

资料来源：国家统计局

表5 2012年丝绸工业主要产品出口同比情况

	金额同比(%)	数量同比(%)	价格同比(%)
真丝商品	-2.96		
丝类	-5.67	-0.17	-5.52
生丝	4.79	-10.45	-6.09
绸缎	-0.21	-0.50	-0.61
真丝服装	-3.57	-2.75	1.03
针织	7.76	-1.84	9.43
梭织	-7.02	-9.16	2.36

资料来源：中国海关

图4 2012年丝绸主要商品出口金额情况

单位：万美元

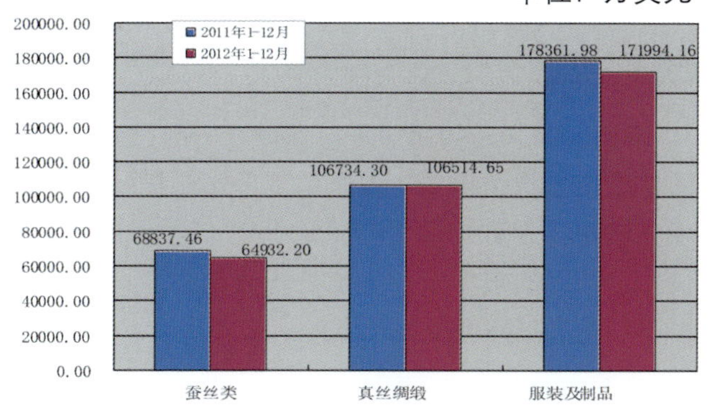

资料来源：中国海关

图5 2012年真丝绸服装出口数量、金额同比情况

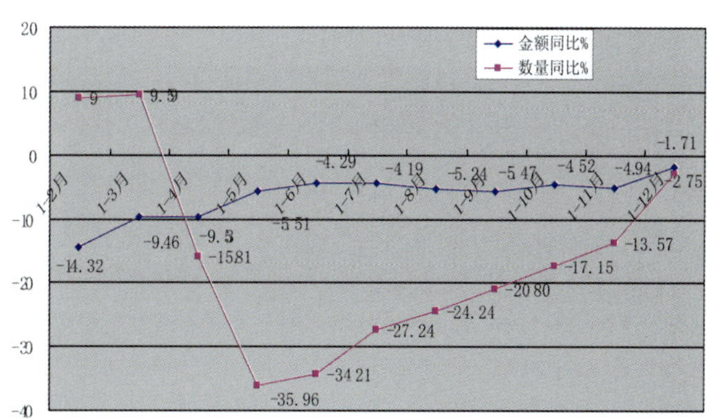

资料来源：中国海关

（一）真丝绸服装出口数量降幅收窄

2012年以来，受国际经济不振，欧美等国消费低迷的影响，1~5月份丝绸服装出口数量较去年同期降幅最大达35.96%，但从6月份开始，丝绸服装出口数量出现明显回升。截止到12月底，全年出口数量仅同比下降2.75%（见图5）。

（二）丝绸商品出口仍维持较低水平

从出口金额单月数据看（见图6），除一季度出口金额出现较大波动外，二、三季度出口金额走势相对平稳，上下波动幅度不大。受年底翘尾因素影响，12月份出口金额环比11月份增长25.1%，由于目前丝绸出口转好迹象尚不明朗，回升势头能否延续有待进一步观察。

表6 2012年各省市真丝绸商品出口情况

序号	省市	金额(万美元)	同比（%）
1	浙江省	130265.73	-6.02
2	江苏省	48334.45	-3.84
3	广东省	39067.02	-19.34
4	上海市	28254.11	-10.66
5	四川省	26040.50	-1.24
6	山东省	18411.67	13.82
7	青海省	6683.80	86.41
8	福建省	5813.99	5.84
9	重庆市	5052.94	28.33
10	河南省	4714.03	7.38

资料来源：中国海关

图6 2011年12月～2012年12月真丝绸商品出口金额情况

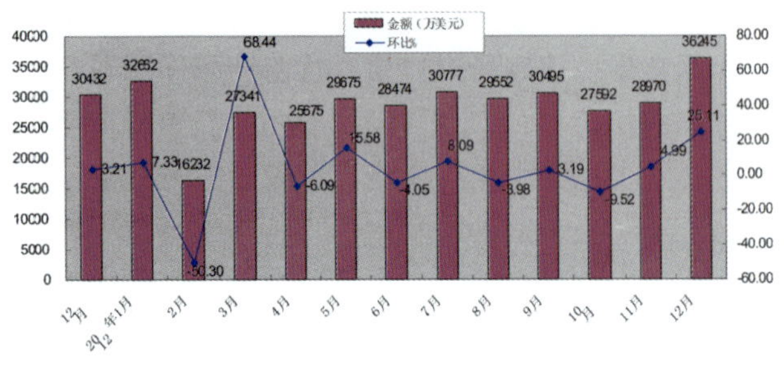

资料来源：中国海关

（三）主要省市出口下滑明显

从全国真丝绸商品出口省市排名前十位情况看（见表6），丝绸传统出口五大省市中，浙江、江苏、广东、上海、四川出口金额均出现下滑，分别下降6.02%、3.84%、19.34%、10.66%、1.24%，广东降幅最大。五省市合计出口27.2亿美元，占全国出口总额的79.18%；而排名前十靠后的五个省市中，山东、青海、福建、重庆和河南均实现了正增长，尤其是重庆和青海，同比分别增长达到28.33%和86.41%，成为今年出口新的亮点。

（四）主销市场出口全线下降

从出口市场情况看（见表7），丝绸商品主要出口国呈现全面下滑局面。对美国、印度、意大利、日本均呈现较大幅度下降，同比分别达到8.77%、11.84%、14.56%和4.47%。对德、韩、法、英等国家出口也是负增长，仅有香港地区和巴基斯坦出现正增长，分别为0.67%和29.26%。主销市场前十位中，80%的市场出现负增长属近年来少见，显示出2012年出口环境极为严峻。

四、茧丝价格稳步上涨

2012年，茧丝价格总体呈现稳步上涨走势。截止到12月底，干茧和生丝（3A级）价格分别为11.81万元/吨和36.4万元/吨，相对于年初价格分别上涨13.7%和20.4%（见图7、图8）。茧丝价格上涨的原因主要有以下几个方面：

一是生产成本上升。近年来，受国内各种生产资料价格上涨的影响，加上农村劳动力成本的增加，导致蚕茧生产成本不断攀升。2012年全国春茧均价基本维持在35元/公斤左右，秋茧均价在38元

表7 2012年丝绸商品出口主要市场情况

序号	出口国家/地区	金额（万美元）	同比（%）
1	美国	63439.24	-8.77
2	印度	37147.38	-11.84
3	意大利	30065.51	-14.56
4	日本	27315.40	-4.47
5	巴基斯坦	25278.93	29.26
6	香港地区	25010.90	0.67
7	德国	14331.50	-4.42
8	韩国	12400.45	-8.34
9	法国	9119.93	-4.68
10	英国	8652.42	-8.60

资料来源：中国海关

/公斤，个别地区甚至达到42元/公斤以上，创历年秋茧收购价格新高，全年收购均价达到35.44元/公斤，较2011年增长3.21%。蚕茧原料价格的强势支撑，加上缫丝企业工费成本的增加，带动了今年生丝期货市场价格的“水涨船高”。

二是出口市场企稳回升。从国际市场来看，由于欧美经济危机已经持续困扰很长时间，丝绸对欧美出口已经萎缩到了近年来的最低水平。自2012年二季度以来，随着国际传统市场对丝绸产品刚性需求的回升，企业外贸出口订单逐渐增加。截止到12月底，真丝绸服装外贸出口数量下降幅度已经大为收窄，较1～5月提高近33个百分点。

三是内销市场需求旺盛。2012年，丝绸内销市场整体好于2011年，丝绸礼品、蚕丝被、丝绸家纺等销售同比增加两成以上，由此带来茧丝用量的大幅增长，这在一定程度上抵销了外销订单下降的不利影响，直接推动了茧丝价格的稳步走高。

图7 2012年干茧价格走势图

单位：万元/吨

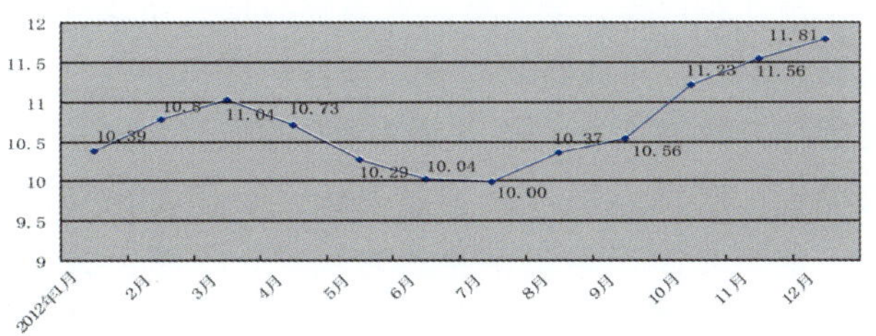

资料来源：嘉兴茧丝绸交易市场

图8 2012年3A级生丝价格走势图

单位：万元/吨

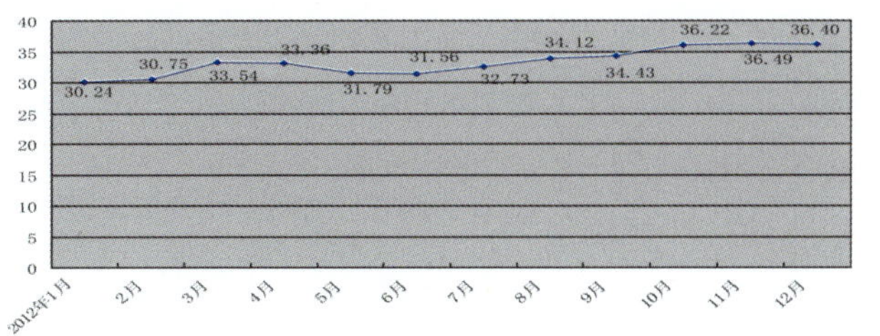

资料来源：嘉兴茧丝绸交易市场

当前行业发展面临的问题及2013年发展趋势展望

一、当前丝绸行业发展面临的问题

总的来看，在2012年全球外贸出口形势极为严峻的情况下，我国丝绸工业仍然保持稳定增长，部分经济指标略好于整个大纺织行业，这对于出口导向型特征较为明显的丝绸行业实属不易。但必须清楚地看到，当前国际国内经济形势依然复杂严峻，特别是在丝绸外需持续萎缩与内需增势乏力相互叠加，行业长期问题与短期困难相互交织的情况下，整个丝绸行业仍将面临诸多困难和挑战。主要有以下几个方面：

（一）外部需求萎缩趋势短期难改

2012年，世界经济增长出现明显下滑，其增长幅度仅为2.2%，不仅低于2011年2.7%的增长率，更是远低于2010年4.0%的增长水平。预计2013年全球经济的主要特征将是经济温和复苏，系统性风险下降，但发达国家经济增长动力仍然不足，尤其是货币政策依旧宽松，甚至存在出台新的量化宽松政策的可能，充裕的流动性将对国际大宗商品价格走势起到推波助澜的作用，全球通胀风险可能重新抬头。与此同时，欧盟国家失业率仍然较高，发达经济体社会消费需求萎缩短期难以根本扭转，这将直接抑制2013年国内丝绸工业品的出口。

（二）丝绸内销市场拓展力度不够

2012年，随着丝绸礼品团购和网上购物的悄然兴起，以蚕丝被为代表的丝绸家纺类产品购销两旺，一定程度消化了外销市场下滑的不利影响，部分企业销售利润不降反增。但由于长期以来，大多数丝绸企业依赖出口，国内市场营销网络建设和市场培育基础相对薄弱，仅有部分企业刚刚介入国内营销渠道开发建设，其规模效应尚未得到有效发挥。另外，目前尚无一家丝绸企业在央视等主流媒体做广告宣传，丝绸时尚消费氛围仍未形成。国内消费者特别是年轻消费者对丝绸服饰等产品缺乏基本认知，加上传统丝绸文化与时尚元素挖掘不够，产品结构单一，无法更好地适应当下较为流行的团购、电子商务等快捷营销模式，导致丝绸内销市场长期不瘟不火，难以实现大的突破。

（三）高价原料考验下游产业承受力

相对于棉花、化纤价格低迷，2012年茧丝市场称得上是一个行情火热的年份，干茧和生丝较年初价格分别上涨13.7%和20.4%。有业内人士分析认为，虽然茧价走高，蚕农养蚕积极性较高，但受桑园面积、技术条件、时间周期等影响，预计2013年全国蚕茧产量仍旧难以大幅提高，个别季节原料供求偏紧状况依然存在，干茧和生丝价格仍然会维持高位运行。茧丝价格高企势必增加企业原料采购成本，而后道绸缎及服装加工产品受出口市场不畅制约，其价格提升空间相对有限。特别是在棉花价格大幅回落的情况下，茧丝原料高价格一定程度会削弱丝绸产品的市场竞争力，同时加大了下游加工型企业的经营压力，一旦原料价格出现大幅波动，将直接影响企业的经济效益。

（四）劳动力结构性短缺成为企业用工常态

丝绸作为劳动密集型产业，产业链条长且每个环节用工相对较多。特别是缫丝、织绸等丝绸企业技术性强，但由于工作环境噪声大、气味重、劳动强度大，而工资水平普遍缺乏竞争力，导致企业招工困难，加上现有职工队伍流动性大，进一步加大了企业管理的难度。据调查，近几年企业利润水平不高，但职工基础工资每年保持15%以上的幅度递增，员工工资支出几乎占企业全部支出的25%左右。面对高额人力成本，处于艰难时期的丝绸企业普遍感到难以承受。另外，由于高校教育纷纷转向热门专业，导致传统丝绸专业人才培养出现断层，企业研发设计人才面临后继无人的窘境，成为制约行业科技进步的重要短板。

二、2013年丝绸行业发展趋势展望

2013年，是深入贯彻落实党的十八大精神的开局之年，是继续实施《茧丝绸行业发展“十二五”纲要》关键之年。综合国际国内经济形势看，外紧内松仍是全年宏观经济环境的总基调。随着国内经济持续稳定增长，特别是城镇化建设步伐加快，国民收入倍增计划相关政策措施逐步落实，有利于进一步提振和刺激国内消费需求，将为丝绸行业加快转型升级，最终实现经济发展方式的根本转变提供更多机遇，行业发展环境有望得到一定改善。

预计2013年，全国蚕茧产量略有增长，原料供求偏紧的状况可能继续存在，茧丝价格仍会保持高位运行；丝绸工业主要产品产量有望实现10%左右的增长，丝绸内销市场更趋活跃，份额将稍有提升；丝绸外贸出口上半年压力较大，下半年会有所好转，总体呈温和复苏态势；丝绸工业生产总值有望保持15%左右的增长，综合效益与2012年基本持平。

（撰稿人：刘文全 柳恩见 杨爱萍）

麻纺织业

中国麻纺行业协会

2012年中国麻纺织行业运行情况

2012年我国麻纺织行业克服了世界经济发展疲弱的态势，在行业大力宣传麻文化和努力开拓国内外市场的前提下，行业总体经济形势表现出良好的增长势头。

2012年麻纺织行业各项经济指标较同期均有较大幅度的增长，在行业生产总值、固定资产投资、经济效益、产品产量、进出口贸易等方面均有较大幅度的提高，保持了较高的增速。在稳定出口的同时，进一步扩大了内需市场，行业活力进一步加强。

一、行业生产总体规模保持较高的增长速度

2012年以来，麻纺织行业生产实现了较高的经济增长速度。全国282家规模以上麻纺织企业2012年累计实现工业总产值430.74亿元，较2011年同比增长 11.93% 。特别是麻纤维纺纱加工企业实现工业总产值199.35亿元，同比增长14.06%；麻织造加工企业实现工业总产值212.99亿元，同比增长10.97%，见表1。这两类企业均保持了较高的经济增长速度，行业活力明显增强。

二、麻纺织行业固定资产投资实现超高速增长

受全球经济增速放缓影响，我国纺织工业投资增速趋缓，全国纺织工业投资信心有所下降，新开工项目同比下降，投资增速呈现放缓趋势。但是麻纺织行业固定资产投资状况良好，施工项目数量与新开工投资数目实现高速增长态势，充分显示出行业的活力。

根据国家统计局数据，2012年全国纺织工业实际累计完成投资7793.02亿元，同比增长14.62%，而新开工项目数量为1.74万个，较2011年同比下降5.51%。但是其中麻纺织行业实际累计完成投资83.03亿元，同比增长51.61%，新开工数目为183个，同比增长34.26%，见表2。实现了固定资产投资的高速增长。

麻纺织行业固定资产投资出现大幅度增长，原因一是由于近年来通过行业的大力宣传，大家对麻

表1 2012年麻纺织行业工业总产值情况

分类	2012年（万元）	2011年（万元）	同比（%）
麻纺织及染整精加工	4307435	3848247	11.93
麻纤维纺前加工和纺纱	1993527	1747828	14.06
麻织造加工	2129858	1919243	10.97
麻染整精加工	184050	181176	1.59

资料来源：国家统计局

纺织产品认知度提高，市场环境趋好，促使企业加大投资力度；二是随着用工成本的不断上升，企业深刻体会到设备技术创新与提高产品附加值的重要性，因此在技术装备上的投入加大；三是由于棉花市场的体制问题，原本不受重视的麻纺织行业作为被挖掘的市场，受到更多的关注。

三、麻纺织行业企业经济效益明显增长

受劳动力成本提升与宏观货币政策等因素影响，企业主营业务成本不断攀升，但随着内需市场份额提升的拉动，我国麻纺织企业整体效益仍保持较快增长趋势。

据国家统计局数据，2012年，全行业累计实现利润总额21.67亿元，同比上升16.79%；毛利率15.49%，较2011年增长1.97个百分点；销售利润率5.10%，全行业产销率98.27%，较2011年上升1.52个百分点。

四、进出口产品市场出现结构性变化

2012年麻纺织产品进出口数量出现结构性的变化，含麻服装的出口大幅度上升，金额和数量同比增长50%以上，麻纺纱、布等初级产品的出口则成一定幅度的下降趋势。

（一）2012年麻纺织品（不含麻服装）进出口市场呈现下滑趋势

据海关统计，2012年我国麻类纤维、纺织及制品（不包括含麻制服装）进出口总额为18.77亿美元，同比下降10.34%。其中累计出口金额12.62亿美元，同比下降4.49%；累计进口金额6.15亿美元，同比下降20.33%，见表3。

（二）2012年麻纺织原料进口呈现下降趋势

我国麻纺织企业进口产品主要是麻类纤维，其中以亚麻、黄麻为主，2008～2012年其进口量额变化如表4和图1所示。2012年我国进口亚麻纤维及短纤金额走势大幅度下降，主要原因在于受欧盟国家债务危机影响，消费者信心降低，致使原料价格走低。同时由于2011年企业高价库存原料较多，有一个逐步消化的过程。企业对原料的采购意愿不强，因此2012年亚麻原料进口出现价格和数量同步下滑的趋势。黄麻原料进口数量较2011年同期相比略有小幅增加，进口金额总量则出现一定幅度的下降。其主要原因是黄麻市场相对疲软，原料价格下降导致价减量增的一种态势。

表2 2012年我国麻纺织行业固定资产投资情况（不含农户）

	实际完成投资（万元）	同比（%）	施工项目数（个）	同比（%）	新开工项目数（个）	同比（%）	竣工项目数（个）	同比（%）
纺织行业	77930243	14.62	17418	-8.52	12959	-5.51	12154	-8.39
麻纺织及染整精加工	830310	51.61	183	28.87	145	34.26	126	27.27
麻纤维纺前加工和纺纱	455139		102		76		67	
麻织造加工	270935		65		56		51	
麻染整精加工	104236		16		13		8	

资料来源：国家统计局

图1 2008～2012年主要麻原料进口量额趋势图

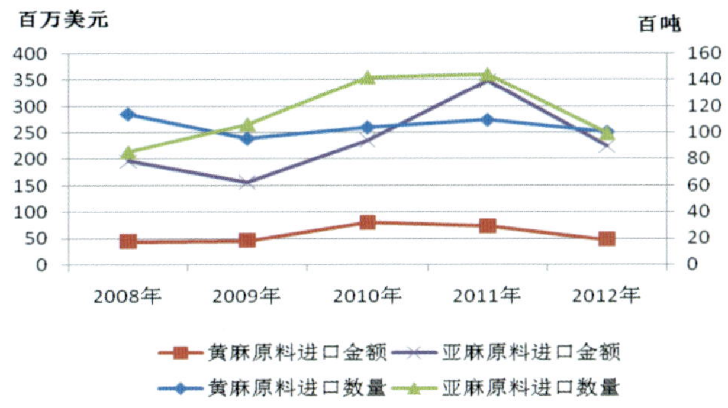

资料来源：中国海关

2012年麻原料各月进口方面：其中亚麻纤维及短纤累计进口金额为2.24亿美元，同比降低35.52%；进口数量为99.56千吨，同比降低31.02%；黄麻纤维及短纤累计进口金额为4808.25万美元，同比降低33.81%；进口数量为100.58千吨，同比上升 8.23%。

（三）麻纺织初级产品出口小幅下降，但回暖迹象明显

出口方面，2012年麻纺全行业累计出口金额12.62亿美元，同比下降4.49%。麻纱线与麻织物是行业主要出口纺织品，如图2所示，2012年份我国麻纺织品除亚麻纱线外出口金额下降幅度较为明显。

图2 2012年我国主要麻纺织品出口金额情况表

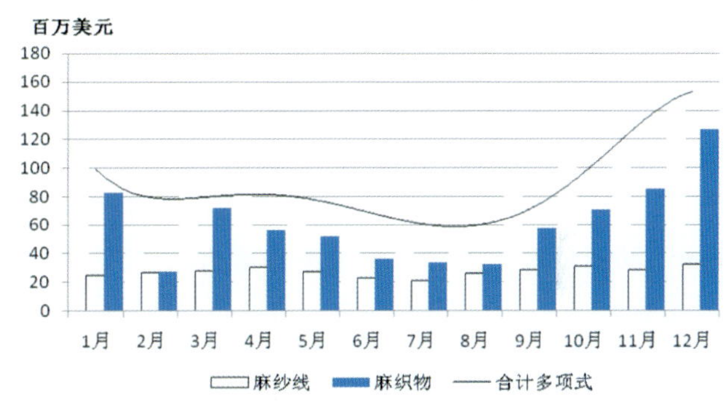

资料来源：中国海关

表3 2012年麻纺织品（不含麻服装）进出口情况

类别	2012年（美元）	2011年（美元）	金额同比%
累计进口金额	615297454	772279879	-20.33
累计出口金额	1261598787	1320951074	-4.49
合计	1876896241	2093230953	-10.34

资料来源：中国海关

表4 2008～2012年主要麻原料进口量额表

商品名称	单位	2008年	2009年	2010年	2011年	2012年
黄麻原料进口数量	吨	114160	95700	104063	109595	100581
亚麻原料进口数量	吨	85495	106345	142162	144315	99553
黄麻原料进口金额	百万美元	44	46	80	72	48
亚麻原料进口金额	百万美元	196	157	235	348	224

资料来源：中国海关

上半年受总体经济和季节性的影响，我国麻纺织品出口一直在缓慢下降的通道之中。但在8月份以后，我国麻纺织品触底反弹，出口出现了回暖的迹象，麻纺织品产品出口数量和金额出现同步快速增长的趋势。

2012年麻纺织主要产品出口方面，亚麻纱线累计出口金额为2.46亿美元，同比上升15.64%；亚麻织物累计出口金额为进3.86亿美元，同比下降11.44%；苎麻纱线累计出口金额为6156万美元，同比降低35.36%；苎麻织物累计出口金额为3.30亿美元，同比上升5.15%，见表5。

（四）2012年含麻服装出口增长强劲

2012年，我国含麻服装累计出口金额为217.10亿美元，比2011年同期145.06亿美元同比增长49.66%；累计出口含麻服装数量为33.82亿件，同比增长54.75%，如图3所示。与麻纺织初级产品出口下降相比较，服装出口快速增长说明原来国内出口的一部分初级产品，通过进一步的深加工，最终以服装的形式出口，在国内延伸了加工产业链，提高了产品附加值。

图3 2011～2012年含麻服装出口对比情况

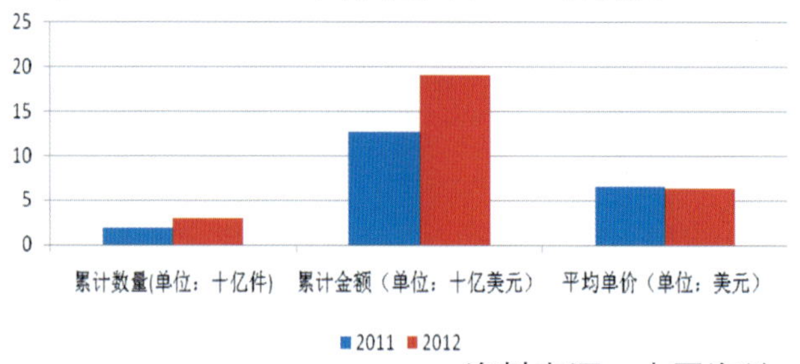

资料来源：中国海关

图4 2012年含麻服装出口金额与出口数量走势图

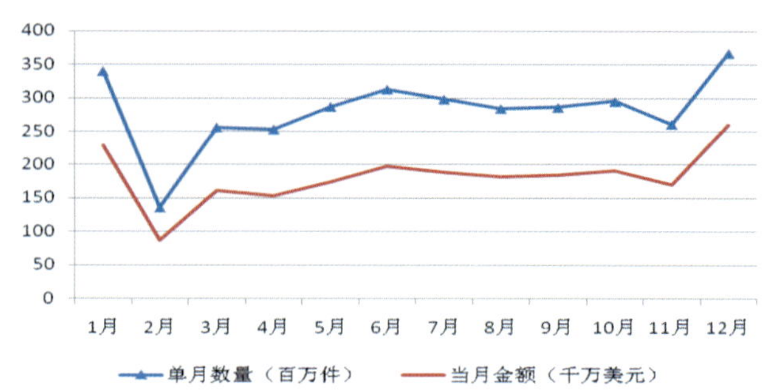

资料来源：中国海关

图5 2012年含麻服装的出口示意图

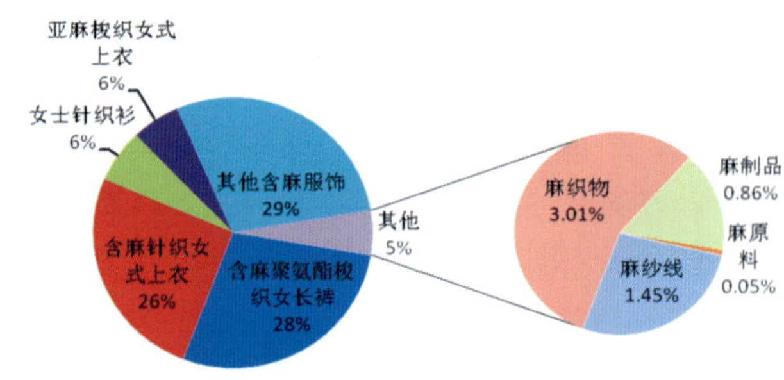

注 图5相关名词注释如下：聚氨酯梭织女长裤为“57棉30亚麻8涤5聚氨酯梭织女长裤(休闲 欧码A)”；针织女士上衣为“72棉12亚麻8绢丝8腈针织女式上衣(长袖 亚码/K72MWJ065)”；女士针织衫为“女士针织衫CC.CLUB腈纶52%锦纶35%亚麻13%(货号C71～KSL023/27”)；亚麻梭织女士上衣为“92涤8亚麻梭织女式上衣(亚码 60119)”。

资料来源：中国海关

表5 2012年主要麻纺织出口产品情况

	单位	出口数量	同比（%）	出口金额（美元）	同比（%）
苎麻纱线	千克	3868681	−11.13	61564743	−35.36
苎麻织物	米	104560578	3.78	329734072	5.15
亚麻纱线	千克	27741646	16.89	246073851	15.64
亚麻织物	米	133918023	−11.37	385861843	−11.44

资料来源：中国海关

从图4中2012年各月出口情况来看，含麻服装出口走势比较稳定，说明外部市场对含麻服装需求稳定。可见，深加工产业链的高附加值产品在经济下行压力的浪潮当中上升潜力较大。

图5是主要麻纺织、服装出口产品比例示意图。从图中可以看出女式含麻服装的市场潜力较大，尤其是含亚麻的女式长裤和针织女式上衣。

五、内销市场有了一定程度的提升

近年来，在扩展内需市场方面中国麻纺行业协会作了许多工作，例如签署《中欧共同开拓中国内需市场协议》、组织制定开拓中国内需市场方案、建立亚麻行业发展基金、在上海国际面料展设立亚麻形象展区、大连服博会进行专题中国国际亚麻时尚文化宣传活动、以及在媒体等方面进行积极的宣传和推广，使得国内大众对麻纺织产品的认知度有了一定程度的提高。许多麻纺织企业都意识到延伸产业链、开拓麻类终端产品和提高附加值的重要性，并展开了很多卓有成效的实践，如浙江金鹰集团、湖南华升集团、江西恩达家纺有限公司、江苏苏龙纺织科技有限公司、瑞亚高科集团、新申集团等企业都加大了资金和研发力量的投入，重点开发含麻服装或麻类家纺产品，或在各地发展专卖店或加盟店，或利用电子商务进行网络销售和宣传，均获得了良好的市场效益。据测算，2012年麻纺织行业内需市场已经有了一定程度的扩展，市场结构得到了一定的调整，内需份额所占比重增长约5%，达到了25%左右。市场上麻纺织品越来越容易见到和购买到。

同时，通过第三季度的《企业经营者调查报告》得知，预期第四季度麻纺织国内市场较第三季度上升的比例约为59%，而预期同比下降的约为35%。说明企业经营者对麻纺织行业内需市场比较乐观，也与市场的表现相一致。

图6 企业第三季度对下期纺织品服装国内市场的预期

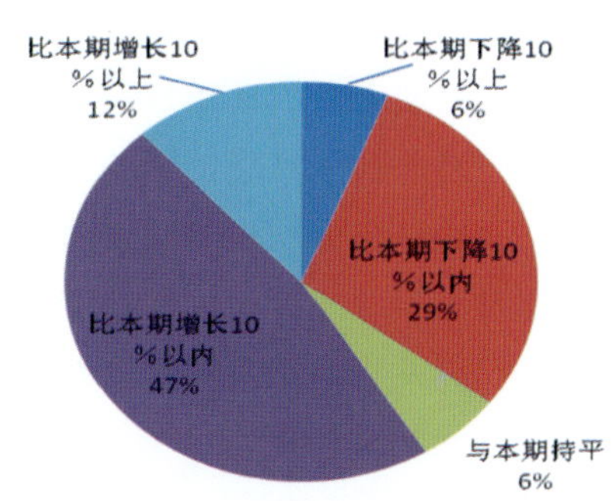

资料来源：第十期中国纺织工业联合会企业经营者跟踪调查报告

2012年麻纺织行业存在的主要问题

一、生产要素成本上升，企业面临着巨大挑战

随着我国经济的快速发展，近几年来纺织生产要素价格出现快速增长，劳动力成本快速增长、其他成本大幅度提高，麻纺织企业生存的压力越来越大。目前取得的成绩都是在克服了这些成本上升的因素下实现的。但是，企业的利润空间有限，难以长期承受如此快速增长的成本，企业发展面临压力非常大。

二、技术装备水平落后制约行业发展

麻纺织行业是个用人多、劳动强度大、自动化水平低的行业。提高自动化水平、提高劳动生产率、减少用工是麻纺企业的当务之急。长期以来由于行业规模小，所以得不到市场的重视。特别是苎麻行业装备十分落后。虽然在纺机协会的大力支持下，目前正在努力开发苎麻成套设备，进行科技攻关，但是设备还没有定型，与企业的需求还有一定的差距。

三、原料基地建设问题亟待解决

我国的亚麻、黄麻原料主要依赖于进口。在进口原料的价格、品质上面的话语权较弱，处于受制于人的状态；苎麻原料受市场的影响，种植面积大不如以往；大麻的种植面积也非常有限。农民种粮有补贴，种麻没有补贴，加上种植收割的劳动强度相对较大，麻农种麻积极性不高。这些问题的存在都制约着麻纺织行业的发展。

2013年麻纺织行业发展重点及展望

一、发展重点

近两年，我国麻纺织行业在协会和社会各界的共同支持下，不遗余力地开拓中国内需市场，并取得了较好的成绩，使麻纺织企业看到了走出困境的曙光和希望。为了促进行业更好发展，2013年行业发展重点方向主要围绕以下几个方面：

（一）加强原料保障

进一步研发适合纺纱的优质麻纺织原料品种，重视原料基地建设是麻纺织行业延续发展的根本保障。近年来，我国麻纺织原料种植面积一直在萎缩，据估计，苎麻、黄麻种植面积不足10万亩，亚麻、大麻种植面积也在低位徘徊。我国麻纺织企业要联合农业研究院校共同研发优质麻纺织原料品种，并承包土地，雇佣农民，以“种植园”的形式发展规模种植，确保麻纺织原料的基本供应，避免原料受制于人的局面。

（二）加快装备升级

进一步研发麻纺织专用设备，提高自动化水平是提升麻纺织行业发展潜力的关键。当前，制约麻纺织行业发展的主要问题是设备落后，尤其是种植收割设备和苎麻前纺设备，要利用麻纺织产品天然环保、抗菌除臭等特有优势，呼吁社会各界关注这个行业，集中有限资源，整合各方力量，研发麻纺织专用设备，尤其是种植收割设备和苎麻前纺设备，提高自动化水平，减少用人，降低成本，扩大企业利润空间。

（三）强化产品开发

进一步开发时尚终端产品，扩大麻纺织产品内需市场既是全行业未来发展的重中之重，也是关系全行业兴衰成败的必由之路。麻纺织企业家的目光不能只停留在生产麻原料、麻纱线和麻织物等初级产品上面，要更多的关注由这些初级产品生产出来的含麻终端产品变化，要更多的关注使用这些终端产品的消费者的时尚需求和服用焦点，并及时对麻纺织产品进行调整。麻纺织企业要在接单生产加工的同时，加大力度研发更加符合消费者需求的含麻终端产品，并及时向市场推广。要加大力度宣传含麻终端产品，要重点开发销售渠道和内需市场。

二、发展趋势展望

分析展望2013年，麻纺织行业发展既面临一定的有利条件和机遇，也面临着诸多风险和挑战。从总体上看，麻纺织行业具备企稳向好的方向发展，出口数量稳中有进，内需市场动力增强。预测2013年中国麻纺织行业运行向好的因素主要表现在：

（一）外销有望保持稳定增长

根据企业调查情况，欧美和日本、印度等用麻纺织品较多的国家基本没有存货，正常需求量不会减少，尤其是对含麻服装的需求将进一步加大。

（二）内需市场进度加快发展

新一届政府非常重视惠民生、扩内需政策的落实。我国很多麻纺织企业都有了前两年扩内需的实践经验，并从中找到了新的利润增长点，正计划进一步研发终端产品投放国内市场。企业和协会不遗余力地加大麻纺织产品的时尚宣传，扩大了消费者对麻纺织产品的认识，培养了许多潜在消费者。

（三）麻纺织原料产供销总量将基本平衡

2013年麻纺织原料（除苎麻外）库存、供应和品质相对稳定，价格也相对稳定，但也难免小范围波动。

（四）存在较多不确定

但全行业在利好因素促进发展的前提下，也存在一些不确定因素。主要体现在用工、燃料动力和财务等综合成本仍将继续提升。根据《企业经营者跟踪调查报告》，2012年麻纺织行业人均工资涨幅在13%左右，预测2013年用工成本还会继续增加，而且招工难的问题在有些地区仍然存在，由于麻纺织产品价格提升慢，用工成本高使企业盈利存在压力。其次是麻纺织行业进出口比重较大，容易受国际环境变化和汇率波动的负面影响。

（撰稿人：罗玉成）

长丝织造业

2012年长丝织造行业经济运行情况

中国长丝织造协会

2012年，受国内外宏观经济环境影响，下游消费需求锐减，长丝织造行业经历了艰辛的一年。全行业企业积极应对需求不旺、开工不足、库存上升、资金周转困难、成本刚性上涨及节能减排等压力，艰难保持了各项经济指标的小幅增长，全年行业经济运行质量相对平稳。

一、生产保持增长，增速明显下滑

2012年，我国化纤长丝织物产量为395亿米，同比增长6.76%。尽管全年销售不畅，但全行业企业通过技术改造和加强管理积极调整产品品种、提高生产效率，保持了相对稳定的生产水平。表1列举了我国长丝织造产业重点地区的生产数据，可以看出，2012年盛泽、长兴、秀州、龙湖、绍兴五地合计生产长丝织物229.16亿米，同比增长0.42%。与2011年同期相比，各地产量增速下滑均比较明显，盛泽和龙湖出现了负增长。

受市场影响，盛泽地区长丝织物产量从年初即表现出增长乏力，到6月出现负增长，由于坚持热销了近一年的仿真丝类产品在下半年全面进入低谷，加快了该地区产量下降的速度，全年产量同比下降了7.86%；长兴地区由于产品以常年产品居多，受市场影响偏小，可以承受一定的库存压力，因此没有特意减产，但是库存增加也确实占用了企业部分周转资金；秀州地区则由于经济环境不景气，淘汰了一批家庭作坊式的小微企业，加之当地用电等环境压力，促使部分企业走上产业转移、产能外迁之路，全年产量比2011年同期仅增长了2.19%；龙湖地区的生产情况相对较为良性，由于该地生产的细旦高密锦纶织物受到市场认可，且部分龙头企业在2012年增加了10旦锦纶长丝产品的生产，该类产品织造难度大，单产仅为20旦产品的一半，直接影响了该地的总产量；绍兴地区的产品以细旦高密轻薄类面料居多，市场认可度高，保持了相对较好的增长态势。

二、出口环境不利，外销持续低迷

（一）出口金额勉强增长，出口数量并不理想

从出口金额来看，2012年化纤长丝织物是我国各类纺织织物中唯一保持增长的产品，全年累计出口99.64亿美元，同比增长5.93%。但这一增长主要源于价格的推动，与其他织物出口价格负增长的情况不同的是，2012年化纤长丝织物出口价格同比增长了5.05%，如果剔除价格因素，可以看出长丝织物的实际出口量并不理想，全年累计出口95.82亿米，同比仅增长0.78%。

图1 2012年我国棉织物、长丝织物出口情况图

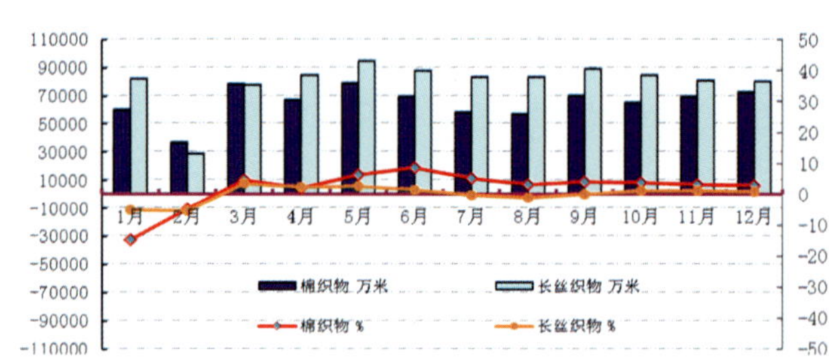

资料来源：中国海关

表1 2012年我国长丝织造产业重点地区纺织行业主要产值指标

集群名称	产量（亿米）	同比（%）
吴江市盛泽镇	78.78	-7.86
湖州市长兴县	65.70	9.87
嘉兴市秀洲区	31.66	2.19
晋江市龙湖镇	23.99	-0.58
绍兴市绍兴县	29.03	4.50
合计	229.16	0.42

资料来源：各地经济部门统计

表2 2012年我国主要纺织织物出口情况表

	出口金额		出口数量		平均价格	
	数值（亿美元）	同比（%）	数值（亿米）	同比（%）	数值（美元/米）	同比（%）
纺织织物	312.89	-0.81	232.03	0.9	1.35	-1.46
棉织物	126.18	-4.14	78.63	2.94	1.6	-6.98
长丝织物	99.64	5.93	95.82	0.78	1.04	5.05
短纤织物	62.73	-2.95	52.11	-1.05	1.2	-2.44

资料来源：中国海关

从图1可以看出，长丝织物月度出口量走势图呈现的是非常明显的季节变化，也就是5、6月份与9、10月份为旺季，其余月份比较平淡，全年没有大幅增长也没有大幅下跌。但是如果从出口量的增长速度来看，长丝织物的增长速度从1、2月份的负增长转变为3月份的3.45%增长之后，又一路下滑，到6月跌至1.33%，7、8月为负增长，9、10、11、12月艰难维持正增长，可见全年实际出口并不理想。

受原料价格的支撑，长丝织物单价从2011年同期的0.99美元/米上涨到1.04美元/米，同比增长了5美分/米。而受国内外棉价差影响，棉织物出口价格优势锐减，并被迫降价，从2011年同期的1.72美元/米，下降到了1.6美元/米，同比减少了12美分/米。棉织物出口价格的被迫下降缩小了其与长丝织物的价差，长丝织物的价格优势缩小，这也从一定程度上影响了长丝织物的实际出口量。

（二）价格提升推动锦纶长丝织物出口金额增长

2012年我国涤纶长丝织物累计出口84.08亿米，勉强维持增长局面，同比增长了0.27%；锦纶长丝织物累计出口2.12亿米，同比增长6.65%，但由于价格上涨了22.86%，达到1.4美元/米，使得出口额同比增长了30.57%。表面来看，锦纶长丝织物出口逆势增长，尤其是价格的提升，可以说是从一个侧面标志着随着我国锦纶生产和织造技术的提升，高档细旦高密织物正在得到国际市场的认可。但在实际生产过程中，锦纶细旦高密织物对原料的要求极高，原料成本高且织造难度大，单产低，22.86%的价格增长率并不足以弥补其在原料、用工、耗时等方面的成本增加，实际带来的利润非常有限。

（三）各主要出口市场表现平淡

从主要贸易地区来看，2012年我国化纤长丝织物对各主要贸易地区的出口较为平稳。由于出口数量的增长，对马来西亚、印度尼西亚和美国的出口数量同比增长较快，分别增长了42.69%、21.21%和15.23%；对沙特阿拉伯的出口金额则在价格同比增长14.27%的支撑下同比增长了15.82%；尽管对阿联酋的出口价格同比提升了16.06%，已排在各地区首位，但由于出口数量同比下降了14.30%，出口额同比下降了0.53%。此外，对美国的出口量虽有较为明显的增长，同比增速为23.05%，但价格却成了十个主要贸易地区唯一一个负增长，同比下降了6.35%。虽然目前我国长丝织物占美国市场份额已过半，但价格持续下跌需引起关注。仅仅依靠数量来占领国际市场显然是不足的，还要不断拓展高附加值产品领域，从而真正在国际市场占有一席之地。

（四）长丝织物进口负增长

2012年我国长丝织物累计进口11.72亿米，同比

表3 2012年我国主要长丝织物出口情况表

名称	出口金额		出口数量		平均价格	
	数值（亿美元）	同比（%）	数值（亿米）	同比（%）	数值（美元/米）	同比（%）
长丝织物	99.64	5.93	95.82	0.78	1.04	5.05
涤纶长丝织物	88.14	6.1	84.08	0.27	1.05	6.06
锦纶长丝织物	2.73	30.57	2.12	6.65	1.29	22.86

资料来源：中国海关

下降9.56%。其中锦纶织物为3.81亿米，同比增长了26.93%，进口价格为1.5美元/米，同比下降了18.03%；涤纶织物为5.22亿米，同比下降了13.89%，进口价格为1.93美元/米，同比增长了8.43%。实际上由于国内长丝织物市场饱和，对外需求并不高，尤其是涤纶长丝织物。在进口的11.72亿米中，只有3.08亿米是一般贸易，其余均为加工贸易，加工贸易进口比例为73.72%。进口的来源国家和地区仍主要集中在韩国、台湾和日本。

三、内销价格平稳低迷，市场信心跌宕忐忑

2012年化纤长丝织物内销市场占比超过88%，是主要的销售渠道。从图2可以看出，内销价格平稳低迷，为了刺激销售，减少库存，企业不得不降低产品价格，利润空间十分有限。但随着中共十八大的召开，及中国经济的逐步回暖，多数企业开始重铸信心，到年底，市场景气指数已呈现出总体上扬的态势。

图2 2012年化纤长丝面料景气、价格指数走势图

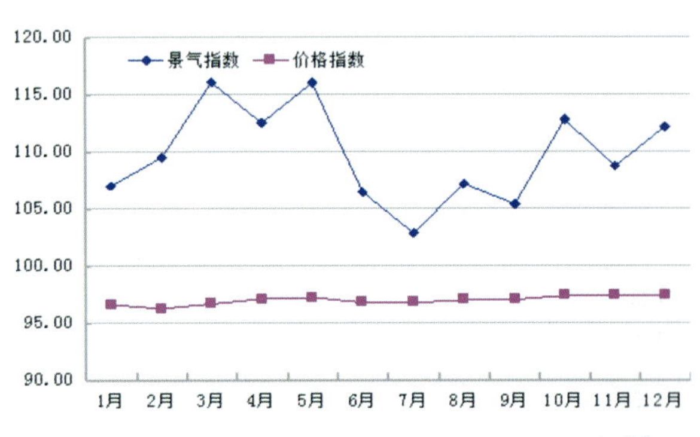

资料来源：中国绸都网

表4 2012年我国化纤长丝织物主要贸易地区出口情况表

国家/地区	累计金额（亿美元）	金额同比（%）	累计数量（亿米）	数量同比（%）	平均价格（美元/米）	价格同比（%）
欧盟	9.29	1.56	7.71	−3.72	1.21	5.48
巴西	5.36	11.89	6.35	8.50	0.84	3.12
阿联酋	8.50	−0.53	5.88	−14.30	1.45	16.06
印度尼西亚	4.84	21.21	4.96	15.18	0.98	5.24
越南	5.13	13.63	4.40	4.60	1.17	8.63
俄罗斯	3.80	8.36	4.15	1.13	0.92	7.15
墨西哥	2.35	4.64	3.13	2.84	0.75	1.76
美国	2.91	15.23	2.73	23.05	1.06	−6.35
沙特阿拉伯	3.18	15.82	2.69	1.36	1.18	14.27
马来西亚	2.82	42.69	2.67	38.09	1.05	3.33
全球	91.13	6.57	87.84	1.11	1.04	6.12

资料来源：中国海关

图3 2012年5月～12月东方丝绸市场日平均成交量走势图

单位：万米

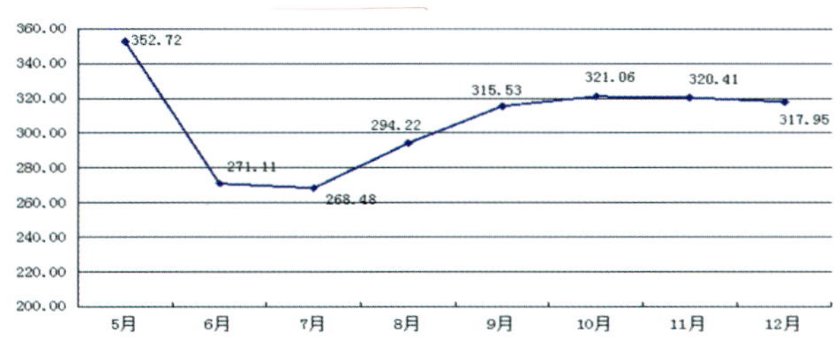

资料来源：中国绸都网

图3显示的是2012年下半年东方丝绸市场平均日成交情况，可以看出5月销售旺季过后，平均日成交量在7月淡季跌入谷底，8月开始缓慢爬升，10月以后到年底已基本稳定在320万米/日左右，基本与市场预期一致。

四、投资保持增长

据国家统计局统计，2012年我国化纤长丝织造产业实际完成投资额为314.52亿元，新开工项目753个。从表5可以看出，投资主要集中在产业集群地区，盛泽、长兴、秀洲、龙湖、绍兴五地合计实际完成固定资产投资额216.96亿元，同比增长17.02%，占全国投资总额68.98%。新增投资主要用于技术改造和产业升级。

五、经济运行平稳低调

（一）各项经济指标小幅增长

据国家统计局统计，2012年我国规模以上化纤织造企业工业总产值累计达到1244.1亿元，同比增长了8.62%；主营业务收入累计达到1192.65亿元，同比增长6.12%；利润总额累计为53.94亿元，同比增长6.54%。与其他行业相比，2012年化纤长丝织造行业的各项经济指标保持了小幅增长，运行质量也相对平稳。但全行业利润率为4.52%，比纺织行业的平均水平5.3%低了0.78个百分点；亏损面为9.53%，亏损企业亏损额近3亿，同比增长55.80%。这表明，全年行业运行存在较大压力。

（二）库存难以消化、应收账款攀升

据国家统计局统计，2012年我国规模以上化纤织造加工业产销率为96.87%，同比下降1.56个百分点。销售不畅，使得库存增加成为2012年全行业面对的一个难题，并将持续影响到2013年。

表5 2012年我国长丝织造集群地区实际完成固定资产投资情况表

集群名称	实际完成固定资产投资额（亿元）	同比（%）
吴江市盛泽镇	66.82	10.94
湖州市长兴县	27.83	33.99
嘉兴市秀洲区	95.28	30.62
晋江市龙湖镇	0.90	80.00
绍兴市绍兴县	26.13	12.00
合计	216.96	17.02

资料来源：各地经济部门统计

截止2012年底，我国化纤长丝织造业产成品库存达到75.57亿元，同比增长21.99%。从图4可以看出，与2011年相比2012年化纤长丝织造业产成品库存始终在高位运行，且不断攀升。销售不畅时，稍有不慎便会带来库存积压。但是为了保证企业的正常运转，留住辛辛苦苦培养出来的职工，同时也为了维系银行和信贷机构的信任，多数企业选择了坚持生产。尽管企业也通过有限停台，调整产品结构，适当降低产品价格以刺激销售等办法来缓解库存压力，但这一切仅仅稳住了库存增长的速度，实际的库存量依然难以化解。考虑到产成品库存指标单位是金额而不是数量，那么库存产品的产值一般都存在"虚高"计算，实际是造成了"潜亏"的存在，一旦库存产品出库销售，则将"潜亏"变"明亏"。

图4 2011/2012年我国化纤长丝织造业产成品库存情况

单位：万元

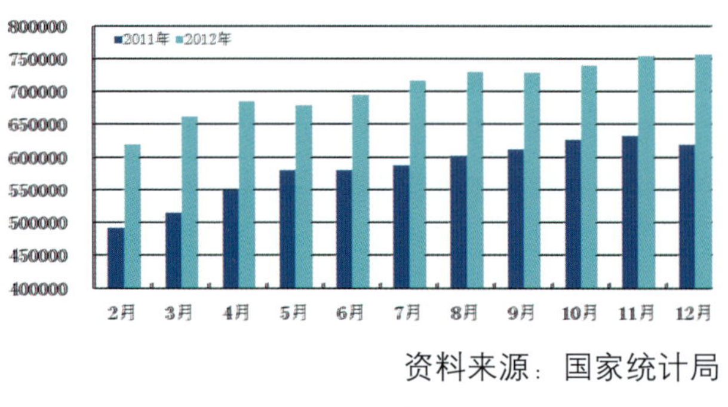

资料来源：国家统计局

为了刺激销售，企业在降低产品价格的同时，扩大了延期付款的客户面，也延长了付款期限，截止2012年底，化纤长丝织造行业应收账款达到126亿元，同比增长了17.67%，企业经营风险快速攀升。

（三）收入增加难抵各项成本费用税金的快速增长

据国家统计局统计，2012年我国化纤织造加工业主营业务收入同比增长6.12%，但同期，各项成本、费用、税金合计同比增长了6.46%，收入的增长已不足以缓解成本费用税金增长带来的压力。其中，主营业务成本同比增长了5.84%，主营业务税金及附加同比增长了16%，利息支出同比增速则达到了26.97%。

行业运行存在的主要问题

一、棉花价格倒挂对长丝织物市场的影响

虽然从图5的表象来看，2012年全年原料价格的表现相对平淡。国内棉价始终在18000元/吨～19000元/吨小幅波动，并未像市场预期的那样在放储或收储时出现价格大幅波动。实际上这是一个没有需求而仅靠政策支撑的最高棉价，这一价格与国际棉价拉开了超过5000元/吨的价差。未来受政策支持和需求不足的双重影响，预计棉花价格还将持续在这一区间。棉花价格的高位平稳，已难以对化纤长丝价格产生任何影响。

图5 2012年化纤长丝及棉花价格走势图

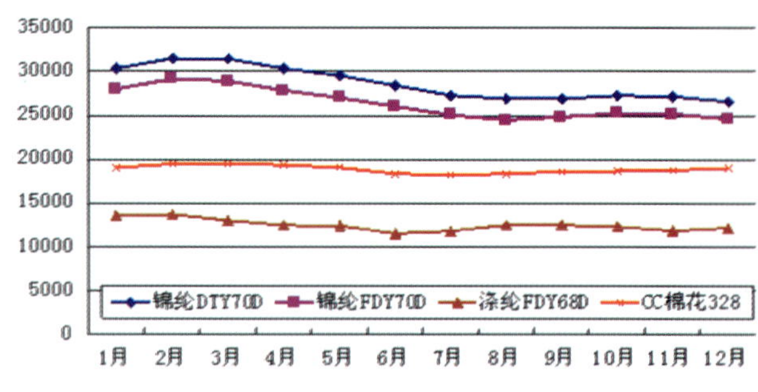

资料来源：中国纺织经济信息网

国内外棉价倒挂，使得棉制产品在国际市场上缺乏价格竞争力，这一方面为化纤长丝织物让出了一定的市场空间，但另一方面棉织物在国际市场上的价格已被迫下降，缩小了其与化纤长丝织物的价差，也影响着化纤长丝织物的实际出口量。

棉织物外销受阻转而争夺内销市场，但在经济

环境不景气的时候，国内消费者可能更热衷于价格相对低廉的产品。因此短期内，化纤长丝织物在国内还能占有一定的市场。但长远来看，依靠价格低廉赢得市场终究不是长久之计。化纤长丝织物应多在提高产品附加值，带来更多贴心消费体验上下功夫，从而从根本上赢得消费者。

二、市场需求不足的多重原因

（一）国内外经济环境不景气

2012年，国内外经济环境不景气，导致终端消费需求严重缩水，下游服装、家纺等产业对化纤长丝面料的需求随之下降。尽管我国工业经济在10月探底后逐步回暖，但考虑到消费者重铸消费信心的周期，国内需求短期内难以得到有效释放。奥巴马连任后，美国经济的稳步复苏已是可以预期的，但欧元区的经济增长还没有根本动力。

（二）市场缺乏畅销的产品

从2010年底热销的新型遮光窗帘到2011年全年受到市场追捧的仿真丝面料再到2012年逐步被消费者认可的细旦高密防寒服面料，不难发现的是真正活跃在市场上的产品并不是很多。一旦遇到销售压力，企业如不能尽快寻觅到畅销品种，就会为了维持开台转向生产常规大陆产品，这无疑造成了企业产品积压而市场饱和的局面，加剧了经营状况恶化的程度。

（三）产品价格过低

市场成交量低一方面是因为需求不足，但价格过低，避免亏本出货也是企业放弃销售的主要原因。2012上半年，原料价格持续下跌，压低了成品价格，一些织造周期长的产品（如厚重的遮光窗帘、高密细旦织物）更是毫无利润。此外年景好时，喷水织机规模扩展迅速，造成行业内竞争激励，织造企业竞相压价。当价格跌破企业能承受的底限时，企业只能选择放弃销售。

（四）消费者消费信心不足

消费者消费信心不足是市场需求不足的根本原因。这一方面是由于众多的销售环节推高了终端商品的价格，普通消费者的收入水平难以承受；另一方面是消费者对经济发展趋势的信心不足、对预期收入及通胀的担忧，消费谨慎，更愿意选择储蓄。而消费者信心的重建，依靠的是全国乃至全球经济基本面的全面向好。

（五）下游产业去库存化压制了对面料的需求

2012年中期开始，下游的服装产业开始消化高企的库存，一方面降价促销现有产品，另一方面则为了遏制库存再次上涨而适当降低新品的储备，也就是减产。这对于上游长丝面料生产企业而言，一方面要面对下游订单的直接缩水，另一方面则要面对消费需求被低价的过时产品和不能完全满足需求的新品打压，终端消费总体受到制约。

三、产业调整

2012年对长丝织造行业来说是极具挑战的一年，但经历了这一年的洗礼之后，行业也展现了新的面貌和生机。首先是在过去一年的激烈竞争中，一些小微企业尤其是家庭作坊式的非正规企业退出市场，减少了行业内的无序竞争；其次是企业深刻意识到技术升级、产品研发的重要性，把对产品产量的追求转移到对产品品质和新产品研发的追求上，这对全行业的技术进步无疑是最好的内生动力；经过这一轮市场的洗礼，企业在调整生产的同时更加注重管理，而管理也不再局限于生产技术，开始更多的关注企业文化和品牌影响。

2013年长丝织造行业发展趋势

一、原料市场仍将平稳

由于国内涤纶产能充沛，加之原油价格持续平稳，因此涤纶长丝价格全年平稳。2012年下半年，国内多条大型锦纶纺丝生产线投产，国产锦纶长丝产能提升，对进口的依存度降低，锦纶的定价权开始转移，价格松动趋势明显，导致国内锦纶长丝价格下滑明显。2013年，伴随着全球经济的逐步复苏，大宗商品价格有望上涨，由此可能会从成本上推动化纤长丝价格小幅上涨，但整体趋势仍将平稳。

二、生产成本刚性上涨

2013年化纤长丝织造行业成本上涨将主要集中工人工资和节能减排这两部分。考虑到国内政策经济环境以及90后职工就业选择的特性，工人工资的逐年上涨已成常态，尽管多数企业对此已有心理准备，但人力资源成本的实际上涨已使得行业失去了部分价格优势。因此，为了节约成本、减少用功，从2012年开始，一些企业已在自动化生产设备的使用上进行大胆尝试，如全自动传输搬运装置、全自动穿经机等。这些自动化生产设备的使用在减少用工的同时还可提高生产效率，稳定产品质量，但资金投入较大，设备折旧期较长，尤其是在当市场环境不好时，容易加大企业资金回笼的难度和信贷压力。

节能减排压力还将持续。除了以往的节电、污水处理等问题外，2013年一些地区还将面对“煤改气”的新压力，预计煤改气将使动力成本翻一番。

三、市场需求缓慢恢复

2013年，虽然全球经济复苏依然缓慢，但国内宏观经济基本面已开始向好，终端消费需求正在缓慢释放。预计下半年下游服装订货量会有一定程度的改善。

对长丝织造行业而言，在经历了风风雨雨的2012年之后，2013年显得特殊而重要。春节过后，市场环境应该说已出现全面向好的迹象，行业内本轮优胜略汰的产业调整已基本完成。因此全行业企业既要坚定信心，积极面对，也要苦练内功，小心谨慎。2013年是完成“十二五”规划的关键一年，是企业在管理、技改、产品研发和结构调整做出关键性突破的一年，行业调整和产业转型势在必行。

（撰稿人：黄潇瑾）

印染业

中国印染行业协会

2012年印染行业经济运行情况

2012年，受国内外经济形势低迷的影响，我国印染行业经济增长呈现明显的减速态势，主要经济指标增速延续2011年的下行趋势继续回落，行业发展面临需求不旺、成本上升、环保压力增大等诸多困难和问题。印染行业积极应对外需萎缩和经济下行的不利影响，经济运行相对平稳，盈利能力基本稳定，结构调整、产业升级有了新进展。

一、生产增速持续放缓，东部地区集中度进一步加大

2012年，全国 1922户规模以上印染企业印染布产量566.02亿米，同比减少2.06%，增速同比回落8.73个百分点。规模以上印染企业累计实现工业总产值3369.22亿元，同比增加9.01%，增速同比回落8.8个百分点；实现销售产值3299.44亿元，同比增加8.64%，增速同比回落9.48个百分点；销售收入3293.44亿元，同比增加7.05%，增速同比回落11.1个百分点；产销率97.93%，产品销售率保持较高水平，产销情况基本正常。

受外需不振、内需趋缓等诸多因素影响，3月份开始印染行业经济增长呈现出明显的持续减速态势，至年底未见回升迹象（见图1、图2）。11月份开始，印染布产量出现负增长，12月份，产量降幅进一步加深。

图1 2012年规模以上印染企业印染布产量累计增长情况

资料来源：国家统计局

图2 2012年规模以上印染企业产值累计增长情况

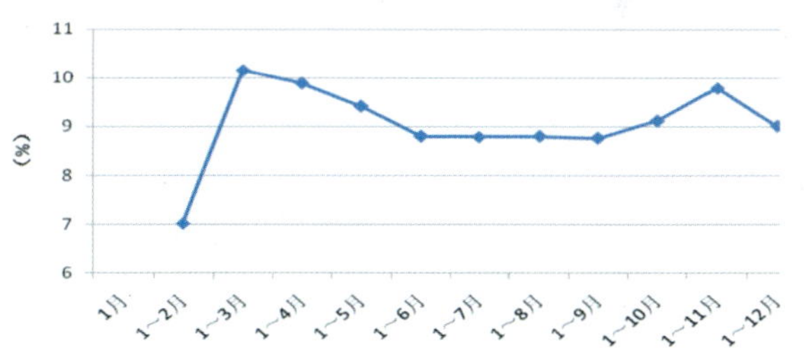

资料来源：国家统计局

表1 2012年主要省份规模以上印染企业印染布生产情况

产地	单位	全国	浙江	福建	江苏	广东	山东	五省合计
产量	亿米	566.02	334.88	59.45	49.94	46.55	38.46	529.30
同比	%	-2.06	-3.79	6.24	9.29	-2.80	-5.41	
占全国比重	%		59.16	10.50	8.82	8.22	6.80	93.51

资料来源：国家统计局

浙江、江苏、山东、广东和福建等东部沿海五省产量529.30亿米，占全国总产量的93.51%。其中，浙江省334.88亿米，同比减少3.79%，占全国产量的59.16%；福建省59.45亿米，同比增长6.24%；江苏省49.94亿米，同比增长9.29%；广东省46.55亿米，同比减少2.80%；山东省38.46亿米，同比减少5.41%（见表1）。印染主要生产省份中，除江苏省和福建省印染布产量同比增长外，浙江省、广东省和山东省产量均有不同程度的下降，为近20多年来所少见。

2012年，东部沿海五省产量占全国的比重达到93.51%，同比增加1.08个百分点。东部沿海地区的印染业，整体水平好于中部和西部地区，其竞争力和抗风险能力较强，另外，企业转型升级也走在全行业前列。受近年国内外经济形势低迷的影响，中部和西部地区的部分企业，生产经营遇到较大困难，生产不满甚至停产。因而，印染行业不但没有出现明显的向中西部地区转移的现象，反而逐渐向东部沿海地区集中，如图3所示。

图3 2008～2012年东部沿海五省印染布产量占全国比重

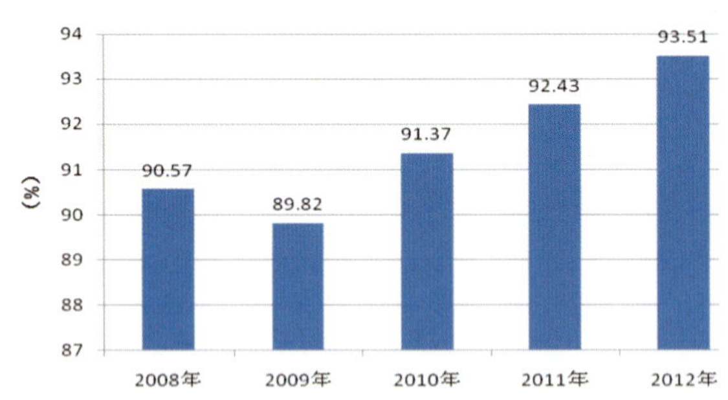

资料来源：国家统计局

二、国际市场持续低迷，主要出口市场均有所下降

2012年世界经济复苏乏力，受国际市场持续低迷的影响，我国印染布出口增速出现持续回落。2012年1～12月份，规模以上印染企业出口交货值532.46亿元，同比下降0.31%，增速同比回落7.21个百分点。2012年3月份以来，印染布出口数量增速总体呈逐月放缓态势，下半年持续负增长，至年底未见好转；全年出口价格增速则一路下滑，至年底仅有1.45%的增长（见图4～图6）。1～12月，印染六大类产品出口数量143.55亿米，同比减少0.39%，增速同比回落14.15个百分点；出口金额171.58亿美元，同比增加1.05%，增速同比回落30.21个百分点；出口平均单价1.20美元/米，同比提高1.45%，增速同比回落13.93个百分点。

图4 2012年印染布六大类出口数量累计增长情况

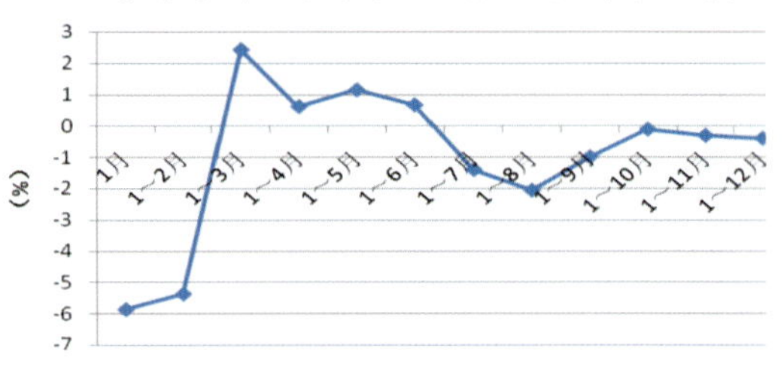

资料来源：中国海关

图5 2012年印染布六大类出口金额累计增长情况

资料来源：中国海关

图6 2012年印染布六大类出口单价累计增长情况

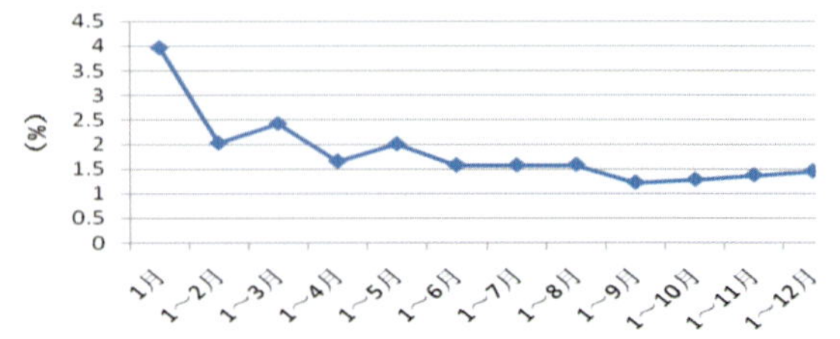

资料来源：中国海关

2012年，由于国际市场需求不足，印染布出口数量从7月份开始已是负增长，全年出口金额仅有1个点的增长，这是近20年来少有的现象。全国印染布出口数量、金额和价格增速均有较大幅度的回落，特别是金额增速回落超过30个百分点。分产品来看，纯棉类印染布出口数量虽然保持5.09%的增长，但产品价格同比下降7.66%，出口金额同比减少2.96%；棉混纺印染布出口数量和金额分别增长6.41%和6.99%，价格基本持平；涤纶长丝织物出口数量仅增长0.98%，出口金额增长6.08%，价格同比增长5.05%；T/C印染布出口数量和金额同比有较大幅度的下降，分别下降14.29%和10.69%，价格同比增长4.17%。同期，棉印染精加工企业和化纤织物染整精加工企业出口交货值增速分别为-0.12%和-3.96%，反映出化纤类织物的出口形势比棉类织物更严峻。

从出口市场看，2012年，美国、欧盟和日本三大市场中，美国市场相对稳定，出口数量和金额增速分别达11.92%和3.33%，但出口价格下降7.67%；欧盟市场需求明显不振，出口数量和金额分别下降4.27%和4.34%，价格下降0.07%；日本市场出口数量仅有0.61%的增长，但出口价格大幅下降13.18%。东南亚是我国印染布的一个主要出口市场，近年来，东南亚部分国家纺织业发展迅速，尽管其印染业还十分薄弱，印染加工水平不高，但受其产业链配套需求的带动，印染加工能力增长较快，一些低端订单向这些国家转移明显。2012年1～12月，我国印染布对印度出口数量和金额同比分别大幅减少33.27%和29.23%，对柬埔寨和巴基斯坦出口数量同比分别减少17.36%和0.36%，对孟加拉国出口数量仅有3.79%的增长，但出口价格下降4.37%，对越南和印度尼西亚出口数量增速仅有10%左右。得益于中国和东盟十国建立自由贸易区，实现零关税，全年对东盟出口数量和金额同比分别增长15.21%和16.62%。值得注意的是，贝宁和阿联酋多年来都是我国印染布主要出口市场，2012年，对这两个市场出口数量分别减少34.10%和14.18%，尤其是贝宁，出口单价同期下降5.47%。

三、内销占比继续提升，对行业的支撑作用进一步增强

2012年，全国限额以上衣着类商品零售额同比增长17.9%，纺织品服装内销市场规模继续扩大，规模以上纺织企业内销产值占整个销售产值比重达84.31%，较上年同期提升1.26个百分点。受纺织品服装内销市场规模不断扩大的拉动，以及印染布外需不振的影响，印染行业内销占比继续提升，对行业的支撑作用进一步增强。2012年，规模以上印染企业内销产值达2766.98亿元，同比增长10.55%，而规模以上印染企业出口交货值同比下降0.31%；全行业内销产值占工业销售产值的比重达到83.86%，同比提高1.45个百分点。

四、运行质量继续改善，棉印染企业优于化纤织物印染企业

印染行业结构调整和产业升级步伐继续加快，促进行业运行质量稳步提升。2012年，规模以上印染企业劳动生产率（按照工业总产值计算）为60.93万元/人，同比提高5.54%，行业生产效率稳步提升，其中，棉印染精加工企业为62.44万元/人，高于化纤织物染整精加工企业10.32万元/人，反映棉印染企业的生产效率高于化纤织物印染企业。规模以上印染企业三费比例5.87%，同比提高0.19个百分点，但财务费用比例同比减少0.05个百分点，表明行业管理水平继续改善，其中，棉印染精加工企业为5.75%，低于化纤织物染整精加工企业1个百分点，表明棉印染企业管理水平好于化纤织物印染企业。规模以上印染企业产成品周转率为24.95次/年，同比加快1.50次/年，其中棉印染精加工企业24.45次/年，化纤织物染整精加工企业29.08次/年；应收账款同比增长10.12%，库存同比增长3.06%，其中产成品库存增长0.33%，未超过产值增长的增幅，

反映全行业内生的风险控制意识和应变能力继续增强。规模以上印染企业总资产周转率达1.39次/年，同比提高3.06%，反映企业资产经营质量和利用效率保持良好，其中，棉印染精加工企业为1.44次/年，高于化纤织物染整精加工企业0.33次/年。

五、利润保持较快增长，整体盈利水平基本平稳

2012年，规模以上印染企业累计实现主营业务收入3293.44亿元，同比增长7.05%，同比回落11.1个百分点；实现利润总额144.33亿元，同比增长13.38%，高于纺织全行业平均水平5.7个百分点，增速同比基本持平，利润增速高于主营业务收入增速，且保持了较高水平（见图7、图8），其中，棉印染精加工企业利润总额同比增长13.19%，化纤织物染整精加工企业利润总额同比增长14.60%。规模以上印染企业成本费用利润率4.61%，同比提高0.26个百分点；销售利润率4.38%，同比提高0.24个百分点，其中，化纤织物染整精加工企业的成本费用利润率和销售利润率均高出棉印染精加工企业0.35个百分点，而亏损企业亏损面低于棉印染精加工企业6.93个百分点。反映行业经营效益的重要指标表现良好，表明规模以上企业整体盈利水平基本平稳。印染行业运行质量提高带动了行业盈利能力的提升，化纤织物印染加工企业盈利水平稍好于棉印染加工企业。

图7 2012年规模以上印染企业主营业务收入累计增长情况

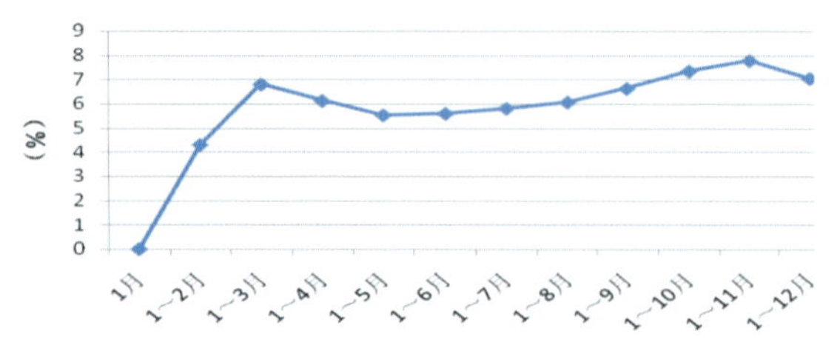

资料来源：国际统计局

图8 2012年规模以上印染企业利润总额累计增长情况

资料来源：国家统计局

六、产业结构调整稳步推进

2012年，行业发展的外部环境比较严峻，竞争加剧、成本上升、环境保护、节能减排等压力持续存在，企业对于调整结构、转型升级的自觉需求不断增强，促进印染行业加速优化调整与升级发展，产业结构调整步伐进一步加快，倒逼机制正在产生预期的效果。2012年1～12月份，规模以上印染企业人均利润2.61万元/人，同比提高14.42%；人均产值60.93万元/人，同比提高10.01%，全行业劳动生产率不断提高；内需占比达83.36%，同比提高1.45个百分点，市场结构进一步优化；节能环保的工艺技术和设备在行业的推广应用面逐步扩大，行业整体节能减排、环境保护水平稳步提升。全行业通过调整生产经营策略、加快技术改造、加强内部管理等措施，提高生产效率、降低生产成本、提高盈利能力。规模以上印染企业在印染布产量同比减少2.06%、出口数量同比下降0.39%的情况下，产值、收入和利润依然保持了较高的增速，尤其是利润实现了13.38%的增长。

2012年印染行业运行面临的主要问题

2012年，印染行业尽管运行走势总体平稳，但是在国内外经济趋紧的大环境、大背景下，印染行业在发展过程中仍然面临了一系列的困难和突出问

题。这些问题有和其他行业同样面临的国际市场低迷、国内市场需求趋缓、生产成本上涨等共性问题，也有行业特有的环境保护、节能减排的巨大压力。

一、节能减排、环境保护压力进一步加大

印染行业作为一个在纺织产业链中必不可少的以湿态加工工艺为主、必须使用大量染化料助剂、消耗大量水资源和能源的行业，既承担着满足日益增长的消费者需求的责任，又面临着节能减排、环境保护的巨大压力。这些压力有来自政府政策层面的，有来自国际上的一些非政府组织的，也有来自社会公众的，印染企业自身在资金、技术、土地等方面也存在很大的限值和制约。

印染行业在有些地方政府看来是受限制的行业、不让发展的行业，对印染企业的环评审批时间长、程序复杂。一些地方政府、金融环保部门未能充分考虑行业发展所处的阶段，甚至不结合行业固有的生产特点，出台了一些不利于行业长期发展的产业政策和有关规定，例如比其它行业更高的融资限制和融资成本、制定过高的排放标准、征收高额治污费用、作为实施拉闸限电的重点对象等，在一定程度上使企业经营效益下降及信心受挫，企业技术改造、转型升级得不到有效推进，阻碍了行业整体转型升级进程。

自2011年绿色和平组织连续发布两份以"时尚之毒"命名的调查报告之后，两年来，自然之友、公众环境研究中心、达尔问、环友科技及南京绿石等非政府组织（NGO）多次发布相关报告，声称"纺织行业是中国最大水污染源之一"，将公众的视线直接引向中国纺织业，特别是中国的印染行业。这些NGO作为社会监督渠道，在关注环境和可持续发展，推动节能减排和加强供应链管理，呼吁品牌所有者主动承担社会责任等方面所做出的努力和所发挥的积极作用值得肯定，但是由于缺乏专业的背景、科学的评估方法以及对行业的深入了解，其报告在真实性、准确性、科学性、导向性等诸多方面存在不足，呈现给公众的多是一些陈旧的和缺乏完整性的数据及局部的案例，并且缺乏科学的比较，在引导公众关注环境问题时，以点盖面，缺乏纵向比较和对宏观经济和技术发展背景的把握。这样的信息披露已经成了目前诸多网络爆料的通病，其对社会公众带来的更多的是误导，对中国纺织印染产业的健康发展带来很大的负面效应。

印染行业自身也存在诸多限制和困难。中国印染行业在与环境的协调发展上，并未简单地重复发达国家曾经走过的先污染、后治理的老路，而是通过技术、装备、工艺、标准和监管的协调作用，来实现环境的可持续发展，使单位产值的污染物排放量实现了持续和显著的下降。目前，我国印染企业环境保护、节能减排的意识和意愿已经很强，但是，由于需要大量的资金投入和运行管理成本，而我国印染行业利润薄，部分处于维持状态的企业难以承受更高的环保技改投入，还有部分企业受到土地限制，无法进行污水处理设施提标改造。

二、国际市场需求萎缩，出口竞争加剧

2012年，世界经济总体上呈现复苏缓慢、需求不振的态势，全球经济处于2009年危机以来的最低点，国际市场需求全面萎缩。2012年1～12月印染布出口数量同比减少0.39%，在各项生产要素成本持续上涨的情况下出口价格也仅有1.45%的增长，这是过去20多年没有过的。美国市场整体零售增长趋缓，印染布出口数量虽然有11.92%的增幅，但出口价格同比下降7.67%；受欧债危机的深度影响，欧盟零售市场持续低迷，需求严重萎缩，导致中国印染布出口量、价齐跌；日本市场零售需求逐步回落，再加上日本与东盟、东南亚等国家区域贸易优惠政策，日本市场低端订单转移明显，2012年我国印染布对日出口数量虽然持平，但价格大幅下降。

印度、印度尼西亚、越南、孟加拉等国家正在大力发展纺织印染业，再加上国际市场需求不足，

导致国际市场竞争更加激烈。虽然这些国家印染加工水平不高，目前超过80%的印染面料依赖从中国进口，但其规模发展很快，从中国进口印染布逐渐减少。同时，这些国家由于具有原料价格低、劳动力成本低以及出口关税优惠政策等优势，产品具有价格竞争优势，也促使部分低端产品订单正在向这些国家转移。

三、生产要素成本不断提高成为趋势

2012年，成本上升仍然是印染行业面临的一大压力。受我国人口结构变化以及印染行业劳动环境差影响，招工难、工人流动性大等问题在印染行业已成为常态。2012年，用工成本虽不像前两年大幅增加，但由于中国劳动力价格继续增加，印染行业人均工资涨幅仍超过10%。受工业需求下降及国家相关限价政策影响，2012年中国燃煤动力价格虽未出现大幅涨价现象，但全年工业企业燃料动力购进价格仍小幅提高0.9%。随原料及劳动力成本增加，印染行业的染化料助剂成本也继续增加，尤其是随着纺织化学品使用的生态安全问题日益引起各方关注，企业尽可能选择生态环保型的染化料助剂，成本相应增加。随着环境保护要求提高，印染行业的环保压力不断增加，企业的环保投入、治理成本持续增加，环保成本已成为企业重要的一项成本支出。尽管企业通过技术进步和创新来消化各项成本上涨，企业盈利能力仍受到较大影响，成本上涨快、效益难提高是行业转型升级过程中需要长期面对的困难和矛盾。

2013年印染行业发展趋势展望

2013年，行业发展的外部环境虽然将较2012年有所改善，但经营环境仍将比较严峻，内需和出口形势预计不会明显转暖，竞争加剧、成本上升、环境保护、节能减排等压力依然存在，尤其是节能环保的压力更加突出，对行业结构调整和优化升级的倒逼机制作用更强，全行业优化调整与升级的进程将进一步加快。

一、市场需求状况有所好转，出口和内需增速难有明显改善

世界经济复苏将是一个长期艰难曲折的过程。2012年底各国在新一轮宽松货币政策的刺激下，世界经济形势有所好转，2013年世界经济复苏具有实现温和加速的动力因素。美国经济将继续延续温和复苏态势，欧盟经济有望逐步摆脱衰退，新兴经济体有条件保持温和增长，但由于制约因素仍然较多，全球经济复苏仍然存在较多不确定性。因此，2013年国际市场需求状况将有所好转，但不会有明显改善，预计印染布出口可以扭转负增长局面，实现正增长，但增速同比提升幅度不大。另外，从我国印染行业的对外贸易形势看，我国印染布出口竞争优势在逐渐消弱，与东南亚国家相比，虽然仍具有明显的原料、技术、人才和产业链优势，但这些国家的纺织印染业发展势头很好，低端订单在这些国家具有明显竞争力，我国印染布出口形势严峻将成为趋势。

2013年，我国国内货币政策环境将保持总体平稳、相对宽松的状态，经济内生增长动力加强。我国经济发展具备很多有利条件和积极因素，宏观经济增长将呈现温和回升走势，经济增速有望达到8%以上。内需消费增速随着宏观经济环境改善将有所提升，全年限额以上衣着类商品零售增速将达到20%左右的较高增速，从而将带动印染布内需市场实现平稳增长，但由于2013年国内物价存在一定的上涨压力，尤其是猪肉、蔬菜等食品价格进入较快上涨周期的可能性较大，居民相关支出将会同比增加，从而对衣着消费支出增长产生一定的制约，预计印染布内需市场较2012年有所改善，但增速不会出现显著变化。

二、节能减排、环境保护压力将更加突出

当前，可持续发展已经成为全球的共识和发展主题，关注民生、注重环境的可持续发展是各国政府也是各行各业应尽的责任和义务。近年来印染行业在倡导清洁生产、推进节能减排方面已经做了大量的工作，并取得了很大的成绩，但由于在兼顾发展与环境、资源与产业分布、基础条件与要求、产业特点与配置、观念与技术、长远发展与短期效益等方面存在诸多结构性矛盾，印染行业仍面临日益增长的发展需求与资源和环境制约的矛盾和压力。《纺织染整工业水污染物排放标准》（GB4287—2012）作为国家的一项强制性标准颁布实施，印染企业必须尽快通过加大技术改造力度，提高污染减排水平，满足排放标准要求。2013年是实施“十二五”规划承上启下的重要一年，对各项节能减排、环境保护指标能否完成具有重要影响。随着印染企业准入公告管理和环保核查公告工作的逐步推进，印染企业将受到越来越广泛的社会关注和监督。NGO作为一种社会监督渠道，随时会向社会公众披露行业环境问题。所有这些已成为印染行业健康持续发展的挑战。

三、行业调整升级将继续推进

2013年，出口需求不振、综合生产成本上升、环境保护压力突出、传统比较优势减弱等因素继续影响印染行业的运行、困扰印染行业的发展，这些因素形成的倒逼机制，促使企业对于调结构、促升级的自觉需求不断增强，将进一步促进印染行业加速优化调整，加快转变经济发展方式，在不断转变发展方式、不断优化结构中实现增长。节能减排、环境保护是印染行业转型升级中的重要一环。全行业要全面贯彻落实党的十八大精神和中央经济工作会议部署，围绕调结构、转方式、增效益，大力推广应用新工艺、新技术和新设备，推进能源、用水三级计量管理，加强资源回收与循环利用，加大污染物治理力度，增强经济发展的协调性和可持续性，提高行业抵御和化解外部风险的能力，提高经济增长的质量和效益，获得持续健康发展的新空间。

（撰稿人：林琳　张怀东　董淑秀）

针织业

中国针织工业协会

2012年针织行业经济运行情况

2012年针织行业克服了国内外复杂的经济环境带来的不利因素，基本实现了平稳运行，但多项运行指标的同比增速呈现趋缓态势。

一、运行质效

（一）全年效益前抑后扬

2012年针织行业全年实现利润总额160.4亿元，同比增长30.4%，行业亏损面13.51%。从规上企业的利润率、亏损面、出口交货值同比等多项指标来看，全行业要好于纺织行业整体水平；全年行业呈现前低后扬态势，第四季度运行较前三季度有所改善。

（二）针织前道环节效益好于后道

从产业链角度来看，针织行业后道环节的运行质效要低于前道环节。这缘于我国针织服装加工制造产品多数没有自有品牌，低附加值，处于中低端水平。

二、生产

（一）工业生产总值稳步增长

2012年针织行业工业总产值总体实现了稳步增长，上半年同比增速一直呈下行态势，下半年逐渐回

表1 2012年针织行业运行指标

单位：%

时间	利润率	亏损面	主营业务收入同比	出口交货值同比
2012年二季度	4.60	18.20	11.42	3.85
2012年三季度	4.62	14.72	11.15	6.82
2012年四季度	5.10	13.51	12.46	8.19

资料来源：国家统计局

表2 2012年针织行业运行情况

针织行业	企业户数（户）	亏损面（%）	从业人数（万人）	出口比重（%）	销售利润率（%）
针织织物制造加工	2592	10.22	56.29	25.6	5.5
针织服装制造加工	2477	12.56	68.31	42.1	5.2

资料来源：国家统计局

升；与2011年相比，增速有所下滑。2012年1～12月，针织行业规模以上企业实现工业生产总值2977.76亿元，同比增长13.51%；主营业务收入2895.41亿元，同比增长11.92%，产销率为98.41%，产销衔接顺畅。

图1 2005～2012年针织行业工业生产总值同比情况

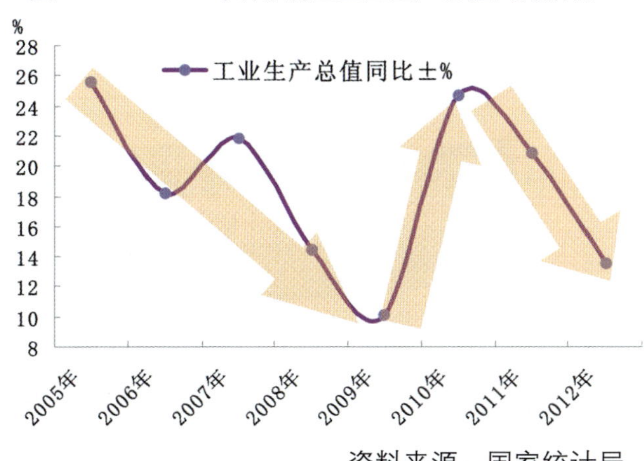

资料来源：国家统计局

图2 2012年针织行业工业生产总值同比情况

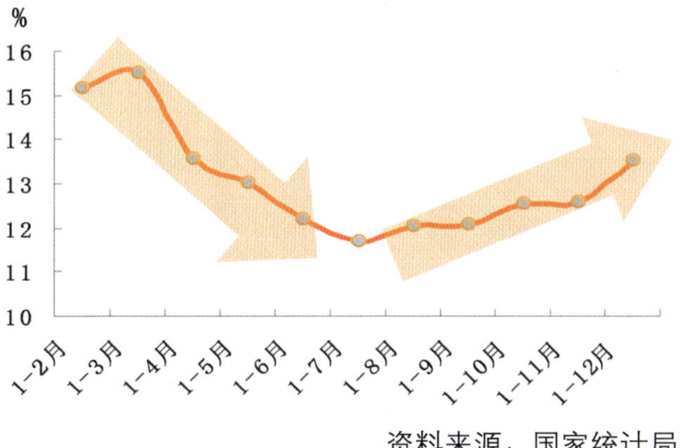

资料来源：国家统计局

（二）针织服装产量小幅增长

2012年规模以上企业共生产针织服装132.19亿件，较上年同期增加4.68%。从累计同比情况来看，2011年7月至2012年2月，针织服装产量同比下滑较快，2012年3月起同比增速呈波浪式上升。

表3 2012年（规模以上企业）针织服装产量前十名省市

地区	针织服装		
	累计（亿件）	同比增长（%）	占全国比重（%）
全国	132.19	4.68	100
广东	27.37	−3.71	20.70
山东	24.05	8.11	18.20
福建	21.44	8.02	16.22
浙江	20.75	1.64	15.70
江苏	11.64	1.17	8.80
江西	6.88	−10.06	5.20
河南	3.64	34.62	2.75
河北	2.76	237.82	2.09
上海	2.66	−8.37	2.01
安徽	2.36	5.96	1.78

资料来源：国家统计局

图3 2005～2012年针织行业产量情况

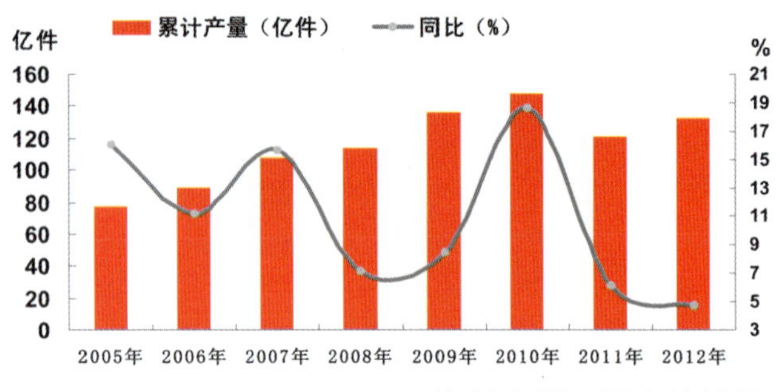

资料来源：国家统计局

图4 2011～2012年各类服装产量增速情况

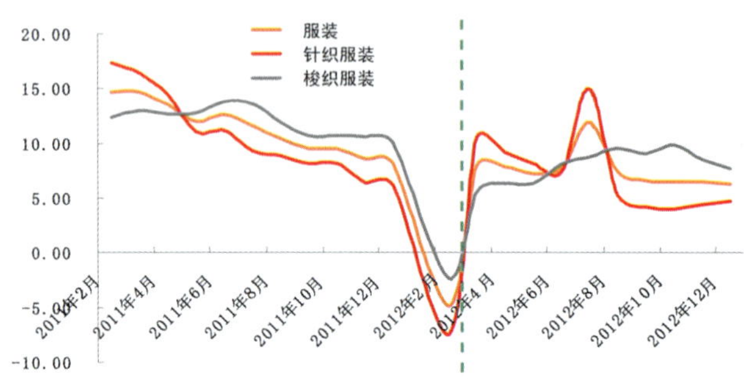

资料来源：国家统计局

（三）中西部产量占比增长趋缓，东部地区占比略有上升

2012年针织服装产量前五名省市仍集中在东部地区，其产量占比为84.82%，与2011年同期相比，略有下滑。前十名省市的产量占比为93.46%，较2011年同期下降1.2个百分点。

较2011年同期，2012年中西部针织服装产量占比下滑，东部占比略有上升。东部地区除广东、上海和北京外，其余地区同比均呈小幅增长，其中产量列居第8的河北自2012年以来，产量增速一直保持在三位数。 较2011年同期，中西部地区产量增速明显放缓。

图5 2012年针织服装产量分布情况

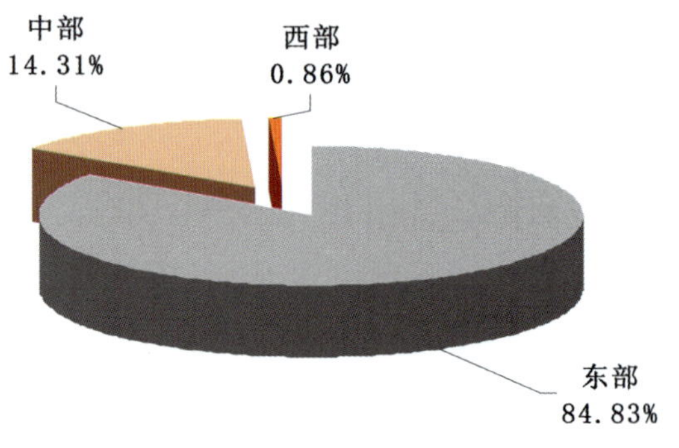

资料来源：国家统计局

图6 2011年针织服装产量分布情况

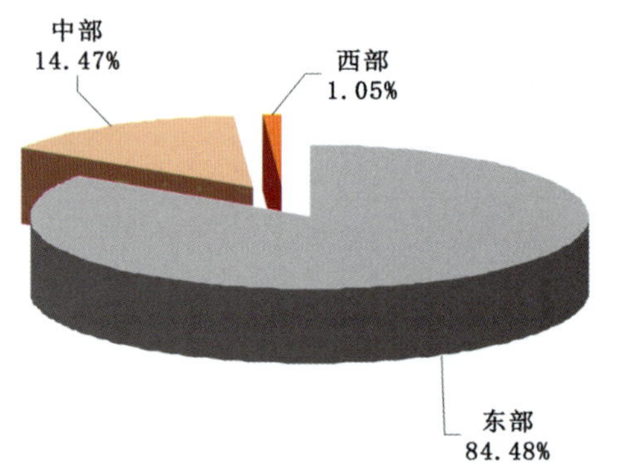

资料来源：国家统计局

表4 2012年（规模以上企业）针织行业固定投资情况

行业	实际完成投资额（亿元）	施工项目数（个）	新开工项目数（个）	竣工项目数（个）
针织织物及制品	383.21	1201	879	871
针织服装制造	312.62	900	719	662

资料来源：国家统计局

三、固定资产投资

2012年针织织物及制品的规模以上企业共完成固定投资383.21亿元，施工项目、新开工项目和竣工项目分别为1201、879和871个。

四、出口情况

（一）全年出口实现微增长

2012年我国针织行业出口整体情况较好，全年出口金额、数量累计同比均实现正增长。全年出口数量呈现先抑后扬态势，12月出口数量实现自2011年11月以来的首次正增长。

2012年我国针织服装及附件出口累计金额870.49亿美元，同比增长8.58%；针织服装出口累计208.02亿件，同比增加0.19%；出口金额755.70亿美元，同比增长9.47%；出口均价3.63美元，同比提高9.01%。

图7 2008～2012年针织服装出口数量及同比情况

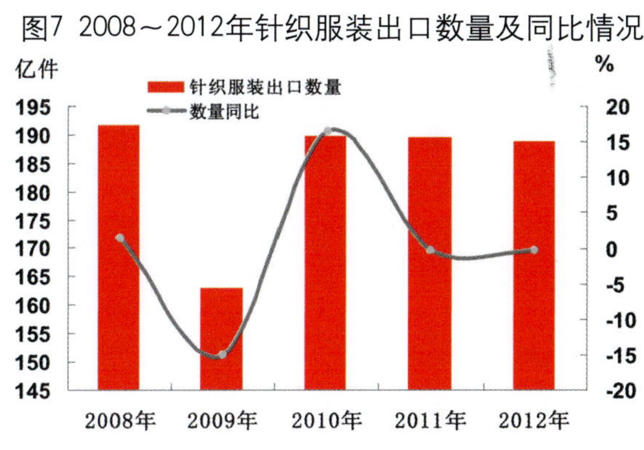

资料来源：中国海关

图8 2012年针织服装出口量同比变化情况

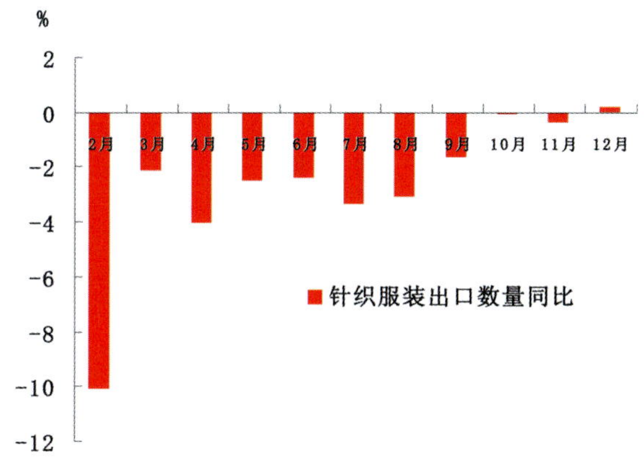

资料来源：中国海关

2012年我国针织织物出口累计79.50亿米，同比增加10.89%；累计金额112.20亿美元，同比上升4.88%，出口均价1.41美元，同比下降5.4个百分点；较2011年相比，2012年针织织物的出口数量价格出现小幅下滑。

图9 2008～2012年针织织物出口数量及同比情况

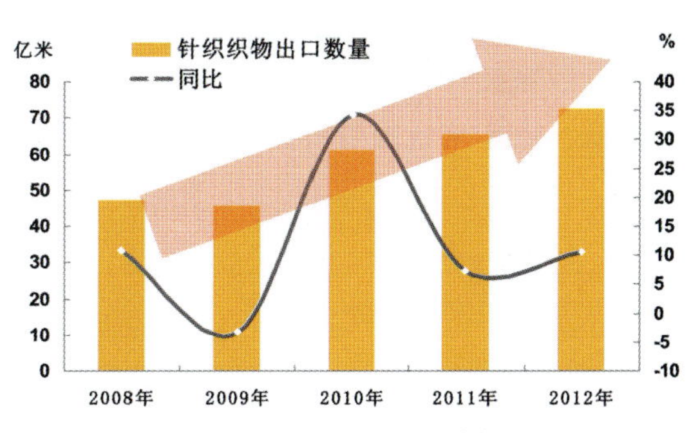

资料来源：中国海关

表5 2012年各类针织服装出口情况

品类	出口数量（亿件）	数量同比（%）	出口金额（亿美元）	金额同比（%）	出口单价（美元）	价格同比（%）
棉针织服装	102.43	–1.24	375.75	12.41	3.67	13.98
化纤针织服装	85.73	0.27	302.53	7.16	3.53	6.97
毛针织服装	1.09	–15.92	17.19	–7.22	15.84	0.38

资料来源：中国海关

图10 2005～2012年针织服装与梭织服装出口情况

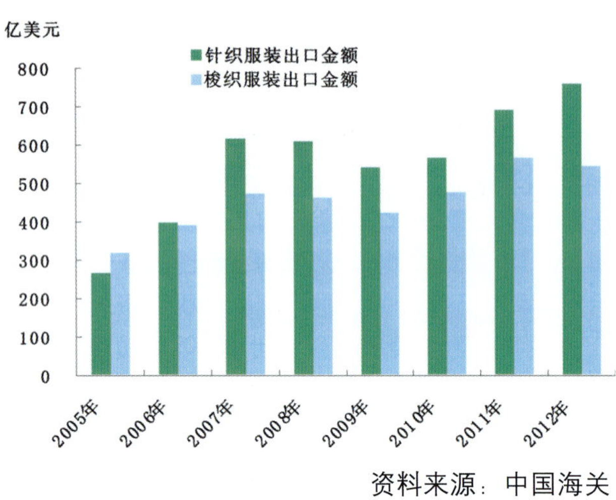

资料来源：中国海关

（二）棉制针织服装出口比例减少，毛针织服装出口明显下降。

近几年来，我国棉制针织服装出口出现大幅下跌，其出口占整个针织服装出口总量的比重逐年递减，出口占比从2008年的56%跌降至2012年的50%。表明近年国内外棉花价差在一定程度上影响了我国棉制针织品的出口竞争力。

毛针织服装作为劳动密集型产品，对技术要求相对偏低，近年来我国毛针织行业出口订单向东南亚国家转移的步伐加快。2012年我国出口毛针织服装1.1亿件，同比下降15.9%，出口总额17.2亿美元，同比下降7个百分点。

图11 2008～2012年棉制针织服装出口占比情况

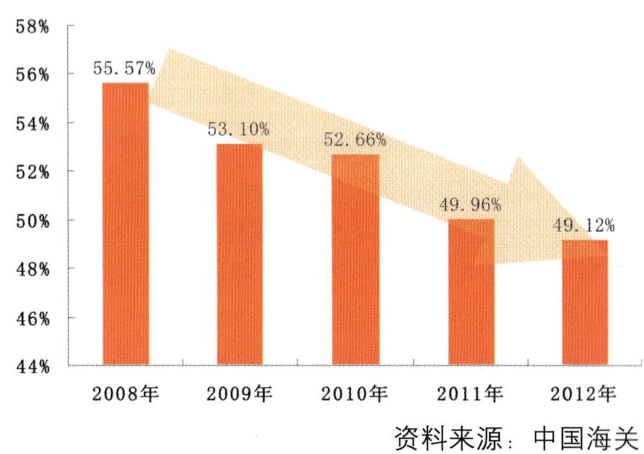

资料来源：中国海关

（三）针织外衣化趋势，外衣出口逐年递增

近年来针织外衣化趋势明显，外衣的出口数量逐年增加，于2012年首次超过针织内衣的出口数量。其中女式裙子、女式长裤的数量增长较为明显。针织男式内裤近年也保持一定的增长，但女式三角裤出口有所下降。

表6 2012年我国针织服装出口主要市场（按出口金额排序）

出口市场	出口数量（亿件）	数量同比（%）	出口金额（亿美元）	金额同比（%）	出口单价（美元）	价格同比（%）
美国	31.13	6.87	113.51	3.26	3.65	−3.18
日本	21.67	−6.18	95.73	2.14	4.42	8.87
香港地区	12.92	−4.23	51.84	26.91	4.01	32.24
德国	8.95	−25.62	32.22	−27.57	3.6	−2.7
越南	7.74	68.72	31.68	149.91	4.09	48.19

资料来源：中国海关

图12 2008～2012年针织内外衣出口情况

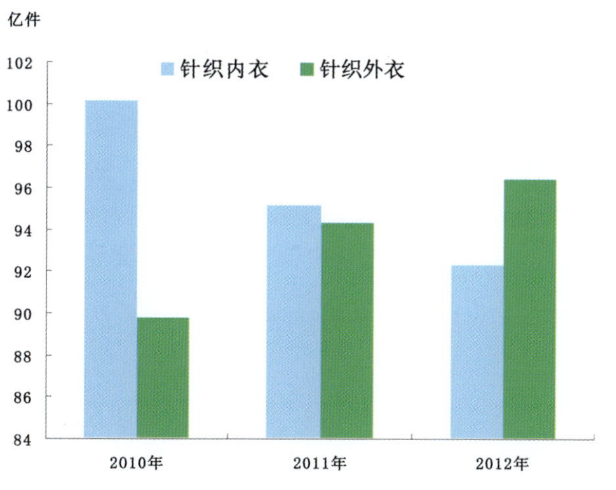

资料来源：中国海关

（四）主要出口市场需求各异

日美是我国针织服装的最主要出口市场。近年来日本自我国进口的针织服装数量呈递减态势，而美国于2010年取代日本成为我国针织服装出口的第一大市场。

2012年我国针织服装出口前五名市场（按数量排序）的出口份额为39.6%，其中出口美国、日本的针织服装金额占比分别为15%和10.4%；从出口数量来看，出口到日本、香港地区、德国的针织服装同比均有所下滑，美国进口数量则保持小幅增长，越南自我国进口的针织服装增长较快。

图13 2005～2012年我国针织服装出口主要市场情况

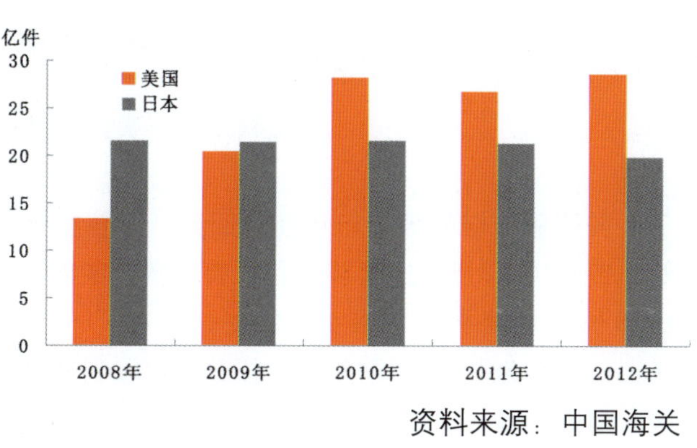

资料来源：中国海关

图14 2008～2012年我国针织服装主要出口市场的份额情况

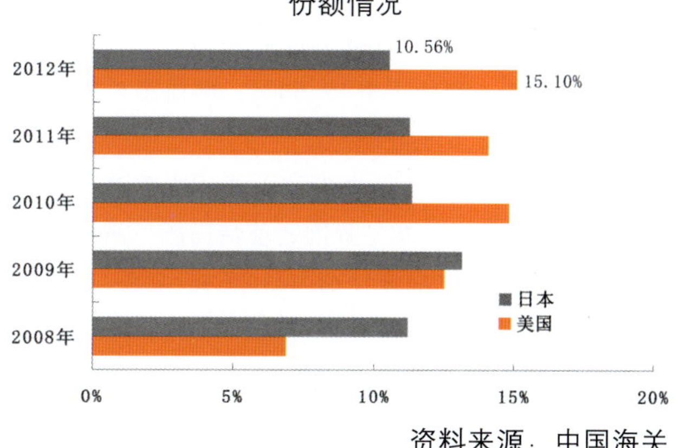

资料来源：中国海关

2012年我国针织服装出口市场主要分布在亚洲、欧洲和北美洲，其中亚洲、欧洲占整个出口市场的份额约为42%和23%。较2011年，欧洲和大洋洲的市场份额有所下降，欧洲的进口同比下降 3个百分点；而亚洲、非洲、北美洲与拉丁美洲的市场占比小幅提升。

图15 2012年我国针织服装出口区域（金额）分布

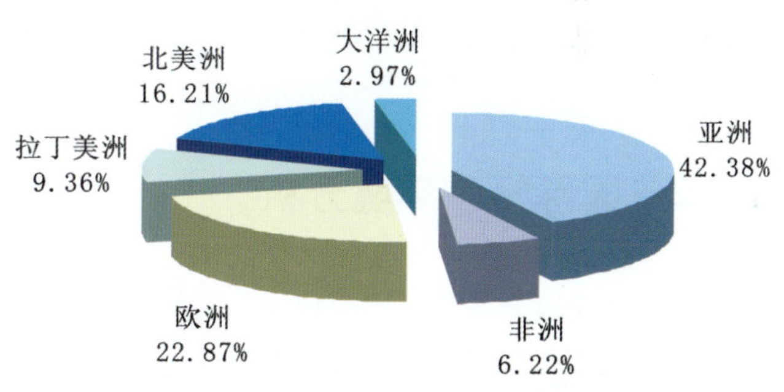

资料来源：中国海关

五、进口情况

2012年我国进口的针织织物小幅下降，针织服装小幅增长，但较2011年，针织品进口整体上增速趋缓。

2012年，我国共进口针织织物15.49亿米，同比减少7.43%，累计金额23.59亿美元，同比下降3.59%，进口单价1.52美元，同比提高4.11%；全年进口针织服装1.52亿件，同比增加9.32%，累计11.86亿美元，同比上升12.58%，进口单价7.78美元，同比上升2.91%。

其中男便服套装、领带和女式浴衣等产品进口明显减少； 2012年寒冬等因素使特需服、滑雪服进口增长较快，同比增速分别为245%和137%。

行业发展中存在的主要问题

针织行业发展中仍然面临国际市场需求增长缓慢，国内经济环境不容乐观等不利因素，产品出口压力较大。企业招工难，尤其具有高技能技术工人不足；劳动力等生产要素成本快速上升、融资难对行业产生较大压力。

（撰稿人：中国针织工业协会秘书处）

服装业

中国服装协会

2012年受到外需不振、内需增长趋缓、生产要素成本持续上升等因素的影响，中国服装行业进入调整转型期，增速放缓，企业面临着转型升级的紧迫压力。但是，全行业通过努力创新，依然实现了两个市场增长的不易成绩。

2012年国际经济环境分析

2012年全球市场总体需求低迷，美国经济温和复苏，欧盟复苏之路艰难，日本面临新的衰退，新兴经济体增速放缓，导致全球需求增长乏力，国际贸易增速放缓。

一、 美国经济持续好转 服装零售额增长

2012年美国全年GDP增速为2.2%，高于2011年的1.8%的增幅。经济学家预测2013年美国经济增速预期均值为2.3%，显示美国经济持续好转迹象。2012年前3个季度服装消费指数回升至113.14%，高于总消费指数的84.9%。

图1 美国消费者季度服装鞋帽消费指数

（2005年=100）

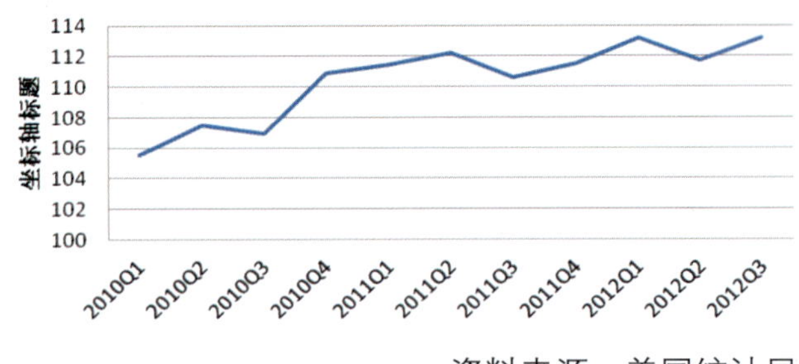

资料来源：美国统计局

美国服装鞋帽零售市场持续回升。零售数据显示，自2010年3月起连续30个月服装鞋帽的零售额同比增长，月度平均增幅为5.25%。虽然PPI有所上扬，1～9月为2.6%，剔除物价指数，服装消费仍呈增长趋势。

图2　美国服装零售金额月度数据

单位：百万美元

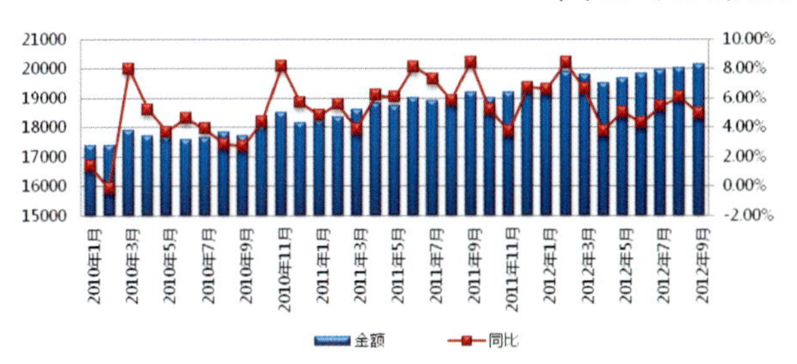

资料来源：美国统计局

二、欧盟市场危机蔓延，消费紧缩

2012年欧盟金融市场波动，失业率居高不下，消费信心受挫。随着欧债危机对实体经济的影响持续加深，核心国法国和德国的经济也濒临衰退。经济学家预计，2012年的欧盟GDP增速为–0.4%，预计2013年的为0.1%，处于筑底回暖的阶段。

2012年欧盟地区服装零售市场持续低迷。2012年9月份服装零售同比略有好转之后，又再度转负，显示服装零售的持续萎缩。

图3 2012年1～11月欧盟服装鞋帽零售同比增速

单位：%

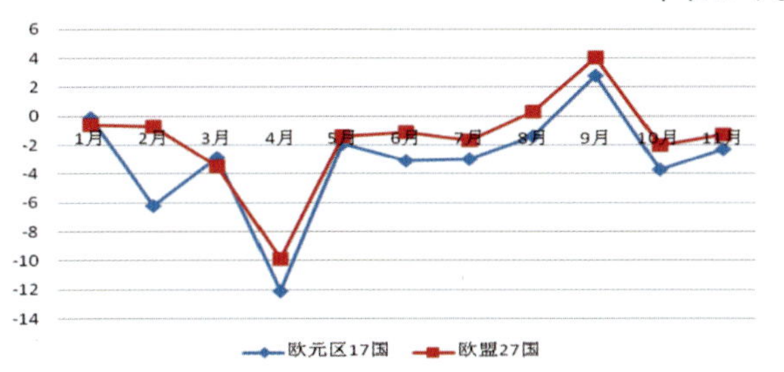

资料来源：欧盟统计局

三、日本面临新的衰退 服装零售低迷

2012年第四季度日本国内生产总值(GDP)环比下滑0.1%，连续第三个季度出现负增长。全年GDP增速为1.9%，经济面临新的衰退。而据日本产经省数据显示，2012年日本服装零售1～10月中，仅8月和10月分别同比增长0.3%和1.2%，显示出日本服装零售市场的低迷局面。

2012年国内经济环境分析

一、宏观经济适度增长

受到外需低迷、政府调结构的影响，1至3季度中国经济缓慢下滑，4季度受到外需小幅回暖、政府基建投资等影响，整体经济出现普遍回暖的迹象，全年GDP增速为7.5%，中国经济进入适度增长阶段。

二、居民收入稳步提升

国家统计局数据显示，2012年我国城镇居民人均可支配收入24565元，名义同比增长12.6%，扣除价格因素实际增长9.6%，比上年加快1.2个百分点。统计数据显示，2012年城镇居民人均可支配收入增速超过了2012年GDP增速。

三、物价保持低位增长

2012年全年居民消费价格比上年上涨2.6%，其中食品价格上涨4.8%，衣着类消费价格全国上涨3.1%，其中城镇地区上涨2.9%，农村地区上涨3.8%。物价维持在低增长区间，有助于消费增长。

图4 2012年居民消费价格月度涨跌幅度

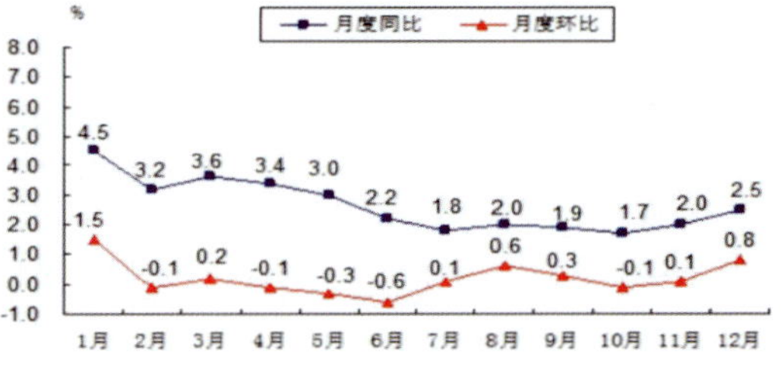

资料来源：国家统计局

四、消费者信心指数年末回升

伴随宏观经济的影响和2011年物价上涨等原因，2012开年消费者信心指数回升，但至年中再次下降至98.2，呈现较大的波动，四季度开始有较好回升。同时，消费者满意指数和预期指数也在4季度回升，预示未来经济的好转。

表1 全国消费信心指数

月度	预期指数	满意指数	信心指数
2011.06	111.4	103.2	108.1
2011.07	111.8	96.2	105.6
2011.08	110.4	96.9	105.0
2011.09	108.9	95.2	103.4
2011.10	106.3	91.8	100.5
2011.11	101.7	90.0	97.0
2011.12	105.3	93.2	100.5
2012.01	109.3	95.8	103.9
2012.02	110.9	96.1	105.0
2012.03	106.6	90.2	100.0
2012.04	108.5	94.7	103.0
2012.05	108.9	97.1	104.2
2012.06	103.2	93.3	99.3
2012.07	101.5	93.3	98.2
2012.08	103.7	93.0	99.4
2012.09	104.0	96.0	100.8
2012.10	109.3	101.2	106.1
2012.11	109.4	98.6	105.1
2012.12	107.6	97.8	103.7

资料来源：国家统计局

2012年国内服装零售情况及特点

2012年全年服装零售市场继续保持增长，但增速有所放缓，并呈现前低后高的走势。同时，网络销售增长迅速，增速明显超过传统零售渠道。服装零售价格增幅回落明显。

一、全年服装内销增长，增幅放缓

国家统计局数据显示，2012年，限额以上企业服装类商品零售额累计9778亿元，同比增长18.0%，但比2011年同期下降6.2个百分点。

图5 2011～2012年全社会消费品及衣着消费增长情况

单位：%

资料来源：国家统计局

根据中华全国商业信息中心的统计，2012年全国百家重点大型零售企业服装类商品零售额同比增长12.3%，相比2011年全年低8.1个百分点。各类服装零售量同比增长2.0%，较上年同期放缓2.9个百分点。

图6 2012年全国百家重点大型零售企业服装类商品零售额月度增速情况

单位：%

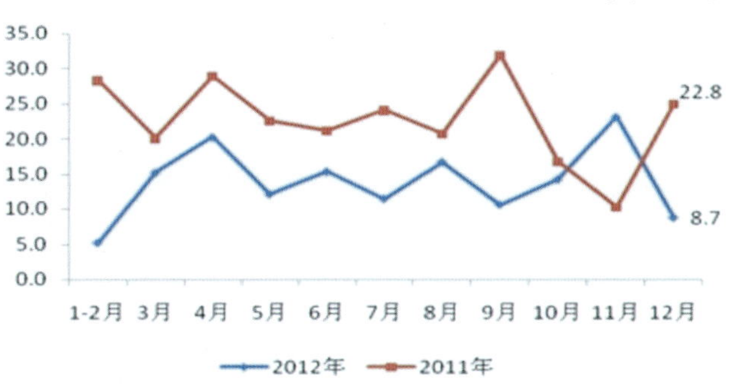

资料来源：国家统计局

商务部重点监测的3000家零售企业销售额数据显示，2012年重点零售企业服装销售额同比增长约8.1%，比2011年同期下降12个百分点。

图7 商务部重点监测3000家零售企业服装销售额增幅情况

单位：%

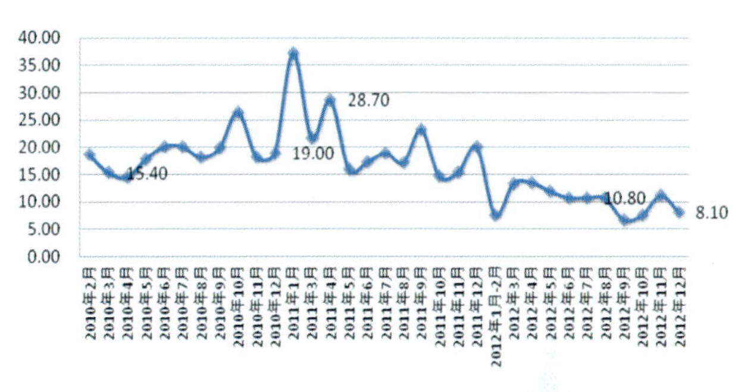

资料来源：商务部

二、全年增速放缓，早冬导致年终冲高乏力

中国经济延续了从 2011 年第四季度以来的回落态势。受到宏观经济增速放缓的影响，消费市场进一步下滑。2012年初，服装销售增幅在2011年末下降的基础上，小幅回升。随后，增幅滑落，随着经济的逐渐筑底回暖，消费信心的回升，至第三季度服装销售增幅再次回升。

同时，由于今年的冬天较往年来得早，零售商反映，秋季服装销售不及预期，而冬季服装提前在10月和11月放量增长，至12月销售有所转淡，因此增幅再次回落。

三、价格增幅回落

2011年以来，国内服装价格增长较快，有助于提升销售额的同时，对于销售量增长的抑制作用也较为明显，由于服装消费具有一定的消费需求弹性，所以价格与销量两者走势出现较为明显的背离。

图8 全国重点大型零售企业服装类商品销售同比增幅

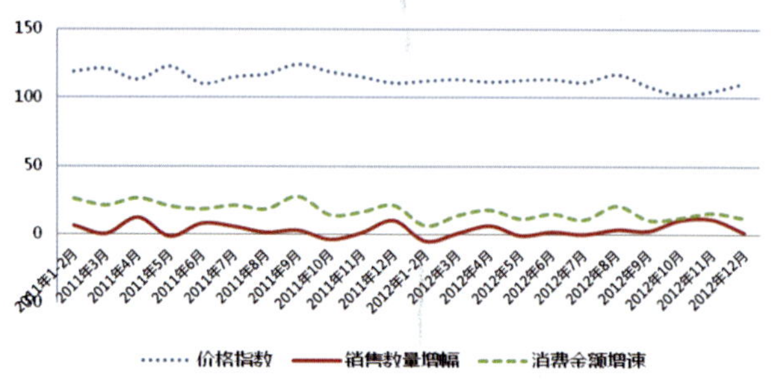

资料来源：中华全国商业信息中心

根据国家统计局的数据，2012年规模以上企业衣着类生产者出厂价格同比上涨仅为2.1%，全国服装类商品零售价格同比上涨2.9，衣着类居民消费价格同比上涨了3.1%，其中服装价格幅度为上涨3.3%。

图9 2011～2012年服装类消费价格指数变化情况示意图

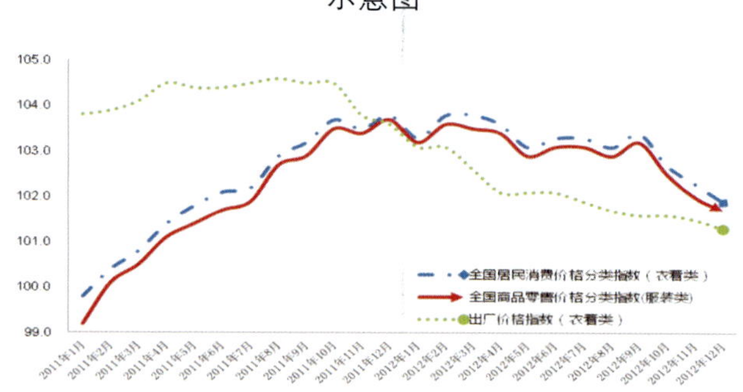

资料来源：国家统计局

四、优秀品牌销售稳健增长

经过20年的发展，中国服装行业涌现出一大批定位准确、发展稳健、注重文化价值和商业模式创新的服装品牌，在面临成本压力增加与消费动力不足的严峻局面下，仍然保持年均10%～20%稳定增长。比如，主要进行品牌服装销售的全国亿元以上重点大型零售企业，2012年零售额同比增长12.3%。

五、三四线市场对服装内销形成支撑

量大面广的三四线市场的大众消费，对2012年内销市场的增长形成支撑作用。根据中国纺织工业联合会流通分会上报数据显示，2012年包括常熟服装城、广州白马服装市场、虎门富民时装城、百荣世贸商城在内的全国重点服装市场成交额达到1496.14亿元，同比增长20.67%，增幅明显高于限额以上和重点大型零售企业的增幅，显示出较强的活力。

六、库存问题引起各方关注

2011～2012年服装行业部分企业所出现的库存问题，引发了媒体的关注。客观的分析，部分服装企业的“库存”反映了企业经营中的问题，但也有被不合理夸大之处。

表2 规模以上企业2012年主营业务收入及存货同比变化情况

单位：%

	2012年1～3月	2012年1～6月	2012年1～9月	2012年1～12月
主营业务收入	14.66	11.66	10.25	10.59
存货	18.48	14.37	12.25	9.46
其中：产成品	21.34	14.26	13.38	8.36

资料来源：国家统计局

但借助经济回暖、需求回升以及企业的积极调整，2012年三季度以来，库存问题已经得到了相当程度的改善。国家统计局数据显示，2012年规模以上企业主营业务收入、存货及产成品均同比增加。分季度来看，存货及产成品增长明显逐季回落，至12月，存货及产成品同比增幅已低于主营业务收入同比增幅。

七、互联网销售增长迅速

有关报告显示，截至2012年12月底，中国网购用户规模达2.47亿人，同比增长21.7%，网络零售市场交易规模达1.3万亿元，同比增长高达64.7%，已经占社会消费品零售总额的6.3%。

根据阿里巴巴推测，2012年服装电子商务市场交易规模约为2950亿元，同比增长约44%，大大高于实体店服装零售的增长。而借助于网络节日的促销推动，网络零售火爆，据不完全统计，淘宝2012年11月和12月两个月的服装零售占全年的比重超过30%。

2012年国际服装贸易概况以及中国服装出口分析

2012年全球市场需求低迷，特别是美国、欧盟、日本的需求增长乏力，导致全球货物贸易总额的年度增长从2010年的13%下降到2011年的7%。据WTO预测，2012年全球货物贸易增长将放缓至2.5%，较之前预计的3.7%下降了1.2个百分点，与2011年的5%相比明显下降。在此背景下，2013年的增幅预测也被调低，由5.6%降至4.5%。在美、欧、日需求全面萎缩、要素成本增长、人民币持续升值的压力下，2012年中国服装出口量跌、价增，出口金额增速放缓。

一、出口全年增长 增幅收窄

据中国海关统计，2012年中国服及衣着附件出口1601.55亿美元，同比增长4.53%，增幅与去年同比下降了13.81个百分点。其中服装出口1299亿美元，同比增长3.47%，服装出口数量为289.12亿件，同比下降1.07%，服装出口的平均单价为4.49美元，同比增长4.42%。其中，针织服装出口870.49亿美元，同比增长8.58%，出口数量为208.02亿件，同比增长0.19%，梭织服装出口612.25亿美元，同比下降2.94%，出口数量为81.10亿件，同比下降4.16%。

据中国海关统计，中国服装出口数量连续下滑。1～2月累计下滑一度达到了11.4%，出口金额同比也出现了负增长。进入3季度后，在国家出台促外贸增长的措施以及全行业的共同努力下，出口形势好转。

表3 2012年不同渠道服装类商品销售增长同比

单位：%

	同比增长
国家统计局限额以上零售企业	18.0
商务部重点监测3000家零售企业	8.1
中华全国商业信息中心百家全国重点大型零售企业	12.3
服装网购市场	44

资料来源：国家统计局、商务部、中华全国商业信息中心、阿里巴巴

图10 2011～2012年服装出口累计增幅情况示意图

单位：%

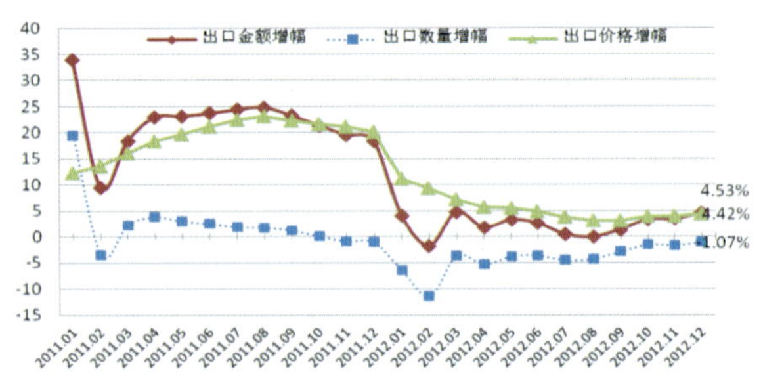

资料来源：中国海关

二、传统市场总份额下降，新兴市场增长迅速

据中国海关数据，2012年，我国对美国、欧盟、日本、香港地区传统市场的出口金额总计为962.39亿美元，同比下降3.21%，占全国服装总出口的60.09%，份额减少4.80个百分点。出口数量为160.94亿件，同比下降4.96%，占全国服装总出口数量的55.67%，份额减少2.28个百分点。

图11 2010～2012年我国对主要市场服装出口金额累计增幅情况

单位：%

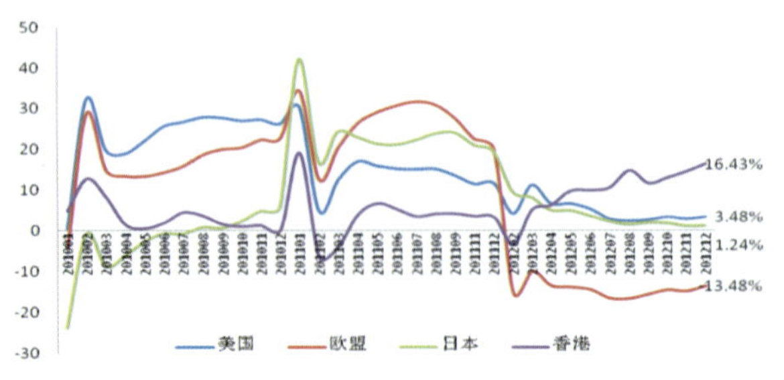

资料来源：中国海关

（一）对美出口金额、数量双增长

2012年中国对美国服装出口金额同比增长3.48%，出口数量同比增长为5.42%，出口单价同比下降2.82%；

在美国总进口略有下降的情况下（累计数量和金额分别下降了1.75%和1.6%），中国服装在美国进口中的比重持续上升。根据美国海关统计，2012年美国从中国进口服装数量占美国总进口量的41.73%，比2011年增长了0.92%；金额占比37.83%，与2011年基本持平。

图12 2011～2012年美国服装主要进口国累计数量占比情况

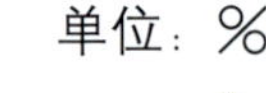
单位：%

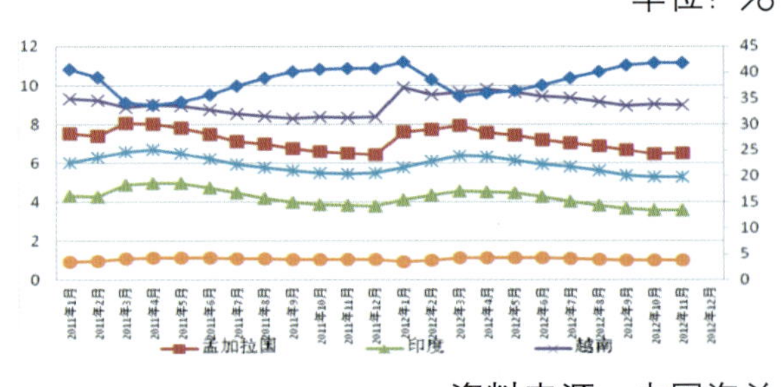

资料来源：中国海关

（二）对欧盟出口持续大幅下降

对欧盟服装出口大幅下降，出口金额下降13.48%，出口数量下降11.88%，分别向下拉动中国服装总出口的3.69和2.83个百分点。

欧盟海关数据显示，2012年1～11月欧盟累计自全球（包括自欧盟内部）服装进口同比持续负增长，累计跌幅为11.24%，单月降幅一度深达19.01%。同时自中国进口的总量累计下跌16.15%。

图13 2011～2012年欧盟服装累计金额增速情况

单位：%

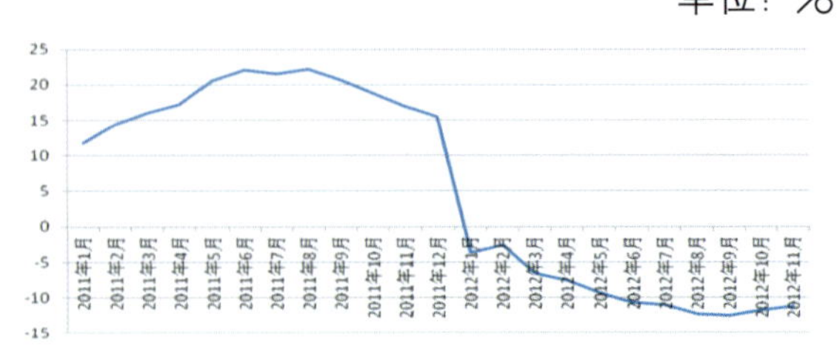

资料来源：GTD

（三）对日出口数量下降明显

中国对日本服装出口金额同比增长1.24%，出口数量同比下降5.66%，出口单价同比上升6.83%。由于订单转移的影响，中国出口日本数量下降明显。

（四）对香港地区出口金额、价格增幅明显

中国对香港地区服装出口金额同比增长16.43%，出口数量同比下降5.77%，单价大幅提升了24.27%。

（五）对新兴市场出口增长迅速

2012年，中国对东盟地区服装出口金额达到了110.24亿美元，同比增长了94.08%，服装出口数量23.62亿件，同比增长34.18%。对俄罗斯、巴西和墨西哥的出口金额分别为63.79、15.18、7.22亿美元，增幅分别达到了14.98%、16.19%和47.58%，出口数量增幅分别为0.80%、7.05和86.66%。

三、出口订单转移情况分析

由于国内劳动力成本刚性增长，棉花等纺织原材料价格过高，东南亚国家在劳动力、汇率、出口优惠关税等方面的优势日益突出，部分采购商不断把生产订单转移到东南亚、东欧、拉美等国家。

（一）日本市场订单转移明显

中国成本上涨以及日本与东盟、南亚国家的一些区域贸易优惠安排，导致中国服装在日本市场的份额逐年下降。日本海关数据显示，中国在日本服装市场的份额由2009年的82.87%下降到2012年的74.95%，其中2012年同比下降了4.86个百分点，而东盟国家所占份额持续上升，从2009年的7.10%上升到2012年的13.12%。

图14 2010年1月～2012年9月日本服装主要进口来源国累计金额占比情况

单位：%

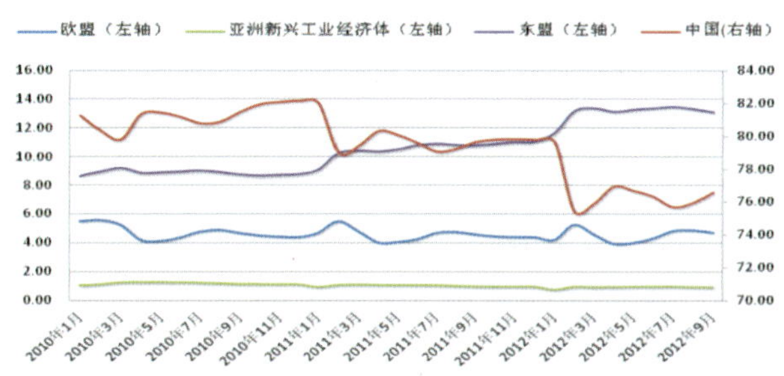

资料来源：日本海关

（二）欧盟市场零售不振，价格敏感度高导致订单转移

欧洲的债务危机引发经济下行和失业率升高，进一步导致消费能力下降和消费信心下挫，使得采购商在降低进口的同时，对价格敏感度提高，订单转移到低成本国家。由于柬埔寨和孟加拉服装产品输欧免关税，进一步降低了产品的成本。统计数据显示，2012年欧盟服装进口持续负增长，从中国进口跌幅更深，而从孟加拉和柬埔寨进口逆势上涨，见表4。

（三）中、高价位产品也存在不同程度的出口萎缩和转移

通过对梭织服装各档出口产品单价进行分析后发现，高单价产品也存在不同程度的订单转移。比如占出口份额46.69%的3美元以下产品，2012年出口数量同比仅下降了0.79%，但出口份额占34%的5～11美元产品出口数量同比下降4.76%，出口比重占10%的11～20美元产品，数量同比下降了10.58%，详情见表5。

在美国市场上，中、高价位产品的订单转移趋势也很明显。比如男式西服套装，美国从全球进口数量同比下降了10.12%，从中国进口数量同比下降了19.26%，但从墨西哥和越南进口数量分别上升了

22.65%和8.29%；男上衣美国从全球进口数量同比下降了3.52%，从中国进口数量跌幅达10.34%，而从印度和印度尼西亚进口数量则分别增长29%和7.78%，男式长睡衣美国从全球进口数量同比增长6.44%，但是从中国进口数量同比下降9.11%，而从萨尔瓦多、孟加拉、巴基斯坦、越南进口分别增长92.35%、65.22%、82.65%、32.10%。

（四）大型企业出口产品受青睐

商务部统计数据显示，优势龙头企业的出口增幅较大，其中出口排名前20家的服装企业的总出口额同比增长了33.6%。

根据商务部对东部地区出口集中度的调研显示，2012年出口1000万美元以下的小企业数量减少了1.06%，而出口超过1亿的企业数量增长了3.85%，出口额总额同比提高了5.2%，企业数量增加了3.85%。以上数据显示出大型企业在品质管控和供应链管理方面更具竞争优势。

四、生产与运行总体平稳

（一）产量基本持平 产业继续向中西部转移

国家统计局数据显示，2012年规模以上企业累计完成服装产量267.28亿件。同比增长6.20%。其中梭织服装135.10亿件，针织服装132.19亿件，分别比2011年同期增长7.73%和4.68%，产量增速渐缓。

同时，根据中国服装协会跟踪调研的15个重点服装产业集群数据显示，关停以及减产的规下企业数量不低于10%，总产量有所减少。

综观全行业，2012年服装总产量应与2011年基本持平。

表4 2012年欧盟服装主要进口来源国累计金额增速情况

单位：%

时间	自全球进口（包括欧盟内部）	中国	土耳其	孟加拉	越南	柬埔寨	印度	突尼斯	摩洛哥	印尼
2012.1	−3.61	−4.04	−11.06	24.36	9.84	46.55	−8.61	25.17	−14.16	3.26
2012.2	−2.61	−4.42	−11.22	17.63	5.51	58.06	−8.98	6.24	−13.59	−0.77
2012.3	−6.54	−12.82	−11.93	14.49	−2.84	53.73	−16.03	−11.11	−20.68	−6.33
2012.4	−7.53	−12.20	−11.96	12.67	−3.10	51.19	−20.12	−14.08	−21.59	−5.85
2012.5	−9.24	−13.48	−11.56	6.22	−4.43	45.30	−23.34	−17.43	−24.13	−8.80
2012.6	−10.74	−15.66	−12.73	2.47	−5.44	36.34	−24.72	−19.56	−23.22	−11.82
2012.7	−11.05	−16.16	−12.36	1.15	−5.96	32.26	−24.30	−18.92	−21.91	−10.28
2012.8	−12.34	−17.64	−12.46	0.49	−7.28	30.99	−23.93	−22.17	−22.78	−12.53
2012.9	−12.49	−17.59	−11.09	−0.19	−7.46	27.95	−23.57	−21.30	−21.19	−13.34
2012.10	−11.75	−16.48	−9.07	0.57	−6.51	29.91	−22.52	−20.50	−17.25	−12.41
2012.11	−11.24	−16.15	−8.00	1.51	−6.46	28.05	−21.39	−20.50	−15.79	−12.03

资料来源：GTD

图15 服装行业规模以上企业产量增幅示意图

单位：%

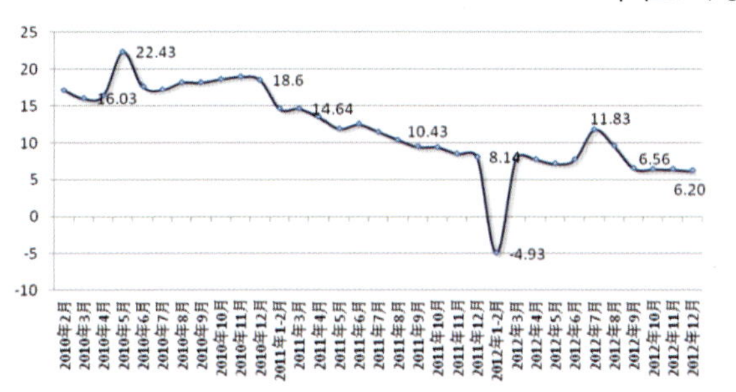

资料来源：国家统计局

在服装产量前十五名省市中，传统服装生产大省浙江省和上海市出现负增长，分别同比下降5.12%和5.93%，其中浙江省梭织服装产量下降幅度达12.75%。河北省和辽宁省服装产量增幅达76.94%和45.66%。同时，居前列的东部五省总产量占全国总产量的74.35%，比2011年年底减少2.44个百分点，显示产业持续由东部地区向其他地区转移，见图16。

表5 2012年部分梭织服装出口数量下降分析

出口单价区间	产品类别	2012年出口单价（美元/件）	2012年单价同比（%）	2012年数量同比（%）	2011年数量同比（%）
	梭织服装	6.7	0.3	−4.16	−2.71
20美元以上	男西服套装	35.49	10.6	−19.25	−2.63
11～20美元	女式西服套装	19.9	12.3	−27.75	−32.71
	女大衣	17.63	0.63	−11.86	4.24
	男大衣	15.87	7.59	−10.55	8.73
	男上衣	15.35	2.61	−4.61	8.66
	女式便服套装	12.98	8.79	−18.12	−24.2
5～11美元	男便服套装	10.8	28.11	−38.13	−36.33
	女式连衣裙	10	6.84	−6.67	−2.84
	女式上衣	9.46	0.21	−3.91	−8.5
	女式裙子	6.87	5.37	−12.76	−12.27
	女衬衫	6.81	−0.44	5.14	−16.07
	男长裤	6.45	4.37	−8.1	2.7
	男衬衫	5.97	3.47	−8.21	−1.92
3～5美元	男式长睡衣	3.66	0.83	−12.74	−12.73
	女式睡衣	3.61	0.84	−11.88	−22.56
3美元以下	婴儿服装及附件	2.34	13.9	−29.16	−30.26
	男内裤	1.37	−3.52	−11.02	−1.92

资料来源：中国海关

图16 2012年服装生产前15名省市服装产量情况

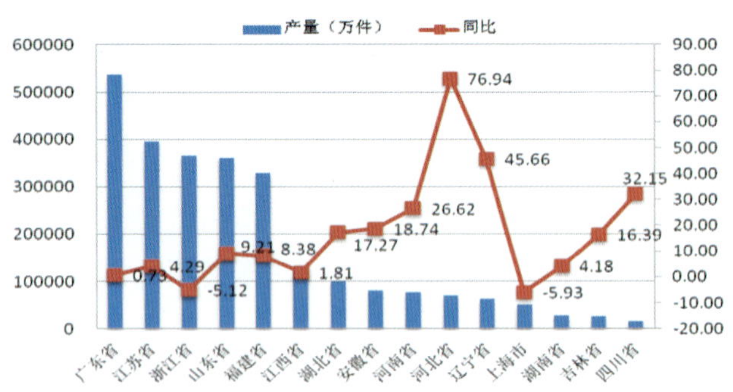

资料来源：国家统计局

图17 2012年服装行业销售和利润增速情况

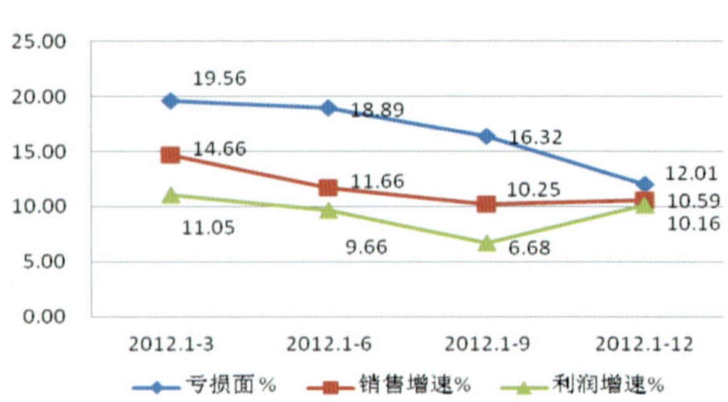

资料来源：国家统计局

（二）效益两极分化

2012年规模以上企业整体盈利水平基本平稳，亏损面逐步缩窄；规模以下企业各项指标均出现较为明显的下滑趋势，且与规模以上企业存在着较大的差距。

国家统计局统计显示，2012年服装行业规模以上（年主营业务收入2000万元及以上）企业14501家，累计实现主营业务收入16833.88亿元，同比增长10.59%；利润总额1017.40亿元，同比增长10.16%。亏损企业1741家，亏损面为12.01%，比2012年1季度下降7.55个百分点。

规模以下企业各项指标下滑明显。从中国服装协会跟踪调研377家企业来看，2012年1～3季度，规模以下的中小服装制造企业各项经济指标与规上企业存在着较大的差距。开工率、毛利率、新增订单平均利润率较2011年同期下降，分别为下降3.25%、1.25%和0.45%。其余经济指标均不理想。

（三）从业人员有所下降，劳动生产率提高

国家统计局数据显示，服装行业从业人数有所减少，劳动生产率提高。2012年从业人数443.92万人，同比下降1.21%。劳动生产率为38.98万元/人，同比增长14.32%，见表7。

表6 不同规模出口企业的数量变化及出口情况

单位：%

出口额	企业数量同比	出口总额同比
0–1千万美元	–1.06	–1.3
1千万–5千万美元	0	–1.3
5千万–1亿美元	3.5	3.6
1亿美元–	3.85	5.2

资料来源：国家统计局

（四）投资同比降幅收窄，行业景气回升

据国家统计局数据，2012年我国服装行业规模以上企业实际完成投资2610.92亿元，与2011年同比增长25.97%，增幅下降了15个百分点。新开工项目与2011年同比降幅收窄，显示行业景气开始回升。

2013年服装行业发展趋势展望

2013年，虽然全球经济仍然存在较大不确定性，但有望出现温和复苏势头，中国经济也将延续2012年三、四季度的回暖趋势，综合判断，中国服装产业形势将好于2012年。

一、服装内销增长平稳

2013年，国内经济有望延续2012年三、四季度筑底企稳并有所改善的趋势，市场信心将缓慢回升，势必带动服装内销市场。但经济趋势反应到终端零售市场，还将会有半年到一年的反应期。根据中国服装协会对部分服装企业2013年春夏订货会的情况了解，由于需求放缓，代理商订货意愿下降，企业订单总额普遍低于预期。

综合判断，2013年上半年，虽然受益于节日因素，但整体来看，服装内销仍难有较大起色；下半年，随着经济回暖和促进消费政策逐步显现成效，国内服装消费也将呈现逐步提升的趋势。服装企业应科学预测行业形势，合理安排生产，增强有效需求的供给。

二、出口趋向谨慎乐观

2013年美、日在经济刺激政策下有望复苏，带动中国服装对美、日出口增长；欧盟整体经济虽难有较大起色，但欧盟服装零售9月转负为正，中国对欧盟出口降幅或将有所收窄；新兴市场所占出口比重较低，但增速显著，2013年将在一定程度上拉动中国服装的出口增长。根据中国服装协会对100家企

表7 2012年服装企业劳动生产率概况

单位：万元/人年

劳动生产率（现价产值）	
2012年	2011年
38.98	34.09

资料来源：国家统计局

表8 2012年中国服装行业投资情况

	新开工项目数	新开工项目数2011年同期增长（%）	实际完成投资比2011年同期增长（%）
1～3月	1026	−11.78	15.34
1～6月	2635	−9.73	14.19
1～9月	4026	−2.85	15.74
1～12月	5161	−2.84	15.19

资料来源：国家统计局

业的出口调查结果显示，2013年出口美国上升的企业多于下降，出口欧盟下降的企业数量多于上升的，而出口日本市场的企业，持平的接近一半，上升和下降的基本相同，出口东盟增长的企业数量达到了40%。另外根据中国服装协会对部分重点产业集群和大型出口企业的调查，2013年春季订单向好。综合判断，2013年中国服装出口将保持回升势态，出口增速将高于2012年。

三、产业运行整体向好，转型升级压力持续

全球经济回暖趋势逐渐明朗，对行业趋稳回升形成一定拉力。但是，诸多影响行业发展的外部和内部制约因素依然存在，如各类要素成本持续上升、人民币升值问题将长期存在、国内外市场需求仍较低迷等等，特别是行业原本的粗放型发展方式还没有得到根本改变。总体来看，在两个市场的带动下，行业运行预计好于2012年。大企业效益向好，中小企业依然面临压力，行业进入转型调整的关键时期。

（撰稿人：徐美玲）

家用纺织品业

中国家用纺织品行业协会

2012年行业实现稳定发展，各项指标增长良好。生产依然保持两位数的平稳增长，内销市场成为拉动产销增长的重要因素，出口保持增长，行业总体运行质量稳步提高。

2012年行业运行特点

一、行业实现稳定发展

（一）生产增长平稳

2012年，国家统计局统计的1831家规上企业实现工业总产值2492亿元，增长14.1%，产销率保持在98%。全年产值增速基本稳定在13%～15%的区间内。

协会统计的16个产业集群全年实现工业总产值2773亿元，增长7.8%，产销率达97.7%。全年各月的产值增速基本与2011年同期增速的变化范围和总体趋势相一致，保持稳定增长。重点跟踪统计的200家企业全年实现工业总产值864亿元，增长7.3%，产销率达98.1%。

（二）出口保持增长

据中国海关统计，2012年，我国出口家用纺织品共计366亿美元，创历史新高，较2011年增长6%。出口量和出口单价都分别增长了1.7%和4.3%。另据测算，单月的出口价格仍在进一步上涨，如图1所示。相比2010年初，2012年12月份的价格涨幅已逼近35%，一方面是生产成本上涨推动，另一方面也反映出我国产品的国际竞争力日益增强。

图1 2010年以来中国家用纺织品出口价格走势

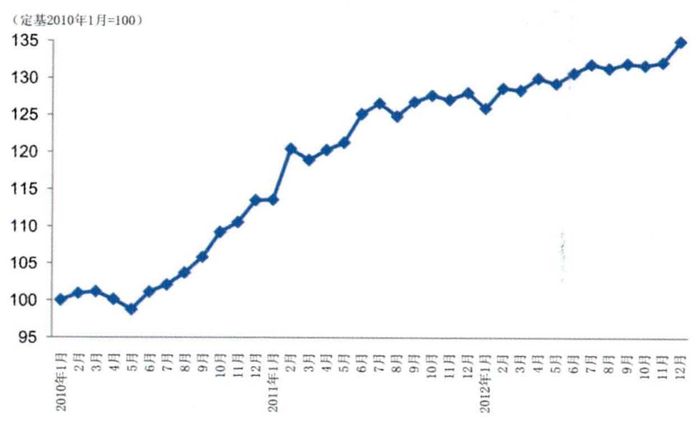

资料来源：中国海关

行业全年出口情况与整个纺织工业以及全国的出口增速的波动基本保持同步，如图2所示。而且近两年的出口增势与纺织工业的出口情况相比波动幅度要小得多，显得更加平稳。

图2 我国出口增长情况

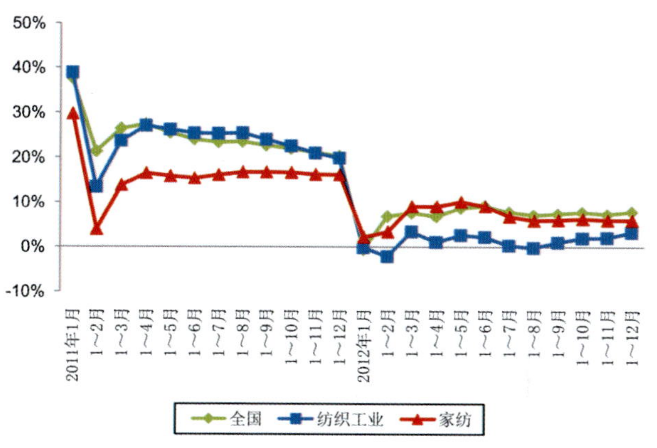

资料来源：中国海关

在三大主要出口国家中，美国市场增长稳定了行业出口增速。该市场占到我国家纺出口总额的23%，对其出口增速高出我国家纺出口增速0.3个百分点，对我国家纺出口增长贡献达24.5%，仍是稳定行业出口的重要市场。另据美国商务部统计，最近几年，美国从我国进口的家纺产品金额一直在美国全球进口总额中占绝对份额，并不断增加，2012年占比48.4%，比2011年提高了0.4个百分点，比2007年提高4.1个百分点，如图3所示。2012年我对日本出口也增长了2.8%，尽管2011年震后重建导致进口需求增加，在高基数之下，2012年出口增速呈现前高后低，在我国出口总额中的占比达11.7%，较2011年微降0.4个百分点，但仍高于2010年11.2%的占比，还处在需求总量稳定的大的格局之下，对行业出口也起到一定的稳定作用。

图3中国占美国家用纺织品全球进口市场份额

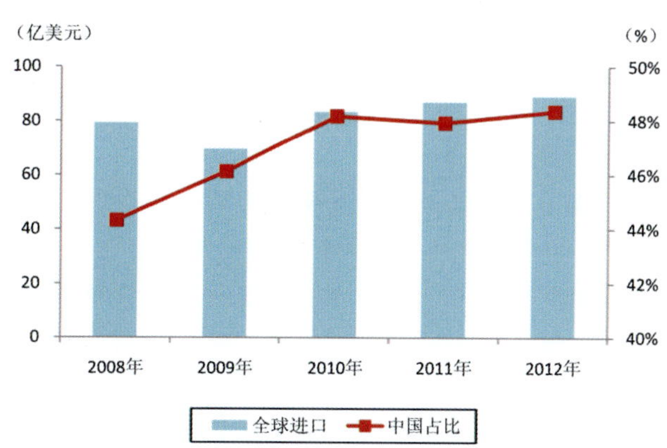

资料来源：美国商务部

同时，新兴市场对出口增长仍然发挥积极作用，尤其是俄罗斯和东盟十国这两大新兴市场，拉动作用明显。其中对俄罗斯出口14亿美元，增长了60.1%，占到全行业出口总额的3.8%，比2011年提高1.3个百分点，对全行业出口增长贡献了25.2%，略高于美国，成为全年出口稳增长的最大助力。对东盟十国的出口金额也实现了20.8%的高增长，其对全行业出口增长的贡献达20.5%，对这十个国家各自的出口增速基本都在10%以上，在我国家纺行业全部出口中的占比都有不同程度的提高。

（三）内需是稳定增长的主要因素

家纺行业的外贸依存度相对不高，内外销之比长期稳定在4:1的水平，当前在出口增速持续放缓的形势下，内销成为支撑销售平稳增长的主要因素。

2012年，1831家规上企业内销产值增长19%，而出口交货值仅增长1.5%。从历年情况来看，国家统计局统计的家纺规上企业内销产值占比逐年提高，从2008年的62.3%增至2012年的74.7%。

16个产业集群的内销产值增长了10.5%，内销占比已由2008年的73.8%增至2012年的80.1%。一些内销占比高的集群的内销增长均表现不俗。内销占比达94%的高密市的内销产值增长了12.8%，杨汛桥镇内销占比高达91%，其内销产值增长20.5%；海门工业园内销占比高达85%，其内销产值增长12.6%，以内销为主的叠石桥市场2012年成交额达450亿元，增长8.5%。同期，200家重点跟踪企业的内销产值同比也增长了7.5%，高于出口交货值5.3%的增长率。

值得关注的是，新兴渠道市场销售表现出迅猛增势。全年淘宝平台上网销家用纺织品131亿元，较2011年增长了102.2%。其中，50%的销售都源于南通、上海、杭州、金华、宁波、嘉兴、绍兴等长三角地区的卖家，该区域也是家纺产业集群分布密集的区域。季度销售额逐步增长的趋势也非常明显，尤其是第四季度出现较大幅度增长，如图4所示。主要品牌产品在网销中起到了积极作用。全年淘宝家纺销售排名前十位品牌的销售额占到了家纺销售总额的12%。位于前6位的罗莱、富安娜、博洋、水星、多喜爱和梦洁的销售额均超亿元，且增势向好，四季度与三季度相比，基本都增长了200%以上，如图5所示。

图4 淘宝平台家纺产品季度销售额

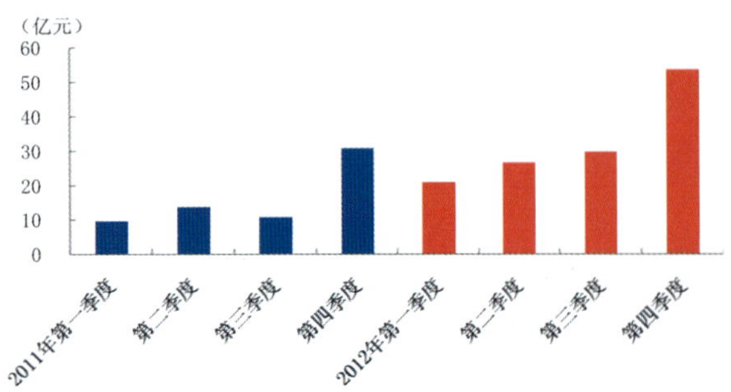

资料来源：淘宝网

图5 2012年淘宝网家纺品牌季度销售额

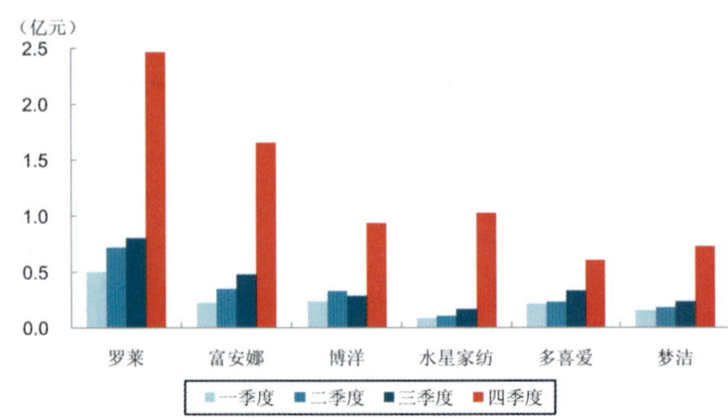

资料来源：淘宝网

（四）总体运行质量进一步提高

2012年，1831家规上企业全年利润达147亿元，实现了12.7%的良好增长，较主营业务收入增速高出1个百分点，平均利润率达6%，比2011年利润率略有提升，如图6所示。

16家产业集群利润增长10.9%，高出主营业务收入增速5个百分点。而且近几年的利润率不断提高，2012年为5.5%，较2011年略微提高，比2008年提高了1.5个百分点。

200家重点跟踪企业全年利润增长了8.4%，也略高于主营业务收入增速。利润率为5.8%，全年逐月提高，且近五年持续向好，比2011年提高0.06个百分点，比2008年提高1.3个百分点。

图6 不同口径企业利润率增长情况

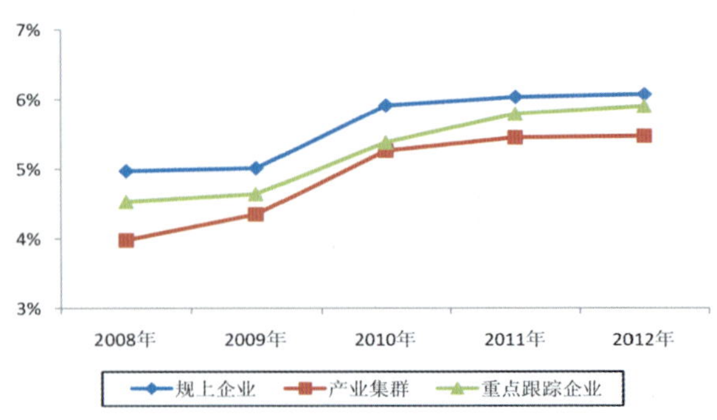

资料来源：国家统计局、中国家用纺织品行业协会

另外，除利润率以外，其他效益指标的表现也不断向好。1831家规上企业成本费用利润率达6.6%，提高了0.05个百分点；销售毛利与2011年基本持平，达13.7%。同时，三费比例下降0.07个百分点；其中，利息支出的增长幅度自今年以来不断下调，已由年初3月的近50%降至不足20%，企业的融资环境有所改善。全年各月利润都保持10%以上的增长，高于纺织工业和全部工业的增长水平，盈利能力不断提升，利润率逐月提高。

二、行业发展存在的问题

（一）增长趋势放缓

2012年全年产销的各项指标都保持平稳增长，但增长趋势表现出“前高后低”的放缓迹象。三类统计口径的各月工业总产值同比增长率如图7所示。

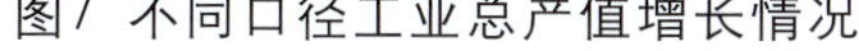

图7 不同口径工业总产值增长情况

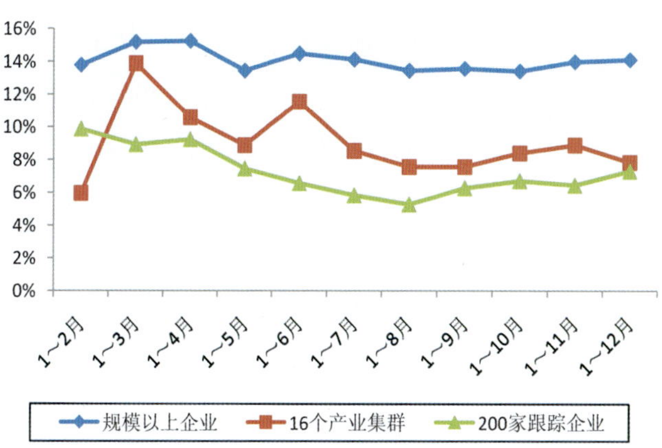

资料来源：国家统计局、中国家用纺织品行业协会

家纺行业出口依然保持增长，但增速回落较明显，上半年出口同比增长9.1%，而下半年仅增长3.5%，较上半年下降了近6个百分点，如图8所示。

图8 中国家用纺织品出口增长情况

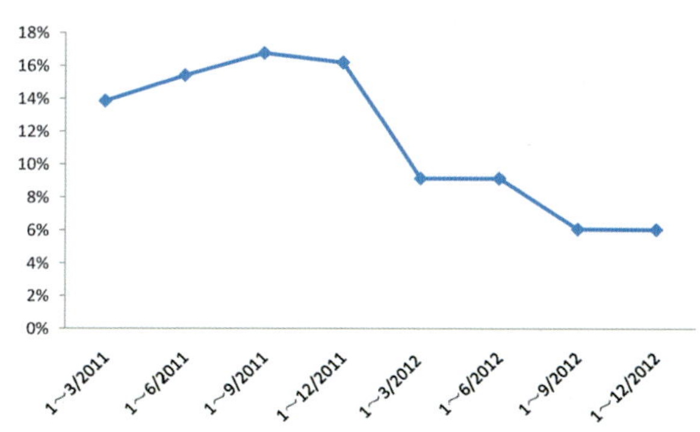

资料来源：中国海关

同样，内销产值增速也在保持平稳的同时，与产值波动同步趋缓。图9是规上企业全年月累计内销产值的增长情况，下半年增速逐月回落的迹象比较明显。不过总的来看，全年各月内销增长都处在平稳的状态。

图9 规模以上企业月累计内销产值增长率

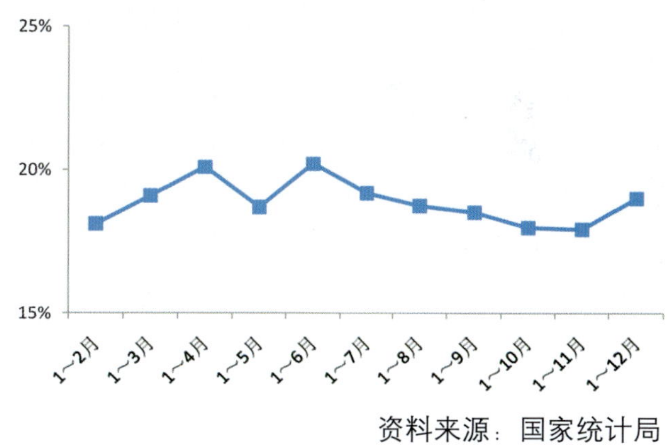

资料来源：国家统计局

（二）企业两极分化趋势明显

当前的市场波动加速了行业格局的调整，企业两极分化的趋势更为强化。2012年，200家企业中，利润率超过10%的38家企业的利润增长了30.6%，占到全部企业利润总额的48%，利润率也由2011年的11.8%提升至13.6%，而2011年利润率超过10%的企业的利润也占49%的利润份额，但数

量多达45家，即行业利润在向少数企业集聚。同样，利润率介于5.9%的均值和10%之间的企业有39家，平均利润率达到7.6%，利润增长了0.12%，占到全部企业利润总额的32%，比2011年利润率介于5.8%的均值和10%之间的35家企业的利润占比增加了5个百分点。

相比而言，利润率大于零且低于均值的126家企业的利润下降了12.5%，平均利润率为2.4%，占到全部企业利润总额的21%，比2011年利润率为正且低于均值的130家企业的利润占比减少了4个百分点。亏损的13家企业平均利润率为−0.8%，利润更是降低了1142.5%，亏损情况更加严重。

（三）各子行业发展不均衡

总的来看，床品子行业的效益好于毛巾和布艺两个子行业。2012年，床品类的规上企业平均利润率达到7.1%，明显高于毛巾和布艺类规上企业的5.4%和4.9%的平均利润率水平。

床品类规上企业工业总产值增长14%，稍高出毛巾和布艺1.5个百分点和2.5个百分点。但其利润仅增长了8.5%，远低于毛巾和布艺12个百分点和7个百分点。另外，床品类规上企业的存货增长较快，全年存货增长了13.6%，占流动资产的比重达26.8%。这几组数据反映出，床品类企业库存压力有所增加。毛巾企业库存水平正常，各月存货量基本与2011年持平，全年存货仅增长1.5%，占流动资产的比重由2011年的37.8%降至35.9%，对流动资产的占用压力有所减缓，利润增长了20.5%。布艺行业存货增长了7.2%，略低于整个家纺行业平均8.8%的存货增速，且占流动资产的比重仅为22.2%；其利润增长了15.3%，但分化最为明显，亏损面增长13.6%，亏损企业亏损额增长195%。

表1 2012年出口前三大家用纺织品市场的金额及增幅

国家/地区	2012年出口额（万美元）	2011年出口额（万美元）	同比（%）	2012年占比（%）	2011年占比（%）
出口总额	3654204	3446260	6.03		
美国	853333	802427	6.34	23.35	23.28
欧盟	581304	599797	−3.08	15.91	17.40
日本	427537	416034	2.76	11.70	12.07
合计	1862173	1818258	2.42	50.96	52.76

资料来源：中国海关

表2 美欧日三大家用纺织品市场合计增速与平均增速的差距

项目	单位	1～3月	1～6月	1～9月	1～12月
出口总额增速	%	9.12	9.13	6.06	6.03
美欧日合计	%	7.28	7.4	3.63	2.42
增速差距的绝对值	百分点	1.84	1.73	2.43	3.62

资料来源：中国海关

协会跟踪的200家企业的效益差异也反映出相同的情况。88家床品类企业工业总产值增长12.1%，利润更是增长了18.1%，且利润率略有提高。而93家布艺企业产值增长3.6%，但利润却下降15.2%。毛巾类企业的产值和利润增速基本相同。因此，与规上企业情况比照可以看出，三大主要子行业的发展很不均衡，毛巾行业最为平稳，床品行业的盈利最好，布艺行业两极分化最为明显。

（四）对传统三大市场出口增速明显下滑

传统三大市场的增速下降较为明显。今年下半年以来，占到我国家纺出口市场份额五成以上的美、欧、日三大市场从我国进口家用纺织品的金额增速出现明显下滑，如图10所示。总的来看，全年我国对美欧日三大市场的合计出口额的增长速度一直低于行业出口的平均水平，且该差距已由上半年的1.7个百分点扩大到全年的3.6个百分点，见表1、表2。

表3 2012年家用纺织品出口主要金砖国家的金额及增幅

国家/地区	2012年出口额（万美元）	2011年出口额（万美元）	同比（%）	2012年占比（%）	2011年占比（%）
俄罗斯	139534	87157	60.10	3.82	2.53
印度	51390	62557	−17.85	1.41	1.82
巴西	49436	48370	2.20	1.35	1.40
合计	240359	198083	21.34	6.58	5.75

资料来源：中国海关

表4 2012年家用纺织品出口东盟十国的金额及增幅

国家/地区	2012年出口额（万美元）	2011年出口额（万美元）	同比（%）	2012年占比（%）	2011年占比（%）
越南	49939	42135	18.52	1.37	1.22
马来西亚	46768	36919	26.68	1.28	1.07
印度尼西亚	36404	31540	15.42	1.00	0.92
泰国	36328	28620	26.93	0.99	0.83
菲律宾	31945	26772	19.32	0.87	0.78
新加坡	24715	21618	14.33	0.68	0.63
柬埔寨	11504	8903	29.21	0.31	0.26
缅甸	8121	7426	9.36	0.22	0.22
文莱	1026	580	77.06	0.03	0.02
老挝	382	81	369.66	0.01	0.00
合计	247132	204594	20.79	6.76	5.94

资料来源：中国海关

图10 中国对主要市场家用纺织品出口增长情况

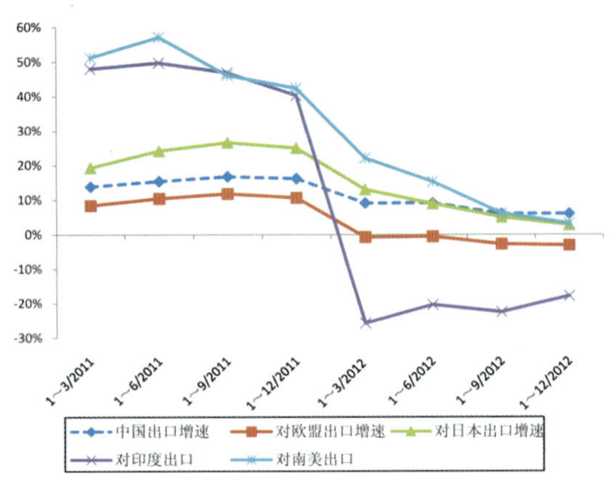

资料来源：中国海关

持续受欧债危机不断演变的影响，2012年我对欧盟市场出口下降了3.1%，在我国出口总额中的占比已由2011年的17.%降至15.9%，下降了1.5个百分点。

除去前三大市场以外，我对其他国家和地区的出口额增长了10.1%，基本与上半年情况持平，仅微降1个百分点。不过，对个别国家出口降幅较大，见图10、表3、表4。在金砖国家中，我对印度的出口下降了17.9%，在出口总额中的占比降至1.4%。具体来看，最大的床上用织物制品出口还增长了30%，被子出口也增长了9.4%，主要是另外两个主要出口产品——毯子和地毯，分别减少了27.3%和49.3%。

在南美国家中，巴西和阿根廷这两个较大的进口国从我国的进口增速降幅较大，目前，我国已是巴西最大的纺织品出口来源国，随着巴西国内经济的持续疲软，其对我国以及亚洲地区国家的贸易保护主义有所抬头，全年我对其出口家用纺织品4.9亿美元，仅增长2.2%。阿根廷国内经济增速放缓，市场需求下降，全部商品的进口贸易都在大幅减少，全年从我国进口家用纺织品1.2亿美元，下降28%。不过，对其他十个南美国家的出口额达到10亿美元，增长了9.3%，高于行业平均水平，如表5所示。

表5 2012年出口南美国家的金额及增幅

国家/地区	2012（万美元）	2011（万美元）	2012年同比（%）	2012占比(%)	2011占比(%)
智利	47965	45040	6.49	1.31	1.31
阿根廷	11753	16330	–28.03	0.32	0.47
哥伦比亚	15725	14149	11.14	0.43	0.41
委内瑞拉	14281	11838	20.64	0.39	0.34
秘鲁	11403	10480	8.81	0.31	0.30
乌拉圭	6288	4927	27.63	0.17	0.14
厄瓜多尔	3753	4001	–6.21	0.10	0.12
巴拉圭	2079	2727	–23.77	0.06	0.08
苏里南	480	289	66.25	0.01	0.01
玻利维亚	440	284	54.82	0.01	0.01
法属圭亚那	26	23	12.01	0.00	0.00
合计	114193	110088	3.73	3.12	3.19

资料来源：中国海关

2013年展望及发展重点

预计2013年内销市场受城镇化和居民收入增长的影响，仍将保持稳定增长，依然是拉动产销增长的主力。网购的消费模式日渐被大众广泛接受，消费行为也将更趋理性。但资源环境问题凸显，对企业生产的约束日益强化。持续受发达国家市场疲软和经济复苏迹象不明朗的消极影响，未来出口将面临更为复杂的市场形势，对出口企业的挑战会更大。为此，企业应该加快结构调整步伐，进一步扩内需，不断开拓多元化国际市场，在逆境中完成转型升级。

一、积极倡导健康科学消费理念，引导消费做大市场

为积极扩大国内需求，家纺企业应该通过多种渠道积极向消费者宣传倡导健康科学的消费理念和生活方式，为扩大内需市场做好舆论引导。充分利用电视、网络、报刊等媒介，以及专业市场、经营网点等渠道，宣传和引导消费者正确消费。同时，不断完善行业标准，稳定并全面提升产品质量，建立诚信体系，加强市场监督，维护消费者利益，真正让消费者放心消费。

二、拓展国际市场，以多元化化解市场风险

随着国内原料、用工等成本的不断走高，我国加工制造业出口的低成本比较优势以及由此形成的国际竞争力都有所下滑，家纺出口企业也面临同样的成本问题。2012年，欧盟这个第二大国外市场，以及少数进口规模较大的新兴国家和地区对我国家用纺织品的进口形势与往年相比出现增速大幅放缓，甚至有所减少，而美国、俄罗斯、东盟十国以及多数南美国家从我国的进口依然保持良好增长，企业多元化市场开拓就有了现实基础。除了继续稳定三大市场份额之外，还应该积极开拓新市场，抓住出现的新机遇。只要找准市场定位，多元化布局就能够在一定程度上化解国际市场风险。

三、注重渠道创新，提升服务水平

家纺行业是一个终端产业，企业需要不断推进渠道建设，特别在当下外需市场难以提振的情况下，国内市场建设就显得尤为重要。未来，企业应根据市场环境变化和产品细分演变，不断完善传统营销渠道，研究探索新的市场渠道。继续深入探索和推进“大家纺”连锁的一站式采购服务模式，以及不同产业之间的跨界合作。同时，还应该关注电商销售，去年实现了快速增长，未来几年或将改变传统销售格局，为此，企业应该尝试网上销售，通过总结传统市场渠道与电子商务各自优劣及产品需求特性，实施差别化的市场定位，满足不同层次消费市场的需求。还要进一步加强网络销售产品的标准化设计和质量管控，提供有保障的高性价比产品。

四、加快转型升级，实现节能减排

多年来我国加工制造业的高速增长所累积的诸多环境问题近期在东中部地区集中爆发，使得国内制造业不得不直面并着手解决发展背后的资源环境问题。面对如此趋强的资源环境约束，家纺企业，尤其是产业集群集中地区的企业应加快转型升级，淘汰高耗能的落后产能，依靠新设备、新技术减少资源消耗。同时，创新工艺流程，加强生产过程中的精细化管理，实现清洁生产。

（撰稿人：魏启雄　覃毅）

产业用纺织品业

中国产业用纺织品行业协会

2012年行业运行情况

2012年是实施产业用纺织品行业“十二五”发展规划的关键一年，同时行业也面临着复杂的国际国内经济环境，世界主要经济体缓慢复苏，国内基础设施投资增速放缓，企业间的竞争更加激烈。受此影响，行业的出口和投资基本零增长，但是由于庞大国内市场的支撑，行业的生产和销售依然保持了较高的增速，工业生产总值、利润等经济指标保持了较高的增速，在纺织行业中处于领先地位。

一、2012年运行情况

（一）生产保持快速增长

根据国家统计局数据，2012年规上企业的工业生产总值2126亿元，同比增长18.48%。根据协会统计，全年产业用纺织品的纤维加工总量达到1010万吨，同比增长11%。

（二）经济效益稳步提高

根据国家统计局数据，行业内1598家规上企业的主营业务收入2106.2亿元，同比增长15.29%；实现利润116.4亿元，同比增长18.85%，行业利润率5.53%。行业的亏损面9.95%，但是亏损企业的亏损额在加大，同比增长了20.92%，企业间经营绩效分化加大。行业的资产负债率51.72%，应收账款、产成品存货的增速分别为9.93%和2%，在纺织全行业中处于比较低的水平，运行比较稳健。

分产品看，非织造布的各项经济指标都很平稳，保持了较高的增速；线、绳、缆带产品的盈利能力最强，利润率达到6.24%；而篷帆类产品的生

表1 2012年产业用纺织品纤维加工总量

单位：万吨

名称	产量	名称	产量
医疗与卫生用纺织品	90.6	包装用纺织品	74.8
过滤与分离用纺织品	74.0	文体与休闲用纺织品	29.7
土工用纺织品	59.7	篷帆类纺织品	176.5
建筑用纺织品	45.6	合成革用纺织品	90.0
交通工具用纺织品	49.8	隔离与绝缘用纺织品	31.1
安全与防护用纺织品	26.4	线绳（缆）带类纺织品	51.0
结构增强用纺织品	86.5	工业用毡毯（呢）类纺织品	32.7
农业用纺织品	57.7	其他	34.2
合计	1010		

资料来源：中国产业用纺织品行业协会

产和销售增长缓慢，但是利润率依然保持了增长。

产业用纺织品行业共有9家产业集群，行业整体运行状况良好，2012年全年工业生产总值增长17.2%，主要产品的产量增长超过10%。但是集群内规模以下企业发展情况不佳，全年的工业生产总值增长6.3%，从业人员减少了2%。

（三）行业投资趋向谨慎

2012年行业的投资情况比较清淡，行业全年投资348.8亿元。其中非织造布投资146.6亿元，仅同比增长0.59%，新开工项目数下降了37%；绳缆带和帘子布产品的投资额、在建项目数、新开工项目数则全面下降。

投资下降，一方面是由于前几年投资增速较快，积累了大量的新增产能，这些产能陆续投产，向市场释放。另一方面，由于国内外宏观经济环境趋紧，对于一些单纯扩张产能的项目，行业内的投资趋谨慎。

尽管新增投资放缓，但是随着已有产能的充分释放，依然能够保证满足市场需求的增长。

（四）进出口情况

1.出口额增速逐季降低

2012年行业出口增速呈现逐季降低。一季度延续2011年的快速增长势头，增速超过30%，而到了二季度，增速迅速回落到6.73%，三季度仅同比增长了0.6%，而到全年，出口出现了负增长。由于世界主要经济体复苏乏力，对产业用纺织品的需求不旺，出口市场竞争激烈，产品价格上涨空间受阻，这些不利因素均导致了产业用纺织品的出口下降。

根据国家海关数据，产业用纺织品共出口178亿美元，同比小幅下降了0.6%。塑料涂层织物、医疗卫生用纺织品、篷帆类制品、包装袋、非织造布和产业用玻纤制品是我国出口的主要产业用纺织品，合计金额139.7亿美元，占总额的78.5%。主要产品的出口情况见表4。

2.对亚洲出口明显下降

亚洲、欧盟和北美洲是我国产业用纺织品最主要的出口地区，除了对北美出口保持了0.29%的低速增长外，对亚洲和欧盟的出口均5%左右的下降。对非洲、欧洲非欧盟地区的出口额不大，只占全部出口额的12.1%，但是增速均超过了10%；对拉丁美洲和大洋洲的出口增速也比较快，这些地区具有较大的发展潜力，见图1。

表2 2012年规模以上企业主要指标情况

项目	单位	数值	同比（%）
工业生产总值	亿元	2126.4	18.48
主营业务收入	亿元	2106.3	15.29
主营业务成本	亿元	1809.8	14.86
费用合计	亿元	145.4	16.40
利润总额	亿元	116.4	18.85
利润率	%	5.53	3.09
出口交货值	亿元	392.2	4.35
从业人员	万人	30	–0.03

资料来源：国家统计局

图1 我国产业用纺织品各大洲出口比例(按金额)

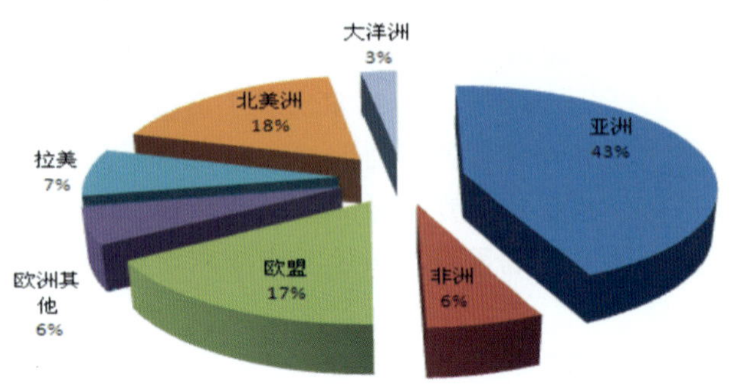

资料来源：中国海关

美国是我国产业用纺织品最大的出口国，出口27.6亿美元，增长了1.06%，但是对日本、印度、韩国、越南等国的出口额均出现不同程度的下降。对出口额前10 的国家和地区出口86.6亿美元，占总额的49%，具体情况见表5。

浙江、江苏、广东、山东、福建和上海是我国主要的产业用纺织品出口地，共出口132.2亿美元，占总额的81.3%。江苏和福建的出口额分别小幅增长1.69%和1.51%，其余地区则出现不同程度的下降，其中山东的降幅接近9%。主要出口地区的情况见表6。

3.进口产品技术含量高

2012年我国进口产业用纺织品36.6亿美元，增长0.31%。塑料涂层织物、非织造布、产业用玻纤制品、医疗卫生用纺织品和造纸用纺织品是我国最主要的进口产品，日本、中国台湾、韩国、美国和德国是我国产业用纺织品的主要进口地区，占总额的70%。进口的产品主要是一些技术含量比较高的产品，主要产品的进出口差价在2倍左右，包装袋和塑料涂层织物的进出口价格比达到3.7和2.9，非织造布的进出口价格比也达到1.8。

二、重点行业情况

（一）非织造布

2012年，非织造布的生产、效益和进出口均保持了较高的增速。771家规上企业的主营业务收入1013亿元，同比增长20.4%，利润62.8亿元，同比增长20.6%，利润率6.2%。

2012年全年我国非织造布产量236.4万吨，同比增长了23.1%，浙江、山东和江苏是我国非织造布产量最大的地区，占全国产量的50%，均保持了高速增长。由于出口下降，广东省的非织造布产量同

表4 主要产业用纺织品出口情况

项目	金额（亿美元）	金额同比（%）	数量同比（%）
产业用塑料涂层织物	48.6	−7.19	1.63
医疗卫生用纺织品	28.2	4.14	4.89
篷帆类制品	18.3	−9.81	−30.04
包装袋	17.3	−1.27	−4.01
非织造布	16.2	9.76	7.36
产业用玻纤制品	11.1	3.1	4.88

注 2012年的统计中，增加了医用敷料和婴儿尿裤和卫生巾等产品，所以出口额增加幅度较大。其出口额和出口数量的变化是根据新的统计口径计算得到。

资料来源：中国海关

比下降了18.5%，成为非织造布生产大省中唯一出现下降的地区。

行业的投资额146.6亿元，只增长了0.59%，在建项目数、新开工项目数和竣工项目数下降30%左右。投资下滑的主要原因是2010年、2011年行业投资高速增长，市场需要一段时间来消化新增加的产能。

非织造布的出口保持了量价齐增，出口48.4万吨，增长7.4%，出口额16.2亿美元，同比增长9.8%，继续保持较好的发展状态。从产品结构上看，短纤类产品出口重量占57.6%，长丝的占42.4%。

（二）医疗与卫生用纺织品

医疗与卫生用纺织品与人们的生活和健康密切相关，基本属于刚性需求。但是受国内外经济环境

表5 出口额前10位的国家和地区出口情况

国家和地区	出口额（亿美元）	增长（%）
美国	27.6	1.06
日本	12.3	-4.26
印度	8.6	-12.62
韩国	6.8	-2.98
越南	6	-12.89
香港地区	5.7	-1.72
德国	5.6	-10.55
印度尼西亚	5	10.51
俄罗斯	4.8	12.68
英国	4.1	-1.54

资料来源：中国海关

表6 我国主要省市出口情况

省市	金额（亿美元）	增速（%）
浙江省	50.9	-1.32
江苏省	29.5	1.69
广东省	21.4	-4.22
山东省	15.4	-8.99
福建省	14.3	1.51
上海市	13.2	-4.65

资料来源：中国海关

的影响，需求增速放缓，并且前几年新增产能陆续投产，致使行业内竞争加剧。行业内的骨干企业具有规模、技术和市场优势，主要向外资品牌和国内主要品牌企业供货，经营状况良好，部分企业仍然计划投资新的生产线。

医疗与卫生用纺织品的出口比重比较高，2012年共出口28.2亿美元，同比增长4.1%，其中一次性医用服装出口9.3亿美元，医用敷料出口8.8亿美元，卫生巾、纸尿裤等一次性卫生用品出口10.1亿美元。美国、欧盟和日本等发达国家和地区是我国医疗与卫生用纺织品的主要出口目的地。

湖北省彭场镇是我国最大的医卫用纺织品出口基地，通过兼并淘汰小企业、大企业转型升级、引进优势企业，实现了产业链的完善和提升，全年工业生产总值增长37.5%，医疗制品比重达到80%，各类中高端制品比重达到50%。

（三）交通工具用纺织品

2012年我国乘用车辆增长6%左右，市场对交通工具用纺织品的需求增速放缓；由于采购商实力雄厚并且数量比较少，在产业链中处于优势地位，采购模式向“小批量、多品种”转变，这些使得行业内竞争非常激烈。

尽管竞争激烈，全年的销售收入保持了10%左右的增速，骨干企业的利润保持了同步增长，但是因产品价格下降，生产成本居高不下，行业的盈利水平仍呈下降态势。从汽车品牌看，为欧美品牌汽车配套的企业经营状况较好，为自主品牌汽车配套的企业面临较大的困难，为日系汽车配套的企业则出现了较大幅度的下滑，形势比较严峻。

（四）过滤与分离用纺织品

2012年我国经济形势受大环境的影响，总体形势增长趋缓，电厂、钢铁、水泥行业首当其冲受到影响，新建的除尘与气体净化系统很少，新建项目的过滤材料需求呈现较大幅度的下降，例如在水泥、钢铁领域，常温过滤材料同比呈现负增长。但随着前几年安装的过滤系统陆续进入更换期，在用除尘系统更换滤料的同比增幅达到10%～20%，该部分大多是高温过滤材料，产品价格高、产值大，目前企业的生产状况比较饱满，保持了10%～15%的增速。

随着芳纶、PPS、聚酰亚胺纤维的国产化，以及助剂厂商配套整理剂的研发，再加上技术人员的不断努力，我国在高温滤袋方面已经赶上国际水平，开发了差别化和定制化产品，满足了不同客户的需求。

江苏阜城镇是我国最大的高温过滤材料生产集群，全年工业生产总值和销售收入增长超过10%，集群内12家骨干企业的利润同比增长超过25%，利润率超过10%。

随着全社会对空气质量的关注度提高，过滤用纺织品将会面临新一轮高速增长的机会。

（五）土工用纺织品

1～9月铁路基础建设投资2902.51亿元，同比下降15.8%，降幅缩小12.2个百分点；前三季度公路水路交通固定资产投资9731亿元，同比下降2.6%，增速较2011年同期放慢17.3个百分点。2012年末，铁路基础设施投资逐步恢复，第四季度的投资达到2042亿元。2012年国家的水利投资将达到4800亿元，同比增长40%左右，水运工程投资增长33%。

上半年基础设施投资下降使得行业的需求不旺，竞争激烈，同时由于用户对产品的技术和质量要求提高，使得行业内的小企业订单减少，生存困难；大企业由于产品线比较齐全，依然能够获得订单，但是价格降低，利润难以同步提高。随着铁路领域投资的恢复性增长，行业的发展环境将得到改善。

（六）结构增强用纺织品

在2011 年下半年，风电行业经过五年高速发展进入调整期，存在并网和消纳等问题；国家政策收紧，上收地方审批权，项目审批过程延长，风电场建设开始减速，设备企业利润一路下滑。受下游行业需求不足影响，风电叶片的销售收入和利润开始下滑。

2012年风电行业延续2011年趋势，国内设备厂商产能已处于明显过剩状态，风电设备厂商经营趋于保守，开始降低库存，使得上游公司的风电叶片销售出现较大下降。

由于需求下降，主机厂商效益下降，叶片行业的竞争更加激烈，应收帐款周期加长，盈利能力降低，面临比较大的经营压力。

从长期看，风电作为一种绿色可再生能源，将是未来的发展方向，随着风电行业理顺发展中的各种利益机制，行业将会得到快速发展，带动叶片用结构增强用纺织品行业的发展。

三、技术发展情况

2012年，在国家《产业用纺织品“十二五”发展规划》的指引下，产业用纺织品行业以企业为主体的自主创新和引进、吸收再创新蔚然成风，取得了可喜的成果。

高技术纤维的国产化迈出了坚实的一步。轶纶纤维、芳纶、海斯摩尔纤维、PTFE纤维、PLA纤维等初步实现了稳定生产，玻璃纤维、特种功能纤维和涤纶工业丝的水平也有了长足的进步，为新型产业用纺织品的开发提供了不可或缺的条件。

织造和非织造成型技术装备的开发取得较大进展。宏大研究院有限公司的多头纺熔复合非织造布设备及工艺技术，大连华阳化纤工程技术有限公司的PET/低熔点PET双组份皮芯型复合纺粘非织造布设备和技术，以及恒天集团的设备升级等都带动了国产设备的进步。在很大程度上改变了原来国产设备的弊端，接近了国际的先进水平。

企业通过引进国际先进装备，提升产品的品质。佛山市南海稳德福无纺布有限公司，在引进的SMMMS生产线后，又从德国引进了功能性后整理生产线，同时研究二者配套生产的工艺技术，制备了高阻隔纺粘/透气膜复合材料，产品达到或超过国外医用非织造材料的水平，推进了行业进步。山东天鼎丰非织造布有限公司，通过引进国际上最先进的设备，经过吸收、再创新，一步法生产聚酯短纤维胎基布，填补了国内空白，提升了国内防水卷材基布的整体水平。

2012年，工艺技术的研发也取得了诸多成果。比如，天津工业大学、总后军需装备研究所、天津泰达洁净材料有限公司合作的复合熔喷非织造材料的关键制备技术的研究中，所使用的纳米掺杂、短纤插层、层间复合和双组份熔喷等技术。

斯乐普特种材料有限公司、大连华阳化纤工程技术有限公司的聚苯硫醚纺粘针刺及水刺非织造材料成套技术，是国际上首先采用纺粘技术生产PPS长丝滤料。浙江蓝天海纺织服饰科技有限公司、绍兴中纺院江南分院有限公司开发的聚四氟乙烯薄膜复合异型纤维/棉混纺嵌入式防静电面料产品，厦门三维丝环保股份有限公司以P84与PTFE纤维为主要原料，开发了高性能复合滤料生产技术，其中，自主研发的聚四氟乙烯发泡涂层动态处理工艺技术，为今后多种产品的开发奠定了基础。

2012年末，产业用纺织品产业技术创新联盟成立。联盟将建立企业为主体、市场为导向、产学研用结合的产业技术创新机制，按照产业技术创新链来开展集成创新，突破共性关键技术，实现联盟成员的优势互补和创新要素的系统集成；加强共性技术研发平台建设，通过体制机制创新实现资源的共享和开放，突破产业用纺织品行业亟待解决的问题和关键技术瓶颈；依托联盟贯通科技成果转化的渠道，加速科技成果转化为现实生产力，加速科技成果的商业化运用，提升产业整体竞争力；通过构建产业技术协同创新链，支撑企业占领价值链的高端，赢得产业发展的主动权；联合培养人才，加强人员的交流互动，为产业持续创新提供人才支撑。

2013年行业发展预测

一、行业发展存在的问题

我国产业用纺织品的发展，除了存在人工

成本上涨、融资难和融资贵等纺织企业存在的共性问题外，还面临一些行业特有的挑战。

与发达国家相比，我国产业用纺织品行业近几年借助国内市场虽得以快速发展，产量逐年递增，但在产品档次、专用原材料开发、制备技术等方面还有较大差距，高性能、高品质产品的开发与生产很大程度上还是依靠发达国家的技术转移，自主创新和开发能力还不能完全满足经济发展、人民生活水平提高的需要，更难以应对国际竞争。作为中间产品，产业用纺织品必须满足最终产品的结构特征、性能需求和成本制约，其自身难以形成独立的品牌，往往受制于配套产品的市场行为。特别是受到行业壁垒、技术壁垒、市场准入壁垒和传统供应链制约等现实问题的影响，许多产品难以打开国内外市场，只能为国外品牌代工，致使我国大多数企业目前仍处于终端产品价值链的低端，这与技术纺织品高附加值的行业特征严重相悖。正是由于行业在市场控制能力、产业链配套能力上的不足和产业集中度低、标准制定与检测等方面的差距，加之我国产业用纺织品行业起步较晚，在系统内外的整体认知度不高，行业发展统计数据和基础信息不清晰等一系列因素的存在而制约了行业的发展。

二、2013年预测

从产业政策层面看，产业用纺织品是传统纺织产业与现代战略性新兴产业的最佳结合点，其发展水平是衡量一个国家纺织工业综合竞争力的重要标志之一，国家对行业的发展给予了大量的关注和支持。三部委联合制定的《产业用纺织品“十二五”发展规划》的颁布，为行业发展创造了良好的政策和舆论环境，鼓舞了行业的发展信心，企业在技术创新、人才培养、市场开拓等方面加大投入，推动了行业的集约增长。

从市场角度看，2013年国家将实施积极的财政政策和稳健的货币政策，加大基础设施建设、环境治理、卫生保健等方面的投入，对产业用纺织品的发展将提供广阔的国内市场。全球医疗与卫生用纺织品以5%～10%的速度增长，我国的医卫用纺织品将以10%～15%的速度增长；人民对生活环境的重视和国家环保投入的加大，过滤用纺织品的需求将继续保持高速增长；国家对公路、铁路和水利等基础实施投资逐步恢复，土工用纺织品市场也将迎来恢复性增长；随着复合材料成本的降低，复合材料的应用范围将得到拓展，对结构增强用纺织品的需求也会大幅增长。军警、冶金、消防等特殊人群对于个体防护装备具有硬性需要，随着社会经济的发展和科学水平的提高，人们对于个人安全的重视程度也日益加深，这些都将会带动安全防护用产品的增长。

但是，世界主要经济体缓慢复苏，给产业用纺织品的出口带来了较大的不确定性。非织造布和医卫用纺织品的出口将会继续保持平稳增长的状态，但是行业总的出口将可能会延续2012年的微增长状态，不排除出现小幅下降的可能。由于行业主要以满足国内需求为主，出口增速放缓对行业的整体影响不会太大。

从产业技术看，行业内企业加大了研发投入，注重新产品的开发，一大批新产品、新技术在国家重点工程中得到应用。2012年获得纺织500强的37家业内企业的研发投入比例达到2.47%。我国产业用纺织品行业具有产业链优势和成本优势，并且技术水平与世界先进国家的差距逐步缩小，能够满足国内大部分应用需求。2012年对发达经济体的出口出现小幅下降，但对非洲、拉丁美洲和欧洲非欧盟国家的出口却出现了较大幅度的增长，开发这些国家的市场具有比较大的潜力。

最后，从生产的角度看，产业用纺织品的原料90%来自化纤，棉花的使用量非常少，棉花问题对产业用纺织品的影响很小。2013年主要原材料的价格预计将继续企稳，为业内企业的生产经营创造了良好的环境。

由于支持行业发展的有利因素没有改变，产业用纺织品将会继续保持旺盛的活力，主要经济指标将继续以两位数的增长速度发展，行业的盈利能力也将保持平稳。

（撰稿人：李桂梅 季建兵 李燕立）

纺织机械制造业

中国纺织机械器材工业协会

2012年是“十二五”规划实施承上启下的关键年，低迷的经济形势影响了中国纺织机械行业，行业发展迅猛势头减弱，恢复了平稳运行态势，行业结构调整和产业升级加快进行。

行业概况

近年来，我国纺织机械行业随着纺织工业而迅速发展，已经形成产品门类完整、品种齐全、配套便捷的产业制造体系，是国际纺织机械制造业中规模最大、产量最高、产品种类最多的国家。虽然与欧洲老牌纺织机械生产企业相比，国内纺机仍存在许多差距，但通过全行业的努力和国家政策的支持，纺织机械行业综合实力、企业管理水平和核心竞争力都有明显的提高。2012年由于原材料价格上涨，劳动力成本上涨，人民币增值等多因素影响，我国纺织工业发展放缓，致使上游纺机行业部分产品市场也受此影响，现阶段主要以调结构实现产业升级为主。

2012年，全国规模以上纺机企业739户，从业人员平均人数为13.75万人，同比增长0.16%；纺机行业实现主营业务收入1105.90亿元，同比增长5.54%，比2011年同期回落21.26个百分点；资产总计达到900.27亿元，同比增长10.00%。纺织机械行业主营业务收入同比情况如图1。

图1 纺织机械行业主营业务收入同比情况

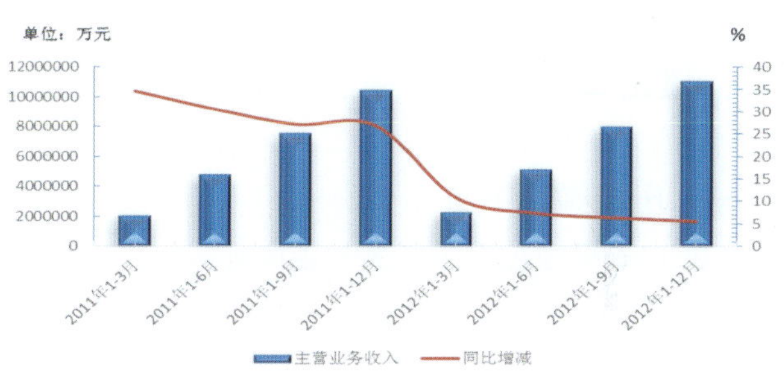

资料来源：国家统计局

2012年行业经济运行情况

一、产销情况

2012年纺机行业生产销售保持增长，但增速放缓。2012年实现工业总产值1126.67亿元，同比增长7.14%；实现工业销售产值1100.53亿元，同比增长7.31%，产销率为97.68%；产成品资金占用为46.51亿元，同比增长6.61%。2012年纺机行业产销衔接同比变化情况见图2。

图2 2012年纺机行业产销衔接同比变化情况

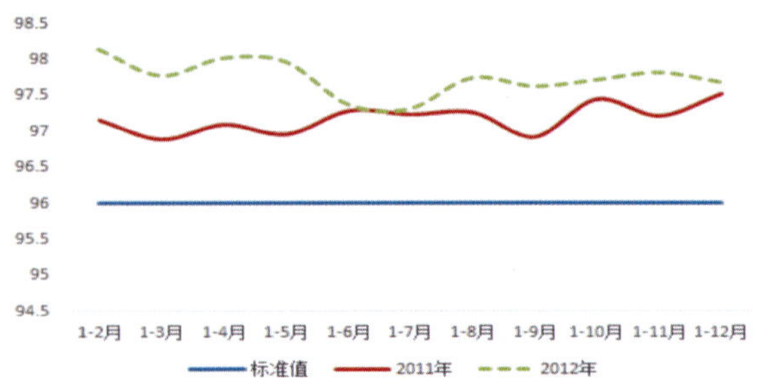

资料来源：国家统计局

2012年纺织机械市场销售呈现维稳放缓态势，主要表现为市场刚性需求的稳中有升及上年订单供货的结转；企业纺机产品市场竞争力的增强。2012年纺机行业产品销售结构发生了很大变化，棉纺细纱机等传统产品出现了同比下降，但生产细纱长车、地毯织机、高速加弹机等自动化程度和技术含量较高的产品出现了逆势增长。

二、进出口情况

（一）出口微弱下滑

2012年受国际需求低迷和国内外成本上升等因素制约，出口出现负增长。据海关数据，2012年我国纺织机械产品出口金额22.42美元，同比下降0.17%。纺织机械产品出口月度及环比变化情况见图3

图3 纺织机械产品出口月度及环比变化情况

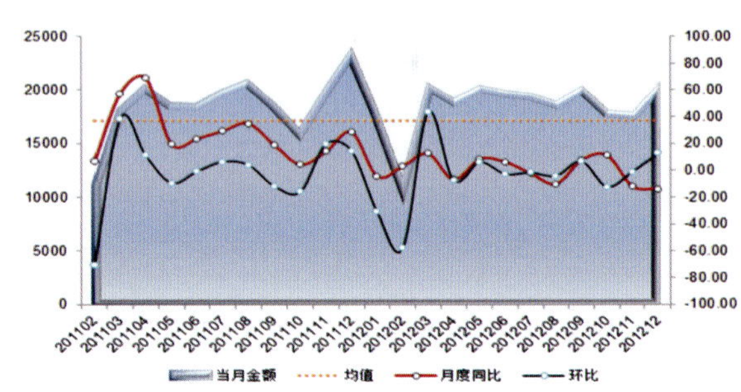

资料来源：国家统计局

出口产品中，针织机械出口金额5.69亿美元，占出口总额的25.39%，仍然排在首位；化纤机械出口金额同比增幅最大。2012年纺织机械产品出口情况见表1。

主要出口市场中，印度、印度尼西亚、孟加拉国、巴基斯坦、日本是我国纺机产品出口的前五大市场。其中，印度仍是我国出口的最主要市场，出口金额达到4.11亿美元，同比减少21.51%，对印度

表1 2012年纺织机械产品出口情况

产品类别	累计金额(万美元)	所占比重(%)	金额同比(%)
总额	224159	100.00	−0.17
针织机械	56920	25.39	−7.18
辅助装置及零配件	49466	22.07	−12.30
印染后整理机械	35525	15.85	4.60
化纤机械	27998	12.49	37.45
织机	22440	10.01	22.16
纺纱机械	24035	10.72	−9.62
非织造布机械	7774	3.47	3.49

资料来源：中国海关

出口的产品仍然以针织机械为主，出口额占对印度出口总额的26.18%，化纤机械增幅变大，出口金额同比增长23.46%，其中仍以合成纤维长丝纺丝机为主，但合成纤维短丝纺丝机增幅巨大，出口金额同比增长559.53%。

（二）进口增速明显下降

由于国内经济放缓，企业经营不畅，另外国产纺机水平的不断提高，进口下降明显。2012年我国进口总额为42.18亿美元，同比下降21.37%。纺织机械产品进口月度及环比变化情况见图4

图4 纺织机械产品进口月度及环比变化情况

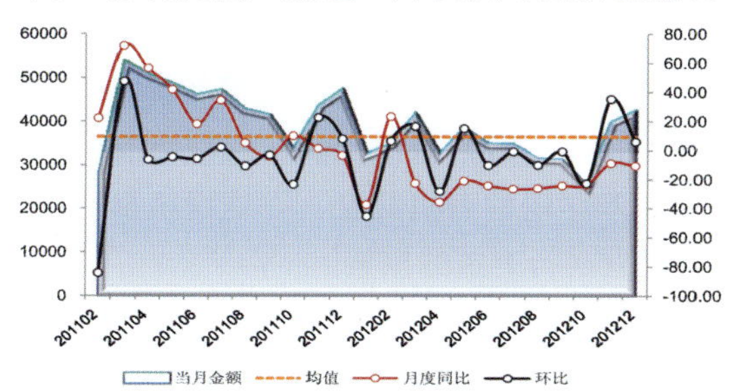

资料来源：中国海关

2012年化纤机械进口排在第一位，进口总额为9.32亿美元，同比增长28.24%，进口产品中，只有化纤机械和非织造布机械同比保持增长，其中非织造布机械进口额同比增幅最大。2012年纺织机械产品进口情况见表2。

2012年，我国从54个国家和地区进口了纺织机械。德国、日本、意大利仍然是我国进口纺织机械的主要国家，进口额占进口总额的78.37%，进口同比全部负增长。德国是我国进口纺织机械的最主要国家，从德国进口纺织机械为14.99亿美元，同比下降11.33%，以进口化纤机械和针织机械为主，其中：化纤机械的贸易额为3.97亿美元，同比增长60.06%，尤以合成纤维长丝和短丝纺丝机增长最快。

三、经济效益情况

2012年受国内外经济环境及纺织工业运行的影响，纺机行业经济效益没有起色，尤其是棉纺、化纤行业的不景气也直接影响了纺纱机械企业，企业只有调整产品结构、提高产品技术水平来提高企业利润。

2012年纺机行业实现利润总额为72.37亿元，同比增加2.50亿元，销售利润率6.54%；亏损企业亏损额为3.74亿元，同比增加1.15亿元，亏损面为13.40%，比2011年同期增加5.01个百分点。

表2 2012年纺织机械产品进口情况

产品类别	累计金额（万美元）	所占比重（%）	金额同比（%）
总额	421818	100.00	−21.37
化纤机械	93208	22.10	28.24
纺纱机械	89748	21.28	−8.24
辅助装置及零配件	68801	16.31	−27.77
针织机械	58369	13.84	−48.94
印染后整理机械	51976	12.32	−23.03
织机	48380	11.47	−41.10
非织造布机械	11336	2.69	68.14

资料来源：中国海关

纺机行业重点地区江苏、浙江、山东三省的利润总额达到47.27亿元，其利润总额合计占全国利润总额的65.31%，利润总额集中度比2011年同期下降5.54个百分点。

四、成本费用

2012年纺机行业成本费用总额为1030.01亿元，同比增长6.22%。其中，主营业务成本为927.26亿元，同比增长5.70%，占成本费用总额的比重为90.02%，同比下降0.44个百分点；营业费用为30.18亿元，同比增长9.44%，占成本费用总额的比重为2.93%，同比增长0.09个百分点；管理费用为58.95亿元，同比增长6.73%，占成本费用总额的比重为5.72%，同比下降0.03个百分点；财务费用为13.63亿元，同比增长40.35%，占成本费用总额的比重为1.32%，同比增长0.32个百分点。成本费用较2011年有微幅增长，控制好三费的增长是影响行业经济效益的重要点。

纺机行业重点地区江苏、浙江、山东三省的成本费用总额达到681.07亿元，成本费用集中度为66.12%。

行业结构调整和技术升级速度加快

2012年，以《纺织机械行业“十二五”发展指导意见》、《纺织工业“十二五”发展规划》和《建设纺织强国纲要(2011～2020年)》为指导方向，全行业在国家各项政策的支持和企业的合作努力下，纺机行业转型升级、科学技术进步飞速，自动化、智能化水平不断提高。

一、发展高端纺机装备，提高产品数控化、自动化、智能化水平

纺织机械行业作为国家“十二五”规划中的战略性新兴产业之一，在工信部发布的《高端装备制造业“十二五”发展规划》中提到“重点开发智能化纺织成套设备”，在国家科技部、工信部、中国工程院发布的《数控一代机械产品创新应用示范工程十二五规划》和国家工信部、中国工程院发布的《“数控一代”装备创新工程行动计划》中，纺织机械都成为初期重点实施领域。

国家科技支撑计划“数控一代机械产品创新应用示范工程”项目中“纺织行业(苎麻、针织、涂布)装备数控化应用示范”课题2012年5月正式启动，各参与单位积极准备，已经建成了必备的实验系统，基本完成了单机整体方案设计及关键部件的技术设计，按实施计划要求完成了任务。

“碳纤维多层织造装备及技术研发”项目于2011年正式启动，共有6家企业和高校参与，2012年是关键的一年，目前进展顺利。该项目有利于实现多学科、产学研的有机结合，在纺织机械行业为发展新兴产业进行有益的探索。

二、加快新产品研发，科技进步、技术创新取得较大进展

2012年纺机行业的科技进步、技术创新取得了显著成果，年度“纺织之光”、“桑麻奖”等行业奖项中纺机企业表现突出。2012年度中国纺织工业联合会科学技术进步奖共171项。其中一等奖13项，二等奖53项，三等奖105项，纺机行业中杭州开源电脑技术有限公司的“面向数字化印染生产工艺检测控制及自动配送的生产管理系统研究与应用”、山东康平纳集团有限公司主要完成的“筒子纱数字化自动染色成套技术与装备”、北京中丽制机工程技术有限公司主要完成的“废聚酯瓶片液相增粘/均化直纺产业用涤纶长丝关键技术与装备开发”、经纬纺织机械股份有限公司的“高效现代化成套棉纺设备关键技术及工艺开发与应用”和常州市武进五洋纺织机械有限公司的“GE2296高速双针床经编机”等5项成果荣获一等奖；宏大研究院有限公司的

“多头纺熔复合非织造布设备及工艺技术”等13项成果荣获二等奖；山东日发纺织机械有限公司的“RFTL60高速毛巾织机”等9项成果荣获三等奖。2012年度香港桑麻奖中，纺机行业1名获一等奖，占获奖总数的20%，4名获二等奖，占获奖总数的33%。在行业面临着原材料价格上涨、用工压力加大等诸多困难的形势下，行业企业必须注重创新研发，提高技术水平，推动产业升级改造，提高产品竞争力。

2012年“中国纺织工业协会科技指导性计划”项目中有54个纺织机械产品被列入。通过中国纺织机械器材工业协会组织的科技成果鉴定16项。新产品充分体现了行业技术进步方向。

三、进一步推动纺织机械企业技术创新体系建设

2012年中国纺织机械器材工业协会组织了纺机行业产品研发中心的首次评审工作，共有24家27个产品研发中心符合评审要求。纺机行业产品研发中心的评定为促进纺织机械行业技术进步和创新能力的快速提高，加大企业科技投入，完善技术创新体系建设起到了一定的推动作用。

四、企业调整、区域调整逐步进行

2012年纺机行业企业并购布局、投资转移、区域发展在不断进行。2012年有凭借雄厚的经济实力不断扩大规模的企业，也有缩小产业链规模、增强核心竞争实力的企业，这些并购、布局甚至产品调整都将会对将来的行业布局产生一定的影响。

在我国纺机行业面临产业转型升级的关键时期，区域调整也初现端倪。马鞍山的智能纺织机械产业园借助马鞍山产业优势和资源优势，努力打造纺织机械器材研发、生产、加工、销售和会展基地。智能纺织机械产业园将采用“协会+龙头企业+园区”优势互补、合作共赢的建设模式，集聚一批新型纺机企业，为整个行业的转型提供平台。

五、标准化工作稳步进行

2012年纺机行业不断加强标准化工作，与科技重大专项、产业技术研发等工作无缝衔接，发挥标准的指导作用。2012年纺机行业共有25项行标计划项目获得批准。截至2012年12月31日，纺织机械与附件领域的标准总数547项，国家标准104项，行业标准443项。继续完善技术标准体系，2012年纺织机械行业标准复审项目共74项，经过广泛征求意见，最终的复审结论是，确认继续有效59 项，建议修订13 项，废止2 项。标准化是研究、生产、应用三者之间的桥梁，在生产规模越来越大，分工越来越细的纺机行业，推进标准化工作十分重要。

六、继续开展主要产品可靠性认证

继2010年出台了剑杆织机、喷气织机和纺纱关键设备7种产品的可靠性文件后，2012年经过多次修改和论证，电脑针织横机、无缝针织内衣机、高速经编机3个产品可靠性评价文件制定工作已基本完成，可靠性工作越来越得到企业的重视。

七、纺机展传递“十二五”技术进步信息

“2012年中国国际纺织机械展览会暨ITMA亚洲展览会”于2012年6月12日～6月16日在上海新国际博览中心成功举行，来自全球28多个国家和地区的1298家企业参展，其中国内展商787 家。从展出展品来看，体现了创新的思维和创新的技术，无论是棉纺设备、化纤设备，还是针织设备，最显著的特点就是速度快、效率高、用工少。印染设备则大多数是围绕节能减排和绿色环保的要求开发的具有少用水、循环用水功能的产品，喷墨印花机展出数量超过历届。纺机产品进一步贴近了中国纺织市场发展的需求，性能逐步提高。

行业发展存在的主要问题

一、市场需求不足

受到全球低迷经济的影响，尤其是巨大的国内外棉花价差给纺织企业带来了明显的压力，纺织企业整体运行下滑，尤其是棉纺、化纤行业的不景气，直接导致了纺织机械市场需求不足。

二、成本上涨过快

2012年纺织机械行业受到了劳动用工成本上升的直接影响，融资成本、管理成本都呈上涨之势。企业只有积极调整产品结构，提高产品技术水平，通过提升附加值来消化成本压力。

三、自主创新能力不足

纺织机械行业原始创新能力与国外仍有很大差距，多数产品源自产品技术资料的相互转移、测绘和仿制，少数来自引进技术消化吸收和二次开发。产品开发缺乏自主知识产权，与国外企业甚至是国内企业间知识产权纠纷逐年增加。

四、产业集中度低，市场竞争激烈

纺织机械产业集中度分散，产品同质化严重，大多数企业产品位于中低端市场，利用成本优势扩大竞争优势，导致产品价格难以提升，竞争激烈，使企业科研开发投入乏力。

2013年纺织机械行业发展展望

一、发展环境分析

2013年世界经济环境仍然复杂多变，受欧债危机拖累，各国政策所能提供的支持作用有限，全球经济增长总体乏力。从国内看，中央强调要保持宏观经济政策连续性和稳定性，着力提高针对性和有效性，适时适度进行预调微调，加强政策协调配合，这种政策取向有利于保持经济平稳健康运行，财政政策或将更加积极，货币政策延续“稳中有松”态势。但国内经济企稳回升的基础仍需要巩固，特别是经济增速持续回落过程中暴露出来的矛盾和问题，短期内难以根本解决。

在国内外经济大环境下，纺织工业发展既具备相当的积极因素，也面临着诸多风险挑战，将继续保持平稳增长态势。内需市场仍将继续为纺织行业提供实现平稳发展的动力，但同时外需不振、棉花价差大、生产成本上升等压力依然存在。棉花政策对行业的影响仍然突出。另一方面，劳动用工、资源等价格上涨对于纺织企业投资的影响也是不可避免的。因此，加大产业、产品、地区调整力度是发展方向。纺织工业的运行直接影响纺织机械行业的运行。

二、纺织机械市场需求特点与发展趋势

纺织机械市场需求是以技术进步为前提，需求特点集中反映在纺机装备的技术含量，节能减排的应用效果，两化融合后的创新成果，在线监控及管理的集成应用等方面。纺织机械行业已进入了以市场为导向、以效益为中心的资本多元化、经营多元化的发展新阶段，行业的发展趋势呈现系列化、集约化和专业化。纺机行业将按照先进装备制造业信息化、智能化、科学化、绿色化和全球化的标准，进一步加大研发投入，实现产业化和新产品率的不断提高。进一步强化管理以提高纺机产品装配的精度，进一步以纺机产品的高技术含量及集群产业链方式来适应市场的差异化需求，获取更大的经济效益。纺机行业的经济发展正从规模扩展向技术质效方向推动，产品的性价比仍然是行业发展的第一要素。

2013年是“十二五”的第三年，纺织机械行业将继续重点发展8 类高端纺织技术装备，加快50 项纺机产品和技术的研发及产业化，积极推广38 项纺机先进运用产品技术（简称8+50+38）。

纺机行业发展形势与宏观经济形势、纺织行业发展形势是密不可分的。纺织企业的转型升级、减人增效对纺织机械设备的市场需求至关重要，是拉动纺机市场需求的重要支撑点。2013年国内外市场需求增长的总趋势不会改变。但如果不能改变国内外棉价巨大差距的现状，棉纺、化纤设备企业总体也不会有大的起色，只有积极调整产品结构、提高技术水平。2013年对自动化程度高、效率高、绿色环保设备的市场需求依然不会减少，针对高档纺机设备还会保持较高的进口需求，我国纺织机械最主要的市场还是在以中国为主的亚洲市场。总之，2013年纺机行业有望保持平稳增长，产值、出口缓中有升，行业技术水平进一步提高。

（撰稿人：孙少波）

中国纺织工业发展报告

CHINA TEXTILE INDUSTRY DEVELOPMENT REPORT

2012/2013

科技创新

纺织4项目荣获2012年度国家科学技术奖

2012年度国家科学技术奖纺织获奖项目共有4个。其中，由天津工业大学完成的“高性能聚偏氟乙烯中空纤维膜材料制备及在污水资源化应用中的关键技术”项目荣获国家技术发明二等奖；东华大学等单位完成的“竹浆纤维及其制品加工关键技术和产业化应用”、北京三联虹普新合纤技术服务股份有限公司完成的“大容量聚酰胺6聚合及细旦锦纶6纤维生产关键技术及装备”、上海大学完成的“碳/碳复合材料工艺技术装备及应用”3个项目荣获国家科技进步二等奖。

高性能聚偏氟乙烯中空纤维膜制备及在污水资源化应用中的关键技术

我国是世界上水资源最匮乏的国家之一，人均水资源量居世界第109位，污水资源化是解决我国缺水现状的重要途径。污水回用处理主要采用化学混凝、生物处理、膜处理等技术，其中膜处理技术具有出水水质好、占地面积小等优势。但在应用中膜存在抗污染性差、使用寿命短、能耗高等问题，严重制约了膜法污水回用技术的规模化应用。

聚偏氟乙烯（PVDF）与聚砜、聚四氟乙烯、聚丙烯等膜材料相比，在抗污染性、膜加工性能、环境适应性等方面更为优异，最适用于污水处理复杂环境。现有膜制备技术未能有效解决纤维膜成孔控制机制的难题，使得膜通量小、强度低，膜分离装置运行能耗高、清洗效果差。该项目发明了高性能PVDF中空纤维膜制备技术，并基于此膜发明了高效低耗膜污水处理装置，发明了规模化应用中的膜污染控制技术，实现了高性能PVDF中空纤维膜法污水处理技术的规模化应用。

该项目具有自主知识产权，整体技术达到国际先进水平，获得授权发明专利18项，发表论文85篇，其中SCI、EI收录43篇，主持制订国家标准1项。

该项目已成功应用于化工、纺织、冶金、城市污水回用等领域。在天津膜天膜公司建成了300万立方米/年高性能PVDF中空纤维膜产业化生产线，被国家发改委确立为“国家高新技术产业化示范工程”。已建成鄂尔多斯纺织污水回用等12个日处理量达万吨级以上国家、省部级及企业示范工程，产水效率、出水水质及稳定性均大大优于传统污水回用技术；有效地削减了COD排放量，实现了污水资源化。该项目的推广应用全面提升了我国中空纤维膜制备及污水回用技术水平，为水资源的循环利用提供了新的有效途径，对纺织行业的技术进步和产业结构优化起到了积极的促进作用，取得了显著的经济和社会效益。

竹浆纤维及其制品加工关键技术和产业化应用

再生纤维素纤维具有原料资源丰富、可再生可循环的特征，其产品具有优良的综合使用性能，在服装、家纺等领域得到广泛应用，面对棉花等天然纤维日益紧缺状况，作为优质生态纤维资源极具发展潜力。其原料由于长期以来以棉短绒、木材为主，针对我国棉田有限、森林资源匮乏的现状，寻求新的纤维素原料已成为必然。竹材生长周期短，成材速度快，并且我国竹材资源丰富，占全世界近三分之一，是发展再生纤维素纤维的全新原料途径。但采用竹材制备竹浆纤维及其制品存在一系列技术难题：竹浆粕甲纤含量低、灰份含量高；竹浆纤维强度低，白度离差大；纱线强力低，毛羽多，身骨软；产品染色易色花，色牢度低等，这些问题严重制约了竹浆纤维及其制品的产业化应用。

该项目在竹浆纤维及其制品加工关键技术方面进行了系统攻关并取得重大突破。该项目在竹浆粕制备、竹浆纤维成型、竹浆纤维纺织染整加工等方面进行了系统研究，解决了竹浆纤维制造与应用过程中的突出技术难题，在深入研究竹浆纤维及其制品结构、性能及相互关系的基础上，开发了系列竹浆纤维制品，赋予产品抗皱、硬挺、抗紫外、阻燃等功能，实现了竹浆纤维在服装和家纺领域的产业化应用。

该项目共授权国家发明专利7项；发表论文30篇；制定行业标准2项，企业标准4项。成果鉴定表明：竹浆纤维制备技术达到国际领先水平，竹浆纤维纺织印染加工技术处于国际先进水平。

该项目成果已推广应用，对发展新型生态纤维原料、缓解纺织纤维资源紧缺、充分利用竹材资源具有积极意义，社会效益显著，对纺织行业的技术进步和产业升级起到重要的示范和推动作用。

大容量聚酰胺6聚合及细旦锦纶6纤维生产关键技术及装备

联合国预计2050年世界人口达90亿，粮食面临短缺，必须保证粮田，缩减棉田。中国面临形式更为严峻，棉纱缺口将达1080万吨以上，纺织行业十分关注以合成纤维仿棉。锦纶6是吸湿、弹性、强度及亲肤等与天然纤维(棉花)性能最为接近的合成纤维，急需扩大规模，大力发展．然而经过50多年发展，我国锦纶6生产技术与装备仍徘徊于上世纪90年代初水平，单线产量低，日产仅10～50吨，成本居高不下，严重制约了锦纶6规模的扩大和高性能纤维的发展。究其根本原因，一是大容量、高性能锦纶6切片生产技术与装备的研发严重滞后，大容量关键技术被德国、瑞士等少数国家所垄断；二是高性能锦纶6纤维，尤其是差别化、细旦品种制备的关键技术与装备特别缺乏，新技术和新装备集成度低。因此，我国急需以开发大容量聚酰胺6聚合及高性能纤维技术与装备为突破口，通过集成创新，扩大单线产能，降低生产成本，满足对锦纶6的迫切需求，摆脱长期依赖进口，推动我国锦纶6生产技术和装备的进步，这是该项目研发的关键所在。

该项目通过理论研究、工艺技术和装备的集成创新，首次突破了大容量聚酰胺6及其高性能纤维生产关键技术与装备，实现了大容量与高品质、低物耗能耗、差别化、低投入的紧密结合，具有自主知识产权，整体达到国际先进水平。

该项目开发的高性能锦纶6切片及细旦全牵伸纤维产品投放市场后，质量稳定，性能优良，完全替代进口产品，开拓了锦纶6纤维应用市场。参与制定国家标准1项；获得授权专利共20项，其中发明专利3项，实用新型专利17项；计算机软件著作权4项。自2006年起已推广应用7套生产线，取得了显著的社会和经济效益。

碳/碳复合材料工艺技术装备及应用

碳/碳复合材料是用碳纤维增强碳基体的一种高技术新材料，具有优异的抗烧蚀性、抗热震性、高比强度及高温性能稳定等一系列特点，已成为先进固体火箭发动机(SRM)广泛采用的材料。在1976年以前，碳/碳作为洲际导弹弹头端头帽和SRM喷管喉衬的候选材料时，美国曾发表过大量的碳/碳材料研究文章。1976年美国宣布碳/碳材料作为民兵ⅡMK-12弹头端头帽试飞成功以后，碳纤维织物编织技术和碳/碳复合工艺技术都处于严格的保密之中，其他西方国家也是如此。在这种条件下，只有通过自主研发以满足我国SRM对喉衬材料的需求。

该项目自20世纪70年代开始进行碳/碳复合材料的研究，已研制成功多种碳/碳端头帽、碳/碳端头体和碳/碳喉衬。自2000年起，为配合我国新一代导弹SRM研制需要，项目完全采用国产原材料，依靠自主研发，在碳/碳复合材料工艺技术装备方面形成了一系列关键技术，研制了关键设备。项目经专家鉴定认为：项目工艺先进可靠，产品质量稳定，具有创新性，总体达到国际先进水平。

项目共申请国家发明专利3项，其中授权2项。项目研制的碳/碳喉衬材料批量生产用于我国军队武器装备，应用于我国二炮、海、陆、空战略战术导弹SRM多种型号，为某些重点型号的战略战术导弹提供100%的配套研制任务，为国防事业、军队装备提供了有力的保障。

该项目的研究成果——碳/碳喉衬材料为国防军工重点型号及航天工业用固体火箭发动机的发展提供了新型喷管喉衬材料，促进了固体火箭发动机的发展，为我国的航天事业和国防军工建设做出了重要贡献。

2012年度国家科学技术奖纺织获奖项目

序号	奖 种	项目名称	主要完成单位	主要完成人
1	技术发明奖二等奖	高性能聚偏氟乙烯中空纤维膜制备及在污水资源化应用中的关键技术		张宏伟（天津工业大学）、刘建立（天津工业大学）、吕晓龙（天津工业大学）、李建新（天津工业大学）、李新民（天津工业大学）、王 捷（天津工业大学）
2	科技进步奖二等奖	竹浆纤维及其制品加工关键技术和产业化应用	东华大学、河北吉藁化纤有限责任公司、苏州大学、吴江市恒生纱业有限公司、常州市新浩印染有限公司、浙江圣瑞斯针织股份有限公司	俞建勇、宋德武、唐人成、程隆棣、郑书华、周向东、李振峰、崔运花、王学利、李毓陵
3	科技进步奖二等奖	大容量聚酰胺6聚合及细旦锦纶6纤维生产关键技术及装备	北京三联虹普新合纤技术服务股份有限公司	刘 迪、李德和、张建仁、吴清华、冯常龙、于佩霖、陈 军、吴 雷、董建忠、周顺义
4	科技进步奖二等奖	碳/碳复合材料工艺技术装备及应用	上海大学	孙晋良、任慕苏、张家宝、李 红、潘剑峰、陈 来、周春节、沈建荣、凌宝民、杨 敏

2012年度中国纺织工业联合会科学技术进步奖获奖项目

一等奖

序号	项目名称	主要完成单位	主要完成人
1	丝胶回收关键技术及其应用	苏州大学、鑫缘茧丝绸集团股份有限公司	陈国强、邢铁玲、储呈平、盛家镛、王祥荣、孙道权、陈忠立、刘华平、潘世俊
2	面向数字化印染生产工艺检测控制及自动配送的生产管理系统研究与应用	杭州开源电脑技术有限公司	许光明、徐海江、赵万强、汪斌荣、文　律、肖若发、金万树、兰泽林、郑恩利、周　卢、倪晓明、周峰江、胡正明、陈　凯、雷绍阳
3	筒子纱数字化自动染色成套技术与装备	山东康平纳集团有限公司、机械科学研究总院	单忠德、陈队范、吴双峰、鹿庆福、王绍宗、刘　琳、张　倩、靳云发、杨万然、沈敏举、罗　俊、李树广、李　周、徐　鹏、王　苑
4	纤维/高速气流两相流体动力学及其应用基础研究	东华大学	郁崇文、曾泳春、裴泽光、郭会芬
5	年产40万吨差别化聚酯长丝成套技术及系列新产品开发	桐昆集团浙江恒通化纤有限公司、浙江理工大学	陈士良、汪建根、许金祥、王秀华、陈士南、赵宝东、孙燕琳、李红良、沈建伦、沈富强、屠奇民、费妙奇、张尚垛、王剑芳
6	大容量短流程熔体直纺涤纶长丝柔性生产关键技术及装备	新凤鸣集团股份有限公司、东华大学、浙江理工大学	赵春财、王华平、沈健彧、韩　建、王朝生、张顺花、刘春福、崔　利、孙建杰、王青翠
7	废聚酯瓶片液相增粘/均化直纺产业用涤纶长丝关键技术与装备开发	龙福环能科技股份有限公司、中国纺织科学研究院、上海聚友化工有限公司、北京中丽制机工程技术有限公司、扬州志成化工技术有限公司	段建国、沈　玮、汪少朋、仝文奇、邸刚利、郝兴武、王兴柏、雷景波、李传迎、那芝郁、冯希泉、甘胜华、许贤才、王景飞、郑　弢
8	高效节能环保粘胶纤维成套装备及关键技术集成开发	唐山三友集团兴达化纤有限公司	么志义、于捍江、于得友、毕绍新、刘福安、张会平、孙林东、马连明、王培荣、陈学江、刁敏锐、张东斌、曹　杰、李百川、彭宴星
9	年产20万吨熔体直纺涤纶工业丝生产技术	浙江古纤道新材料股份有限公司、浙江理工大学、扬州惠通化工技术有限公司	王建辉、陈文兴、严旭明、曹　文、张　朔、金　革、刘　雄、黄天峰、胡智暄、高　琳、陶家宏
10	功能吸附纤维的制备及其在工业有机废水处置中的关键技术	苏州大学、天津工业大学、苏州天立蓝环保科技有限公司、邯郸恒永防护洁净用品有限公司	肖长发、路建美、李　华、徐乃库、蒋　军、封　严、王丽华、程博闻、徐庆锋、杨竹强、纪顺俊、赵　健、李娜君、安树林、徐小平

序号	项目名称	主要完成单位	主要完成人
11	复合熔喷非织造材料的关键制备技术及其应用	天津工业大学、中国人民解放军总后勤部军需装备研究所、天津泰达洁净材料有限公司	程博闻、赖　军、陈华泽、邢克琪、唐世君、康卫民、刘　亚、宋晓艳、刘秀峰、杨文娟、任元林、苏　扬、钱晓明、庄旭品、焦晓宁
12	高效现代化成套棉纺设备关键技术及工艺开发与应用	经纬纺织机械股份有限公司	蔺建旺、孙文立、冀　新、耿佃云、张新民、刘敦平、师雅并、徐令彬、金光成、管锦文、金宏健、刘兰生、郭东亮、吴承红、路元江
13	GE2296高速双针床经编机	常州市武进五洋纺织机械有限公司	王敏其、王筱方、赵志初、刘家强、王　水、赵　启

二等奖

序号	项目名称	主要完成单位	主要完成人
1	低盐低碱节能减排染色技术及产品开发	丽源(湖北)科技有限公司	罗润富、李永树、邓今强、刘晓勇、黄德千、毕仁泽、刘孝科
2	丝绸面料平幅液流染色设备及技术产业化应用	杭州喜得宝集团有限公司、浙江理工大学	蔡祖伍、沈一峰、章　健、樊启平、赵之毅、吴明华、王柏忠、杨　雷、沈建琴、周秋宝
3	多组分纤维面料短流程染整加工关键技术及产业化	苏州大学、浙江誉华集团湖州印染有限公司、鑫缘茧丝绸集团股份有限公司、浙江汉邦化工有限公司	王祥荣、汤展雄、眭建华、孙道权、郭蓉如、陈忠立、姚宏伟、雷志涛
4	废旧松香溶剂法提纯再利用新技术	青岛凤凰印染有限公司	戴守华、吴晓飞、王　磊、于　颖、龚　漪、孙振超、刘书庆、郭晓辉、田　鹏
5	针织印染节能减排技术集成及应用	常州旭荣针织印染有限公司	张国成、金　雪、刘慧清、马方方、左凯杰、侯丽丽、吉庆铎
6	泡沫整理技术在轻薄面料上的产业化应用	鲁丰织染有限公司、鲁泰纺织股份有限公司、上海誉辉化工有限公司	王方水、张战旗、于　滨、梁政佰、齐元章、耿　飞、许秋生、王兴南
7	纳米光触媒复合功能纺织品的产业化关键技术及应用研究	上海工程技术大学、上海八达纺织印染服装有限公司、上海龙头家纺有限公司、上海汽车地毯总厂有限公司	沈　勇、王黎明、张惠芳、魏作红、丁　颖、孙　楠、佴智渊、万玉峰
8	柔性可见光光催化空气净化材料关键技术研发及应用	江苏联发纺织股份有限公司、东华大学	何瑾馨、黄长根、刘保江、邹黎明、唐文君、董　霞、姚金龙、于银军、王青翠、向中林

序号	项目名称	主要完成单位	主要完成人
9	新型超柔紧密纺关键技术研发及产业化	山东德源纱厂有限公司、宁波德昌精密纺织机械有限公司	竺韵德、邬建明、王　英、俞雨金、刘雪梅、徐时平
10	基于数码分层技术的真丝提花织物的创新开发	浙江巴贝领带有限公司、浙江理工大学	屠永坚、周　赳、马　爽、李晓萍
11	天然生态多功能高档毛纺织品关键技术研发及产业化	海澜集团有限公司、东华大学、凯诺科技股份有限公司（江苏省服装工程技术研究中心）	赵国英、王　璐、张建良、张　斌、仇志英、王富军、胡晓峰、劳继红、杨自治、薛海军
12	羊毛针织面料低能耗低损伤生产技术及产业化	上海嘉麟杰纺织品股份有限公司	黄伟国、许　畅、单苗苗、董　蓓、杨启东、黄　杨、丁　晨、张国兴、钱爱军、柯　华
13	生物医用柞蚕丝素蛋白材料的关键技术研发	苏州大学	李明忠、卢神州、王建南、孙东豪、刘　雨、吴徵宇
14	高强细旦桑蚕丝的开发及其产业化应用	苏州大学、南通市新丝路蚕业有限公司、江苏新丝路丝业有限公司	沈卫德、李　兵、周家华、邢铁玲、汪　玲、胡征宇、管竞芳、许雅香、严松俊、邱训国
15	三醋酸纤维素用棉浆粕的研制	山东银鹰股份有限公司	陈忠国、曹知朋、臧贻朋、郑春友、吕兴华
16	熔体直纺涤纶长丝纺丝工程模拟计算系统及工艺优化	福建百宏聚纤科技实业有限公司、东华大学	裘大洪、王华平、叶敬平、王朝生、侯向东、叶明军、张玉梅、陈阿斌、刘雪峰、李建武
17	利用废聚酯类纺织品生产涤纶短纤维关键技术研发及产业化	宁波大发化纤有限公司	钱　军、王朝生、王方河、邢喜全、杜　芳、贾同伟、林世东
18	新型改性淀粉浆料生产与替代PVA应用关键技术	鲁泰纺织股份有限公司、东华大学、武汉纺织大学、常州市润力助剂有限公司	杜立新、郭腊梅、张海峰、徐卫林、刘立强、张建祥、王艾德、陈　鹏、赵海涛、倪爱红
19	防透视化学纤维及视觉遮蔽纺织品研发	鲁泰纺织股份有限公司、东华大学、武汉纺织大学、常州市润力助剂有限公司	施楣梧、王　妮、朱鸣英、张正松、肖　红、王府梅、曹秀明、胡中超、俞　玮、韩大鹏
20	功能性彩色涤纶长丝生产技术	浙江华欣新材料股份有限公司	曹欣羊、钱樟宝、周全忠、许文群、严忠伟、段亚峰、赵江峰、刘万群、韩建强、乔志强
21	聚苯硫醚(PPS)纺粘针刺及水刺非织造过滤材料成套技术	佛山市斯乐普特种材料有限公司、大连华阳化纤工程技术有限公司	李　杰、周思远、申景山、吕大鹏、马丽娟、杨　薇、肖红军、陈让军、颜远铭、何彭兴
22	多头纺熔复合非织造布设备及工艺技术	宏大研究院有限公司	胡　克、刘玉军、安浩杰、朱友会、彭　勤、崔洪亮、许洪哲、慎永日、殷　凡、王海英
23	医用海藻酸盐纤维的研究及应用开发	中国纺织科学研究院、泰州市榕兴抗粘敷料有限公司	孙玉山、骆　强、朱庆松、李月茹、陆伊伦、周　杰、褚加冕、陈功林、李方全、褚省吾

序号	项目名称	主要完成单位	主要完成人
24	航天器用半刚性电池帆板玻璃纤维经编网格材料开发	东华大学、中材科技股份有限公司、常州市武进五洋纺织机械有限公司、常州市第八纺织机械有限公司	陈南梁、祖　群、王敏其、谈昆伦、刘晓明、蒋金华、王　程、汪泽幸、张晨曙、傅　婷
25	针织布预缩机用加厚呢毯技术研究与应用	新疆阿勒泰工业用呢有限责任公司、上海市纺织科学研究院、上海针织九厂	刘兵县、王焕玺、任加荣、张玉华、黄伟锋、马秀玲、黄官升、方　磊、江　春、陈旭炜
26	纺粘非织造气流拉伸关键技术及应用	苏州大学、东华大学	陈　廷、李立轻、王新厚、陈　霞、汪　军、吴丽莉
27	分离用聚偏氟乙烯中空纤维智能膜及其应用研究	天津工业大学	陈　莉、赵义平、冯　霞、董知之、申　向
28	伺服驱动节能挠性剑杆织机	广东丰凯机械股份有限公司	夏云科、吴和福、戴晓晗、张士丹、黄　瑾、陈博民、周健威、游　敏、袁　婷
29	S9型环锭纺智能落纱机	铜陵市松宝机械有限公司、清华大学、安徽华茂纺织股份有限公司	阮运松、于庆广、索双富、倪俊龙、王腊保、王传满、檀利阳
30	GE118型拷贝型高精度整经机	常州市第八纺织机械有限公司	谈良春、谈昆伦、陈　龙、谢亚峰、凌伯明、蒋国中、刘勇俊、谢雪松
31	KGFA688型自动络筒机	江苏凯宫机械股份有限公司	苏善珍、李兆旗、杨玉广、张立彬、苏延奇、江岸英、钱建新、徐昊朗
32	喷气织机技术创新与产业化	苏州大学、江苏万工科技集团有限公司	冯志华、周　平、钱志良、李锡放、芮延年、戴品伟、潘志娟、左保齐、谢　靖、俞桂观
33	超高速数码绣花机的关键技术研究及产业化	浙江理工大学、中捷大宇机械有限公司	胡旭东、陈学军、袁嫣红、吴震宇、陈大鹏、彭来湖、张建义、向　忠、兰永飞、李效新
34	RSJ5/1贾卡成圈型电子提花经编机	常州市润源经编机械有限公司	王占洪、蒋高明、刘莉萍、唐琪仁、陈如仲、梁　峰、黄　欢、黄　骏、隆正祥、刘亚莉
35	LXC–252SCV型可变针距电脑横机	江苏金龙科技股份有限公司	金永良、梁志佳、兰先川、付洪平、周万群、石祖良、海　港、孙　健
36	年产5万吨涤纶短纤维成套国产化装备和技术	上海太平洋纺织机械成套设备有限公司	陈　鹰、来可华、沈文杰、许云华、肖海燕、孙　葵、冯晓华、刘雄雄、哈承左、王勇民
37	织物撕裂仪检定装置的研制	河南省纺织产品质量监督检验测试中心	刘晓丹、王双华、陈长海、张　森、李　升、朱　丹、张文霞、憨文轩
38	CT3000条干均匀度测试分析仪	陕西长岭纺织机电科技有限公司	李永红、史新林、孙新宇、董　海、杨晓峰、杨　虎、吕志华、秦少雄、王　勤、郭鹏辉
39	面向纺织服装产业集群区域产品创新的asp平台开发和应用	杭州爱科电脑技术有限公司、杭州宏华数码科技股份有限公司	徐园园、周　华、葛　明、曹程程

序号	项目名称	主要完成单位	主要完成人
40	浓碱浓度在线检测与自动配液控制技术	天津工业大学	蒋秀明、赵世海、袁汝旺、张　牧、佘威智、杨建成、杨公源、周国庆、赵永立、董九志
41	GB/T24252-2009《蚕丝被》	杭州市质量技术监督检测院、浙江丝绸科技有限公司、鑫缘茧丝绸集团股份有限公司、杭州瑞得寝具有限公司、辽宁美麟集团有限公司、杭州红绳纺织品有限公司、浙江银桑丝绸家纺有限公司	顾红烽、周　颖、钱有清、储呈平、林德方、杨永发、郦小漫、朱金毛、林　平、沈福珍
42	FZ/T64014-2009《膜结构用涂层织物》	中国纺织科学研究院、中国钢结构协会空间结构分会、中国产业用纺织品行业协会	郑宇英、蓝　天、章　辉、张毅刚、李桂梅、薛素铎、吴金志
43	GSB16-2262-2008山羊绒纤维外观形态图谱	内蒙古鄂尔多斯羊绒集团有限责任公司、国家羊绒制品工程技术研究中心、内蒙古自治区纤维检验局、国家毛绒质量监督检验中心	张　志、张梅荣、杨桂芬、田　君、孟令红、曹渭芳、红　霞、邱瑞卿、张玲娥
44	基于生态工业园的咸宁苎麻纺织产业集群式供应链耦合研究	武汉纺织大学	黎继子、刘春玲、李　宇、李　明、夏东升、左志平、黄纯辉、周兴建、曹晓刚、杨卫丰
45	纺织服装产业技术路线图--广东省纺织服装产业科技管理创新实践	广东纺织职业技术学院、香港理工大学、香港理工大学深圳研究院	熊晓云、李　翼、王建君、王若梅、刘　森、胡军岩、向卫兵、姚　磊、薛福平、刘宏喜
46	《纺织工业调整和振兴规划》政策实施效果分析及建议	中国纺织经济研究中心	孙淮滨、田　丽、赵明霞、郑伯华
47	《高性能防护纺织品》	天津工业大学、中国纺织出版社	霍瑞亭、杨文芳、田俊莹、牛家嵘、孔会云
48	《汽车用纺织品的开发与应用》	东华大学出版社有限公司、上海市纺织工程学会、上海工程技术大学	姜　怀、林兰天、戴瑾瑾、龚杜弟、张　静
49	《染整工艺与原理》（上、下册）（普通高等教育"十一五"国家级规划教材（本科））	东华大学、中国纺织出版社	阎克路、赵　涛、冯　静、秦丹红
50	《针织学》	东华大学	龙海如、孔会云、宋广礼、陈南梁、蒋高明、李显波、吴济宏、杨　昆
51	《织造机械》（第2版）	东华大学、中国纺织出版社	陈　革、何　勇、孙志宏、周其洪、江海华、邓大立、李毓陵
52	普通高等教育"十一五"国家级规划教材《服装立体裁剪（提高篇）》	东华大学出版社有限公司、东华大学	张文斌、于晓坤、谭　英、王建萍、刘咏梅、张向辉、方　方、张道英、李兴刚、余国兴
53	《服装展示设计》（普通高等教育"十一五"国家级规划教材（本科）	天津工业大学、中国纺织出版社	张　立、王芙亭、张晓芳、冯芬君、韩雪飞

三等奖

序号	项目名称	主要完成单位	主要完成人
1	电晕技术在浆纱工艺中的研究及应用	鲁丰织染有限公司	张战旗、王艾德、于　滨、苏红升、翟秀清、张继瑜、张运涛
2	气流染色新技术开发及应用	浙江怡创印染有限公司	钱淼根、龚建伟、傅继树、朱建明、王俊科、朱立钢、刘　晓
3	羊毛(羊绒)棉面料印染清洁生产技术	福建众和股份有限公司	高炳生、张俊峰、许　漪、李聚酶
4	双氧水低温漂白体系新技术的研究	河南工程学院	王　宏、李晓春、曹机良、杨　柳、吕名秀、王佳欣、安　刚
5	耐久型高发射率远红外热感天然纤维关键技术及产业化	苏州大学、江苏玖久丝绸股份有限公司、苏州苏纳特科技有限公司	郑　敏、王作山、尤康哲、杨　泸、鲁　娟、李　艺、尚笑梅
6	印染废水深度处理及回用技术的研究开发	广东溢达纺织有限公司	张玉高、邱孝群
7	粘胶纤维工业废水物化处理工艺	宜宾丝丽雅股份有限公司、宜宾海丝特纤维有限责任公司	徐绍贤、邓传东、瞿继丹、张　扬、冯　涛、袁　灿、张岷青
8	印染废水处理技术及应用研究	西安工程大学、咸阳际华新三零印染有限公司	同　帜、陈安康、郭雅妮、仝攀瑞、于　翔、李海红
9	防紫外线耐光阻燃窗帘面料开发及产业化	浙江莱美纺织印染科技有限公司、东华大学	蒋幼明、蔡再生、高加勇、徐　壁、徐丽慧、宋晓晓、王　鹏
10	高品质真丝绸后整理关键技术研究	达利(中国)有限公司、浙江理工大学	吴　岚、余志成、翁艳芳、钱士明、杨　斌、汪　澜、王晓芳
11	水性金属光泽涂层胶	辽宁恒星精细化工有限公司	杨　青、陶忠华、刘　杰、李秀颖、郑文慧、赵向君、孙海娥
12	静电植绒面料高效阻燃、防水及易去污复合功能整理技术研究	愉悦家纺有限公司	刘曰兴、王玉平、张国清、李爱华、赵爱国、苏长智、张培艳
13	吸湿快干抗菌复合弹力针织牛仔面料研究	四川省纺织科学研究院	周亚利、张　宇、余　阳、杨泽彬、吴秀文、费　楷、唐明启
14	无盐染色清洁生产关键技术研究	浙江省现代纺织工业研究院、东华大学、绍兴金球纺织整理有限公司	谢孔良、侯爱芹、胡克勤、范艳苹、罗海娟、陆金根、樊健美

序号	项目名称	主要完成单位	主要完成人
15	含维生素与有机锗材料的保健纺织品产业化开发技术	上海红富士家纺有限公司、上海市纺织科学研究院、上海幸福纺织科技有限公司	张　庆、吴文浩、李慧霞、董服龙、李颖君、苏　玲、姚晓静
16	隐形印花技术在防红外军用迷彩面料上的应用	襄樊新四五印染有限责任公司	张　艳、邓小红、邱双林、曾宪华、张　彬、刘　勇
17	环保型有机硅改性聚丙烯酸酯类高分子助剂的开发、应用及产业化	武汉纺织大学	权　衡、朱　虹、杨　振、刘　玲、孟　啸
18	纯棉衬衫的智能温控技术	广东溢达纺织有限公司	张玉高、周立明、李景川、李子明、赵　莹、郑洁雯
19	可控“视窗”单向导湿性面料的成套关键技术研发与应用	东华大学、福建省石狮市港溢染整织造有限公司	闵　洁、杨勇毅、陈　伟、严瑞祥、杨　卓、刘保江
20	系列功能性环保遮光面料的技术开发	浙江三志纺织有限公司	张声诚、韩耀军、丁水法、叶德勋、袁晶晶、吴建武、陈小芳
21	功能性洁菌家纺产品后整理技术的研究与应用	紫罗兰家纺科技股份有限公司、苏州大学、南通苏州大学纺织研究院	杨兆华、王国和、吴绥菊、陈永兵、汪明星、周正华、孙利萍
22	异收缩涤纶弹性针织面料技术开发与应用	福建凤竹纺织科技股份有限公司	常向真、付春林、张　鑫、唐亚军、韩思民
23	系列翻丝交换添纱针织面料的开发	浙江港龙织造科技有限公司	邵春来、章培军、王亚红、冯世英、孙桂圣、彭永能、李日清
24	新型再生纤维素纤维及其产品的对比研究	河南工程学院	周　蓉、刘　杰、杨明霞、毛慧贤、邹清云、刘　云、普丹丹
25	赛洛包芯弹力竹节纱生产技术	山东岱银纺织集团股份有限公司	李广军、谢松才、王长青、刘　涛、徐仁利、杨延瑞、刘　美
26	基于相变调温机理的功能性袜子的研究与开发	浙江健盛集团股份有限公司、浙江理工大学	张茂义、郭向红、陈慰来、汤战昌、方　伟、陈建勇、朱建效
27	耐久型纳米防水防污粗毛纺面料关键技术研究及应用	浙江神州毛纺织有限公司	牟水法、张金莲、王建华、王洪海、丁昊元、平陈元、周　健
28	多组分功能性机织面料的研发与生产关键技术	丹阳市丹盛纺织有限公司	邵育浩、孙喜平、王华强、傅华烨、刘丽萍

序号	项目名称	主要完成单位	主要完成人
29	绣花效果面料的提花实现与产品开发	杭州万事利丝绸科技有限公司、浙江理工大学	张红霞、马廷方、祝成炎、李启正、鲁佳亮、季文革、张祖琴
30	扭妥纺工业化成套技术推广及其产业化	鲁泰纺织股份有限公司、香港理工大学	郭 恒、陶肖明、张英芬、于守政、邹萌萌、李克银、徐宾刚
31	功能性复合生态柔软纱线的开发及产业化	江苏大生集团有限公司	马晓辉、赵瑞芝、汪吉艮、张红梅、李 燕、殷 华、张 慧
32	生态轻质膨松化高比率木棉/涤纶新型复合纺纱技术与产品	东华大学、福建省金泰纺织有限公司	于伟东、杜赵群、陈诗钟、刘洪玲、刘晓艳
33	新型吸湿发热功能针织面料加工技术研究	上海帕兰朵高级服饰有限公司、张家港天隆针织服饰织造有限公司	方国平、高小明、钱维良、林润琳、张佩华、刘富荣、江 春
34	聚四氟乙烯薄膜复合异型纤维/棉混纺嵌入式防静电面料产品的开发	浙江蓝天海纺织服饰科技有限公司、绍兴中纺院江南分院有限公司	陈明青、朱俊伟、张 港、李翠萍、陈兆祥、方虹天、庞明军
35	羊毛物理细化关键技术与制品开发及产业化	天津纺织工程研究院有限公司、天津天纺投资控股有限公司、天津天纺投资控股有限公司抵羊分公司	吕增仁、王振声、胡艳丽、李 伟、吴爱民、刘建华、杨素芬
36	双面割绒带的技术开发	浙江三鼎织造有限公司	丁军民、唐三湘、唐青章、周 博、杨大兵、滕江黎
37	羊毛染色体系节能节水新技术的开发及应用	山东南山纺织服饰有限公司、西安工程大学	潘 峰、邢建伟、李世朋、栾文辉、宋 萍、张国生、尚秀杰
38	物理变性聚酯等新型纤维在毛针织领域的产业化应用研究	北京雪莲集团有限公司技术中心、北京雪莲时尚纺织有限公司	邵志京、苗晓光、张贵彬、陈东军、张荣祥、刘 敏
39	涤纶超细旦纤维在毛毯上的开发与应用	临沂绿因工贸有限公司	陈喜斌、张 军、田凤宽、杨秀良、张 盼、田家忠、陈振华
40	系列高支功能性色织面料加工关键技术及产业化	福斯特纺织有限公司、江南大学	杨国锋、曹海建、王天瑞、许玉妹、俞科静、高伟良、刘锁银
41	永久型抗静电羊绒面料关键技术研发	浙江神州毛纺织有限公司	牟水法、张金莲、王建华、王春荣、吴玉锌、丁昊元、王洪海
42	新型印花毛织物的技术研究与应用	山东济宁如意毛纺织股份有限公司	邱 栋、张庆娟、王科林、秦 光、张佐平、罗 涛、孟 霞

序号	项目名称	主要完成单位	主要完成人
43	高温闪蒸技术生产分纤高弹丝绵研究及其产业化	浙江大学、浙江花神丝绸集团有限公司、鑫缘茧丝绸集团股份有限公司、杭州丝绸之府实业有限公司、浙江神神丝绸家纺有限公司	朱良均、潘新平、陈忠立、蔡　杰、闵思佳、杨明英、冯志红
44	轮椅功能裤人性化结构优化研究	德州学院、德州瑞博服装有限公司	王秀芝、李学伟、赵　萌、孟秀丽、尹秀玲
45	金属纤维含量测定分析研究	河南省纺织产品质量监督检验测试中心	王双华、秦　峰、马道林、赵东兵、顾迎庆、陈　童、李　升
46	超细纤维绒面革的研究与开发	烟台万华超纤股份有限公司	王　荣、于洪涛、李　革、曹培利、曾跃民、陆亦民、胡昭雪
47	易染型海岛PTT牵伸丝的研制	苏州龙杰特种纤维股份有限公司	席文杰、赵满才、秦传香、秦志忠、关　乐、周正华、王建新
48	高剥离耐水解聚氨酯复合材料的研发	泉州万华世旺超纤有限责任公司	李　革、蔡鲁江、颜　俊、李　杰、李寿光
49	细旦粘胶长丝技术开发	保定天鹅股份有限公司	张志宏、张双辰、杜树新、荣春光、张　锋、田文智、李　利
50	耐氯氨纶纤维的制备技术及产业化	浙江华峰氨纶股份有限公司	席　青、梁红军、费长书、张礼华、吴国华、李建通、李震霄
51	高性能复合滤料开发与应用技术	厦门三维丝环保股份有限公司	蔡伟龙、罗祥波、罗章生、郑锦森、郑智宏、洪丽美、李艺君
52	基于超声波技术的非织造材料后整理多功能一体机	福建鑫华股份有限公司、天津工业大学	洪明取、杨建成、郭秉臣、蒋秀明、曾鹏程、蔡　剑、周国庆
53	轻质、高强碳纤维复合材料传动部件	连云港鹰游碳塑材料有限责任公司、连云港鹰游纺机有限责任公司	张国良、徐　艳、许太尚、王宏亮、陈连会、赖晶岩、张文权
54	超细纤维合成革的高吸湿等新型整理技术研究及产业化	山东同大海岛新材料股份有限公司	王乐智、苑浩亮、刘利坤、张丰杰、付希晖、赵长贤、付其明
55	再生涤纶纺粘热轧非织造布技术	山东泰鹏无纺有限公司	刘建三、范　铭、王绪华、李桂芹、张　静、张成国、张泉城
56	竹炭纤维(POY–DTY)关键技术及产业化开发	江苏鹰翔化纤股份有限公司、苏州大学	高永明、管新海、沈家康、赵广斌、王国柱

序号	项目名称	主要完成单位	主要完成人
57	阳离子高收缩涤纶短纤维关键技术及产业化开发	上海德福伦化纤有限公司	杨卫忠、冯忠耀、陆正辉、邱杰锋、贺聿金、孔彩珍、周桂章
58	管道修复用管状非织造布复合材料的结构、性能及制备技术	天津工业大学	王　瑞、张淑洁、马崇启、邓新华、王春红、刘　雍、刘　星
59	混凝土用改性高强高模聚乙烯醇(PVA)纤维的研发及产业化	安徽皖维高新材料股份有限公司	高祖安、冯加芳、李康荣、陈晓明、黄鲁军、张俊武、崔明发
60	RFTL60高速毛巾织机	山东日发纺织机械有限公司	李子军、王开友、迟连迅、姜　英、李淑芳、马自信、魏　涛
61	JWF1562系列环锭细纱机	经纬纺织机械股份有限公司榆次分公司	田克勤、李增润、王建根、杨为民、张满枝、剌志勇、石华睿
62	JWF1206型梳棉机	经纬纺织机械股份有限公司、恒天重工股份有限公司	刘延武、郭东亮、徐国胜、邹永泽、白金报、陈彩霞、李瑞霞
63	GA311型三浆槽浆纱机	恒天重工股份有限公司、江苏联发纺织股份有限公司、武汉同力机电有限公司	刘延武、崔运喜、吴　刚、黄长根、李新奇、刘红武、董意民
64	QYJ30系列气加压摇架	常德纺织机械有限公司	潘文红、俞宏图、刘昌勇、宋　浩、周　平、喻东兵、揭　露
65	双针床经编电脑提花毛绒生产关键技术及产业化	江南大学、常熟市欣鑫经纬编有限公司	蒋高明、缪旭红、夏风林、丛洪莲、吴志明、张　琦、张爱军
66	LMV561自动平网磁棒印花机	连云港鹰游纺机有限责任公司	郑江文、徐传功、潘海琳、司朝彬、李学波、叶燕平、刘永宏
67	YJ960型粗旦丝加弹机	浙江越剑机械制造有限公司、绍兴中纺院江南分院有限公司	李　兵、胡臻龙、崔桂新、李志军、张　艳、丁飞飞、孙金龙
68	医用材料阻水性能测试仪的研制	山东省纺织科学研究院	林　旭、何红霞、付　伟、焦　亮
69	航空内饰材料阻燃性能测试仪的研制	山东省特种纺织品加工技术重点实验室、山东省纺织科学研究院	林　旭、杨成丽、刘　壮、李　政、冯洪成
70	纺织静电电阻测试仪	陕西元丰纺织技术研究有限公司	张普选、赵新平、徐远志、穆　岩、陈　波
71	水冷式日晒气候老化仪	温州方圆仪器有限公司、温州市质量技术监督检测院	卢立晃、李文霖、朱克传、张大为、林　君、周雄伟、周梦婷

序号	项目名称	主要完成单位	主要完成人
72	JWXDL05系列喷气织机电控系统	北京经纬纺机新技术有限公司	张卫东、李加波、陈树杰、于亚坤、刘　昂、侯文杰、李秋梅
73	家用纺织品设计数据库的开发及应用	苏州大学、南通科尔纺织服饰有限公司、南通苏州大学纺织研究院	施建平、王养飞、张长胜、王国和、成海军、彭勇刚、王　萱
74	基于非接触测量的动态人体与结构研究及其在功能服装中的应用	中原工学院	陈晓鹏、李晓鲁、马艳锋、汪秀琛、王　诤、朱方龙、李克兢
75	直升机非回转体复合材料零件缠绕成型技术及装备	天津工业大学、惠阳航空螺旋桨有限责任公司	杨　涛、高殿斌、刘国林、姜　锋、刘晓辉、马　健、杨公源
76	FZ/T34008-2009《汽车用亚麻座垫》	黑龙江省纺织产品质量监督检验测试中心、黑龙江兰亚实业有限公司、兰西龙锦亚麻制品有限公司	杨　威、付成彦、于长富、赵俊杰、张玉玲、李　玲、刘　军
77	FZ/T32001-2009《亚麻纱》	黑龙江省纺织产品质量监督检验测试中心、大庆肇融亚麻纺织有限公司、齐齐哈尔亚麻纺织厂	李淑华、冯小凡、赵庆典、秦松颖、刘玉馥、李　玲、王维维
78	GB/T 8685-2008和GB/T 24280-2009纺织品维护标签规范及符号选择指南	中国纺织科学研究院、浙江省检验检疫科学技术研究院	郑宇英、徐　路、赵珊红、徐晓春、斯　颖、吴俭俭、谢维斌
79	四川省茧丝绸行业"十二五"发展规划研究	四川省丝绸协会、四川省丝绸科学研究院、四川省蚕业管理总站	陈祥平、范小敏、杨　彪、罗达天、程　明、潘　荣、谢忠良
80	北京服装自主品牌个性的国际化研究	北京服装学院	宁　俊、莫世杰、贾荣林、朱光好、欧阳夏子、韩　燕、陆亚新
81	现代纺织国有企业变革与创新机制研究	四川宜宾丝丽雅集团有限公司	冯　涛、熊泽逊、胡裕刚、杨　红、王　义
82	NVC(国家价值链)下纺织服装业品牌重塑—以浙江为例	浙江理工大学	邬关荣、夏　帆、章守明、陈雪颂、刘　胜、王永杰
83	西安纺织城地区(唐华集团)纺织产业重组整合研究	西安工程大学	郭　伟、李军训、姜　铸、向国华、张克英、李　霞、凌　旭
84	我国纺织工业竞争力比较研究	天津工业大学	赵　宏、马　涛、李树生、张　亮、乔艳津、王　巍、朱春红
85	《纺织材料》	西安工程大学、河南工程学院、安徽职业技术学院、成都纺织高等专科学校、中国纺织出版社	张一心、朱进忠、袁传刚、李　一、江海华

序号	项目名称	主要完成单位	主要完成人
86	《针织工艺学》(第2版)	成都纺织高等专科学校	贺庆玉、刘晓东、孔会云、熊 宪、张并劬
87	《针织物染整》"十一五"普通高等教育本科部委级规划教材	天津工业大学、中国纺织出版社	吴赞敏、孟庆涛、冯 静、秦丹红
88	《染整工艺实验教程》普通高等教育"十一五"国家级规划教材(本科)	北京服装学院、中国纺织出版社	陈 英、冯 静、张丽平、王建明、杨文芳、赵云国
89	《高分子材料加工原理》(第2版)(普通高等教育"十一五"国家级规划教材(本科))	东华大学、中国纺织出版社	沈新元、蔡绪福、郭 静、周静宜、李青山、吉亚丽、李东宁
90	《纺织机械原理与现代设计方法》	天津工业大学	杨建成、周国庆、赵永立、蒋秀明
91	《纺织空调除尘节能技术》	中原工学院	周义德、杨瑞梁、吴 杲、高 龙、何大四、樊 瑞、王 方
92	《纺织科技前沿》	江南大学	葛明桥、吕仕元、李永贵、陈国强、张 瑜、吴绥菊、曹斯通
93	《进出口纺织品检验检疫实务》纺织高等教育"十一五"部委级规划教材	西安工程大学、陕西出入境检验检疫局、中国纺织出版社、绍兴出入境检验检疫局、南京出入境检验检疫局	郭晓玲、本德萍、欧阳宏、崔俊芳、印梅芬、王香香、刘延华
94	《针织服装品牌企划手册》	江南大学	沈 雷
95	《出口服装商检实务》普通高等教育"十一五"国家级规划教材(高职高专)	惠州学院、中国纺织出版社	陈学军、陈 霞、刘晓娟、孙 玲、范 莉
96	《中西服装发展史》(第二版)	武汉纺织大学、中南民族大学、中国纺织出版社	冯泽民、刘海清、金 昊、魏 萌
97	《服装工效学》(服装高等教育"十一五"部委级规划教材)	中国纺织出版社、北京服装学院	张 辉、周永凯、黎 焰、张晓芳、宗 静
98	《服饰图案设计》(第4版)(服装高等教育"十一五"部委级规划教材	天津师范大学、中国纺织出版社	孙世圃、沈晓平、朱医乐、李美霞、马彦霞、张晓芳、韩雪飞

序号	项目名称	主要完成单位	主要完成人
99	《服装工业制板》(第2版)	北京服装学院、中国纺织出版社	潘　波、赵欲晓、张晓芳、韩雪飞
100	《服装制作工艺——基础篇/成衣篇(第2版)》(服装高职高专“十一五”部委级规划教材)	浙江理工大学、中国纺织出版社	鲍卫君、朱秀丽、张晓芳、徐麟健、张芬芬、郭　沫、贾凤霞
101	《男/女装款式和纸样系列设计与训练手册》	北京服装学院、中国纺织出版社	刘瑞璞、刘　莉、邵新艳、黎晶晶、张晓芳、刘　磊、魏　萌
102	《服装流行学》	西安工程大学	张　星、梁建芳、袁　斐、王玉娟、周　芸、来佳音、刘　磊
103	《服装号型标准及其应用》(第3版)(服装高等教育“十一五”部委级规划教材)	西安工程大学、中国纺织出版社	戴　鸿、张　睿、张晓芳、郭　沫
104	《服装生产流程与管理技术》(第二版)纺织服装高等教育“十一五”部委级规划教材	西安工程大学	蒋晓文、周捷
105	《服装商品企划学》(第二版)	东华大学、中国纺织出版社	李　俊、王云仪、于　森、向映宏、李勇智、张冬霞、冯若愚

中国纺织工业发展报告

CHINA TEXTILE INDUSTRY DEVELOPMENT REPORT

2012/2013

企业文化

弘扬郝建秀小组的火车头精神　加快纺织强国建设

中国纺织工业联合会会长　王天凯

2012年5月是郝建秀小组命名60周年，回顾郝建秀小组60年的奉献与光荣，讴歌纺织工人阶级在推动我国纺织工业发展中的创造与功绩，弘扬“劳动光荣、知识崇高、人才宝贵、创造伟大”的时代新风，这对于我们大力推进刚刚颁布的《建设纺织强国纲要（2011～2020）》，激励全行业广大职工为建设纺织强国而不懈奋斗，具有十分重要的现实意义。在此，我谨向郝建秀小组的历任组长和全体成员表示热烈的祝贺，向奉献在班组第一线的全国纺织行业广大职工表示亲切的慰问。

青年时代的郝建秀同志是新中国第一代纺织产业工人。1951年夏，在如火如荼的社会主义劳动竞赛中，年仅16岁的郝建秀同志以高度的主人翁责任感、忘我的劳动热情和勇于探索的创新精神，创造了全国工交战线的第一个科学工作法——郝建秀工作法，大大提高了生产效率，成为全国著名的劳动模范。这一先进的工作法在全国推广后，推动了纺织生产技术的提高，促进了纺织业的发展，同时也促进了其他行业的进步。

1952年5月，在推广郝建秀工作法中命名的“郝建秀小组”曾为新中国国民经济的恢复和发展做出过重大贡献，获得了纺织工业部和全国纺织工会授予的“永远发挥火车头的作用”的锦旗。60年来，郝建秀小组继承和发扬优良传统和火车头精神，创造了60年“月月超额完成生产计划、出色完成各种新品种试纺”任务的优异成绩。小组成立至今，不断丰富完善“郝建秀工作法”，不断攻克工艺技术难题，成为企业增产节约的火车头。郝建秀小组创立的“上下两看法”、“落纱关车法”；“四会、四访”、“四长、五大员”民主管理；“一制、二管、三培养”的考核管理；“五二四”时段管理等操作技术和班组管理方法，推动了纺织工艺操作技术的进步，丰富了班组管理内容，促进了青岛纺织基础管理和班组建设上水平，并在全国纺织行业产生了广泛的影响。郝建秀小组先后荣获国家级、省部级、市级集体和个人荣誉130项，培养了一批干部和管理人员，成为全国纺织行业班组建设的一面红旗。60年来，郝建秀小组与时俱进，长盛不衰，源自于这一群体灵魂深处的强大的凝聚力，这就是始终支撑起一代又一代小组成员工作与生活的火车头精神。

人是要有一点精神的。2012年5月，中国纺织工业联合会《建设纺织强国纲要（2011～2020）》正式颁布，我国纺织工业将通过持续实施科技、品牌、可持续发展和人才强国四大发展战略，在2020年把我国由纺织工业大国建设成为纺织工业强国。实现我国几代纺织人梦寐以求的纺织强国梦，更需要一种精神力量的支撑。认真学习和大力倡导郝建秀小组的火车头精神，对于加快纺织强国建设具有重大意义。

火车头精神就是勇挑重担的精神。勇挑重担就是要勇于承担建设纺织强国的历史责任，敢想、敢干、敢闯，敢啃硬骨头，敢在急、难任务中挺身而出，在重点岗位、重要环节、重大任务中发挥作用，在投身纺织强国建设的实践中施展才华，建功立业。“有困难找郝建秀小组；试纺新品种，找郝建秀小组”既是企业职工对郝建秀小组的赞誉和信赖，又是郝建秀小组勇挑重担精神的生动体现。近年来，在企业转方式、调结构中，郝建秀小组积极承担了工艺难度大、质量要求高的新产品试纺任务，攻克了一个又一个工艺、技术难题，在企业成功开发的几百个新品种中都留下了郝建秀小组艰辛的汗水，被誉为青岛建设“特色纺织、科技纺织、健康纺织”的尖兵。

火车头精神就是拼搏创新精神。拼搏创新就要朝着既定的奋斗目标，咬定青山不放松，不气馁、不动摇、不放弃，持之以恒、脚踏实地、一步一步地沿着目标前进；就要尊重客观规律，解放思想、转变观念、积极探索、勇于开拓，强化攻坚意识，突破发展中的难点和关键，不断开创各项工作的新局面。60年来，郝建秀小组以拼搏创新的精神，不断超越自我，始终发挥火车头的作用。近年来，又总结推出适合新品种的顶管接头法、落纱剥头生头法和落纱关车法等操作技术，质量和效率提高近30%，使郝建秀工作法在新时期进一步发扬光大。同时，针对生产质量、管理等方面出现的问题，组织开展技术攻关，小组先后实现十几项技术革新和五项QC攻关成果，展现了纺织工人阶级拼搏创新的时代风貌。

火车头精神就是乐于奉献的精神。乐于奉献就要不斤斤计较个人得失，不怕吃亏，不怨天尤人，以劳动为荣，以创造为荣，以奉献为荣，在建设纺织强国的征程中奉献自己的辛勤汗水和聪明才智，实现人生价值。当前，纺织女工的经济收入相对来说远非上世纪50年代可比，但不论环境如何变，郝建秀小组的奉献精神始终不变。郝建秀小组的历任组长个个都是乐于奉献的典范，在他们的带领下，一代又一代的小组成员吃苦在前，奉献在前，为了小组的荣誉，为了企业的发展，为了纺织强国建设和中国特色社会主义的共同理想付出了艰辛的努力，把最美好的青春年华奉献在三尺纺纱机前，在平凡的岗位上创造了不平凡的业绩，获得了全行业的尊重，在我国纺织工业发展史上留下了辉煌的篇章。

火车头精神就是争创一流的精神。争创一流就要坚持高标准、严要求，在工作上认真负责、勇于争先，精益求精，追求卓越；在事业上奋力进取，勇攀高峰，倾心用力，保持一流的工作状态，按照一流的工作标准，创造一流的工作业绩，做出一流的贡献。几十年来，郝建秀小组的历任组长始终坚持把熟练掌握和应用郝建秀工作法作为小组每个成员必须具备的基本素质，坚持开展“四练兵”活动，不断探索完善操作上的新技术、新方法。全组成员都练就了一手过硬的操作技术，保持了全组操作技术优一级率100%，涌现了一批全国和省、市级操作能手，培养和输出技术骨干258人。为纺织发展做出了贡献，为工人阶级争得了荣誉。

班组是企业组织员工完成生产任务的基本单位，是承载和弘扬企业文化的基本载体，是孕育、培养和发掘各类人才的重要阵地，是企业发展的基础。班组建设水平及其成员的思想素质、业务素质，是企业管理水平、精神面貌和市场竞争能力的综合反映。班组优秀则企业优秀，一个成功的企业，首先要夯实班组建设这个最重要的基石。从行业层面上来看，班组建设又是一项直接关系到纺织强国建设全局的基础性系统工程，在当前新的形势下进一步加强班组建设，对于巩固和发展工人阶级的先进性，加强党的执政地位；对于充分发挥工人阶级的主力军作用，坚持科学发展，全面推进《建设纺织强国纲要（2011～2020）》；对于落实以人为本，弘扬企业文化，促进人的全面发展，充分调动广大纺织职工建设纺织强国的主动性、积极性和创造性都将产生深远的影响。

郝建秀小组为我们行业的班组建设树立起了一个标杆，弘扬郝建秀小组的火车头精神，重要的就是要将其落实到班组建设中去，在全行业创建更多的“郝建秀小组式班组”，让火车头精神融入班组建设的内核，凝聚全行业的力量，加快纺织强国建设步伐。

（根据王天凯会长二〇一二年六月七日在郝建秀小组建组60周年纪念座谈会上的讲话整理）

学习推广红豆集团党建经验
大力推进纺织民营企业党建工作

中国纺织工业联合会会长 王天凯

民营经济的兴起和蓬勃发展是改革开放以来我国经济领域发生的最深刻，最广泛的变革之一。目前，我国规模以上3.67万家纺织服装企业中，非公有制企业已占总数的97%左右，其中民营企业占76%。民营企业中的党组织是党联系民营企业党员和职工的桥梁纽带，发挥着在职工群众中的政治核心作用和在企业发展中的政治引领作用。民营企业党组织建设情况如何，实际作用发挥得怎样，直接影响着企业的健康发展和社会的和谐稳定。党中央高度重视非公企业党建工作，党的十六大首次把非公企业党组织的职责任务写入党章，为非公企业中党组织开展活动、发挥作用提供了依据。党的十七大和十七届四中全会都对加强非公企业党建工作进行了部署。2012年初，中央办公厅又印发了《关于加强和改进非公有制企业党的建设工作的意见（试行）》，对非公企业党建工作进一步进行了规范。

落实中央提出的要求，加强民营企业党的建设，是增强党的阶级基础、扩大党的群众基础、夯实党的执政基础的需要，是当前基层党的建设面临的新课题，也是行业服务工作中面临的新课题。2012年以来，我们在全行业大力推进纺织民营企业党建工作，做出了《关于学习推荐红豆集团党建工作经验及学习周海江同志抓党建促发展的决定》，把推进企业党的建设作为行业工作的一项重要内容和根本保证，使全行业党的工作和党的建设更加符合科学发展观的要求，充分发挥党的基层组织的战斗堡垒作用，凝聚全行业的力量。加强党的建设是应对当前纺织行业面临的严峻挑战以及今后可能遇到的各种风险永远立于不败之地的重要法宝，是团结和带领全行业广大职工奋力建设纺织强国的力量源泉，是全面推进和实施《建设纺织强国纲要（2011～2020年）》可靠的政治和组织保障。

我国纺织行业规模以上民营企业党建工作的基本情况

近年来，我国纺织民营企业以学习实践科学发展观和创先争优活动为动力，一手抓组建、一手抓作用发挥，企业党建工作成效比较明显。主要表现在：

一、全行业规模以上民营企业党组织基本实现了全覆盖

建立党的组织是加强党建工作的重要基础和前提。党的十七大以来，按照中央的工作部署，在各地党组织的领导下，纺织民营企业组建党组织的工作明显加快，目前，规模以上民营企业已基本上实现了党组织全覆盖。浙江是我国纺织工业大省，也是纺织民营企业最多的地区。近几年来，浙江省纺织民营企业按照省委提出的工作要求，紧密结合实际，创新组织设置方式，通过单独组建、联合组建等形式，2010年已经在规模以上和从业人员80人以上的企业全部建立了党组织。目前正在大力推进区域化、园区化、行业化、产业化党建工作，努力把党的工作和影响力扩展到所有非公有制企业。

二、党组织工作机制逐步完善，工作覆盖逐步扩大

在扩大组织覆盖的同时，各地纺织民营企业积

极探索党组织发挥作用的途径和方法，工作机制逐步完善，工作覆盖面逐步扩大。

其一是逐步形成了企业党组织和法人治理结构的协调配合机制。目前多数企业的领导层以及业务部门和党委职能部门都建立了“双向进入、交叉任职”的组织架构，党建工作与经济工作同步联动，协调推进。浙江天圣集团实行党组织设置方案与企业机构改革调整方案同步考虑；党组织负责人与企业行政领导同步安排；党的工作机构与企业生产经营机构同步设置；党组织工作与企业经营管理工作同步开展，形成了结构合理，有利于开展党建工作的组织网络体系。

其二是逐步形成了党组织和党员发挥作用的机制。各地纺织企业党组织把重在发挥党组织和党员的作用作为党建工作的重点。波司登股份有限公司党委始终把党建工作视为企业发展的灵魂，他们结合自身的实践中提出，充分发挥企业党组织的作用，就要在参与决策中把握方向；在繁荣文化中催生力量；在关爱员工中凝聚人心；在实践活动中展示先进；在生产经营中争创廉洁；在回报社会中勇担责任。广东金潮集团在企业发展进程中，发挥党组织“智囊团”作用，帮助企业把握方向，抢抓机遇；发挥党组织“主心骨”作用，帮助企业凝聚人心，激发活力；发挥党组织“连心桥”作用，帮助企业协调关系，促进和谐，引领企业不断实现新的跨越发展。

从各地纺织民营企业党建工作的情况来看，围绕企业科学决策，贯彻党的路线方针政策，集中党员、职工的意见向企业建言献策，发挥党组织的参与作用；围绕企业和谐发展，充分利用党组织联系、宣传、组织、团结职工和领导工会、共青团工作的政治优势，引导企业合法经营，构建和谐劳动关系，发挥党组织的凝聚作用；围绕企业生产经营，通过创先争优，“党员示范岗”、“党员责任区”等活动，组织党员在本职岗位和急、难、险、重任务中勇挑重担，积极奉献，发挥党员的先锋模范作用，已成为比较普遍的做法。

其三是逐步形成了企业党组织的人才培养机制。孚日集团党委实施把经营管理人员、技术骨干和生产一线骨干培养成党员；把党员培养成经营管理人员、技术骨干和生产一线骨干；把党员推荐进经营管理层、推荐进党务工作队伍的“双培双推”工程，目前，管理人员中40%以上是党员；技术能手、生产标杆、劳动模范等先进人物中60%以上是党员，通过他们把企业员工凝聚在党组织周围。类似孚日集团的做法，已成为各地纺织民营企业的共识。万事利集团把党组织建设成为创业创新创意人才的集聚高地，在企业中高层管理队伍中，党员覆盖率已达80%，十多名纳入国家和浙江省人才工程计划的优秀人才全部都是党员。北京爱慕内衣有限公司16名高层管理人员中，10名是党员，五位首席设计师中，4位是党员，这4位设计师还全部被评为“全国十佳设计师”。宁夏中银绒业股份有限公司党支部现有党员127人，其中45人是近五年来发展的技术、管理和生产一线的骨干。人才队伍建设为企业党建工作不断增添了内在动力和旺盛的生命力。

其四是逐步形成了企业党组织工作考核评价机制。按照中央和各地对非公企业党建工作要求，结合企业实际，通过建立比较科学的党建工作标准和合理的评价体系，使党组织和党员规范有序地开展工作、发挥作用，实现党建工作常态化、制度化、规范化是各地纺织民营企业党建工作的普遍做法。如意集团党委通过每月的例会制度对党、工、团组织月度工作进行总结点评和交流，增强党建工作的层级责任意识；通过月度检查考核，有效落实了党建工作责任制。

三、党组织活动的载体不断创新

为推动全国纺织行业党建工作，2004年，我会开展了“全国纺织企业文化年”活动，随后又持续开展了“中国纺织十大品牌文化推介活动”，制定了《关于加强纺织行业企业文化建设的指导意见》，推动企业党建工作与企业文化建设互通共融，指导企业建设符合社会主义核心价值体系的先进文化。2008年以来，在全行业开展了创建“全国纺织行业精神文明建设示范基地”的活动，并根据纺织行业民营企业占主体的实际，提出了《关于加强和改进新形势下纺织企业思想政治工作的指导意见（试行）》，推动了民营企业党的思想政治工作和企业精神文明建设。2007年9月，我会与中国财贸轻纺烟草工会联合下发了《关于创建和谐劳动关系促进纺织行业健康发展的意见》，在纺织行业持续开展了“创建和谐劳动关系”的活动，推动企业党组织围绕企业生产经营中心，维护各方合法权益，增强党组织的凝聚力和向心力，增强企业发展的内在动力。这些活动都为企业党建工作提供了有效的载体和有力的抓手。

全党开展创先争优活动以来，各地纺织民营企业按照中央和各地党组织创先争优工作的部署，结合企业实际，设计和创新了各种形式的活动载体，丰富了党的活动，扩大了党组织的影响力。如创建党员示范岗、党员责任区、党员突击队，开展党员帮扶活动等。福建长乐华源纺织有限公司围绕“树立科学发展观念，促进科学发展，解决突出问题，加强党组织建设”的目标开展创建“五个好”党支部和“五个带头”党员活动，增强了党组织的凝聚力和战斗力。

一些企业还积极拓展信息化条件下民营企业党建工作的方法和途径。红豆集团、波司登集团、万事利集团等企业建立了“党建网”和“红色短信平台”，通过网站、电子邮箱、收发短信等发布党建信息，开展党组织和党员、职工群众的交流互动，探索党建工作新路。

四、涌现了一批党建工作的先进典型和成功经验

近年来，纺织民营企业党建工作在探索中前进，在实践中提高，在规范中加强，涌现了一批全国和省、市先进基层党组织。特别是红豆集团创造的坚持“一核心三优势”和“六大创新举措”，把党的政治优势转化成企业发展优势的成功经验，总结的“一融合双培养三引领”的“红豆党建工作法”，推出的全国民营企业第一部党建工作标准，有效地实现了企业党建与生产经营的完美融合，推动了企业的科学发展，探索了一条符合企业发展实际的民企党建新路，得到了中央和各级领导的高度肯定，在国内产生了广泛的影响。

我国纺织民营企业党建工作虽然取得了一些成绩，但与民营经济发展的要求相比，仍然存在一些亟待解决的问题。主要表现在：其一是思想认识还不够到位，有的企业对在新形势下加强和改进民营企业党建工作的重要性和必要性认识不足，责任感和紧迫感不够强；其二是有的民营企业党组织作用发挥还不够充分，紧密结合企业生产经营开展党建工作的机制不顺，办法不多；其三是有的企业党组织对自身建设不够重视，党员人数少，党务人员缺乏，党组织尚未覆盖到基层，工作覆盖不够稳定。这些都需要在今后的工作中逐步加以解决。

红豆集团党建工作经验的示范意义

红豆集团是我国基层党组织建设先进单位，也是我国纺织行业企业党建的突出典型。红豆集团坚持塑造“红色品格”和“绿色品格”，积极探索“现代企业制度＋党建＋社会责任”的发展模式以及在此基础上形成的“一核心三优势”的党建特色，坚持以党建引领企业发展，把党的政治优势转化成企业发展优势的成功经验，在无锡、江苏乃至全国都产生了重要影响，特别是将质量管理体系标准引入企业党建工作，在全国首家通过党建质量认证，更具有开创性的意义。红豆集团党建工作的做法和经验对全行业的企业党建工作具有重要的示范和推广价值。

一、增强党建责任意识，是加强民营企业党建工作的重要前提

加强民企党建工作，关键是企业党组织和广大

党员要增强党建工作的责任意识，明确党建工作职责，并且能够自觉不折不扣地履行自己的职责，把责任转化到实际工作之中去。以周海江同志为首的红豆集团党委一班人以高度的党建责任意识，围绕生产经营中心，把党建工作作为解决民营企业发展的有力武器来抓、作为建立中国特色现代企业制度的灵魂工程来抓、作为构筑建设中国特色社会主义事业的基石来抓，为企业发展提供了源源不断的动力，成为企业发展不可缺少的重要组成部分，走出一条民营企业党建工作的新路子。红豆集团党建工作经验的形成，归根到底源于红豆集团党委的责任意识，学习周海江同志，首先要学习他高度的党建意识和责任感。

二、扩大基层组织覆盖和工作覆盖面是加强企业党建工作的基础

党的基层组织是党的战斗力的基础，红豆集团党委坚持把支部建到一线，做到哪里有党员，哪里就有党的组织，哪里有群众，哪里就有党的工作，哪里有党的组织，哪里就有健全的组织生活，不断增强党组织的创造力、凝聚力和战斗力，为企业的科学发展提供了强大的精神动力。

2007年8月，红豆集团党委在当时只有6名党员的红豆集团西哈努克港经济特区建立了柬埔寨公司党支部，在党支部的带领下，经过五年多的艰苦奋斗，红豆集团柬埔寨公司将“西港特区”建成全国首批6个境外经济贸易合作区之一，支部党员也发展到了18人。

三、准确的功能定位是加强企业党建工作的重要保证

纺织民营企业尤其是大型骨干龙头企业建立现代企业制度，推行法人治理结构，优化了企业管理架构，规范了企业行为，增强了企业的发展动力，但企业党组织如何定位、如何发挥作用，一直是困扰民营企业党建工作的难题。

红豆集团党委大胆探索和实践，按照社会主义市场经济的要求，提出了把党委作为政治核心，发挥党组织在职工中的政治核心和企业发展中的政治引领作用的功能定位。这个定位将党委会、董事会、监事会“三会”融为一体，交叉任职，提升了党建工作融合度，同时，建立党组织与经营管理层双向互动机制，把党组织的决定融入企业决策之中，充分发挥党的政治优势，协调各方利益关系，确保党的方针政策在企业的贯彻落实，确保企业的科学发展。

四、把党的政治优势转化成企业的发展优势是加强企业党建的根本任务

经济工作是党的中心工作，企业党建的根本任务就是要引领企业科学发展。把党的政治优势转化为企业的发展优势是红豆集团党建工作经验的精髓。

红豆集团充分发挥党组织的政治引领作用：其一是坚持党企融合，及时吃透并准确贯彻党的方针政策，做出科学决策，把党的政策优势转化为企业发展的机遇优势；其二是坚持把党员培养成企业人才，把企业人才培养成党员，不断发现、培养、汇集和凝聚人才，壮大企业人才队伍，提升核心竞争力，把党的组织优势转化为企业发展的人才优势；其三是坚持引领企业先进文化，以党的核心价值观为指导，以“共同富裕、产业报国”为发展宗旨，以“诚信、创新、奉献、卓越”为企业精神，形成团结凝聚职工的强大精神力量；引领构建和谐企业，让企业发展成果惠及每一名职工，建设“幸福红豆”；引领履行社会责任，从社会定位、发展定位和内部定位三个方面承担起社会责任，把党的政治优势转化为企业发展的和谐优势；其四是坚持中国特色，形成了一套以“现代企业制度＋企业党建

+社会责任”为主要内容的中国特色民营企业发展模式，把党的制度优势转化为民企发展的制度优势；其五是坚持理想信念，做到企业当家人坚定党的理念，坚守党的信仰，坚定信心跟党走，把党的信仰优势转化为企业发展的领导优势。

五、不断创新是企业党建工作的生机和活力所在

民营企业作为独立的法人实体，自主投资、自主经营，加强民营企业党建工作必须要有创新思维。

针对企业党建有形覆盖易、有效覆盖难的问题，红豆集团通过党委班子公推直选，确保领导核心有效；干部双向兼职，确保职能有效；支部建到一线，确保组织有效；衡量标准一致，确保模范作用有效；建立党建质量标准，确保工作质量有效；开展统筹共建，确保合作共赢有效等六大工作创新举措，实现了企业党建工作的有效覆盖。特别是创造性地将现代企业质量管理体系全面导入民营企业党建，形成了《红豆集团党建工作标准》，对企业党建做什么、为什么做、谁来做、何时做、怎么做和做到什么程度，全部有章可循、有据可依，并通过P（计划）、D（实施）、C（检查）、A（改进）循环方法，使每项工作都能持续改进，落实到企业党建工作的方方面面。

《红豆集团党建工作标准》作为民营企业党建工作的创新成果，受到了中央和各地党委领导、党建专家的充分肯定，对促进民营企业党建工作标准化、科学化和可持续发展具有很好的参考价值，获得了江苏省党建十大创新工作奖。

求实创新，进一步加强纺织民营企业党建工作

纺织行业民营企业总数已达几十万户，从业人员近2000万人，党员和党组织已达相当规模，纺织民营企业的职工已占纺织工人阶级队伍中的绝大多数，随着纺织民营企业发展而成长起来的一批新社会阶层人士，已成为中国特色社会主义建设的重要力量。加强纺织民营企业党建工作，探索民营企业党建工作的新路子，已日益重要和紧迫。

一、深入贯彻落实中共中央办公厅《关于加强和改进非公有制企业党的建设工作的意见（试行）》

2012年3月，中共中央办公厅印发了《关于加强和改进非公有制企业党的建设工作的意见（试行）》，进一步明确了非公有制企业党组织的功能定位，对加强非公有制企业党建工作提出了目标要求和具体措施，具有很强的创新性、指导性、针对性和可操作性。把《意见》提出来的工作要求和措施落到实处，是当前和今后一个时期纺织民营企业党建工作的一项重要任务。其一是要准确把握和落实“两个作用”的功能定位，突出抓好党组织和党员作用的发挥，提升企业党建工作成效；其二是要准确把握和落实“两个覆盖”的工作要求，创新企业党建工作机制和路径，进一步扩大组织覆盖、深化工作覆盖，增强党组织的影响力；其三是要准确把握和落实“两支队伍”建设，抓好选、育、管、用等重点环节，不断提高企业党组织书记的综合素质，不断壮大企业党建工作力量；其四是要准确把握和落实工作保障的政策要求。

二、围绕纺织强国建设，加强企业党建工作

纺织工业“十二五”规划和《建设纺织强国纲要（2011～2020年）》的颁布，为纺织民营企业党建工作注入了新的动力。要围绕纺织强国建设，以科技、品牌、可持续和人才四大战略任务为重点，搭建开展经常性活动，发挥党组织政治核心和政治

引领作用的平台，扩大党员参与面，提高活动实效。其一是把党建工作与服务纺织发展大局结合起来，积极宣传中央的方针政策和各地的重大决策部署，宣传纺织强国建设的重要意义、目标任务和工作举措，帮助引导企业用好政策、抓住机遇，加快发展；其二是要把科技进步、品牌建设、可持续发展和人才建设作为创先争优的重要内容，谋划部署党建工作，结合企业实际，开展主题实践活动，引导党员发挥先锋模范作用；其三是把党建工作与提升劳动者素质结合起来，增强党的阶级基础，巩固和保持党的先进性，推动纺织强国建设。

三、围绕构建先进企业文化，加强企业党建工作

企业文化是企业在长期生产经营过程中形成的、职工群众普遍认同的价值观念，是企业思维方式和行为方式的体现。要积极探索企业党建和企业文化建设相融合的途径和方法，依托党建工作体系和党工团丰富的组织资源，以社会主义核心价值观指导企业开展企业文化建设，培养企业健康理性的文化生态环境。其一是要把指导企业文化建设作为企业党建的一项重要任务，坚持企业文化建设的社会主义政治方向，建立符合科学发展观的企业文化体系，为企业发展提供强大的精神动力；其二是要把党建、企业文化和生产经营紧密结合起来，以党建把握企业方向，以文化充实企业动力，以经营促进企业发展，把理想、道德、信仰、信念的培育与企业经营紧密结合起来，使企业发展始终建立在不断创新的先进文化生态基础上；其三是发挥党员在企业文化建设中的模范带头作用，把创先争优的价值理念融入企业文化建设之中，为企业可持续发展凝心聚力；其四是要把党建工作的先进经验运用到企业文化建设中去，形成符合我国国情和企业实际的企业文化管理手段；其五是以企业文化建设推动党建工作创新。

四、围绕构建和谐劳动关系，加强企业党建工作

构建和谐健康、互利互赢的劳动关系，是民营企业党组织的职责所在和发挥作用的重要平台。在民营企业中，职工是社会主义劳动者，企业经营层是社会主义建设者，只有维护好他们的利益，党建工作才能得到企业各方面的认同。加强企业党组织建设，要处理好党组织、出资人和职工三方面的关系，通过发挥党组织作用，积极引导民营企业承担管理和服务职工的社会责任，加强人文关怀，实行人性化管理；引导职工爱岗敬业，全面提升自身素质，实现企业和职工群众的共同发展；引导民营企业依法执行劳动合同制度，规范劳动用工行为，建立工资正常增长机制、努力保障职工工资待遇随企业效益增长而不断改善；坚持以人为本，努力改善职工的工作环境和生产、生活条件，加强安全生产管理，保障职工身体健康和生命安全；认真听取职工诉求，采纳职工正确的意见和建议；建立困难职工帮扶制度，开展经常性的互助互济活动，推进企业构建和谐劳动关系。

五、积极宣传推广民营企业党建工作的先进典型

要积极探索加强民营企业党建工作的有效途径。通过深入调查，总结经验，认真思考，从丰富的实践经验中，不断深化对民营企业党建工作规律的认识；从对重点、难点问题的研究探索中，不断提升民营企业党建工作科学化水平和实际成效。

大力宣传民营企业党建工作的先进典型，在全行业形成良好的舆论氛围。要大力宣传加强民营企业党建工作的重要性和必要性；宣传民营企业党组织凝聚职工群众，参与企业决策，促进企业发展的先进典型和立足岗位，乐于奉献的优秀党员的先进事迹；宣传热忱支持党建工作，致富不忘回报社会

的业主典型，进一步营造全行业关心支持民营企业党建工作的良好氛围。

在全行业加强民营经济党建工作是党的建设的一项重要课题，也是纺织行业和企业发展必须面对的一个新的工作领域。适应民营经济迅速发展的趋势，并在民营企业中卓有成效地开展党建工作，还需要我们大家今后不断地去实践，去研究。我们要以学习推广红豆集团党建工作经验为契机，强化责任意识、大局意识，通过扎扎实实的工作，发挥纺织行业的自身优势，在扩大民营企业党组织覆盖和工作覆盖上发挥作用；在推动企业党组织和广大党员创先争优，加快纺织强国建设上发挥作用；在推动企业党组织引领和谐企业建设、构建和谐劳动关系上发挥作用，探索出一条行业协会参与推动民营企业党建工作的新机制，探索出一条协会工作与党建发展互促共赢的新路子，努力开创纺织民营企业党建工作的新局面，从而推动纺织强国建设。

（根据王天凯会长二〇一二年八月二日在全国纺织行业民营企业党建工作现场观摩交流会上的讲话整理）

认真落实党中央“文化强国”战略 大力加强联合会文化建设

——《中国纺织工业联合会文化手册》解读

中国纺织工业联合会导入CIS领导小组办公室
中国纺织职工思想政治工作研究会

中国纺织工业联合会(以下简称“中纺联”)导入CIS，推进文化建设的工作，从二O一二年年初启动，导入CIS领导小组和政研会做了大量调研访谈、提炼设计工作，在领导、专家、员工的共同努力下，中纺联文化手册已经印制下发，这是加强中纺联自身建设的一件大事。

加强中纺联文化建设的重要性和必要性

加强中纺联文化建设，是一项系统性、经常性、基础性的工作，也是兴会固本、强会铸牌的根本性工作。其重要性和必要性，主要表现在以下三个方面：

一、加强中纺联文化建设是落实党中央“文化强国”战略的实际行动

当今世界正处在大发展大变革大调整时期，世界多极化、经济全球化深入发展，科学技术日新月异，各种思想文化交流交融交锋更加频繁，文化日益渗透到经济、政治和社会生活的各个方面。文化是一个民族的精神和灵魂，是国家发展和民族振兴的强大力量。特别是我国已进入全面建成小康社会的关键时期和深化改革开放，加快转变经济发展方式的攻坚时期，文化的力量深深熔铸在民族的生命力、凝聚力和创造力之中，越来越成为经济社会的重要支撑，越来越成为综合国力的重要标志。党的十七届六中全会发出了“坚持中国特色社会主义文化发展道路，努力建设社会主义文化强国”的号召。党的十八大报告又进一步强调指出：“文化是民族的血脉，是人民的精神家园，全面建设小康社会，实现中华民族伟大复兴，必须推动社会主义文化建设高潮，提高国家文化软实力，发挥文化引领风尚、教育人民、服务社会、推动发展的作用”。这为我们以更坚定的文化自觉和更高度的文化自信建设中纺联文化指明了方向。

纺织工业是全面建设小康社会的重要力量，也是建设社会主义先进文化的重要力量。当前，纺织工业正处在转型升级、科学发展、加快纺织强国建设的关键时期。2012年5月，中纺联发布了《建设纺织强国纲要（2011～2020年）》，提出了实施科学技术、品牌建设、可持续发展和人才队伍建设四大战略任务，创造产生核心竞争力的新优势，加快建设现代纺织产业体系，实现我国纺织工业由大变强的战略目标。中纺联作为推动《纲要》实施的引导者，更要加强自身的文化建设，将党中央“文化强国”的宏伟方略具体落实到中纺联文化建设中，落实到凝聚全体员工意志、提振员工信心、弘扬社会主义核心价值体系和中纺联核心价值观的行动中，落实到推进四大纺织强国战略的工作实践中，增强文化软实力。

我们应该清醒地看到，我国已是世界首屈一指的纺织大国，但还不是纺织强国，其差距不仅是科技、品牌等硬实力，更是文化软实力。在经济全球化的大背景下，激烈的市场竞争，归根到底是文化

实力的竞争。从一定意义上说，谁占据了文化发展制高点，谁拥有了强大的文化软实力，谁就能在市场竞争中赢得主动，赢得未来。我们一定要从建设纺织强国的历史高度和发展趋势，充分认识中纺联加强文化建设的重要意义，增强文化自觉，以先进的文化理念体系，规范行业服务行为，以文化的力量，推动纺织行业的发展，集中全行业的力量，实现纺织强国的目标。

二、加强中纺联文化建设是促进中纺联自身建设的迫切需要

中纺联文化是中纺联综合实力的体现，是中纺联文明程度的反映。自国家设立纺织工业部以来，几代纺织干部、职工艰苦奋斗、艰辛创业，打下了建设纺织强国的坚实基础，同时在服务纺织、奉献纺织的工作实践中逐渐培育形成了共同遵循的价值标准、基本理念、思维方式、道德观念和行为规范，为我们留下了宝贵的精神文化财富。2001年撤销国家纺织工业局、重组中国纺织工业协会以来，在协会广大员工的共同努力下，协会工作取得了很大成就，为中国纺织工业包括纺织文化的大发展、大繁荣做出了巨大贡献，中纺联的文化建设也随着时代的发展，获得了新的提升。民政部把中纺联评为5A级社会组织，就是对我们工作的充分肯定和高度褒奖。

中纺联是纺织行业的“联合舰队”，发挥着政府与企业之间的桥梁纽带作用，承载着服务纺织、造福民生的历史重任，肩负着为企业做好服务、为政府当好参谋、为员工创造价值的神圣职责。现在，中纺联代管21个协（学）会、12个事业单位，人员逾千人，联合舰队越来越大，工作内容越来越多，任务越来越重，要求越来越高，管理越来越难。在实际工作中，也显露出不少问题。如何适应形势发展和管理半径延伸的需要，与时俱进地加强自身建设，凝聚联合舰队力量，搞好协调配合，提高工作效率，就成为摆在中纺联面前的一个非常现实、非常重要的课题。中纺联主要领导反复酝酿，并经党委研究一致认为，要做到联合舰队协调一致、高效运作、健康发展，靠行政命令不可能持久，靠规章制度也不能解决所有问题，只有靠文化创新，用文化所具有的信念的力量、道德的力量和心理的力量来进行价值导向和行为规范，用文化的管理机制来达到统一思想、凝聚队伍、优化管理、提高效率的目的。这次系统的文化建设，我们总结了中纺联优秀历史文化传统，结合时代发展的要求，在反复征求中纺联各级领导和广大职工意见的基础上，提炼出了符合新时代要求和中纺联实际的文化理念体系，这既是对中纺联优秀历史文化的传承，也是对十多年来协会工作和建设的总结和提升，同时也是中纺联全体干部职工集体智慧的结晶和文化认同。这个过程，实质上也是中纺联文化建设的一次新的与时俱进，为中纺联兴会固本，强会铸牌打下了基础。所以，中纺联导入CIS，加强文化建设，不是赶时髦，不是搞形式，而是传承历史、立足现实、面向未来，在新的历史起点上加强自身建设的迫切需要。

三、加强中纺联文化建设是提升中纺联社会影响力的重要举措

纺织工业不仅是重要的消费品产业，又是提供现代产业用纺织品的新型产业，在全面建设小康社会的事业中，始终处于支柱地位，发挥着重要的民生作用，在国际合作与竞争中具有明显的优势。我国纺织工业在规模、结构、科技、品牌、质量效益、开拓国内外市场等方面取得了巨大的发展和进步，中国纺织工业纤维加工量占世界的比重从2000年的25%到2011年超过了50%，纺织品出口总额占世界的比重从2000年的15%上升到2011年的33%。规模以上企业内销产值占销售产值的比重从2000年的67%上升到2011年的83%。中国纺织工业的国际影响和地位作用不断提升。现在，我们已是

国际纺联的重要成员国。一方面，说明中国纺织的地位作用提升，另一方面对我们的责任要求也在提高。我们首先要把自己的事情办好，努力适应形势发展和纺织大国地位的需要。

但同时我们也应看到，除了标有“中国制造”的纺织品外，大多数外国人对我们还是知之不多。比起物质产品来，文化更具有影响程度深、作用时间长、传播范围广的特点，文化力是一种更为深厚和持久的力量。建设纺织强国是我们确立的奋斗目标，强国的灵魂是文化，没有文化的支撑，绝不可能建成真正的纺织强国，也不可能充分地、持久地赢得别国的尊重，获得广泛的社会影响。因此必须加强中纺联文化建设，增强软实力，提升中纺联的社会影响力，使之适应建设纺织强国的需要，树立世界纺织大国的应有形象。

中纺联文化手册产生的主要过程

中纺联导入CIS推进文化建设的工作，从2012年年初就开始酝酿，并委托政研会具体承办。在中纺联党委的领导下，在各部门、各单位的大力支持下，广大员工积极参与，经过近一年的努力，产生了现在的文化手册。

一、加强导入CIS工作的组织领导

中纺联导入CIS工作牵涉到中纺联的上上下下，关系到中纺联的长远建设，是一项具有基础性、建设性、根本性的工作。为了保证这项工作的顺利进行，成立了中纺联导入CIS工作领导小组，联合会王天凯会长任组长，高勇副会长、杨纪朝副会长、陈伟康副书记任副组长，下设办公室，中纺政研会副会长兼秘书长刘慧兰任办公室主任，聘请了策划专家韩庆华同志，政研会的同志具体承办。领导小组成立后，及时制定了实施计划，多次听取了工作汇报，对CIS策划方案进行了反复研究和讨论修改，较好地做到了领导、专家、员工的有机结合。

二、确立导入CIS的指导思想和基本原则

中纺联导入CIS工作，是在深入贯彻党的十七届六中全会精神的大背景下启动的，也是贯彻落实纺织强国纲要的客观需要。因此，我们确立了如下指导思想和基本原则：

（一）指导思想

认真贯彻党中央“文化强国”战略，以“文化强会”为目标，以社会主义核心价值体系为导向，构建中纺联的价值体系，用文化来进行价值导向和行为规范，统一思想、凝聚队伍、优化管理、提升素质、高效运行，全面履行中纺联职能，充分发挥联合舰队的作用，为建设纺织强国做出贡献。

（二）基本原则

构建中纺联文化，必须坚持从实际出发，把握定位、突出特色、简明易记、务实致用的原则。中纺联作为一个全国性的行业组织，既不同于国家机关，也不同于企业单位，具有行业分工细、业务任务重、人员成分复杂、利益格局多样、协调难度大等许多特点。设计中纺联文化时，既要突出共性，也要照顾个性，体现中纺联特色，既要庄重大气，又要务实致用。从现在的文化手册看，还是较好地体现了这些原则。

三、按照实施计划，分阶段做了大量工作

按照领导小组制定的实施计划，领导小组和政研会做了大量具体的组织实施工作，大体按照宣传动员、调研访谈、征集理念、提炼设计、征求意见、宣贯落实的步骤展开工作。

（一）组织导入CIS的宣传讲座

导入CIS领导小组办公室采取各种形式，利用行业媒体和各种会议，广泛宣传导入CIS的目的意义、主要内容、程序方法，邀请策划专家韩庆华同志分

别为党委中心组、专业协会秘书长以上人员授课，使大家对导入CIS的意义、内容、方法有了较全面的了解，增强了参与的积极性与自觉性。

（二）进行深入的调研访谈

行业协会导入CIS是一项开创性的工作。在既无现成模式可借鉴，又缺乏专门策划人员的情况下，从调查研究入手，广泛听取中纺联内部各类人员的意见和建议。导入CIS办公室先后访谈了中纺联会长、副会长、名誉会长、顾问和专业协会负责人，召开了多个座谈会，对各方面的意见建议进行综合，为中纺联导入CIS奠定了基础。

（三）开展文化理念征集活动

以中纺联办公室名义，专门下发通知，广泛开展了中纺联理念的征集活动，征集了一些有参考价值的理念内容和意见建议，对设计提炼中纺联文化理念提供了有益参考。

（四）精心提炼设计中纺联文化手册

在广泛宣传、深入调研、征集理念的基础上，采取领导、员工、专家相结合的方法，对中纺联文化理念进行了认真提炼，精心设计文化手册。现在，发给大家的文化手册，已经是多易其稿、反复修改讨论的成果。不仅反复征求了各单位、各部门和中纺联党委常委的意见，而且还征求了北京、天津、上海纺织和富润集团等企业的意见。可以说，这是中纺联文化建设的重要成果和精神财富。

中纺联文化手册的基本内容

中纺联文化手册主要由理念识别系统、行为识别系统、品牌识别系统和视觉识别系统四部分内容组成。

理念识别系统，是文化手册的核心部分，共有10项内容，即由中纺联宗旨、使命责任、共同愿景、目标要求、核心理念、团队作风、联合理念、管理理念、服务理念、人才理念构成中纺联理念识别系统。

行为识别系统，由道德准则、协作原则、员工守则3方面内容组成。

品牌识别系统，由协会品牌、服务品牌、宣传广告语3方面内容组成。

视觉识别系统，由中纺联标识，中纺联标准色、标准字体及名片3方面内容组成。

理念的本质是价值取向的选择。为什么我们要重点选择手册上的10种理念，这是从我们中纺联实际出发，通过深入调研、广泛讨论基础上提炼形成的，可以说是集中了大家的智慧和共识，反映了中纺联的工作实际、发展要求和理念追求。

中纺联宗旨：“服务纺织、造福民生”，体现了中纺联存在的价值与意义，昭示了中纺联的立会思想和办会目的。

使命责任：“为企业做好服务，为政府当好参谋、为员工创造价值”，反映了中纺联肩负的历史任务和重要职责，也是对企业、政府和员工的庄严承诺。为企业做好服务，是中纺联的中心任务，为政府当好参谋，是中纺联的重要职责，为员工创造价值是中纺联发展的内在要求。

共同愿景：“建现代纺织强国，创一流品牌协会”，是中纺联发展的未来蓝图，是鼓舞和引导联合舰队成员的奋斗方向和精神动力。中纺现在虽然被民政部评为了五A级社会组织，但离上级要求的创建“政府靠得住、企业信得过、行业有威信、国际有影响”和“服务质量一流、能力水平一流、发挥作用一流、规范运作一流、诚实守信一流”的一流行业协会的要求还有较大差距，所以我们确立了“建现代纺织强国、创一流品牌协会”的共同愿景，以此激励广大员工为之奋斗。

目标要求：建“学习型、服务型、协作型、创新型”协会，做“有道德、有知识、有责任、有作为”员工，把实现共同愿景的工作标准和素质要求具体化，达到了上述目标要求，中纺联的工作效率会大大提高，社会影响也会大大增强。

核心理念：“服务、协作、创新、高效”，这是我们中纺联的核心价值观，是中纺联文化的灵魂，类似于北京精神的八个字（爱国、创新、包容、厚德）。服务、协作、创新、高效这四个关键词，是调研访谈中，大家反映和强调最多的，可以说有高度的共识。

团队作风："快速反应、严谨务实"，是中纺联作风建设的基本要求，特别是在市场经济竞争日趋激烈的形势下，培育中纺联员工快速反应、严谨务实的作风尤为重要。

联合理念："共融、共赢、共享"，是根据中纺联实际特设的一个重要理念，是对中纺联长期以来倡导的 "联合舰队"和"我为人人，人人为我"理念的重要体现。

管理理念：科学规范，协调有序，是加强中纺联这支"联合舰队"建设，不断提高科学化、规范化水平，既协调一致，高效运作，又和而不同，合作共赢。

服务理念："真诚、主动、专业、务实"，这四个方面都很重要，四位一体，缺一不可。中纺联的每个成员，只有切实做到了这八字的要求，服务才真正做到了家，才能达到应有的效果，使企业满意、行业满意、政府满意、社会满意。

人才理念："重人品、重能力、重协作"，是我们中纺联识人、用人、管人的主要标准和价值取向，在今后的工作中和用人的问题上，要坚持以德为先、以能为要、以和为贵。

需要强调和把握的几个重要理念

中纺联的10个文化理念，是一个整体，由此构成了中纺联的文化理念系统，我们要很好领会内涵，把握实质，自觉践行。结合中纺联的实际，特别需要强调和把握以下几个重要理念：

一、以核心理念为统领，凝聚共识

"服务、协作、创新、高效，"这是中纺联的核心价值观，是中纺联文化的灵魂，可以说是中纺联的立会之本，强会之魂。之所以把"服务、协作、创新、高效"作为中纺联的核心理念，主要是它符合中纺联客观实际，反映了中纺联的发展需要。协会运行已经十多年了，调研访谈中大家一致反映，要使中纺联紧跟时代步伐，克服存在的问题，提高运行效率，就不能回避四个关键词，必须以此形成共识，成为价值导向。

服务，是中纺联的根本职能，也是中纺联存在的价值与意义所在。中纺联是一个社团组织，与过去的纺织部、国家纺织工业局的职能任务有很大的不同，主要使命和责任就是服务，如何为行业、为企业、为政府做好服务，在服务中体现自身价值，是中纺联的首要命题。现在，有些同志服务意识还不强，服务机制还有待改善，服务效果还不理想，要达到服务质量一流的标准，让行业满意、企业满意、政府满意，还有许多工作要做。

协作，是提高联合舰队战斗力的重要途径。中纺联是一个大家庭，单位几十个、人员上千人，不能各自为政、自行其事，而要讲大局、讲团结、讲纪律、讲协作，在中纺联的统一领导下，既团结协作，又分工负责，既有统一意志，又有个人心情舒畅，才能紧紧围绕建设纺织强国的目标，发挥各自优势，做出更大的成绩。现在，因为利益差异，存在着小团体主义倾向，信息不能共享，分工协作不够，甚至同一件事情，几个单位都在做，互相不配合等，应当切实加以纠正。

创新，是中纺联的发展动力。当今时代，是一个知识爆炸的时代，科技发展日新月异，市场竞争非常激烈，不创新就要落后，不创新就很难发展。中纺联发展的出路就是创新，而且要持续不断地创新。创新应当是全方位的，只有不断进行观念创新、机制创新、管理创新、工作创新，才能实现不断超越。我们纺织工业联合会被民政部评为"5A级"社会组织，是与广大员工不断创新分不开的。但是，创新无止境，我们应当以创新为座右铭，真正把创新的观念扎根于头脑里，把创新的实践体现在工作中，把创新的业绩写在中纺联的发展史上，以实际行动奉献纺织、产业报国。

高效，是中纺联运行的工作要求。要创一流品牌协会，工作效率是否高效很重要。因此，我们把“高效”列入核心理念的重要内容，也是考核员工、评价工作的重要标准。在工作中，必须坚持高标准、严要求、快节奏，营造勤奋实干、紧张快速、讲究效率、争创一流的工作氛围，反对办事拖拉、疲于应付、推诿扯皮的不良作风。

二、以联合理念为准则，加强联合与协作。

把“共融、共赢、共享”作为中纺联理念的重要内容，是根据中纺联的实际特设的。中纺联是个联合舰队，重要的是要注重联合。

共融，主要是指思想要共融，为了共同的目标和追求，能够想到一块，认识一致；感情要共融，单位之间、成员之间要融洽共事，真诚团结；文化要共融，用共同的价值凝聚人心，和衷共济，同心同德。

共赢，主要是指合作共赢。中纺联是一个命运共同体、利益共同体、目标共同体，工作中要合心合力，成员之间要协同协作，才能共同发展，各展其能，优势互补。

共享，主要是指信息要共享，资源要共享，成果要共享，做到效率与公平的统一，发展与利益的统一，不断增强中纺联成员的成就感、幸福感与归宿感。

贯彻落实“共融、共赢、共享”的联合理念，首先是思想的共融、情感的共融，真正把自己融合在中纺联这个大家庭之中。其次是工作中的合心合力、协作共赢，共同发展，反对分家、过分强调自身利益而不顾大局、不讲协作配合的个人主义、小团体主义。最后是成果共享、利益共享，大家劳有所值、劳有所得。

三、以服务理念为导向，提升服务水平

服务，是我们中纺联最主要的职能，是我们的立会之本。服务理念，是我们中纺联文化最基本，最重要的内容之一。我们把中纺联的服务理念概括为：“真诚、主动、专业、务实”，是从中纺联的客观实际出发而进行的价值取向选择。

真诚，就是服务态度要真诚。中纺联存在的价值，最重要的是通过服务来体现。我们的服务对象，既有行业，又有企业，还有政府，搞好服务的前提，首先要端正态度，尊重关爱服务对象，做到满怀真情、满腔热情。

主动，就是服务意识要主动。我们的服务工作，不应该是被动的、应付性的服务，特别是对企业，应该服务前移，主动深入基层，深入一线，了解企业之需、企业之急、企业之难，真正做到想企业之所想、急企业之所急、解企业之所难，所提对策建议应有前瞻性、实用性、科学性。

专业，就是服务技能要专业。纺织行业，既是国民经济的传统支柱产业，也是竞争优势明显的产业，还是文化创意产业、新科技广泛应用的产业。在中纺联工作的每一个员工，尽管所在的部门、单位不同，都应有专业知识、专业技能，部门以上领导、特别是专业协会的领导，应该成为行业的专家，既有专业素质，又有政策水平，能够为行业、企业、政府提供有价值的服务，这是我们最需要的。这样的服务，一定会受到企业的欢迎。

务实，就是作风要务实。中纺联所有的服务工作，必须从实际出发，讲实际、办实事、求实效，用市场来检验我们的工作，用企业需要来评价我们的服务，要反对那种走过场、图形式、坐而论道、夸夸其谈的不良作风。

总之，服务理念中的真诚、主动、专业、务实，都很重要，四位一体，相辅相成。中纺联的每一个员工，都应自觉端正服务态度，增强服务意识，提高专业技能，改进服务作风，不断提高服务水平，使中纺联的工作适应市场经济的新形势和提升自身形象的新要求。

四、以人才理念为引领，搞好队伍建设

人才是中纺联兴会之本、强会之基。联合舰队要提升战斗力，创一流品牌协会，加强人才队伍建设，构建特别能战斗的人才群体，就成为中纺联建设的重中之重。如何体现这个重中之重，我们提出了“三个重”的人才理念，就是要重人品、重能力、重协作，只有做到了这“三个重”，才算是真正重视了人才队伍的建设。

重人品，就是坚持以德为先，做事先做人。在中纺联工作的每个人，应该有很好的政治素质、道德修养和人格品质。人品，其内涵很丰富，表现也是多方面的。文化手册把“爱国爱纺、敬人敬业、自强自律、和睦和谐”作为员工道德准则，也是对员工人品的要求。广大员工应该严格要求自己，注重政治素质的提高、思想道德的修养和人格品质的塑造。

重能力，就是坚持以能为要，注重专业知识和实践能力的提高。在我们中纺联工作，能力的强弱，是衡量服务工作好坏的一条重要标准。能力，可以说是做好服务工作的本钱。在工作中，经常听到某某同志在企业中很受欢迎、很有权威，除了他的人品之外，是与他的专业能力强有很大关系的。所以要大力提倡争做知识型、专业型、综合型员工，鼓励员工钻研业务，岗位成才，敬业奉献。

重协作，就是坚持以和为贵，注重协作意识和团队精神的增强。协作，是对联合舰队员工的基本要求。文化手册对协作原则作了如下要求，就是要“顾全大局、尊重理解、相互支持、合作共赢”，大家对这些要求不能停留在会议上、口头上，而要落实在工作中，见之于行动上，以实际行动维护联合舰队的团结与和谐，讲求协作与配合，克服小团体主义、本位主义与个人英雄主义。

五、以目标要求为努力方向，争创一流协会

把目标要求列为中纺联的重要理念，是从中纺联践行“服务纺织、造福纺织”的宗旨，履行“为企业做好服务、为政府当好参谋、为员工创造价值”的使命，实现“建现代纺织强国、创一流品牌协会”的愿景而特设的一项理念，目的是要把落实宗旨、使命、愿景具体化，使大家有所遵循，有所约束。

建“学习型、服务型、协作型、创新型”协会，也是落实党的十八大关于建设“学习型、服务型、创新型”政党的要求，使协会建设与之相适应。

学习型，就是以创建学习型组织为目标，不断增强全员学习力，努力做到工作学习化、学习工作化。创建学习型协会，不同于传统的学习，应具有先进的学习理念，明确的学习目标，健全的学习机制，才能提升良好的行业引领功能。特别是经济形势复杂多变的情况下，有效应对风险挑战，破解发展难题，最好的办法就是学习。所以要求广大员工对学习一定要有紧迫感和责任感，要有高度的学习自觉性，形成学习共享与知识互动的良好团队氛围。

服务型，就是要以务实优质、高效服务为核心，始终坚持把服务作为中纺联的中心工作，不断创新服务理念、优化服务机制、完善服务手段，全面提升服务品质、服务效率和服务形象。

协作型，就是要以“联合、协调、一致、高效”为准则，把“协作”这一核心理念的要求落到实处。

创新型，就是要坚持与时俱进，永葆创新激情，开拓创新领域，提升创新水平，不断超越自我，追求卓越，树立中纺联的创新形象。

做“有道德、有知识、有责任、有作为”员工，也是对中纺联人才理念的进一步诠释，是对中纺联员工素质的基本要求。大家应以这些基本要求为行为准则，努力践行，以实际行动为争创一流品牌协会增强正能量，做出新贡献。

持之以恒地抓好中纺联文化手册的贯彻落实

中纺联文化手册已经正式印制下发，关键是要认真学习领会，自觉贯彻落实。

一、各级领导要高度重视，言传身教

首先，要从中纺联领导做起，大力倡导，率先垂范。其次，各部门、各单位领导要带头宣传，做好示范，以自己的模范行动带动和影响下属，积极营造加强中纺联文化建设的良好氛围。

二、各部门、各单位要采取有效措施，抓好落实

加强中纺联文化建设，是一项系统工程，重在建设，贵在持久，要真正使文化落地，把理念转化为行动，还有很多工作要做。各单位、各部门要有一些具体贯彻落实的措施和要求，结合工作实际，持之以恒地抓好落实，使广大员工自觉践行文化手册的各项内容，切实把提升中纺联文化软实力落到实处，真正形成中纺联发展的内力驱动。

三、全体员工要内化于心，外化于形

中纺联的文化建设，是中纺联的一项经常性的基础工作，是全体员工的共同责任，大家要把落实文化手册的内容体现在日常工作中。首先要加强对中纺联文化手册的学习，全面理解中纺联文化的基本内容、基本框架、基本理念和基本内涵。二是要增强对中纺联文化的认同，用中纺联文化规范自己、约束自己、提升自己。三是要知行合一，重在实践，真正做到内化于心，外化于形，使之成为激励全体员工内在的精神动力，形成中纺联上下一致的行动。

四、有关部门和媒体要搞好宣传，营造氛围

中纺联文化建设是一项系统工程，也是加强自身建设的一件大事，需要全员参与，形成合力。办公室、政研会、共青团、工会等相关部门和组织要认真宣传，采取一些具体措施营造文化建设的浓厚氛围，有些硬件建设如办公室标牌悬挂等，要尽快统一。行业媒体也应给予积极关注，配合宣传，扩大影响。

（撰搞人：刘慧兰　韩庆华　刘大发）

中国纺织工业联合会文化手册

中国纺织工业联合会

一、理念识别系统（MI）

【中纺联宗旨】
服务纺织　造福民生

释义：

宗旨体现了中纺联存在的价值与意义，昭示了中纺联的立会思想和办会目的。

服务纺织：发挥行业服务和协调作用，立足国内，面向世界，为纺织行业和企业做好服务，引领纺织工业科学发展，建设世界纺织强国，是中纺联的立会之本。

造福民生：发挥纺织工业重要民生产业的作用，为改善人民生活、建设小康社会、美化环境、引领时尚、促进社会和谐与人类文明做贡献，是中纺联的办会要旨。

【使命责任】
为企业做好服务
为政府当好参谋
为员工创造价值

释义：

使命责任反映了中纺联肩负的历史任务和重要职责，也是对企业、政府和员工的庄严承诺。

为企业做好服务：以服务行业和企业科学发展为己任，创新服务理念、优化服务环境、完善服务手段、强化服务功能、提升服务水平，真心实意为企业办实事、做好事、解难事，助推企业科学发展，是中纺联的中心任务。

为政府当好参谋：发挥政府与企业之间的桥梁纽带作用，协助政府部门加强行业管理、协调行业秩序、规范行业行为、强化行业自律、反映企业诉求、提出对策建议等，为政府科学决策当好咨询参谋，是中纺联的重要职责。

为员工创造价值：坚持员工为本、民主办会的原则，关爱和依靠员工，为员工创造和提供实现价值的平台，在推进纺织强国建设事业中实现员工的自我发展，不断提升员工的成就感、自豪感和幸福感，是中纺联发展的内在要求。

【共同愿景】
建现代纺织强国　创一流品牌协会

释义：

共同愿景即奋斗目标，它是中纺联事业发展的未来蓝图，是鼓舞和引导团队成员为之奋斗的前进方向和精神动力。

建现代纺织强国：发挥我国纺织产业在全球经济中的比较优势，发展结构优化、技术先进、清洁安全、附加值高、吸纳就业能力强的现代产业体系，引领和助推我国纺织工业的科学发展，加快纺织大国向纺织强国的转变，努力实现纺织科技强国、品牌强国、可持续发展强国和人才强国的奋斗目标。

创一流品牌协会：坚持中国特色与国际先进相结合，积极探索和创新行业协会发挥作用的途径与方式，建立和完善符合现代市场经济规律和国际惯例的发展机制，强化功能，提升素质，创建“政府靠得住、企业信得过、行业有威信、国际有影响”的一流行业协会（服务质量一流、能力水平一流、发挥作用一流、规范运作一流、诚实守信一流），塑造中纺联的品牌形象。

【目标要求】
建“学习型 服务型 协作型 创新型”协会 做“有道德 有知识 有责任 有作为”员工

释义：

目标要求是实现共同愿景的工作标准和素质要求，包括中纺联工作和员工素质两个方面。

（一）协会工作目标要求：

学习型：以创建学习型组织为目标，不断增强全员学习力，做到工作学习化、学习工作化，形成学习共享与互动的团队氛围；

服务型：以强化优质服务为核心，创新服务理念、优化服务机制、完善服务手段，全面提升服务品质、服务效率和服务形象；

协作型：以团队协作为组织原则，共同营造“联合、协同、一致、高效”的工作机制和文化氛围，建设特别能战斗的“联合舰队”；

创新型：以创新发展为不懈追求，紧跟时代步伐，不断进行观念创新、机制创新、管理创新、工作创新，争创一流，追求卓越。

（二）员工素质目标要求：

有道德：诚实守信，厚德敏行，严格自律，正己化人；

有知识：学习勤奋，知识丰富，业务精湛，素质优良；

有责任：牢记责任，不辱使命，恪尽职守，敬业奉献；

有作为：奋发有为，事业有成，创造价值，超越自我。

【核心理念】
服务 协作 创新 高效

释义：

核心理念即核心价值观，是中纺联全体员工对客观事物的选择和评价标准，体现了中纺联最重要、最推崇的价值追求，它调控、决定和影响着全体员工的思想信念、意志品质和道德规范。

服务——中纺联的立会之本。为行业和企业做好服务是中纺联的工作中心和首要任务。要不断拓宽服务内容、创新服务方式、完善服务机制、强化服务功能、提升服务水平，在服务中体现自身价值。

协作——中纺联的生命所系。中纺联是一个唇齿相依、荣辱与共的产业链联盟，合则共存、分则俱损。要像爱护生命一样维系中纺联的联合与协作，讲团结、讲大局、讲纪律、讲风格，实现合作共赢。

创新——中纺联的发展动力。发扬优良传统，坚持与时俱进，永葆创新激情，不断进行观念创新、机制创新、管理创新、工作创新，以创新促发展，实现超越昨天、超越自我的永恒追求。

高效——中纺联的工作标准。要以打造素质精良、务实高效的员工队伍为着眼点，坚持高标准、严要求、快节奏，不断提高工作效率、管理效能和社会效益，争创一流业绩。

【团队作风】
快速反应 严谨务实

释义：

团队作风是员工队伍一贯表现出来的一种工作态度和做事风格，直接反映中纺联的精神风貌和队伍风气，是团队执行力、战斗力的重要体现。

快速反应：思想敏锐、反应敏捷、雷厉风行、快速高效的作风；

严谨务实：严细谨慎、精益求精、勤奋务实、执行到位的作风。

【联合理念】
共融 共赢 共享

释义：

联合理念强调团队合作。打造志同道合、团结协作，人人为我，我为人人的“联合舰队”，是全体成员共同遵循的思想信念和行为准则。

共融：体现同心同德的团结观。中纺联是一个命运共同体，要做到思想共融、感情共融、文化共融、目标共融，成员之间善于沟通、乐于交流、团结友善、和衷共济，营造融洽和谐氛围。

共赢：体现互惠互利的协作观。中纺联是一个利益共同体，要做到分工合作、各展其能、优势互补、相辅相成，在提升专业化水平和竞争力的基础上，加强成员之间的协同协作，实现互利共赢。

共享：体现共享共荣的发展观。中纺联是一个目标共同体，要做到信息共享、资源共享、发展共享、成果共享，体现效率与公平的统一，在共同发展的基础上，不断提升员工的成就感和幸福感。

【管理理念】
科学规范 协调有序

释义：

管理理念是管理思想和管理目标的集中体现，它决定中纺联的管理体制、管理模式和管理风格。

科学规范：坚持民主集中、科学决策原则，建立科学合理、行之有效的管理制度和规范，使各项工作有章可循、有法可依，并形成良好的制约机制，做到严格遵循，强化落实，不断提高管理的科学化、规范化水平。

协调有序：坚持实事求是、协调高效原则，注重搞好内部协调平衡，处理好各种关系和矛盾，在强调整体和谐统一的基础上，充分发挥各成员单位的积极性与创造性，做到和而不同，相辅相成，协调有序，高效运行。

【服务理念】
真诚 主动 专业 务实

释义：

服务理念即服务价值观，体现服务态度、服务意识、服务技能、服务作风等价值导向。对外，是为服务对象提供信心保证；对内，是为员工行为提供规范约束。

真诚：服务态度要真诚。要尊重和关爱服务对象，做到满怀真情、满腔热诚——这是做好服务工作的重要前提。

主动：服务意识要主动。要变被动服务为主动服务，深入基层，工作前移——这是做好服务工作的必要条件。

专业：服务技能要专业。要具备较高的综合素质和专业技能，注重服务质量——这是做好服务工作的根本保证。

务实：服务作风要务实。讲实际、办实事、求实效，切实为企业排忧解难——这是做好服务工作的基本要求。

【人才理念】
重人品 重能力 重协作

释义：

人才理念是对人才价值的基本认识观念，是中纺联以人为本、育人为先、人才兴会管理思想的重要体现。

重人品：以德为先，注重思想道德和人格品质的培育；

重能力：以能为本，注重专业知识与实践能力的提高；

重协作：以和为要，注重协作意识和团队精神的增强。

二、行为识别系统（BI）

【道德准则】
爱国爱纺 敬人敬业
自强自律 和睦和谐

【协作原则】

顾全大局　尊重理解

相互支持　合作共赢

【员工守则】

心系纺织 服务企业

爱岗尽责 团结协作

遵章守纪 秉公办事

好学善思 勤奋务实

艰苦奋斗 乐于奉献

关心集体 热心公益

谦虚谨慎 严于律己

衣着端庄 举止文明

三、品牌识别系统（SI）

【协会品牌】

中纺联

品牌释义：

1."中国纺织工业联合会"的简称；

2."中国纺织联合舰队"的寓意简称。

【服务品牌】

纺织之家

品牌释义：

中纺联是一个全国性行业组织，承载着服务纺织、发展纺织、振兴纺织的历史使命与神圣职责。要满怀真情、满腔热诚的做好服务工作，通过打造"纺织之家"服务品牌，不断提升中纺联的服务水平，引领和助推纺织工业的科学发展，为实现纺织强国的战略目标做出积极贡献。

品牌内涵包括两个层次：

1.纺织行业之家：整个纺织行业是一个大家庭，要积极发挥中纺联的服务协调职能和政府的参谋咨询作用，为促进整个纺织行业的升级与发展尽心竭力做好服务；

2.纺织企业之家：企业是行业发展的基础，是纺织大家庭的重要成员，要当好企业的"娘家人"，竭诚为企业做好服务，提升纺织企业对中纺联的信赖感和归属感。

【宣传广告语】

1.中纺联——中国纺织的联合舰队 世界纺织的战略伙伴

2.中纺联——服务企业 引领行业 做强产业

四、视觉识别系统（VI）

（略）

上海纺织
SHANGTEX

上海纺织（集团）有限公司

上海纺织(集团)有限公司是一家以科技为先导，以品牌营销和进出口贸易为支撑，以纺织先进制造业和时尚产业为依托，拥有较完整的纺织服装产业链、集科工贸为一体的大型企业集团。

集团现拥有总资产242亿元、员工1.7万人，2012年营业收入440亿元，进出口总额51.7亿美元（出口38.6亿美元，进口13.1亿美元），名列中国企业500强排名第224位，中国纺织服装行业百强企业第4位，中国进出口500强排名第44位，中国纺织品服装出口排名第1位。

上海纺织外贸产品展示中心

高科技膜结构生产线

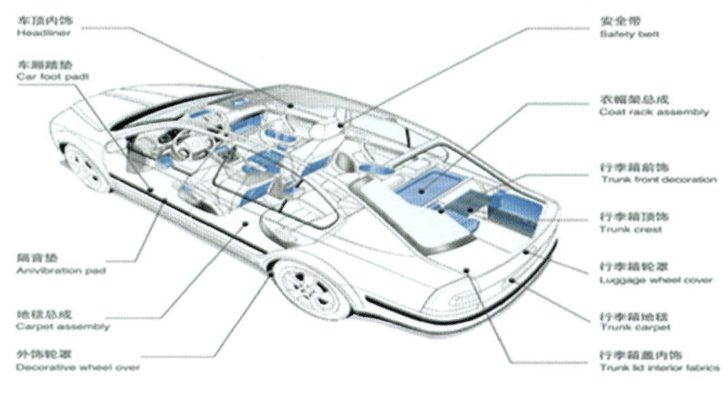

上海纺织已成为中国最大的汽车纺织内饰件配套服务商之一

地址：上海市古北路989号　邮编：200336　电话：021-22110288　传真：021-62082118　网址：www.shangtex.biz

CNTAC

中国纺织工业发展报告

CHINA TEXTILE INDUSTRY DEVELOPMENT REPORT

2012/2013

行业研究

加快纺织行业自主创新 以全球视野谋划发展

中国纺织工业联合会会长 王天凯

党的“十八”大报告明确提出要实施创新驱动发展战略，指出要以全球视野谋划和推动创新，提高原始创新、集成创新和引进消化吸收再创新能力，更加注重协同创新；提出要着力构建以企业为主体，市场为导向，产、学、研相结合的创新体系。创新是主题，对于纺织工业来说，无论是产业链前端还是终端，创新驱动都应该渗透到每个环节。

纺织行业面临加快自主创新步伐的现实压力

一、依靠投资驱动、规模扩张、出口导向的发展模式，必须发生重大的转变

中国纺织业经过了改革开放30年的发展，特别是经过了21世纪前10年的高速发展，已经成为世界上名副其实的纺织大国，应该看到前30年的发展，尤其是近10年的高速发展有着自身的必然性和合理性。首先是市场有需求，世界经济在全球金融危机前相对稳定以及中国经济的高速发展给纺织工业发展提供了巨大的市场机会；其次是比较低的成本优势；如果还有第三点的话，就是相对充裕的资金和技术。

如今，世界经济处于缓慢复苏之中，中国的经济增速也将从高速转为中速，而在较低的成本优势已经丧失，以及环境、资源约束日益加剧，技术获得相对困难的情况下，单纯搞投资驱动，规模扩张的发展模式已经难以走通。过去认为规模扩张能生存，粗放发展能盈利的发展理念必须改变。

这里要特别提出的一点是关于产能过剩问题，过去行业不太关注这个问题，因为市场经济优胜劣汰，过剩是一种常态。但现在要特别提出的是中国化纤产量2000年到2010年从695万吨增加到3090万吨，增长3.4倍，棉纱2000到2010年从358万吨增加到2070万吨，增长4.8倍，行业依然能够发展，很大程度上是依靠中国经济高速发展的消化能力。现在，中国经济正处于转型升级中，经济增长从高速降下来，行业过去的高速扩张模式必须改变，特别一些地区在招商引资过程中依靠土地、税收等优惠政策带来的单纯的规模扩张必须引起重视，单纯的规模扩张，带来的只能是过度竞争，而过度竞争最终毁掉的不仅是一个企业，更是一个行业。

二、单纯依靠购买技术以及照抄、模仿的技术路线必须改变

在纺织行业过去的技术路线中，比较多的是采用引进技术或者照抄、照搬的技术路线，从20世纪80年代中期开始，通过以资金换技术，市场换技术，购买了一些国外的先进技术包括重大装备，重大工艺技术等，客观说对促进行业的技术进步和产业升级起到积极作用，其中最为明显的是装备制造业和化纤行业与国外先进水平的差距明显缩小。但也要看到，今天中国纺织业的外部环境已经发生变化了。一是中国已经成为最大的生产国和消费国，消费层次也就是市场也发生了许多变化，就化纤来讲，占纤维加工总量60%以上的化纤产品要满足不同市场需求，不能过多依靠国外技术，行业提出的超仿棉的首例产品开发更多的要靠自主开发来解决。二是发达国家的一些先进技术目前仍是他们主要的竞争优势，我国纺织行业要获取这些技术，难度会越来越大。因此，要提高自身的原始创新，集成创新和引进技术，消化吸收再创新的能力的紧迫性在加大。

三、在纺织行业从价值链低端向高端转变中，产业体系调整必须加快步伐

当前，国际上一些优势纺织服装企业的产业变革态势已经显现。一是制造服务化，由生产型向生产服务型转变，通过服务提升价值链的主体；二是生产的职能化，通过信息技术向生产过程不断渗透，而形成快速、高效的生产模式；三是组织网络化，通过全球生产网络，进行价值链的优化配置，构建全球产业链、营销网络和服务体系。这些产业变革涉及到一系列的产品、技术、商业模式的创新。纺织企业，尤其一些自主品牌企业已经向这些方面进行了积极探索，但同时也要看到差距依然很大。品牌和附加值是联系在一起的，品牌发展到一定程度，成本比较优势已经不重要了。

纺织行业加快自主创新的现实途径

一、围绕关键技术、关键产品加快提升创新联盟建设

围绕纺织产业关键技术、关键产品，加快行业以企业为主体，产学研用相结合的创新体系建设。纺织行业“十二五”发展规划和科技强国纲要已经明确提出了要把纺织新材料、重大装备、产业用纺织品和新型纺织生产工艺技术领域作为纺织未来技术改造的主体。在未来要加强和提升解决这些关键技术的创新联盟建设。其中，在创新联盟建设中，要真正做到用户为本，以真正满足和引导消费为根本。人才是根本，要用更加开放、包容的态度吸纳各类人才，真正做到各类人才留得住、用得上。体制机制是重点，要使联盟做到风险共担、利益共享，在创新联盟建设中特别注重发挥好大企业的作用。要积极利用政府资源，但同时不能完全依赖政府资源。

二、要坚持改革开放创新，加强国际合作，有效利用国际资源

当前，纺织行业在进行强国资源配置中已经涌现出一些新的趋势和特点，包括进行强国的技术、人才和市场资源的配置。随着全球化趋势不断加快，促进信息、技术、知识、人才的跨国流动，必须充分利用和整合全球科技资源，提高创新能力和质量，包括引进人才、技术，走出去新办研发机构，开展国际合作。在借助世界科技资源中，既要包括技术、人才等硬资源，也要包括管理、文化等软资源。

三、坚持大企业做实、做强，中小企业做专、做精、做特，推进强国建设目标

纺织行业规模以上企业有3.6万户，其中97.8%是中型以下企业。纺织行业转型升级中，要把大企业做实、做强和中小企业做专、做精、做特同步推进。大企业做实做强，为中小企业生存和发展提供良好的环境，中小企业做专、做精、做特，为大企业做实做强提供坚实的基础。因此，纺织行业的自主创新，始终要把服务中小企业作为重点来对待，包括在中小企业公共服务平台建设的创新上真正把信息、人才、技术等方面的服务作为重点来积极推进。需要重点说明的是，当前纺织行业面临压力较大的依然是中小企业，尤其是在低成本优势丧失的情况下，一般纺织加工中小企业会面临生存压力，但同时纺织行业的纺织加工基础不可能在短期内退让给周边国家去承担。因此，创新公共服务平台，做好中小企业的服务工作同样是重点。

（根据王天凯会长在2012中国纺织创新年会上的讲话整理）

重构现代纺织工业的体系化优势

中国纺织工业联合会副会长 孙瑞哲

中国纺织工业的现状与愿景，总体可以概括为“工程了不起、技术过得去、学术须给力、人才待培育、体系要建立”。经过30年改革开放的高速发展，中国纺织工业获得了巨大的发展和进步。而在新经济条件下，传统纺织服装产业的优势重构与跨越式成长，正在成为新的发展战略命题。制造业与自动化、信息化的深度融合，生态文明、产业跨界融合正在刷新未来纺织服装产业的运行界面，为产业结构自身的高度化、合理化，平添了一抹时代的亮色。

然而，未来的 5～10年，中国纺织服装产业依然处在“风险高发期”与“转型碰撞期”。全球视野下，必须用审慎、客观、全局的立场对中国纺织工业面临的风险进行重估。成本动荡、产业转移与出口增速下滑、政策红利的减弱，都使得中国纺织工业的优势重构变得迫在眉睫。

阵痛过后必有蜕变。要素资源日益凸显的稀缺性，需要我们仔细考量资源配置的机会成本与效率，立足于由“投资导向”向“需求导向”的基点转换，为发展寻求新的内生动力支持与核心竞争优势支撑。如何定位突围的现实路径？正如学者詹姆斯•穆迪所言，经济学家关注市场，科学家和工程师看重技术，而真正的体系化创新，是将目光投向能把这两者结合起来的制度。行业的发展，不仅要关注某项产品的创新，更要关注如何在行业中形成有效的创新氛围、长效的创新机制，并以此形成现代纺织工业体系化的竞争优势。

而要摆脱对要素成本优势的依赖，转而向“现代纺织工业体系化优势”的递进与跃变，应深刻领会《建设纺织强国纲要（2011～2020年）》的要求，围绕“科技、人才、品牌、可持续发展”，做现实、长远、有针对性的方向定位与策略性突破。体系化优势建立，将帮助中国纺织工业叩开下一个春天的门扉。

机遇与挑战

一、一组数据引发的行业反思

一组看似与业界无关，却与业界有着千丝万缕关系的数据，恰恰代表了传统实体经济与新商业模式、新消费模式之间的一次正面交锋。对比来看，线上：电商凶猛来袭，屡创销售新高。2012年的“双11”，淘宝天猫商城在前10分钟内完成的销售额是2.5亿。当天购物狂欢节支付宝成功交易笔数1亿零580万笔，总销售额191亿，其中天猫132亿，淘宝59亿，再次刷新自己创造的纪录。有 3 个品牌销售额过亿元：JACK & JONES旗舰店、骆驼服饰（CAMEL）旗舰店、全友家居旗舰店。当日天猫商场成交额前10家店中，除海尔以外，全部是服装、家纺类品牌。淘宝天猫商城“双11”的销售额近几年基本上呈几何式增长(图1)。

图1 历年“双11”淘宝天猫商城销售额统计

2009	27个 品牌	5000万 超过	500万 杰克琼斯超过
2010	711家 店铺	9.36亿 成交额	2000万 最高超
2011	2000家 店铺	52亿 淘宝+天猫成交额	497家超百万， 3家销售额破4000万， 38家超过1000万

而与如火如荼的网络销售相对应的，却是线下纺织服装企业利润收窄的现实状况，这无疑将对品牌价值保持坚挺构成现实挑战。根据中国纺织工业联合会近几期企业经营者调查问卷显示，2012年近

3成企业利润有所下降(图2)。

图2 2012年企业季度盈利情况调查

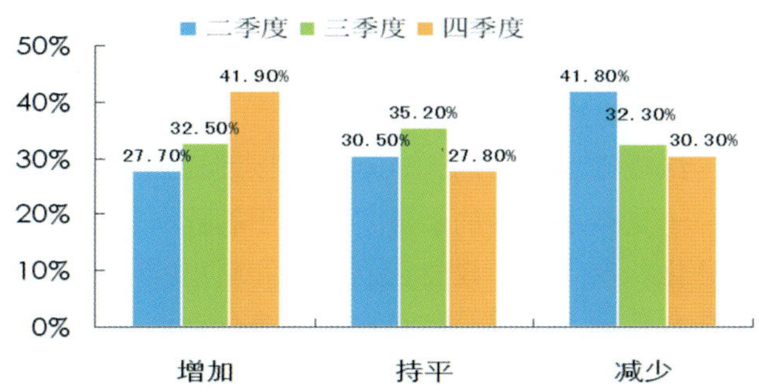

资料来源：中国纺织工业联合会企业经营管理者调查问卷

而近期企业去库存现象进一步显现，特别是服装行业。截止到2012年末，服装行业产成品资金占用为830.9亿元，同比增长8.36%，增幅比9月底的13.38%明显收窄。针对以上数据折射的营销大战，有三点需要我们反思产业成长力。第一，网络促销空前火爆，难道是价格在撬动消费？第二，终端销售提价乏力，这是否意味着回归品牌价值的道路更加崎岖？第三，现有库存结构中，合理构成与滞后产能并存，这是否更印证了规模扩张模式已经成为品牌价格提升的根本性阻碍？中华商业信息中心的数据表明，国内市场终端服装销售的提价已渐趋乏力(图3)。

图3 2011～2012年百家商场服装产品销售价格同比增长率

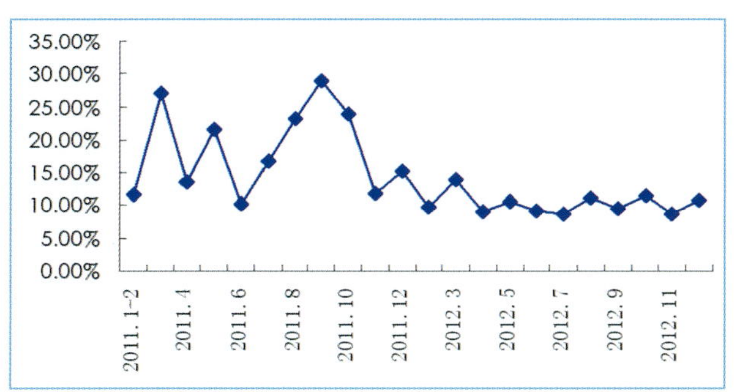

资料来源：中华商业信息中心、申万研究

若我们认为，成本驱动型的价格上涨不在可控范围之内，终端价格的议价能力同样也脱离了可控范围。很多人边逛商场边会问导购：“网上的衣服卖那么便宜，为什么你们卖得那么贵？”这实际上是多重因素交织作用的结果，但不排除网络定价体系与促销手段对实体营销网络的冲击。这也使得品牌在围绕价值规律做最终价值实现，实现良性回归的道路变得更加崎岖，悬念重重。需要认知的是，库存并非都是不合理的，它是服装的行业属性所决定的，是由季节性终端产品的销售特性所决定的。要规避的库存风险，是那些受到经济周期下行影响，意图通过反经济周期的规模扩张模式，依赖非理性的投资驱动，从而造成无法被需求动力消化、大量闲置、滞后的无效产能。经济周期下行的时候，很多企业会保持逆流而上的勇气，但是光有勇气是不够的，更重要的是有智慧。以往是“时势造英雄”，现在是“英雄造时势”，有智慧的企业会注重创新能力的提升，从而在洗牌期提升市场集中度，而平庸的企业，则会陷入产能过剩的僵局，危及伤害到自身的品牌价值。

因此，反思综上所述，需要明确三点，把握三个关键词。一是“信心”——制造业日薄西山？即使再先进的商业模式，依然离不开实体经济与所谓传统制造业作为产品根基。二是“认知”——较量的是什么？传统与现代较量的本质，不应该是“销售速度”的较量，而是“赢利空间”的较量。成功的快时尚消费模式，不是在短时间内引爆多少消费量，而是在短时间内依托消费量点燃多少价值实现。三是“行动”——我们要做哪些改变？在风生水起的新商业模式之前，懂得“借势”与“造势”，而非“失势”。而“借势”与“造势”的最终落脚点，就在于传承，重构、再造新的产业优势。

二、行业机遇的背景和特点

在寻找探寻、重构和再造新的产业优势的可靠路径之前，应该对纺织行业目前面临的机遇及其背景特点有充分了解。

背景一：对不同阶段性比较优势的传承与突破

从整个产业布局来看，可以看到，中国纺织工业的阶段性发展优势主要分为三个阶段。第一阶段：结构调整促成产业链配套的相对完善。1986年，把服装划归入纺织系统，产业链上下游形成协同配套。第二阶段："国退民进"的体制松绑，市场活力得以释放。标志是1997年的棉纺行业压锭、减员、增效，通过技术改造推动"国退民进"，民营企业实现加速度发展，生产组织基础趋于完善，生产要素的休眠状态得以改变。而目前产业发展正在进入第三个阶段——竞争性产业集中度提升，现代纺织工业的体系化优势亟待塑造。可以预见，今后5～10年，产业集中度的提升（不仅包括规模与利润的集中，更是创新要素与市场资源的集中），中国纺织工业将改变要素成本的比较优势，转而向系统化优势转变。

背景二：新科技革命浪潮的到来将对现代纺织工业输送新的核心资源

詹姆斯·穆迪在《第六次浪潮》中引用了一个历次康德拉季耶夫的浪潮总结(图4)。

图4 历次康德拉季耶夫浪潮总结

	第一次：棉花、钢铁、水力	第二次：铁路、蒸汽动力和机械化	第三次：钢铁、重型机器制造业和电气化	第四次：石油、自动化和大规模生产	第五次：信息和通讯技术
上升	18世纪80年代至1815年	1848-1873年	1895-1918年	1941-1973年	1980年-2001年
下降	1815-1848年	1873-1895年	1918-1940年	1973年-？	2001年-？
技术	棉纺织品、铁制品、水轮车和漂白	铁路和铁路设备、蒸汽引擎、机械工具和制碱工业	电气设备、重型机械制造、化学制品和钢制品	汽车、货车、牵引车、坦克、柴油机、飞机和炼油厂	电脑、软件、电信设备和生物技术
核心输入	铁、原棉、煤	铁、煤	钢、铜、金属合金	石油、天然气、合成物质	集成电路
交通和通信基础设施	运河、收费公路和运输船	铁路、电报和蒸汽船	铁路、钢制品、钢船和电话	广播、公路、飞机场和航空公司	网络、"信息高速公路"
公司组织	所有者和经理人	层级	分工	矩阵	网络连接

资料来源：詹姆斯·穆迪《第六次浪潮》

按照学者约瑟夫·熊彼德的分析，每次科技革命基本上都是五六十年的时间，从上升到下降，纺织工业现在处在第四次科技革命尾期和第五次科技革命之中。然而，这个时间差正在加速。第六次科技革命，或者说以资源为王的新科技革命正在到来。对于纺织工业来说，以新资源的开发利用、节能环保技术为符号的循环经济，将成为信息技术之后最有价值的科技资源。

综观行业面临的大机遇，可以发现三个重要特点：一是技术要素的配置界面趋于智能，制造业的信息化和自动化。建立在互联网和新材料、新能源相结合基础上，以"制造业与信息化自动化深度融合"为核心的科技革命正在掀起。数字经济领域中，下一代移动通信、云计算、物联网、多网融合技术值得关注。二是资源要素配置方式趋于绿色，生态文明渐成行业发展主流。向内的生态文明包括正确处理企业内部劳资关系，维护供应链体系公平、可持续发展。向外的生态文明包括"循环经济"与"绿色经济"，突破口是先进节能减排技术和新能源技术。三是创新要素配置的界线正在趋于融合，跨界与产业融合成为大势所趋。"需求"正在变为"欲求"。纺织服装产业在满足基本功能需求的同时，正借助与IT、战略新兴产业、时尚产业的边界融合，开拓新的应用领域，引发新的、更高层次的消费欲求，提升附加值。作为纺织服装产业的转型方向，可以定位为3个：智能性产业、绿色产业以及跨界资源整合型的产业。

三、中国纺织业发展的"三个事实"

（一）全球制造业经济体系中，"Made in China"不容缺席

首先，中国制造列全球制造业产出"第一"：根据全球知名经济咨询机构HIS环球透视的数据（图5），2010年中国制造业产值占全球的19.8%，高于美国的19.4%，已经成为全球制造业产出最高的国家。之前，从1895～2009年，美国占据着制造业世界第一的"宝座"。

其次，中国制造正在拥有日益增强的"抗风险

能力”：根据德勤对150家制造业企业的调查发现，由于国家的刺激计划，31%的企业在2009年就恢复到危机前的生产水平，34%的企业在2010年恢复生产。

第三，中国经济增长将占全球“近乎三分之一”比重：根据国际货币基金组织的最新预测结果，即使中国经济增长在未来几年中可能放缓到8%左右，但到2017年，中国将仍然占世界经济增长的30%左右（图5）。

图5 中国制造业占全球比例排名第一

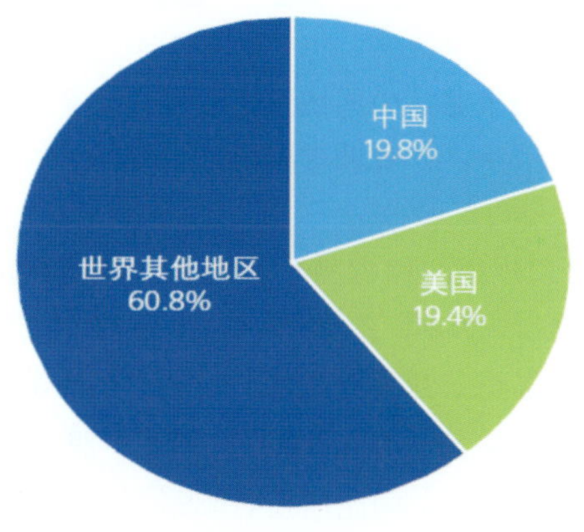

资料来源：德勤中国制造业竞争力调查2011

（二）比较中国与其他国家的制造业基础环境，中国仍然占据综合优势

2011年，德勤在亚洲范围内对影响制造业发展环境的各种因素进行比较，通过对固定成本投入、配套资源供应、物理基础设施、高级技术人才、劳动力素质及可得性以及政府对科学技术和工程投资的重视程度等要素来考察亚洲各国的制造业基础环境。

从图6可以看到，配套资源供应、物理基础设施、合格的高级技术人才数量、高等教育水平、知识产权保护、政府对科学技术和工程投资的重视度都要高于印度、泰国、越南和印尼。但同时也应当注意的是，固定成本（原材料、土地）和劳动力成本、劳动力素质及可得性、税收体系的复杂性及遵从性成本都开始弱于新兴低成本国家。

图6 亚洲代表国家制造业发展环境对比

地区差异	国家	市场与供应条件				人才			政策法规		
		固定成本(原材料、土地)	劳动力工资水平	零配件等配套资源供应	物理基础设施	劳动力素质及可得性	合格的高级技术人才数量	高等教育水平	税收体系的复杂性及遵从性成本	知识产权保护	政府对科学技术和工程投资的重视
规模与效率	中国	3.5	3.2	3.8	3.7	3.2	3.3	3.4	3.1	2.9	3.5
品牌与科技	日本	3.1	3.3	3.9	4.3	4.3	4.3	4.4	3.8	4.4	4.3
	韩国	3.4	3.3	3.8	3.9	3.8	3.9	4.0	3.7	4.3	4.1
IT业主导	印度	4.2	4.1	2.9	2.7	2.8	3.3	3.1	3.0	3.1	3.2
新兴低成本	泰国	3.8	4.3	3.5	3.5	3.8	2.8	2.4	3.3	2.6	2.6
	越南	3.7	4.1	3.2	2.7	2.8	2.7	2.5	3.3	2.0	2.7
	印尼	3.8	3.8	3.0	3.2	3.0	3.0	2.8	3.5	2.8	2.8

资料来源：德勤中国制造业竞争力调查2011

（三）世界纤维生产和消费格局中，中国地位举足轻重

数据显示，2011年全球纤维生产量为8 590万吨，比2010年增长6.4%；2011年，全球纤维消费量超过8200万吨，比2010年增长2.4%；2011年，世界人均消费量量接近11.8 公斤，比2010年增长0.1 公斤。在2011年全球纤维的消费中，合成纤维占58%，天然纤维占36%，再生纤维素纤维占6%。如图 7所示，中国已占全球化学纤维产量的63%。同时，中国的棉花产量占全球产量的35%，消费占46%，已经成为世界最大的棉花生产国与消费国。

图7 世界主要化纤生产国化纤产量在全球中的占比

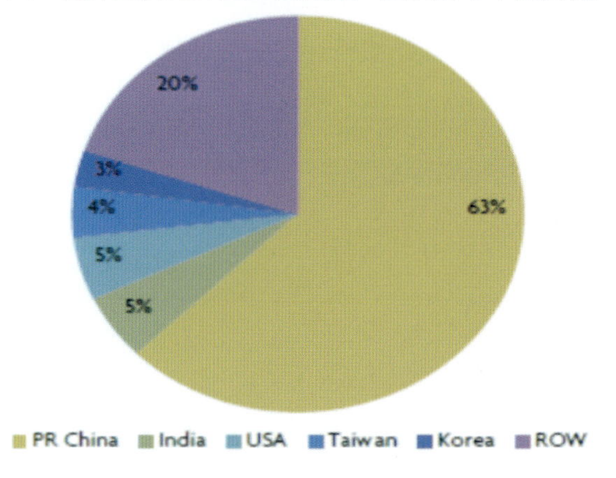

资料来源：兰精公司

四、中国纺织工业发展中的突出现象

（一）生产增长与产能调整同步，增速延续放缓

行业生产规模仍有所增长。根据中国纺织工业联合会企业经营管理者问卷调查，2012年4季度企业生产指数为63.93，仍居于生产增长区间(图8)。2012年，行业规模以上企业利润总额3015亿元，同比增长7.68%。

图8 近年来我国纺织企业的生产指数调查结果

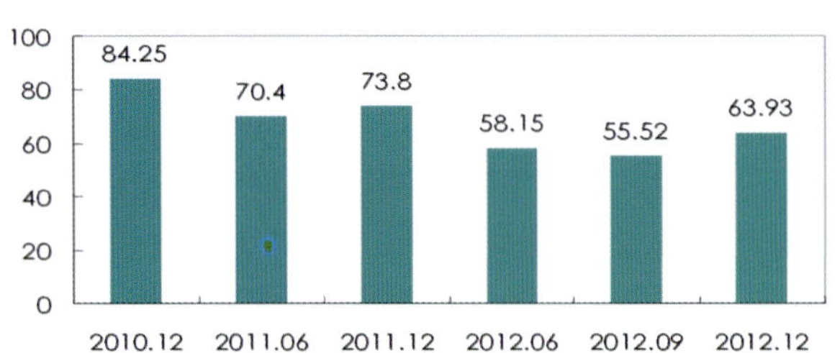

资料来源：中国纺织工业联合会企业经营管理者调查问卷

行业生产增速延续下降趋势(图9)。2012年，规模以上纺织企业工业总产值为57 810亿元，同比增长12.29%，较上年同期回落14.55个百分点。化纤产量3792万吨，同比增长11.2%；纱2984万吨，同比增长9.8%；布660亿米，同比增长11.56%；服装267亿件，同比增长6.2%。

图9 近年来我国纺织行业工业总产值月度累计同比增速

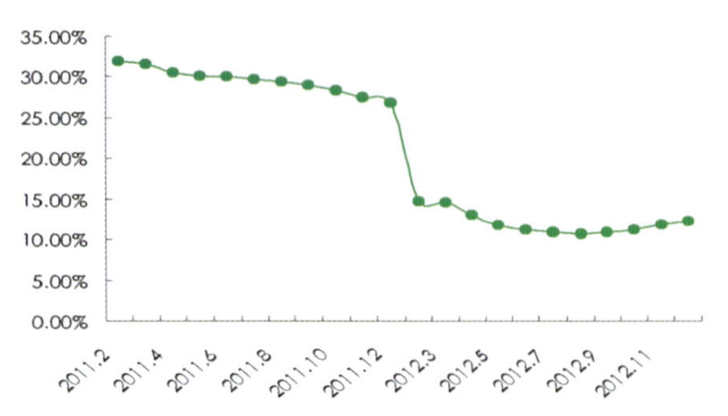

资料来源：国家统计局

（二）外部需求有所恢复，出口回暖

2012年末，国际市场有恢复迹象。根据联合会调查，2012年第四季度，企业国际订单指数为回升到54.15，一改前两个季度的低迷状态。

图10 纺织行业2010年以来纺织行业国际订单指数

资料来源：中国纺织工业联合会企业经营管理者调查问卷

出口规模继续保持小幅增长。据我国海关进出口数据，2012年，我国纺织品服装出口额为2625.63亿美元，同比增加3.32%。纺织品出口额为1024.08亿美元，同比增长1.49%；服装出口额为1601.55亿美元，同比增长4.53%。

（三）服装出口增长来自于价格贡献，纺织品出口增长来自于数量贡献

据中国纺织工业联合会统计中心测算，我国纺织品出口增长主要来自于数量贡献， 2012年我国纺织品出口价格下降0.2%，数量增长3.56%；服装出口增长主要来自于价格贡献，服装出口价格提升6.89%，数量下降2.2%。针对以上三个现象，需要我们摆正心态，客观看待增长趋缓，理性定位中国纺织工业的发展阶段。实际上，比照宏观经济的增长，也可以看到增长趋缓与趋于平稳的大趋势。数据显示，1979～2009年年均增长9.88%；从经济增长率的标准差来看，1980～1989年为3.46%，1990～1999年降为3.22%，2000～2009年进一步降为1.83%。

而中国纺织工业的发展印证类似的发展曲线与

轨迹：2011年，中国纺织工业纤维加工总量4 310万吨，比2008年增长22.8%，年均增长7.1%，与危机之前 3 年（2006～2008年）的年均增速相比下降了3.8个百分点。2011年纺织品服装出口总额2541.2亿美元，比2008年增长34%，年均增长10.3%，增速比2006～2008年年均增速下降 7 个百分点。增长趋缓一直被视作为中国纺织品服装竞争力下降的突出表征。但围绕产业结构高度化与合理化的结构性收缩，本质是纺织工业避免以资源消耗为代价的规模扩张，调整自身产能容量，调整现有内外需结构、要素投入结构的一种良性防御。随着“投资导向”向“需求导向”的转变，针对社会需求结构进行适时调整的结构性收缩并非总是恶性的不可逆转。

新常态时代下的风险重估

对新常态下的风险重估，是重构现代化纺织产业体系化优势之前的必要与关键步骤。探究现阶段产业发展最主要的风险，分别体现在“成本变数”、“产业转移和出口市场”、“政策红利减弱”等方面。

一、成本变数

近期行业成本的变化突出体现在原料成本动荡、低廉要素成本比较优势难以为继。从2011年8月起，国内外市场棉花价格差一路攀升，2012年以来价格差持续拉大，导致纺织企业尤其是棉纺企业压力加大，严重影响产品的出口竞争力。中国棉花协会数据显示，到2012年12月31日，内外棉价差已经达到5872元/吨。2012年棉质纺织品出口254亿元，同比下滑3.33%。而同期源油价格也开始大幅波动，导致化纤市场不稳定，增加了化纤企业的经营风险，再加上下游产业需求不旺，双重因素拖累价格快速下降，影响了化纤企业经营和效益。

劳动密集型产业人力资源供给趋紧，开始倒逼产业增长模式转型。德勤研究显示：教育程度较低的初级劳动力供应早在2004年就已开始逐年递减。从时间上来看，具有大学专科及以上教育程度的新增劳动力在2019年之前每年都会持续增加，具有高中教育水平的中级劳动力新增人口则会在2012年达到顶峰后开始下降，而教育程度较低的初级劳动力供应则早在2004年就已经开始逐年递减。据国家统计局公布的报告，2012年国内劳动年龄人口数量首次减少了345万人。因此，未来10年，对传统的劳动力密集型制造业，如服装、鞋帽、简单制成品等而言，劳动力短缺及劳动力成本上涨问题将持续成为困扰。而波士顿咨询（BCG）在2011年8月出具的报告似乎也在佐证这样的隐忧 —— 2000年，中国长三角地区的技术工人每人每小时能赚0.72美元，如今能赚6.31美元。它同时预测，接下来几年，长三角地区的人工成本会以18%的速度增长，5年后该地区技术工人的工资会和美国技术工人相仿。隐忧正在向纺织行业悄然逼近。数据显示，我国纺织行业用工人数有所下降。2012年12月，规模以上纺织企业从业人数为1000万人，同比下降1%，棉纺织、毛纺织、印染和服装等主要行业从业人数都有不同程度的减少(图11)。

图11 2012年我国规模以上纺织企业从业人员的同比增长情况

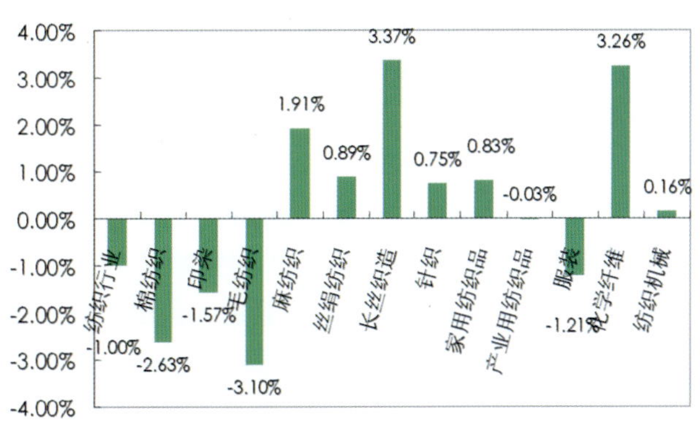

资料来源：国家统计局、中国纺织工业联合会统计中心

据中国纺织工业联合会企业问卷调查，2012年

企业人均工资普遍增长10%～20%。可见，劳动力成本的上涨也使得微利时代下一些企业越发不堪重负。

二、产业转移与出口市场的风险

产业转移和出口市场的变化，突出表现为以美国为代表的发达国家向制造业回归，东南亚国家的后起直追所引发的产业转移与中国在主要出口市场中的占比下降。

（一）美国向制造业回归与本土纺织服装业的回暖趋势

2012年年初，奥巴马曾发表第三次国情咨文，确立了建构国家永续经营建设的“美国制造、本土能源、劳工技术训练、美国价值”四大支柱。有迹象表明，这些措施正在发生作用：2011年美国制造业新增23.7万名就业岗位。美国制造业将在2012年和2013年分别增长4%和3.5%。深入探究美国的“再工业化”进程可以发现，美国的政策导向正在使中美贸易中，对美出口占比最多的纺织品、机械和运输设备带来调整；而税收政策的调整，也旨在降低美国制造业的税收负担，并使暂时性减税措施永久化。2011年，美国研发投入占全球份额的33左右，可见其加大了技术研发投入。可以预见，这将有利于美国加速向高端纺织服装产业的回归。

从美国政府出台的各项政策中可以看到这种鲜明的倾向。如美国“五年出口倍增计划”、《美国制造业促进法案》以及在2012年 8 月延长“非洲增长与机会法（AGOA）”第三国面料条款有效期期限——根据该条款，AGOA向非洲撒哈拉以南38国提供6 000多种商品免关税等优惠进入美国市场，纺织服装可利用第三国所产纱线原料进行加工。该条款的出台将在很大程度上确保美国上游纺织品的供应。而同样出台于2012年的“Wear American Act”法案则拟将现行联邦政府采购成衣产品中51%必须为美国制造的规定，修订为所有美国政府机关进行采购纺织及成衣产品时，必须100%采购美国制造的商品。

（二）东南亚国家的后起直追，所可能招致的产业转移

2012～2013年印度纺织品的出口目标由383.1亿美元上调至405亿美元。而印度政府也在尽力为纺织服装出口行业提供优惠。具体措施包括：重点出口市场和重点出口产品的优惠政策；信贷利息补贴；根据服装工业的要求，免除装饰品的进口税；根据手工业的要求，免除工具的进口关税。除此之外，根据市场发展援助计划和市场准入倡议计划，印度政府还为出口商提供财政援助，以此扩大现有市场占有率并助力开拓新市场。

尼泊尔对服装出口给予2%的现金激励。依据此标准，出口商出口30%～50%附加值的产品将有资格获得2%的现金激励，而出口50%～80%附加值的产品，能够获得3%的现金激励，那些附加值超过80%的产品，将得到4%的现金激励。

越南提高纺织纱线自给能力。为逐步改变纱线长期依赖进口的局面，近期越南部分大型纺纱企业陆续投产和开工建设，预计2012年该国纺织业的纱线自给率可大幅提高。2012年 6 月，日本伊藤忠商事株式会社（Itochu）在越南南定省投资的纺纱厂开工建设，预计2013年投产，总投资额达到了1.2亿美元。

（三）双重夹击使得中国纺织品服装的出口竞争力受到了一定程度的影响

数据显示，2012年，虽然中国在美进口市场份额较上年同期小幅提升40.21%（同比提升0.08个百分点），但在欧盟和日本市场都出现了份额持续下降的现象。与此同时，东南亚与南亚国家在美国、欧盟与日本的进口市场中份额增长较快。

据美国海关数据，中国棉制产品在美进口市场中的份额增长幅度低于越南和孟加拉（表1），中国化纤制品在美市场份额在减少，而印度、越南和柬埔寨的市场份额在增加（表2）；而在欧盟市场，

2012年来自我国的纺织品服装金额减少了7.75%，市场份额也由上年的下降到41%下降到40%，而同期来自越南、孟加拉的纺织品服装保持一定增长，越南、孟加拉及土耳其的市场份额保持一定增长；日本市场方面，2012年我国纺织品服装的占比从2011年的75%下降到73%，而越南、孟加拉的市场份额均有所提升。

（四）贸易壁垒尤其是绿色贸易壁垒、技术性壁垒等非关税贸易壁垒的影响加剧

由国际标准化组织起草的ISO14067产品碳足迹国际标准（简称“ISO碳足迹标准”）将在2013年年内发布，旨在为产品碳足迹的量化、通报和核查制定更确切的要求。一旦该标准正式发布，根据WTO规则，极有可能将碳税征收纳入到WTO多边TBT体系框架内，届时中国将只能被动接受这种多边机制。

需要警惕的是，该标准也可能形成新的贸易壁垒，增加碳认证、碳标识等开支，加大我国出口企业的成本，削弱产业竞争力，同时形成新的技术壁垒，促使国内企业花费高价向发达国家购买先进技术；并且不排除一些国际采购商会将该标准纳入自己的全球供应链管理体系中，建立多种低碳认证制度及标注碳排放或节能信息等标签，迎合消费者的

表1 2012年美国进口棉制产品的市场结构变化

进口来源国	进口额(亿美元)	同比（%）	2012年占比（百分点）
全球	505.03	−5.59	
中国	169.15	−5.19	0.14
印度	43.12	−4.83	0.07
越南	37.29	−0.65	0.37
孟加拉	36.11	0.48	0.43

资料来源：美国商务部纺织品服装办公室(OTEXA)

表2 2012年美国进口化纤制产品的市场结构变化

进口来源国	进口额(亿美元)	同比（%）	2012年占比（百分点）
全球	438.86	6.64	
中国	206.65	5.93	−0.32
印度	10.7	14.95	0.18
越南	37.27	14.63	0.59
柬埔寨	8.63	11.14	0.08

资料来源：美国商务部纺织品服装办公室(OTEXA)

环保意识，对我国出口产品设置门槛。

三、政策红利的减弱

突出地表现在棉花收储政策、税收政策以及人民币升值等政策导向的波动之上。从目前来看，棉花临时收储政策已经成为棉花内外价差拉大的主要诱因，放储数量及价格、配额下放数量及时间将影响棉价走势。德勤的研究也表明，主要工业国家中，中国处于税收较重的15%国家之列，企业税负本身就较重。人民币升值，则意味着在出口销售价格不变的情况下，出口收汇的人民币减少，而采购成本和销售、管理、财务等 3 项费用几乎没有变化，其结果是利润空间遭到压缩，甚至亏损，汇率政策也将成为中国纺织工业未来不确定的一个政策因素。

重构现代纺织工业的体系化优势

历史经验证明：每一次经济危机往往孕育着新一轮的重大科技革命，带来产业结构调整，推动制造业发展。对于中国纺织工业而言，同样印证了“挑战伴随机遇、逆境刺激创新、机遇催生需求”的发展逻辑。

一、中国纺织工业面临的政策环境与消费基础

从目前来看，中国纺织工业实现要素成本比较优势，向现代纺织工业体系化优势的转变，不乏新的政策机遇与消费机遇。

（一）从政策机遇来看，“稳增长中的质量”将为纺织工业转型与发展创造较好的政策环境

2012年12月4日召开的中央政治局会议传递了2013年经济政策的六大信号，分别为：保持宏观经济政策的连续性和稳定性；扩大内需消费投资双管齐下；支持企业牵头实施产业目标明确的国家重大科技项目；有序推进农业转移人口市民化；扎实推进重点领域改革；稳步提高社保统筹层次和保障水平。2012年2月初，国务院批转了《促进就业规划（2011～ 2015）》，其中提到的“‘十二五’期间，最低工资标准将年均增长达13%以上”的收入倍增计划，以及2012年12月15～16日，中央经济工作会议锁定“稳增长中的质量”，将转变发展模式、扩大内需、改善民生及强调收入分配改革作为2013年经济工作的重心，都将为纺织工业的良性发展奠定较为健康的政策环境。

（二）从消费机遇来看，绝大多数省份城镇居民的人均可支配收入增速超过GDP增速，为纺织工业发展所需要承载的消费能力奠定了基础

党的十八大报告提出，到2020年人均收入要比2010年翻一番。当前绝大多数省份城镇居民的人均可支配收入增速超过GDP增速，释放出收入增长的积极信号。截至2012年11月19日，全国除港澳台地区外，31个省（市、自治区）全部公布了前 3 季度城镇居民的人均可支配收入，其中有24个地区前 3 季度的人均可支配收入的增速超过了全国水平，28个地区的增速跑赢了当地的GDP增速。其中，上海前3季度城镇居民的人均可支配收入最高，为30205元，而甘肃前 3 季度城镇居民的人均可支配收入增速最高，达14.69%。

（三）从消费机遇来看，国内服装需求与重点百货服装零售增速快

一方面，国内零售需求规模继续扩大，服装需求增速高于整体需求。2012年，国内社会消费品零售总额207167 亿元，同比增长14.3%；限额以上企业服装鞋帽、针纺织品零售额达到9778亿元，同比增长18%。 另一方面，重点百货服装零售增速较上年同期仍有所增加。2012年1～12月，全国百家大型零售百货店服装销售额累计同比增长12.3%。

综合较为有利的政策机遇与消费机遇，纺织工业如何奠定自身在新发展阶段的新优势？在寻找自身的路径之前，不妨用比较研究的视角，观察日本纺织服装产业的转型之路。如图12所示，日本纺织服装产业从20世纪50年代开始到进入21世纪，从低成本和劳动密集型产业逐渐发展成为新的世界时装流行中心，加上高性能纤维、产业用纺织品等高附加值产品的开发及其在新领域的应用，使其成为了真正意义上的新技术拥有者。

图12 日本纺织服装产业的转型与提升之路

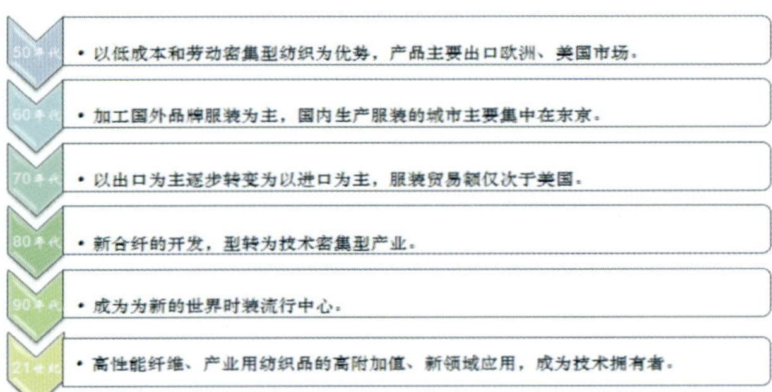

从日本纺织服装产业的转型经验可以看到两个重要方面：一是依靠日本本土“设计师品牌”的强势，逐步把握时尚话语权体系。20世纪八九十年代，三宅一生、山本耀司、川久保玲等日本顶尖设计师通过深入广泛的设计交流，逐渐进入了当时由西方主导的时尚话语权中心。二是科技创新与文化符号的双重强调，定位技术创新作为突破口，走高附加值路线。2012年日本制定了新的纺织企业发展规划，即进入新的产业领域（水过滤薄膜，用于智能手机、笔记本电脑的锂电池用隔膜，感光性抗蚀干膜；医疗事业人工透析器，病毒过滤器等）。部分重要企业，如可乐丽加快技术革新，开发新的产品用途，包括人工皮革、水泥增强维尼纶材料等；东阳纺加快了产品结构改革，扩大高功能材料并拓展环境、生命科学事业；帝人则专注于蓄热保暖功能性服装面料及隔热窗帘、水过滤材料、被污染土壤的封闭材料等的研究；三菱丽阳则在积极促进碳纤维民用产业的开发，利用热可塑性树脂的碳纤维强化复合材料实现高强度、高刚性、高速成型加工和再生利用。

二、重构现代纺织工业体系的优势

对于中国纺织服装产业而言，转型与提升的使命更加艰巨。需要明确的是，劳动密集型产业要成为中国现代纺织工业渐行渐远的历史称谓，技术密集型、知识密集型与资本密集型应成为新的产业符号；低附加值的传统产业须成为过去，具备高科技内涵、时尚元素的新兴产业须崛起。在这样的产业定位指引之下，有必要围绕科技、品牌、人才与可持续发展等四大维度，对现代纺织工业的优势进行重构。

（一）重构现代纺织工业体系的科技优势

党的“十八”大报告指出，将科技创新认定为提高社会生产力和综合国力的战略支撑，必须摆在国家发展全局的核心位置，企业要实施创新驱动发展战略。可见，科技创新已成为一项国家创新战略，一种立足全局的激励结构，一套协同创新的运作机制。

1．将科技创新的国家战略落实到行业的优势重构

应围绕纤维消费需求特性，确立“十二五”期间及未来科技创新的四项重点工作：(1)大力推进纤维原料开发，首先是量大面广的弥补天然纤维资源不足的超仿真化纤开发，其次是高性能、差别化、功能性纤维和新型生物质原料的开发；(2)生态化染整新技术，生态纺织化学品，染整加工污染控制与资源化利用，纺织品特殊功能性整理技术，节能环保的纺织、染整加工技术；(3)产业用纺织品的关键技术，重点突破过滤材料、医用纺织品、土工与建筑用材料、交通工具用纺织品、安全防护、纺织复合材料等产业用纺织品的制造技术；(4)提升纺织品品质和附加值的加工技术，新型纺织机械和信息化技术。

2．定位科技创新优势

围绕上述4项重点工作，从科技创新的“三个细分方向”定位科技创新优势：（1）基础研究是向未来投入的科学资本，有利于形成新知识的前瞻性储备，因此要扎实推进纺织科学的原创性基础研究，提升科技创新本身的可持续发展能力；（2）绿色技术的应用是突破现有资源瓶颈、摆脱纺织工业路径依赖、实现可持续发展的关键所在，因此，要加快超仿真、功能性、差别化纤维、生物质纤维、高性能纤维的产业化研发，重点发展可再生、可降解生物质纤维加工技术，节能减排印染新技术，废水深度处理及资源回用技术等节能环保技术；（3）智能化技术的应用将形成人力、物力和自然力的有效配置，有利于产业结构的高度化与合理化，因此，要加强自动化、智能化、信息化技术的切实应用，提升传统产业结构内在的科技内涵。

（二）重构现代纺织工业体系的人才优势

新增长理论强调知识和科技人力资本是“增长的发动机”，作为生产投入要素的知识和科技人力资源具有“外溢效应”，即对人力资本进行知识投资可以为行业储备财富，激发产业新的发展活力与价值实现，提高全行业的技术创新水平和劳动生产率。

1．行业人才体系建设初见成效

从目前产业发展的现状来看，通过有效的激励机制，纺织工业对人才资源的孵化已经初见成效。截至2012年11月底，“纺织之光”科技教育基金会已表彰、奖励优秀教学成果372项；优秀教师和学生共计2857人；全国纺织行业技术能手35人、技能人才培育突出贡献奖2人及5家获奖单位。从2011年开始，中国纺织工程学会开展的“学术带头人”评选共评出17位纺织学术带头人。

2．加强人才培育的环境和激励机制建设

现阶段，人才优势的重构应重点放在培养孵化人才、鼓励人才创新的环境和激励机制之上。从科技创新型人才的内涵来看，可分为3类：基础科学类、应用基础类和应用类。除了培养科技创新型人才，还要加速设计人才、管理人才和营销人才的培养。从现阶段产业发展的实际需求来看，这3类科技创新型人才互为补充，缺一不可。构建针对这3类人才的职业教育体系，将有力地支撑创新人才优势转变为技术优势，最终促成由智慧力向生产力的转变。

以2012年产品开发贡献奖的获奖企业为例，唐山三友集团依托集团博士后工作站进站博士、院士工作站院士开展研发工作，大力推行与高校和科研院校进行“产、学、研”合作，先后与河北科技大学、天津工业大学、中科院过程研究所等建立了产、学、研关系，不断提升公司技术水平与产品质量；江苏华佳控股集团建立起了江苏省茧丝绸改性与加工工程技术研究中心、江苏省企业技术中心和国家级博士后科研工作站华佳分站等3个科研平台，先后与中科院、南京航空航天大学、东华大学、苏州大学、日本KNITPLAN工业（株）等建立长期合作关系，同时应用苏州大学的发明专利“一种膨体弹力真丝的制造方法”技术和科技成果“柞/桑弹力真丝的研制及产品开发”，采用交捻技术和超分子改性技术制成高性能弹力真丝。

（三）重构现代纺织工业体系的品牌优势

品牌优势的重构可从战略层面、商业模式层面、发展环境等三个方面重点突破。

1．围绕归位、错位与上位，搭建品牌创新“三位一体”的战略构想

“归位”——质量与品质。质量是底线，是品牌的基础与本原，任何背离质量根基的“品牌”都不会有长久的生命周期。

“错位”——差异化定位，进入“缝隙市场”，细分定位、通过创意注入差异化特质，提高品牌的可识别性与独特风格。

“上位”——从“认知度”到“美誉度”，品牌化不是产品价格的表达，而是消费价值的表征。有牌无名，有名无利，不是品牌。

2. 加快培育传统产业与新商业模式的对接，激发传统产业的发展活力

一方面，服装网络销售的线上机遇正在凸显：国内数据监测机构易观的数据显示，2012年第三季度国内网上零售交易额为3316亿元，同比增长60%，其中B2C交易额1296亿元，占网购比重的39.1%；与网络销售等新商业模式的对接，将帮助品牌实体经济释放新的商业价值，开辟更具包容力、延展性的通道。下一步，品牌商业的生态再造应重点关注以电子商务为代表的新经济模式，比如能够有效避免渠道冲突的O2O（线上与线下），实现营销方式方法、商业流程和商业生态系统的再造。从目前的品牌实践来看，也有一些品牌正在通过网络专供款在进行有益尝试。如美特斯邦威创立线上品牌AMPM，罗莱家纺的线上子品牌LOVO，富安娜的圣之花，百丽鞋业的网络子品牌茵奈儿，爱慕线上专供的“心爱”品牌等。

3. 加强创意设计的知识产权保护，倡导培育发展品牌的良性环境

反思为何许多品牌会陷入同质化的竞争迷局？为何有些倾注大量心血在创意投入之上的品牌，生命周期却如此之短？答案恰恰是“劣币驱除良币”。产业发展有时缺乏的不是创意，而是对创意的尊重与保护。这将大大削弱创意的内生动力，阻碍原创型自主品牌的成长与壮大。因此，要加强知识产权保护，进行细化、可操作、有违规成本与责任追究的制度设计，以此创造良好的创意发展环境。

（四）重构现代纺织工业体系的可持续发展优势

随着党的“十八大”重点提及了“生态文明”建设，中国工业发展即将进入的“生态文明”期，“环保”、“低碳”既是国家大政方针，也是最前沿的消费价值主张。

1. 企业可持续发展优势重构

在企业层面，可持续发展的价值主张，意味着不仅可以通过产品技术创新促进生态消费的进步，同时还可以向价值链中的投资、生产、供应链等各环节展现其绿色的责任竞争力。

在2012年产品开发贡献奖获奖企业中，龙福环能科技股份有限公司、丹东优耐特纺织品有限公司、江苏霞客环保色纺股份有限公司、青岛即发集团控股有限公司等在这方面做出了有益尝试。其中，龙福按照“减量化、再利用、资源化”理念，健全纺织制品回收再利用循环体系的发展定位，发展为国内具有一定规模的利用聚酯瓶片生产再生涤纶长丝和纺织品的研发生产基地；优耐特则自主开发了无水印花生产新技术，包括新型环保仿色织助剂和新型绘染设备；霞客的原液着色纤维意味着省略大部分染整工序，大量减少二氧化碳与COD的排放，大幅节省用水，实现丰富色彩与清洁生产的高度融合，引领现代纺织业进入“无染低染”时代；即发在行业内率先引入“3 兆瓦太阳能光伏发电项目”，已并网发电，已成为“国家资源节约型、环境友好型创建试点企业”。

2. 行业可持续发展优势重构

在行业层面，社会责任创新实践与节能减排是优势重构的关键环节。进入新时期，行业的社会责任实践也有了显著的进步。其中一个体现是：从发布纺织行业社会责任报告到实现纺织“责任资产”的在线信息共享。

从2008年开始，一些颇具战略远见的纺织服装企业开始发布社会责任报告，宣示其社会责任价值主张和行动。从2011年开始，中国纺织工业联合会社会责任办公室联合国家纺织产品开发中心，把这些近年来致力于企业社会责任能力建设与信息披露的行业企业的行动集成为一个新的集体品牌——“负责任的生产”，并在上海和北京的国际面料展中向全球供应链进行推介和展示，引导供应链各利益相关方由关注产品本身同时认同其责任价值，共同推动中国纺织服装产业的可持续发展。

目前，由中国纺织工业联合会主推的“责任@资产”项目创建了社会责任报告在线系统，鼓励

更多行业企业应用CSR–GATEs发布社会责任报告，同时将“负责任生产”企业的可持续发展管理绩效“数字化”，核算、审计、重构为企业“责任资产”负债表，将有力地实现“消费品牌”同“制造品牌”的可持续发展价值的重组与共享，促进供应链透明与多利益相关方互信。从行业层面，加强研究制订实施环保标准，引导企业加快研发和推广应用先进清洁生产和治理技术，发展循环经济，也是构建产业可持续发展优势的工作重点。

结语

重构现代纺织工业的体系化优势，需要纺织工业的从业者拥有全球视野下的全局观、大局观，心怀责任感与使命感，善用系统协同的思维，塑造不被外力所摆布的内在优势，以此穿越无数不确定风险下的险滩暗礁，最终达到阳光普照的开阔彼岸。

摆脱了对要素成本比较优势的路径依赖，中国纺织工业必定会怀揣人民对美好生活的新期待，获得新动力，迈向新世纪。

纺织服装中小企业融资问题调查

东华大学纺织经济与管理研究中心

前言

2012年中国纺织与服装产业经历严峻考验，棉价振荡使棉纺业遭受打击，国内外棉价差使中国棉纺业丧失价格竞争力；欧洲服装市场的持续低迷，服装订单减少和劳动力成本高企使服装企业获利能力下降，维持经营的资金问题突出，融资已成为大多数企业生存的迫切需要，是促出口、保增长的基本贸易条件。相比世纪之交中国企业的融资问题，那时处在市场体制交替和资本市场尚不成熟，是产权不明晰造成的“三角债”和大量萌生的民间企业的创业性融资问题，当前中国纺织与服装企业普遍面对的是经营性融资。融资对中国纺织和服装行业而言，短期事关大批中小企业能否渡过时艰，维持生产，稳定就业；长远事关中国纺织服装集聚能量，迎接后金融危机的新一轮增长和持续后MFA中国纺织服装在世界市场发展强势；狭义地是为企业输血提高企业成长活力，协调“银企”关系，广义地为中国破解“中等收入困境”，完成经济转型，促进社会和谐均衡发展，为全面实现小康和工业化两大目标理顺体系，夯实基础，加油助力。

本文基于对江浙纺织服装中小企业的问卷调查，应用情景、结构、行为、绩效（CSCP）逻辑范式，分析纺织行业（重点服装）中小型企业所处的行业生存环境，行业结构，分析对应的融资问题和融资行为，描述中国纺织服装中小企业经营和融资的现状，揭示融资问题，为金融政策和行业发展提供有针对性的决策依据。

一、纺织服装企业融资问题的背景

21世纪第二个十年之初是中国纺织服装业重要发展节点，是跌宕起伏的转折期。多重因素激化融资问题：

一是金融海啸余波未平，欧债危机风云突起，传统美日市场增长乏力，欧洲市场萧杀需求下降，国际买家为避免风险去库存化，下单谨慎，快单、急单、短单、补单增多，使纺织服装行业接单成本和履约风险增加，资金需求不确定性和突然性使短期融资需求急迫。此外，在经济危机期间，无论刺激经济的宽松政策和稳经济的紧缩政策，纺织企业都是受伤者，宽松导致通胀使原材料等价格上升，而紧缩首当其冲地限制纺织企业融资。

二是多纤维协定（MFA）2004年底终止后，贸易自由化使中国纺织服装的比较优势得释放，爆发性的市场增长迅速推动了产能规模的扩张。金融危机干扰了增长势头，然而巨大的惯性导致产能的瞬时过剩，对出口加工企业的短期调整非常困难，甚至付出极大代价。另一方面，一些新兴的纺织服装出口国则持有更有竞争力的劳动力和原料成本优势；部分订单的流失和产能转移已经发生。

三是人民币对美元汇率从2005年6月至2012年12月已升值百分之三十多。很多纺织服装企业一直是微利甚至小额亏损经营，人民币升值加大企业汇兑风险，直接给企业带来汇兑损失，同时压缩纺织企业利润空间，削弱产品出口的价格优势，导致国外订单向东南亚等地区逐步转移，市场与财务风险使企业有单不敢接或有单不能接。

四是2011年，中国进入“十二五”规划期，GDP持续高速增长，纺织服装助推中国的工业化与城市化，2020年中国要全面实现人均收入翻番和全面工业化两大目标，但“中等收入困境”已经显现，人口红利和低成本优势消失，城镇化农转工过程中，廉价充沛的劳动力供应已成过去，招工难和劳动成本高企同时存在，使纺织企业生存条件恶劣，边际收益和赢利能力下降，自我增长乏力。

五是全面实现工业化的目标要求工业结构和劳动力结构同步转变。这种转型过程中产生结构性矛盾，若不能解决，就不能顺利通过拐点，全面工业化也无从谈起。纺织行业仍担负着全面工业化过程中吸纳劳动力和传统产业升级的角色。然而，转型中金融业往往只对高新科技和新兴产业注入资金而疏于传统产业。

六是中国已是世界第二大经济体，是世界最大的外汇储备国和债权国。中国的融资问题不是缺钱而是金融体系不完善，投资渠道和投资工具单调，资本供需不对称，投资缺方向，融资无对象，投融资双方相互不对口。金融资源来自民间却偏好“富者”，倾向于“锦上添花”而不是“雪中送炭”。中国的市场经济仍处于发展期，契约精神和信用的缺乏推升了投融资风险和资本成本增加，这更使金融资本惧于对中小企业的“雪中送炭”。大金融机构更乐于向有钱的大企业贷钱，急需钱的纺织服装中小企业却无处贷款。而民间借贷没有名分，缺乏规范，非法牟利，乱像丛生。虽然与融资问题有关金融体制改革不在本文讨论之列，但需指出金融改革对纺织服装产业和国民经济平稳转型极其重要而且无法回避。

二、现阶段纺织服装业融资问题的特征

目前，纺织企业融资问题的发生是集多重因素的影响，既有长期的不可回避的因素，如经济转型，中等收入困境，人口红利消失和纺织全球产业网络重构等影响，也有特定时期特定条件的影响，如全球经济和欧债危机；既有行业外部因素如金融体制，经济环境变化，资金缺乏，造成融资困难，也有行业和企业内部因素的影响如行业的结构，发展模式，企业的战略和财务和运营管理能力。外部

因素加剧了企业的获利能力和周转率下降。企业自主发展和持续增长缺乏动力。对纺织服装企业当前的现实融资问题，应着重关注以下特征：突出反映在缺乏融资渠道能力和信用水平较低的中小企业；这些中小企业多数是出口加工型，因此融资目的主要是短期经营性融资，支付原料、工资和必要经营成本；这类融资影响到企业生存，因此解决融资先期解决其生存能力；解决融资问题既要改善融资环境，又要提高企业自身的赢利水平、获利能力，通过创新升级突破困境，见表1所示。

表1 纺织服装企业融资问题的成因分析

纺织服装企业融资问题的成因分析			
宏观经济环境	融资问题的诱因	资金问题困难直接表现	融资目标
◆全球金融危机 ◆欧债危机	◆国际订单下降 ◆价格需求低迷 ◆去库存化、小单短单急单快单增多 ◆履约风险和成本提升 ◆刺激经济宽松政策使通货膨胀 ◆紧缩政策信贷紧缩、纺企往往是最大的受影响者	◆销售规模下降 ◆利润空间下降 ◆获利能力下降 ◆市场风险和财务风险增加 ◆资金周转困难	◆短期： ◆解决经营困难 ◆维持再生产 ◆改善企业运营环境 ◆提高接单能力
◆后MFA ◆比较优势释放 ◆国际买家的需求	◆中国纺织服装规模扩大的惯性遭危机阻击 ◆订单萎缩下的产能暂时过剩 ◆新兴纺织服装出口国低成本竞争、订单转移 ◆价格仍是重要因素，更要求供应商有融资能力，构造新制造中心，提供贸易服务的投入	◆结构性产能过剩 ◆终端市场价格下降 ◆后MFA纺企升级的资本需求	◆稳增长 ◆促出口 ◆保就业 ◆求稳定
◆经济转型 ◆中等收入困境 ◆刘易斯拐点 ◆产业结构调整中的矛盾	◆劳动力成本上升、招工难 ◆农产品原料价格上升和波动	◆要素成本、原料成本上升 ◆信用成本上升 ◆资本成本上升 ◆融资成本上升	◆长期： 产业升级，建设世界纺织服装制造基地和贸易平台
◆金融体制 ◆机制缺陷和局限	◆中小企业无法享受金融资源 ◆金融业偏于“锦上添花”疏于“雪中送炭” ◆有钱不需钱，缺钱贷不到钱	◆融资渠道不完善、不畅通 ◆投资无门、贷款无道 ◆信用风险担保体系信用缺失	◆向价值高端升级 ◆利于积聚能量，实现新一轮增长 ◆利于经济转型结构调整 ◆实现两大目标：全面小康全面工业化 ◆纺织大国向强国转型

纺织服装中小型企业融资现状调查与分析

本次调查研究的对象主要以中国纺织服装企业为主，研究对服装企业经营状况进行为期三年纵向序量的调查，内容包括基本情况、企业财务及融资情况、银企关系等，三次调查使用的调研问卷主要量表基本相同，但根据研究侧重点内容有所调整。2010年的调查涉及产业集群与转移，2012年调查增加科技创新的内容。本文重点报告与融资相关的分析结果。

一、调查企业概况

（一）经营终端产品纺织服装企业为主

2010、2011和2012三年调查回收的有效问卷分别为172份、164份和157份，样本调研对象主要是纺织企业，其中服装企业占比很大(图1)。

图1 纺织服装企业主要经营产品

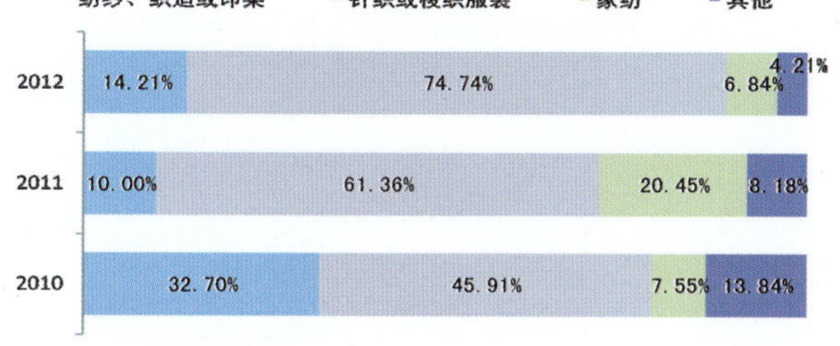

（二）加工出口的企业为主

2010年调查企业中77%是成品生产商，中间商和原料供应商比例分别是11%和9%，销售商或代理商只有3%。而2011和2012年成品生产商的比例约为82%（图2）。

图2 公司主要业务情况

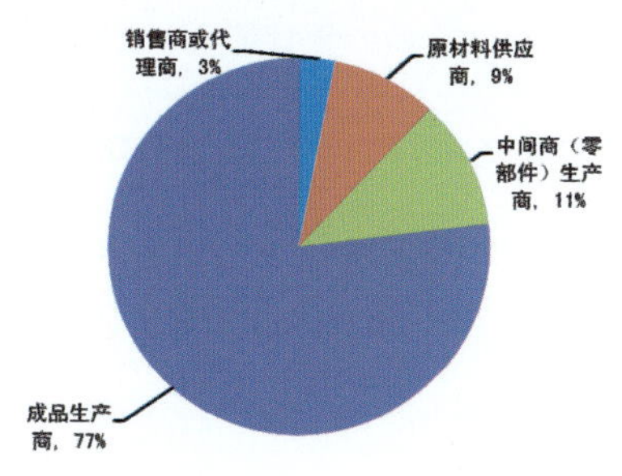

图3 出口额在销售额中比例

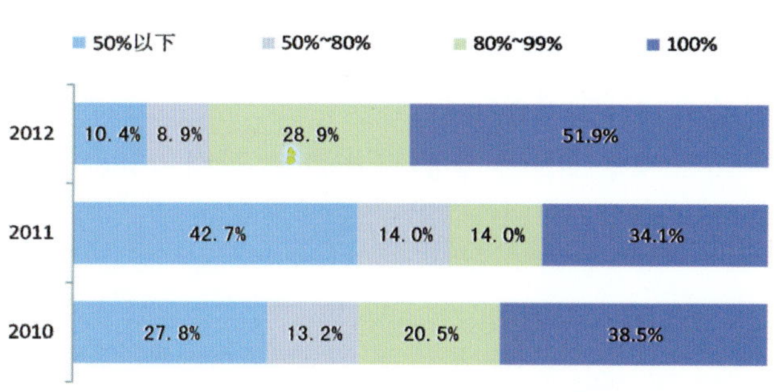

三次调查样本企业主要以出口加工企业为主（图3）。销售额中完全不是自主品牌（OBM）和自主设计和制造（ODM）的比例分别为81.4%和55.9%，其中100%为贴牌生产（OEM）的比例为53.8%。被调查纺织服装企业在全球产业链中主要处于加工环节，绝大部分主要是做贴牌生产（OEA或OEM），一部分企业已在发展自主设计和制造，大部分企业还没有自主品牌（图4）。

图4 公司业务形态在销售额中所占比例的比较

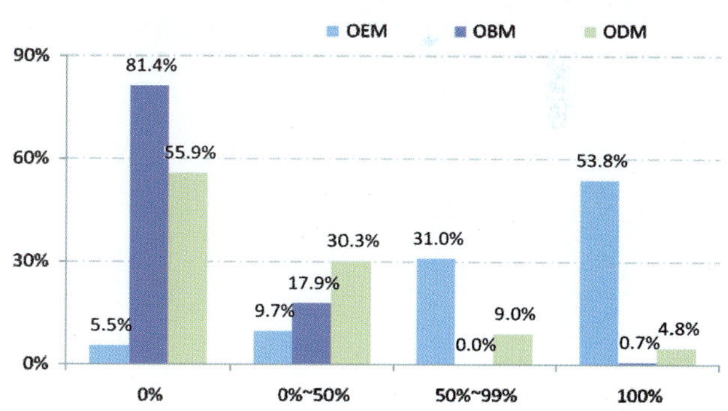

（三）中小微企业为主

2010～2012年调研的纺织服装企业99%为中小微企业。其中，2012年调查的企业注册资本平均为765万元人民币，调研纺织服装企业中59.6%的注册资本小于100万元；注册资本1000万元以上的企业占13.5%（表2）。

2012年调查企业的职工人数平均为585人，职工人数200人以下的企业占69.6%，职工人数100～200人的企业最多，占35.8%；职工人数300人以上的企业12.6%（表3）。

2012年调研企业的资产总额平均为3861.3万元，资产总额3000万以下的企业占76%，其中资产总额500万以下的企业占40.4%（表4）。

综观2010～2012年调研数据，销售额在3000万以下的企业在逐年增加，销售额在9000万以上的企业变化幅度不大，主要是3000～6000万和6000～

表2 2012年企业注册资金

企业注册资金分布（万元）	频数	有效百分比（%）
<100	84	59.6
100～500	26	18.4
500～1000	12	8.5
>1000	19	13.5
合计	141	100.0

表3 2012年职工人数

职工人数（人）	频数	有效百分比（%）
<100	51	33.8
100～200	54	35.8
200～300	27	17.9
≥300	19	12.6
合计	151	100.0

表4 2011年末资产总额

2011年末资产总计（万元）	频数	有效百分比（%）
<1000	89	61.0
1000～5000	35	24.0
>5000	22	15.1
合计	146	100.0

9000万范围的企业有所减少。其中2012年平均销售额为24364万元，年末销售额3000万以下企业占到一半以上为57.4%，销售额3亿以上占4.7%（3亿以下为中小型企业）（图5）。

图5 2010～2012年销售额分布

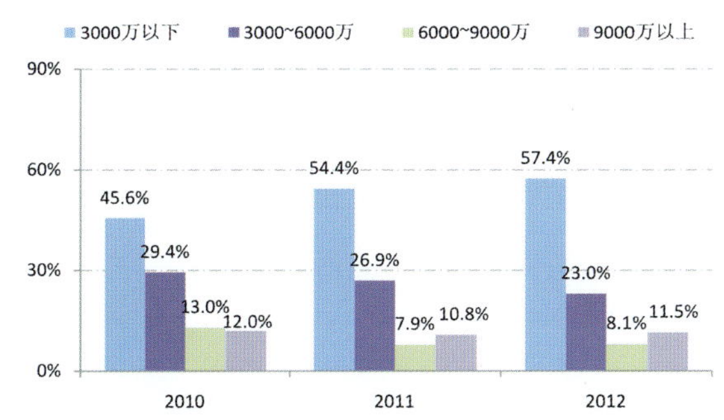

（四）成熟期企业为主

2012年调研的企业创立时间中间点为2003年，83.5%的企业成立于2008年金融危机之前，2001年中国加入世贸组织之前成立的企业占33.8%（表5）。被调查大部分企业的创业投资融资期已过，企业步入成长、成熟时期。

（五）纺织服装企业赢利能力不强

通过总资产收益率的比较，可以说明企业利用全部资产获取收益的能力，所研究纺织服装企业平均总资产收益率只有2.5%左右，赢利能力不强。被调研企业2011年与2010年相比销售增长降低。企业资产担保价值反映企业总资产中固定资产的比例，近三年被调研企业的资产担保价值在降低。流动比率是企业流动资产总额与流动负债总额之比，衡量企业短期偿债能力最常用的指标，一般要求企业流动资产与流动负债的比率为2较为适合，被调查企业的两项平均值比较低。总资产周转率反映了企业总投入所生产的效率。被调研纺织服装企业资产周转率在近三年逐步提高。

表5 企业成立时间

企业成立时间（年）	频数	有效百分比（%）
2001年入世之前	51	33.8
2001～2005年MFA消亡	37	24.5
2005～2008年金融危机	38	25.2
2008以后	25	16.6
合计	151	100.0

表6 企业财务指标状况

年份	流动负债比例（%）	平均总资产收益率（%）	平均销售总额增长率（%）	平均企业资产担保价值	平均流动比率（%）	总资产周转率（次）
2009	88.87	2.63		0.4852	1.4472	1.12
2010	89.33	2.74	13.3	0.4470	1.3768	1.23
2011	90.20	2.53	10.9	0.3373	1.4885	1.44

注 流动负债比例=流动负债/总负债，平均企业资产担保价值=固定资产/总资产

二、面临的外部环境问题与挑战

（一）面临的内外部问题

外部问题劳动力、原材料最突出。调查显示，企业面临最严重的外部问题前四位是劳动力成本上升和招工难，原辅材料价格上涨，熟练工短缺和人民币汇率上升。

自有资金不足、品牌或商标竞争力不足、市场营销能力不足和新产品等的研发能力不足最突出，其中选择“自有资金不足”的从2011年的33.5%到2012年上升到45.7%，表明将近一半的企业都有资金缺口，同时企业面临品牌竞争力和营销能力差和产能不足的难题（表8）。产能不足和产能过剩现象并存，前者反映中小企业应对国际大单的能力，后者反映行业的结构性同质化现象。

（二）增长的融资需求与满足能力不匹配

融资需求仍在上升。被调研纺织服装企业2010至2012年融资需求在不断增加，2010年有融资需求的企业比例为47.6%，急需融资比例为8.6%，2011年有融资需求的企业为49.4%，急需融资比例为9.8%，2012年有融资需求企业为70.9%，急需融资比例为21.9%，有融资需求的企业和急需融资的企业比例都在上升，表明企业融资需求在增加，企业融资需求没有得到满足，融资问题越益严重（图6）。

图6 目前对外部资金需求状况

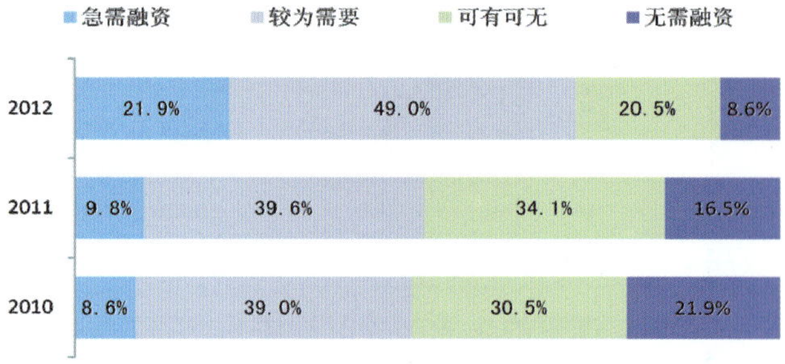

	急需融资	较为需要	可有可无	无需融资
2012	21.9%	49.0%	20.5%	8.6%
2011	9.8%	39.6%	34.1%	16.5%
2010	8.6%	39.0%	30.5%	21.9%

纵观2010～2012年调研的纺织服装企业2009～2011年的资产负债率，虽然企业的资产负债率平均值变化不大，但资产负债率在逐渐趋于合理，

表7 公司目前面临的最严重的外部问题（最多选4项）

外部问题	2011年频数	2011年百分比（%）	2012年频数	2012年百分比（%）
劳动力成本上升和招工难	144	87.8	121	80.1
原辅材料价格上涨	119	72.6	92	60.9
熟练工短缺	105	64.0	85	56.3
人民币汇率上升	49	29.9	46	30.5
融资困难	16	9.8	40	26.5
经营管理人才短缺	29	17.7	38	25.2
高级技术人才（研发、设计等）短缺	31	18.9	34	22.5
国际市场需求下滑			26	17.2
土地短缺，地租上升	18	11.0	23	15.2
贸易摩擦	4	2.4	3	2.0

2009年有33.8%的企业低于10.0%，资金利用率太低，32.9%的企业高于50%，2011年有17.8%的企业低于10%，16.9%高于50%。总体而言，纺织服装中小企业的资产负债率不算高，有进一步融资空间（表9）。可见融资难并不是因为纺织企业负债率高和信用风险大的问题。

融资难问题越加严重。2010年调研企业中认为贷款有难度的企业占44.2%，其中认为很困难的企业占7.7%，2011年认为贷款有难度的企业占77.5%，其中认为很困难的企业占23.2%，2012年认为贷款有难度的企业占83%，其中认为很困难的企业占34%，认为贷款很困难和有点困难企业的比例都在上升，表明企业融资难问题有越来越严重趋势（图7）。

表8 目前面临的最严重的内部问题是（最多选4项）

内部问题	2011年频数	2011年百分比（%）	2012年频数	2012年百分比（%）
自有资金不足	55	33.5	69	45.7
品牌或商标竞争力不足	41	25.	54	35.8
市场营销能力不足	23	14.0	49	32.5
产能不足	56	34.1	47	32.5
新产品等的研发能力不足	51	31.1	47	31.1
产品质量管理能力不足	36	22.0	42	27.8
产品同质化	56	34.1	28	18.5
议价能力差	27	16.5	19	12.6
其他	7	4.3		

表9 2009～2011年资产负债率趋势

	2009年	2010年	2011年
0～10.0%	33.8	13.4	17.8
10.0%～30%	19.0	28.0	44.7
30.0%～50.0%	14.4	19.5	20.5
50.0%以上	32.9	39.0	16.9
平均	0.4933	0.5063	0.48243

图7 现阶段向金融机构贷款的难度

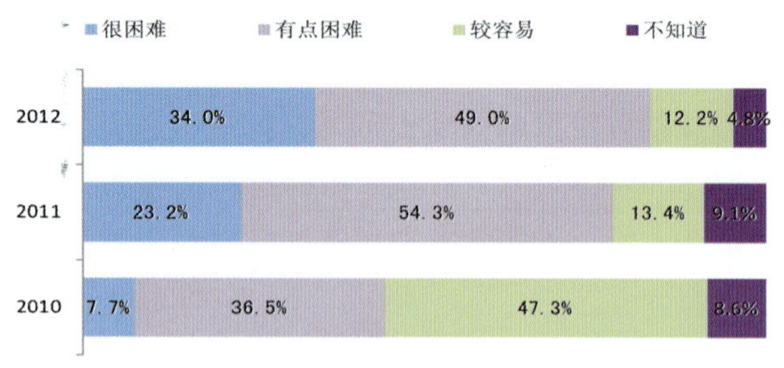

体制性问题是融资难的主因。在企业贷款难原因中，近三年国家宏观调控的影响、缺乏足够的抵押品和合格的担保人和银行信贷规模和审批权限的限制一直是最主要的原因。由于银行信贷融资需要抵押品，无抵押贷款成本很高，但纺织服装企业缺少足够的抵押品和合格的担保人，导致银行贷款困难（表10）。

三、企业的策略与战略

（一）应对行业困境的策略

从2011年和2012年调研数据中研发投入占销售额比例可知，2012年月2011年相比，研发投入呈现两级分化现象，投入比为0～1.0%的低研发投入比例由39.16%上升到55.1%，高投入比5.0%以上的企业比例由4.82%上升到27.90%，中间比例1.0%～5.0%均下降，部分有实力的企业研发投入增多，致力自主研发和创建品牌，而多数企业仍艰难维持简单再生产（表11）。

（二）融资的策略

经营性融资是主要目的。2010年调研表明调研纺织服装企业中主要的融资目的是用于流动资金周转的为82%，加大创新研发投入占到7.6%，投资新领域或开拓新市场占到5%，扩大产能规模占到3.4%，说明纺织服装企业目前主要是经营性融资，少部分企业用于加大创新研发投入和投资新领域。

图8 公司融资目的

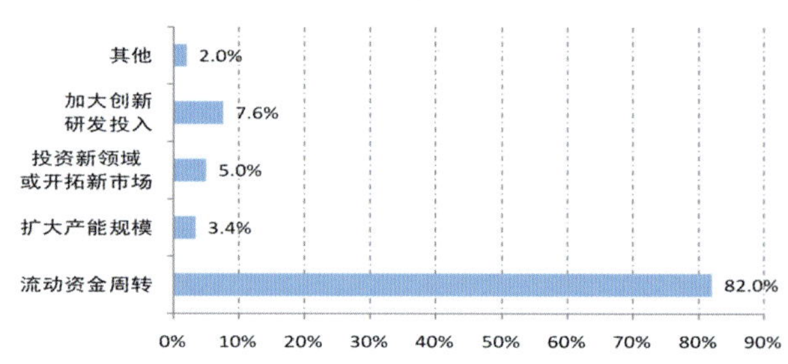

表10 企业贷款难原因

		企业贷款难原因（%）		
		2009年	2010年	2011年
企业贷款难原因	经营情况欠佳，资产负债率过高	8.2	6.3	22.1
	信用等级偏低	6.7	18.4	15.2
	国家宏观调控的影响（如银根紧缩或宽松等货币政策等）	32.5	58.2	59.3
	缺乏足够的抵押品和合格的担保人	26.3	47.5	46.9
	公司的财务报表难以达到银行要求	12.9	10.8	9.0
	银行信贷规模和审批权限的限制	44.8	55.1	42.8
	其它情况	5.7	3.2	3.4

表11 研发投入占销售额比例

比例	2011年（%）	2012年（%）
0~1.0%	39.16	55.10
1.0%~3.0%	34.94	8.80
3.0%~5.0%	21.08	8.20
5.0%以上	4.82	27.90
合计	100	100

表12 企业创立时期资金来源和2009年末资产构成

	企业创业时融资来源（%）	2009年末资产构成（%）
自有资金	90.12	72.67
家族亲戚	25.00	15.28
朋友、同行	15.70	9.88
民间借贷	8.72	8.72
金融机构	34.88	65.28
其他	5.23	1.16

表13 公司日常所需流动资金来源（多选题）

<table>
<tr><th colspan="2" rowspan="2"></th><th colspan="2">回收问卷</th><th rowspan="2">占全部问卷的比例（%）</th></tr>
<tr><th>频数</th><th>百分比（%）</th></tr>
<tr><td rowspan="6">公司日常所需流动资金来源</td><td>向亲友借款</td><td>35</td><td>10.60</td><td>16.40</td></tr>
<tr><td>公司内部集资和自身积累</td><td>125</td><td>37.76</td><td>58.69</td></tr>
<tr><td>票据融资</td><td>27</td><td>8.20</td><td>12.70</td></tr>
<tr><td>银行贷款</td><td>101</td><td>30.50</td><td>47.40</td></tr>
<tr><td>其他公司的到期未付款</td><td>40</td><td>12.10</td><td>18.80</td></tr>
<tr><td>对外发行股票和债券</td><td>3</td><td>0.90</td><td>1.40</td></tr>
<tr><td colspan="2">合计</td><td>331</td><td>100.00</td><td>155.40</td></tr>
</table>

资料来源：2010年调查

融资渠道结构单一。目前中国的金融体系发展滞后，结构单一，资本市场没有给中小企业融资提供直接融资渠道。由企业创立时期资金来源和2009年末资产构成表可知，中国纺织服装企业在创立时期自有资金比例为90.12%，在2009年末为72.67%。在市场经济成熟的发达国家，中小企业自有资金的比例通常占50.8%，与发达国家相比纺织服装企业融资目前仍以内源融资为主。在企业发展中，随着企业追求技术进步和规模扩大，内源融资无法满足企业的资金需求，需要外部资金的支持，企业逐渐转向金融机构借款，从创业时期借款企业占总企业数的34.88%上升至2009年末的65.28%。企业局限于从家族亲戚、朋友和同行借贷（表12）。

2010年调研数据显示58.69%企业的日常营运资金有来自企业内部集资和自身积累，47.4%企业有来自银行贷款，企业主要通过企业内部自筹资金或向银行贷款以及民间借贷三种方式进行资金的筹集，当企业资金短缺，在金融机构融资受阻时，很多时候依靠民间亲朋好友借贷、拖欠其他公司付款，甚至有时不得不转向代价高昂的高利贷为企业筹集资金，中小企业因此付出较高的资金成本，侵蚀企业利润（表13）。

被调研纺织服装企业在经营中遇到资金困难时，占调研企业总数83.9%企业首先想到向正规金融机构申请贷款，其次是向个人，企业对正规金融机构的信赖和依赖，也进一步表明国家完善金融机构接待体系的重要性（表14）。

融资方式：在2012年被调研纺织服装企业在各类金融机构获得贷款比例的均值数据中，四大国有银行以70.94%的均值为最高，其次为城市商业银行65.31%和各类农村中小金融机构57.18%（表15）。

2010年调研数据显示，被调研企业中近年来所获得贷款的主要类型中，纺织服装企业最多的贷款类型是抵押和质押贷款，占总数的64.7%，其次是信用贷款，占总数的32.8%。（表16）。

2010年调研数据显示，除了向正规金融机构贷款外，在民间融资活动中，纺织服装企业一般向公司外个人和公司及本公司股东和职工融资，所占比例分别为44.7%和34.3%，另有8.7%的企业选择其他，如向总公司借款等。民间融资公司拆借的比率仍然比较低，占到9.5%（表17）。

四、进一步的分析与结果讨论（相关与交叉分析）

（一）不同经营模式企业的融资需求状况分析

2012年数据中，产品出口的企业有141家，产品不出口的企业有9家，因此不能用频数及百分比比较产品是否出口的企业对外部资金需求状况的不同，

表14 公司遇到资金困难时首先想到的融资渠道

	频数	百分比（%）
向正规金融机构申请贷款	182	83.9
向民间金融贷款	9	4.1
向个人	17	7.8
其他公司借款	3	1.4
其他来源	6	2.8
总计	217	100.0

表15 各类金融机构获得贷款比例

	四大国有银行（%）	股份制商业银行（%）	城市商业银行（%）	各类农村中小金融机构（%）	其他机构（%）
均值	70.94	47.27	65.31	57.18	12.86
最小值	10.00	10.00	10.00	10.00	10.00
最大值	100.00	100.00	100.00	100.00	20.00

表16 公司近年来所获得贷款的主要类型（多项选择）

		回收问卷		占全部问卷的比例（%）
		频数	百分比（%）	
公司近年来所获得贷款的主要类型	信用贷款	67	23.8	32.8
	抵押和质押贷款	132	47.0	64.7
	其他公司或个人担保贷款	36	12.8	17.6
	政府担保贷款	18	6.4	8.8
	没有贷款	25	8.9	12.3
	其他	3	1.1	1.5
合计		281	100.0	137.7

表17 目前展开民间融资活动的主要方式

	频数	百分比（%）
向民间，融资公司拆借	13	9.5
公司外个人和公司借入	65	44.7
股东和职工	47	34.3
其他	12	8.7
合计	137	100.0

下表表示产品出口与不出口的企业对外部资金的需求差别。在产品出口的企业中，有融资需求的企业占88.90%，急需融资比例占11.10%，在产品非出口的企业中有融资需求的企业占79.5%，比产品出口的企业少，但急需融资的比例为22.7%，比产品出口的企业多了将近一倍。

非出口企业融资需求较大，但出口企业融资需求较急，说明非出口企业目标客户为国内市场，部分企业拥有自有品牌，在品牌建设和产品研发方面需要投入更多资金，库存和应收账款导致的融资需求大；产品出口企业客户市场为国外，近来受欧债危机影响，订单出现短、小、急、快特点，故急需融资企业更多。

2012年调研的产品非出口企业中认为贷款有困难的企业占到55.5%，很困难的企业为11.1%，产品出口的企业中认为贷款有困难的占到85.4%，很困难的占到35.8%，均比非出口企业多，表明现阶段出口企业融资难度比非出口企业大融资已成为出口企业稳增长必需解决的条件（表19）。

（二）不同行业部门的企业融资需求状况分析

原材料供应商、销售商或代理商在外部资金需求中对急需融资的需求比中间生产商和成品生产商少，销售商或代理商对资金需求呈两级分化状态，25.0%急需融资，25%明确表示不要融资（表20）。

在产品类型与资金需求状况交叉分析表中，纺织、织造或印染企业有资金需求的占到74.1%，其

表18 产品是否出口及目前对外部资金的需求状况

产品是否出口		目前对外部资金的需求状况				合计（%）
		急需融资（%）	较为需要（%）	可有可无（%）	无需融资（%）	
产品是否出口	否	11.10	77.80	0.00	11.10	100.00
	是	22.70	46.80	22.00	8.50	100.00
合计		22.00	48.70	20.70	8.70	100.00

表19 产品是否出口及现阶段向金融机构贷款的难度

产品是否出口		现阶段向金融机构贷款的难度				合计（%）
		很困难（%）	有点困难（%）	较容易（%）	不知道（%）	
产品是否出口	否	11.1	44.4	33.3	11.1	100.00
	是	35.8	49.6	10.2	4.4	100.00
合计		34.2	49.3	11.6	4.8	100.00

中急需资金企业占到18.5%，针织或梭织服装企业有资金需求占到74.4%，其中急需资金企业占到24.0%，家纺有资金需求企业占到76.9%，其中急需融资企业占到15.4%，目前生产这三大类产品的企业都有较大的融资需求，都面临融资难题，其中针织或梭织服装企业中急需融资比例更多，贷款难度更大（表21～22）。

（三）不同规模企业的融资需求状况分析

对调研的148家企业2011年销售总额和融资需求

表20 公司类型及公司目前对外部资金的需求状况

	急需融资（%）	较为需要（%）	可有可无（%）	无需融资（%）	合计（%）
原材料供应商	22.2	38.9	27.8	11.1	100.00
中间（零部件）生产商	0.0	47.6	38.1	14.3	100.00
成品生产商	8.0	37.4	30.1	24.5	100.00
销售商或代理商	25.0	50.0	0.0	25.0	100.00

表21 公司主要生产经营的产品或提供的服务及公司对外部资金需求状况

产品类型	资金需求状况				合计（%）
	急需融资（%）	比较需要（%）	可有可无（%）	不需要（%）	
纺纱、织造或印染	18.5	55.6	18.5	7.4	100.00
针织、梭织服装	24.0	50.4	19.8	5.8	100.00
家纺	15.4	61.5	15.4	7.7	100.00

表22 公司主要生产经营的产品或提供的服务及贷款难易程度

主要生产经营的产品或提供的服务		现阶段向金融机构贷款难易程度				合计（%）
		非常困难（%）	比较困难（%）	比较容易（%）	不知道（%）	
公司主要生产经营的产品或提供的服	纺纱、织造或印染	14.8	55.4	29.8	0.0	100.00
	针织、梭织服装	40.2	49.8	5.0	5.0	100.00
	家纺	7.5	61.5	31.0	0.0	100.00

进行交叉分析，如下表23。销售总额在3000万元以下的企业中明确表示有融资需求的企业占到67.1%，急需融资比例为18.8%，总资产在3000~6000万的企业中明确表示有融资需求的占到76.5%，急需融资比例为32.4%，总资产在6000~9000万元以上的企业中明确表示有融资需求的占到78.6%，急需融资比例为28.6%，9000万以上急需融资比例约69%，说明在被调研中小纺织企业普遍都有融资需求，中小规模企业融资需求相对较高(表23)。

（四）创新研发企业的融资需求状况分析

从2012年调研数据可看出2011年末创新研发投入相对较多的企业年末销售总额和净利润都比较高，尤其是净利润比较明显，一方面一般有实力的企业会投入较多创新研发费用，另一方面创新研发又促进企业更好转型和发展（表24~25）。

销售利润率为负数以及小于20%的企业大部分创新研发投入都不高，只占到0~3.0%，而在销售利润率达到20%~40%的企业中，75%的企业创新研发投入占销售总额3.0%以上，销售利润率大于40%的企业中，50.00%创新研发投入占销售总额3.0%以上（表26）。创新研发在一定程度上可以提高企业销售利润率，创新企业仍需要积极提升自我成长能力。

由于传统低成本优势正在消失，中国纺织服装产业正处于产业转型时期，在本次调研企业中创新研发投入占销售总额1%和以下的企业共81家，占到55.1%的比例，说明大部分企业研发投入都比较

表23 资产总计及目前对外部资金的需求状况

单位：万元		急需融资（%）	较为需要（%）	可有可无（%）	无需融资（%）	合计（%）
2011年销售总额	3000万以下	18.8	48.3	23.5	9.4	100
	3000~6000万	32.4	44.1	14.7	8.8	100
	6000~9000万	28.6	50.0	21.4	0.0	100
	9000万以上	17.7	52.9	17.6	11.8	100

表24 2011创新研发投入比及年末销售总额

研发投入比		2011年末销售额（万元）				合计（%）
		<1000	1000~3000	3000~6000	>6000	
创新研发投入占销售总额比例	0.0%~1.0%	13.6%	48.1%	21.0%	17.3%	100.0
	1.0%~3.0%	7.7%	23.1%	30.8%	38.5%	100.0
	3.0%~5.0%	9.1%	26.4%	35.5%	29.1%	100.0
	5.0%以上	8.2%	28.2%	30.5%	33.1%	100.0

低。在创新研发投入占销售额0～1%比例企业中，有融资需求企业占72.8%，其中急需融资占29.6%，在创新研发投入占1.0%～3.0%企业中，有融资需求企业占76.9%，其中急需融资占7.7%，在创新研发投入占3.0%～5.0%企业中有融资需求企业占58.3%，急需融资占25%，在创新研

表25 创新研发投入比及2011年净利润额

研发投入比		2011年净利润额（万元）				合计(%)
		<30	30～130	130～230	>230	
创新研发投入占销售总额比例	0.0%～1.0%	13.8%	38.8%	15.0%	32.5%	100.0
	1.0%～3.0%	15.4%	7.7%	15.4%	61.5%	100.0
	3.0%～5.0%	18.2%	18.2%	27.3%	36.4%	100.0
	5.0%以上	13.2%	23.7%	34.2%	28.9%	100.0

表26 创新研发投入占销售总额比例及销售利润率

销售利润率		销售利润率			
		≤0	0～20%	20%～40%	≥40%
创新研发投入占销售总额比例	0.0%–3%	62.5%	69.2%	25.0%	50.0%
	3.0%以上	37.5%	30.8%	75.0%	50.0%
	合计（%）	100.00	100.00	100.00	100.00

表27 创新研发投入占销售总额比例及目前对外部资金的需求状况

创新研发投入比		目前对外部资金的需求状况				合计(%)
		急需融资	较为需要	可有可无	无需融资	
创新研发投入占销售总额比例	0.0%～1.0%	29.6%	43.2%	18.5%	8.6%	100.0
	1.0%～3.0%	7.7%	69.2%	23.1%	0.0%	100.0
	3.0%～5.0%	25.0%	33.3%	16.7%	25.0%	100.0
	5.0%以上	12.2%	55.1%	24.4%	7.3%	100.0

发投入占5.0%以上企业中有融资需求企业占68.3%，其中急需融资企业占12.2%。从数据中可以看出创新研发投入小和创新研发投入大的企业对融资需求比较大（表27）。显然融资目的有所不同（图8）。

结论与建议

中国经济正处于全面工业化、新产业革命启动期和纺织全球产业网络重构的历史转折期，纺织服装行业融资问题的出现有深刻的时代背景。中国面临“中等收入困境”、刘易斯拐点下经济转型中的结构性矛盾，纺织企业更面临产业转型和升级的挑战，而金融与欧债危机更激化了资本市场矛盾和彰显中国金融体制的不适应，解决纺织企业融资问题不仅影响“促出口、稳增长、保就业、调结构”的目标，更事关实现经济顺利转型，为改革创新积累能量和迎接新产业革命下的新一轮发展的长期战略。

本文通过案头研究和问卷调查得出以下结论：当前中国纺织企业的融资问题突出，主要发生于终端产品出口加工的中小企业；市场低迷订单减少、劳动力原料成本增加和人民币汇率升值等直接因素，造成利润空间和内部融资能力下降，进而更使接单能力和竞争力下降；当前纺织服装企业主要是经营性融资，即为解决原料、工资、库存等资金问题，生存问题掩盖了企业为永续发展的创新性投资性融资；解决中国纺织企业融资问题的外部因素是金融体制问题，投融资不对称，融资渠道不畅，信用缺失等；研究表明，创新企业往往经营绩效好，创新是企业解决资金问题和自我成长的内在力量，但创新企业同样面临融资问题，金融体制改革应同时解决中小型企业的经营性融资和创新创业性融资的政策设计和制度改革。因此，金融体制改革和金融创新既要关注当前中小纺织企业当前的迫切难题，以促出口、稳增长、保稳定，更应着眼于长期的改革，为支持产业升级转型和新一轮增长积聚能量，为中国纺织从大国向强国转型加油助力。

（撰稿人：顾庆良 俞秀敏 曹利群）

纺织行业投资分析与技术改造工作重点

中国纺织工业联合会产业部

“十一五”以来纺织工业的规模持续增长，产业结构得到优化，节能减排取得明显效果，质量效益大幅提高，市场竞争力进一步增强，这些成绩的取得离不开先进技术的推广应用和企业技术改造的投入。技术改造在推动产业升级中发挥了积极作用。

“十一五”以来纺织工业固定资产投资分析

一、投资规模变化

从2006年到2011年，纺织工业规模以上企业实际完成固定资产投资累计是2006年的10.5倍，纺织工业的资产总值扩大了13.6倍、工业总产值扩大了30倍、利润扩大了146倍。三年振兴规划的实施，明确了纺织工业的地位，增强了企业和社会对纺织产业的投资信心，加快了技术进步，提高了赢利能力。自2008年至2011年，纺织工业实际完成固定资产投资增速呈上升趋势，特别是在2010年、2011年纺织工业实际完成固定资产投资增速高于我国制造业的平均投资增速，2012年受国际国内大环境的影响，市场需求不旺、投资谨慎，但投资额依然增加，只是增速大幅下降。

图1 2006～2012年纺织工业实际完成固定资产投资情况图

资料来源：国家统计局

二、单个项目的投资规模变化

纺织工业单个项目的平均投资额逐年提高，2012年单个项目的平均投资额是2006年的1.95倍，纺机制造业是2.47倍，说明企业逐渐改变粗放型的简单改造，而加大了以技术升级为主的内涵式改造的力度。纺机制造业，加大引进先进生产工艺和设备，改造提升加工制造精度和装配水平，提高装备的稳定性，促进纺机向智能化、高速化、数字化方向发展，使中高端纺机的市场竞争力不断提高。

图2 纺织工业平均固定资产投资规模变化图

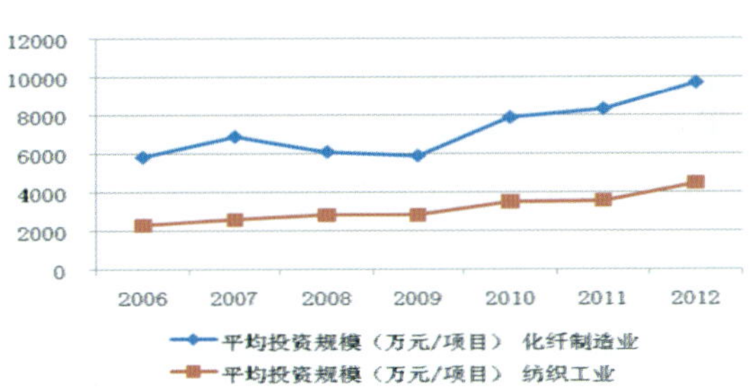

资料来源：国家统计局

三、区域投资变化

中西部地区投资增速从2006年至2012年一直高于纺织全行业，在“十一五”期间也高于东部地区。中西部地区在产业转移的大趋势下，结合当地特色纺织的优势，承接转移，发挥集聚优势，在产业转移中向产业链两端延伸。区域结构不断优化，从2006年到2012年，中西部固定资产投资额的占比变化：中部从20.8%提高到33.7%，西部从7.2%提高到7.8%，最高时达到9.5%。

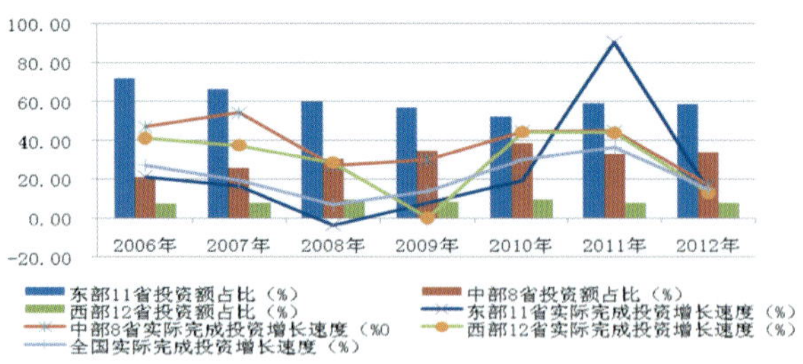

图3 2006～2012年东中西部地区纺织工业投资情况图

资料来源：国家统计局

2012年纺织工业固定资产投资

一、实际完成固定资产投资增速逐月下滑，下半年趋缓

2012年国内外低迷的经济发展环境也迫使企业更加注重发挥技术优势，改造提升装备水平，创新产品，开拓市场，坚持技术改造不动摇。在全行业的攻坚克难的努力下，基本实现了全年行业经济“稳增长、调结构、促效益”的目标。2012年1～12月，我国纺织工业500万元以上固定资产投资项目累计实际完成投资总额7793.0243亿元，同比增长14.62%，增速较上年同期下降了21.7个百分点，且增速低于全国制造业7.38个百分点。纺织工业投资占制造业的比重为6.24%，比去年同期比重下降了0.39个百分点。新开工项目数12959个，同比降低5.51%，3月份后一直处于负增长，投资信心不足、投资更显谨慎。

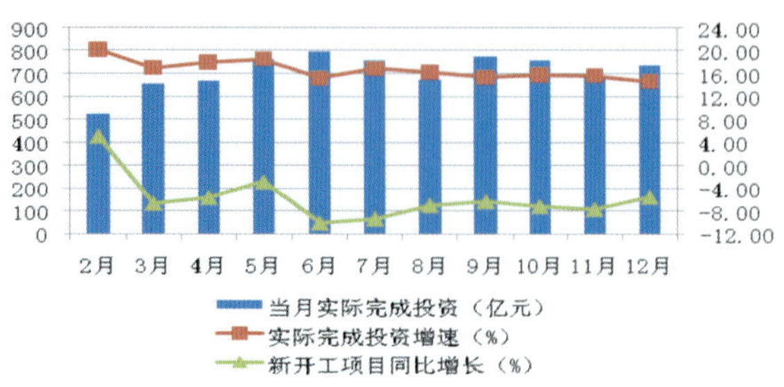

图4 2012年月度纺织工业实际完成投资变化图

资料来源：国家统计局

二、分行业固定资产投资

虽然纺织工业的固定资产投资增速比2011年降低了21.7个百分点，但分行业看，化学纤维制造业的投资增速虽然比去年低27.56个百分点，但仍高于纺织工业增速，主要是锦纶、人造纤维固定资产投资的拉动。化纤经过2010和2011年的投资热潮后，已趋于理性投资。纺机制造业的增速呈现下降趋势，但实际完成投资增长率也高于纺织工业。

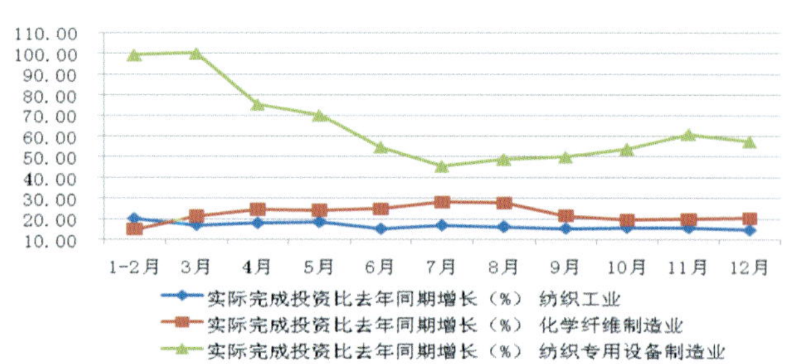

图5 2012年分行业实际完成投资同比变化图

资料来源：国家统计局

三、进口纺机装备的投资

纺机进口为我国纺织装备技术升级、技术改造都发挥了重要推动作用，同时加快了国产装备水平的提升。纺机进口总额虽然逐年增加，但占固定资产投资额比重逐年下降，2012年比2006年占比下降了近14个百分点，这也反映了国产纺机的替代率大大提高。

2012年纺机进口总额43.77亿美元，同比降低21.37%，各类纺机进口数量全线下跌，特别是针织机械进口数量同比下跌幅度最大，达到56.36%。大部分纺机进口单价同比上升，增加幅度最大的是化纤机械，进口单价同比达到159.52%，这充分体现了企业进口高端、高性能装备的需求。进口额排在第一位的是化纤机械，占进口总额的比重为22%。进口额同比增加28.24%，主要是进口单价的贡献，

2012年针织机械进口大幅度降低，一是多年来一直旺盛的进口，高基数的原因；二是国产针织设备的技术水平提高替代了进口；三是投资大环境影响。进口排在第二位的是纺纱机械，占进口总额的比重为21.7%，主要是进口粗纱机、粗细联设备和新型纺纱设备。

2012年起国家调整了纺织用圆网印花机、平网印花机的进口关税，由原来8%下降至6%。但2012年市场大环境的不景气，政策效应不明显，2012年的进口数量同比去年没有增加。平网印花机的单价同比上升了34.26%，高档印花机的性能不断提高。按照2012年两种印花机的进口额测算，下调进口关税之后，可为印染行业节省600多万元。

新时期技术改造的内涵和本质

新时期我国工业的主要任务是转型升级、促进工业由大变强。技术改造具有投资省、技术新、消耗低、工期短、见效快、效益好的特点，是推进我国工业走内涵式发展道路的有效途径。

一、新时期技术改造的本质

2011年12月，国务院发布的《工业转型升级规划》中，明确了“技术改造是技术进步的重要组成部分，是技术创新成果实现产业化、发挥效益的重要途径，是我国在工业发展中形成的一项重要制度”；还将加强企业技术改造作为“十二五”时期推动工业转型升级的重要举措之一，同时也提出了“十二五”加强企业技术改造的思路和任务、“十二五”技术改造重点领域、保障措施等。充分显示了技术改造在转型升级中将发挥的重要作用。

（一）技术改造的内涵

2012年9月，国务院发布了《国务院关于促进企业技术改造的指导意见》（以下简称《意见》）。《意见》中明确了技术改造是企业采用新技术、新工艺、新设备、新材料对现有设施、工艺条件及生产服务等进行改造提升，淘汰落后产能，实现内涵式发展的投资活动，是实现技术进步，提高生产效率，推进节能减排，促进安全生产的重要途径。指导意见将为企业技术改造工作顺利推进保驾护航。

（二）新时期技术改造的重点任务

《意见》围绕工业转型升级的关键环节，提出了促进企业技术改造的9项重点任务。包括加快推进技术创新和科技成果产业化；提高装备水平，推广应用自动化、数字化、网络化、智能化等先进制造系统、智能制造设备及大型成套技术装备；促进绿色发展，加快推广国内外先进节能、节水、节材技术和工艺；优化产品结构，推进精益制造，改进工艺流程，加强过程控制，提高制造水平；推进信息化与工业化融合；推进军民结合；保障安全生产；提升产业集聚水平；加强公共服务平台建设等。

2012年9月，工信部就落实《意见》，召开了全国工业企业技术改造工作会，工信部部长苗圩指出，企业技术改造是推动我国工业持续快速健康发展一条行之有效的宝贵经验，在国民经济发展中发挥了重要作用。新时期技术改造工作要进一步突出重点，在促进工业转型升级中发挥更大作用。一是改造提升传统产业，务实推进产业结构调整。二是大力增强企业创新能力，推进技术创新和科技成果产业化。三是推进两化深度融合和军民融合式发展。四是加强公共服务平台建设，提升产业集聚水平。

（三）加大技术改造的投资力度

《意见》提出了到2015年，我国技术改造投资占工业投资的比重明显提高的要求，根据国家统计局统计数据，2011年技术改造投资占工业固定资产投资的比重为41.6%，比2010年高1.4个百分点，2012年1～10月技术改造投资占工业投资比重是41.1%。由此看出国家对技术改造投资在国民经济发展中的重要作用寄予众望和持久性。

国家为了积极推动支持企业技术改造的长效机制，中央财政设立了产业振兴和技术改造专项，对企业技术改造加大支持力度。2012年中央财政在计划160亿元的基础上又追加了68亿元，使2012年的技改专项资金总规模达到228亿元，是近年来中央财政安排技改资金最多的一年。纺织行业产业升级和技术改造得到国家项目支持资金8亿元，中小企业项目支持2亿元，合计10亿元。

二、促进产业发展的相关政策

（1）自2008年开始，国家对列入《鼓励进口技术和产品目录》的产品实行进口贴息政策，《目录》中包括鼓励引进的先进技术、鼓励进口的重要装备、鼓励发展的重点行业以及资源性产品和原材料四个部分。据商务部介绍，中央财政拨付2012年进口贴息资金25亿元，比上年增长25%。自2008年设立进口贴息资金以来，中央财政已累计拨付该项资金95亿元，带动国家鼓励产品进口额1113.52亿美元，平均1元人民币拉动近12美元进口。

（2）2012年国家商务部对《进口贴息鼓励引进消化吸收再创新暂行办法（征求意见稿）》向中纺联征求意见，这将是国家鼓励企业再创新的具体举措。引进消化吸收再创新，是指企业从境外合法引进先进技术、工艺和装备，通过有效方式掌握其核心技术要素，在此基础上开发新技术、新产品、新工艺并“形成自主知识产权”实现产业化的创新活动。国家将对企业利用已获得进口贴息资金支持的引进技术、进口装备或零部件进行引进消化吸收再创新，并取得创新成果的，进一步给予贴息支持。

（3）列入鼓励类投资项目的进口设备，除列入《国内投资项目不予免税的进口商品目录（2012年调整）》外，继续免征进口关税和进口环节增值税。

（4）细纱机紧密纺装置进口实行零关税政策，从2006年11月1日起开始实施至现在。

（5）为积极增加进口，满足国内经济社会发展及消费需求，2013年我国对780多种进口商品实施低于最惠国税率的年度进口暂定税率。其中，涉及纺织装备有20多个税号、30多个产品及有关零附件，将有利支持纺织行业的装备升级。按照降低后税率仅棉纺织主要设备，以2012年的进口数量和单价估算，将可节省近2亿元人民币。有关纺织装备调整后的暂定税率见表1。

三、税收优惠政策助力技术改造

我国现行支持企业技术改造的有关税收优惠政策，包括增值税一般纳税人购进或者自制机器设备发生的增值税进项税额可按规定从销项税额中抵扣；企业所得税法规定的固定资产加速折旧，购置用于环境保护、节能节水、安全生产等专用设备的投资额可按一定比例实行税额抵免，研发费用加计扣除所得税，技术转让减免企业所得税，被认定为高新技术企业的享受企业所得税优惠；对从事国家鼓励发展的项目所需、国内不能生产的先进设备，在规定范围内免征进口关税；对国内企业为生产国家支持发展的重大技术装备而确有必要进口的关键零部件及原材料，享受进口税收优惠。

加强纺织工业技术进步产业提升的引导

一、有关产业发展的指南

国家有关产业发展的指导意见（见下表），明确了产业在转型升级、产业技术进步、产业区域结构优化的指导思想、重点任务和目标，具有重要的指导意义。为更好地适应转变经济发展方式的需要，2013年2月，发改委发布了《产业结构调整指导目录（2011年本）（修正）》，对纺织部分调整的重点，

表1 2013年进口纺织重点设备暂定税率表

税则号列	商品名称	最惠国税率（%）	2013年建议暂定税率（%）
84201000	织物轧光机	8.4	6
84431921	纺织用圆网印花机	10	6
84431922	纺织用平网印花机	10	6
84451190	宽幅非织造布梳理机，工作幅宽＞3.5米，工作速度＞120米/分钟	10	6
84452031	全自动转杯纺纱机	10	5
84454010	自动络筒机	10	4
84463050	喷气织机	8	0
84481100	多臂机或提花机 转速指标：500转/分以上	8	4
84483310	络筒锭	6	3
84483920	电子清纱器	6	3
84483930	空气捻接器	6	3
84483940	环锭细纱机紧密纺装置	6	0
84483990	税号84.45所列机器用的其他零附件	6	3
84484920	引纬、送经装置	6	3
84484990	织机及其辅助机器用其他零附件	6	3
84485900	税号84.47机器用的其他零附件	6	3
84490010	高速针刺机，针刺频率＞2000次/分钟	8	6
84490020	高速宽幅水刺设备，工作幅宽＞3.5米，工作速度＞250米/分钟，水刺压力≥400帕	8	6
84501120	干衣量≤10kg的滚筒式全自动洗衣机	10	6
84502000	干衣量＞10kg的洗衣机	10	6
84509090	干衣量＞10kg的洗衣机零件	16	5
84518000	柔软整理机、磨毛机、丝光机、定型机、罐蒸机、精炼机、剪绒、洗缩联合机、预缩机、服装液氨整理机、服装定型焙烘炉、剪毛联合机	12	10
84518000	涂层机	12	8

是对有些鼓励类的提出东部地区限于技术改造。

二、把握纺织工业技术进步改造提升重点

现在国家对技术改造专项资金由“地方切块”为主调整为“部分专项资金集中使用”，更加注重对行业的共性关键技术的产业化，提升产业链的关键环节和重点问题的支持；更加注重对重点技术、重点产品、重点企业的支持。“十二五”是我国经济发展的关键期，也是纺织工业走向强国的攻坚期，因此要准确把握好投资方向和投资重点，通过技术改造促使纺织经济增长由依赖要素投入转到依靠技术进步和提高全要素生产率上来。对“十二五”后期纺织工业技术进步改造提升的重点探讨如下。

（一）改造提升传统纺织，淘汰落后

大力发展利用材料科学、电子计算机、纳米技术、生化技术和信息技术等先进技术，改造提升传统纺织生产模式、流程再造，优化工艺、提高品质、提高劳动生产率，构建新技术优势。大力发展绿色印染后整理先进加工技术。

（二）大力发展高新技术纤维及其复合材料的产业化与应用

大力发展可再生，可降解，可循环，对环境友好的生物质材料。推进生物质纤维及生化原料的产业化及应用，重点发展满足产业用纺织品的功能性纤维应用技术，高仿真纤维及其应用技术。纤维材料向绿色环保化、高功能化、复合化的方向发展。

（三）加快高性能产业用纺织品产业化及应用

发展高性能产业用纺织品的产业化配套技术和过程控制技术。大力发展具有生物可降解性、抗菌、超吸水等功能性纤维的新型卫生用品；大力发展材料轻量、阻燃、环保性吸附、防臭等功能性汽车内饰材料；发展高强、定伸长、生态相容性好以及智能型土工布；发展耐高温、耐氧化、耐酸碱性、抗静电等高性能过滤材料；发展应用于水处理的中空纤维膜材料。

（四）推广重点装备及关键零部件产业化与应用

表2 国家有关指导产业发展的指南列表

政策名称	发布单位	发布日期
《产业结构调整指导目录（2011年本）修正》	国家发展和改革委	2013.2
《产业转移指导目录（2012年本）》	工业和信息化部	2012.8
《纺织工业“十二五”发展规划》	工业和信息化部	2012.1
《工业转型升级规划》	国务院	2011.12
《工业转型升级投资指南》	工业和信息化部	2011.12
《产业关键共性技术发展指南（2011年）》	工业和信息化部	2011.7
《当前优先发展的高技术产业化重点领域指南（2011年度）》	发改委、科技部、工信部、知识产权局	2011.6
《纺织工业“十二五”科技进步纲要》	中国纺织工业联合会	2010.11

大力发展纺机的自动化、数字化、智能化、网络化、模块化及集成化技术的装备制造技术和节能型装备。重点装备：化纤行业包括高新技术纤维成套工艺技术装备、功能性差别化纤维成套工艺技术装备；产业用行业包括纺粘、熔喷、复合非织造布设备、新型非织造布成套装备、加快织造和非织造成型技术装备开发；印染行业包括印染工艺参数在线检测与控制系统、印染生产数据在线采集及生产执行系统、自动化筒子纱染色生产物流系统、连续染色、连续漂水洗节能型、新型高档织物多功能整理、印染在线废水膜过滤与净化回用系统等装备；传统纺织包括大力推广高效短流程的一体化联合机、自动化、智能化等特征的纺纱、织造等装备。

（五）促进两化深度融合

大力发展纺织生产企业推行生产制造系统的信息化应用技术，推动企业研发设计、生产过程、企业管理及营销等全流程的信息化建设。

（六）推广先进节能、节水、节材技术和工艺

大力发展从源头和过程控制技术、末端治理的先进技术。重点发展少水、无水、低温、短流程等印染和后整理先进技术，数码印花和织造技术。

（七）资源循环再利用

大力发展废旧纺织品（包括纺织制品边角余料）回收再利用技术、生产过程中的剩余能源、可用余料回收再利用先进技术。大力发展废水深度治理技术，提高印染废水的综合回用率。

新时期赋予技术改造新任务、新使命、实现科学发展、转变经济发展方式对技术改造工作提出了新要求，实现纺织强国，提升产业核心竞争力对技术进步工作提出了新挑战。因此要聚焦纺织转型升级的关键环节和重点领域，坚持市场主导与政府引导相结合、坚持技术改造与技术创新相结合、坚持改造传统产业与发展新兴产业相结合、坚持突出重点与全面提升相结合的原则，开拓创新纺织产业的技术进步工作新局面。

（撰稿人：王玉琦）

纺织行业质量工作现状及主要任务

中国纺织工业联合会产业部

纺织行业质量工作现状

纺织行业以科学求实的态度，勇于创新的气魄，真抓实干，开拓进取，在科技、信息化、质量管理等方面取得了一定的成效。

一、科技创新体系建设加快了行业技术进步

通过创新体系的不断健全，企业创新主体地位更加突出。据统计，截至2010 年底，纺织行业国家认定企业技术中心达到38 个，其中服装行业拥有国家级企业技术中心16个，国家级工程（技术）研究中心1个，国家火炬计划特色产业基地1个。据2012年纺织行业质量奖申报企业数据统计显示，这些企业研发投入强度均值为3.67 %，新产品产值率均值为50%.利润率均值为8.87%，成本费用利润率16.7 %，万元产值能耗均值为0.51吨标煤。

二、信息化已成为企业发展源动力

生产过程信息化、物流过程信息化和管理决策信息化是企业信息化三大板块。目前，规模以上企业服装CAD普及率达到100%；服装CAM成为国内服装企业技术改造和生产装备升级重点之一，预计到2015年全行业普及率将达15%。2011年，工业和信息化部发布了《产业关键共性技术发展指南（2011）》，将“纺织制成品智能吊挂流水线系统”列为八项纺织行业关键共性技术之一。国外服装缝制加工段普遍应用FMS，近几年，FMS在我国服装业应用速度明显加快，总量接近2000条流水线，绝大多数来自瑞典ETON、美国格柏、日本重机、德国杜克普和新加坡衣拿公司，国产FMS约占5%左右。自动化立体仓库是现代物流仓储技术中的一个重要组成部分，自动化立体仓库能有效提高仓库响应速度和准确度，提高配送效率，是服装企业信息化建设和实现计算机集成制造（CIMS）的重要环节。目前，雅戈尔、美邦、森马、爱慕、滨州亚光等国内大型服装骨干企业都已经利用自动化立体仓储技术建立了物流配送中心。

三、公共服务创新平台建设稳步推进

目前，我国服装行业公共服务平台建设取得长足进展。2011年工信部公布的首批“国家中小企业公共服务示范平台”名单，有7家纺织示范平台列入其中；2011年5月联合会公布了首批北京雅宝路天雅信息技术有限责任公司等26家单位“纺织行业中小企业公共服务示范平台”，以更好地推动公共服务平台建设，支持中小企业健康发展。近几年，纺织行业在广东西樵、浙江绍兴，上海松江等产业集群先后建立了产业创新平台，在5个专业市场、20个重点企业、4个大专院校建立了创新平台合作项目，并陆续建立了包括15家检测中心的中国纺织工业协会检测网络，这些检测中心通过了国家实验室认可（CNAS）和国家/省级计量认证（CMA），并获得了多家国内外知名买家和认证机构的认可。

四、质量管理状况

2012年，联合会通过对申报质量奖企业统计分

析，质量管理体系认证情况远高于行业平均水平。这些企业通过ISO9000质量管理体系认证的比例98%，通过ISO14000认证的比例82%，通过OHSAS18000认证的比例53%。骨干企业通过建立完善的品质保证体系和品质管理流程，实施了6A质量管理系统，即动态标准系统、责任系统、措施系统、检查系统、考核系统、数据系统，确保了产品质量的稳定性，信息化建设推进，ERP系统和SAP系统有效运行，实现了订单状态查询，库存管理等。通过采购、销售、库存、生产、成本等信息化的应用，采购订单时间已经从以前占总时间50%下降到12%。

五、人员培训助推了质量工作的稳步前进

近年来，纺织行业积极开展技术、管理、质量等多方面、多层次的培训和交流活动。服装协会举办营销、品牌经营等培训班20多期，举办FCL国际标准培训、AATCC培训、SDC染色与测配色培训和色彩搭配师培训等百余期，同时，企业不断完善员工培训管理体系，提升员工能力，充分发挥员工的积极性和主动性。通过委托培训、实践培训、课题讨论，专家讲学等，采取走出去、请进来等多种培训教育形式，强化培训的针对性和有效性，提高员工综合素质和技能水平，从而提高了产品质量稳定性和全员劳动生产率。

纺织行业质量工作存在的主要问题

一、出口产品结构问题

2008年欧盟男式西服套装进口中国均价为$31.49/件，低于其余出口欧盟国家价格1.2倍，但占其市场份额48.60%，欧盟中低端需求94.2%是由中国进口，纺织服装行业加快产品结构调整和加强行业自律势在必行。

图1 2008年欧盟男式西服套装进口各档次市场平均单价及市场份额

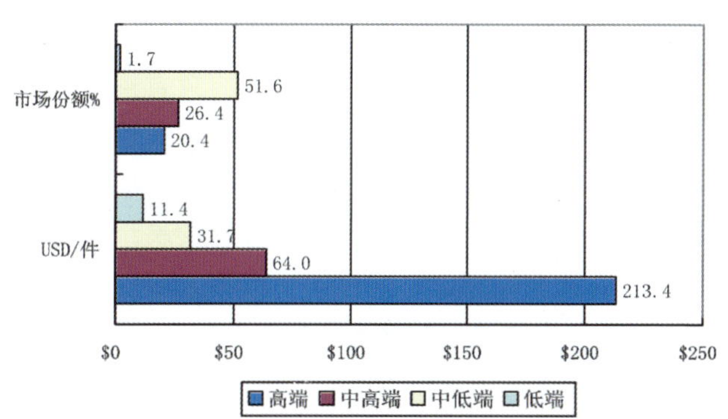

二、质量管理问题

企业在追求卓越过程中，缺乏系统的职能规划和战略部署方法，缺乏清晰的可量化的战略行动计划，影响了战略目标的有效实施。缺少量化一致性的关键绩效指标，未在梳理绩效指标体系的基础上形成企业绩效、竞争绩效、战略指标、KPI和关键过程指标的层层展开的绩效指标体系，形成对研发、采购、营销等关键过程的要求和指标，以形成聚焦战略目标的绩效指标体系。尽管一些企业导入了5S管理、精益管理及QC小组活动等，但在正确和灵活地应用统计工具方面仍显薄弱，管理落实不到位。缺乏系统的标杆管理方法，未能深刻理解标杆管理是一种通过关键因素比较发现问题、寻找改进空间以及改进方式的过程。

三、自主品牌问题

目前，本土自主服装品牌已经占领了国内多数市场，但高档服装市场仍以国外品牌为多，在出口服装中自主品牌更是凤毛麟角。从美国《商业周刊》杂志与国际品牌集团合作连续评选发布“2010年全球最佳品牌排行榜”来看，瑞典H&M、西班牙ZARA、美国Gap榜上有名，几年来，中国服装品牌在这份全球百强品牌名单难觅踪影。我国服

装家纺企业品牌历史相对较短，品牌理念和工艺专利等积淀不够深厚，消费文化需要积淀形成，自主品牌系统规划和培育体系有待加强。同时，自主原创品牌缺乏舆论的积极引导，部分消费者盲目崇拜洋品牌。目前存在着对自主品牌的歧视性待遇，甚至人为设置障碍，加高商场进驻门槛，增加了渠道拓展投入费用，严重影响自主品牌的发展。部分一线城市热衷于地方性品牌保护，品牌区域性现象突出，阻碍了自主品牌的培育和发展。

四、先进质量管理方法培训问题

今年行业质量奖资料申报过程中，非常突出的问题是一些骨干优势企业尽管在行业内非常出色，但是因为申报资料完全脱离卓越绩效模式的框架要求，对卓越绩效模式不理解，答非所问，未能按规则出牌，导致资料评审阶段即被淘汰。

2013年纺织行业质量工作主要任务

2013年总体思路是加强培训，深化对标，方法推进，提升纺织行业质量水平。

一、继续开展QC小组活动，提升质量管理水平

积极推进和普及QC小组活动，调动企业参与QC小组活动的热情。开展灵活多样QC小组活动，尤其是在提升质量、节能降耗方面将潜心研究出的成果转化为生产力。加强质量管理知识培训，同时，企业要把学习开展QC小组活动作为建设企业文化的一个重要组成部分，使之与企业发展战略目标有机地结合起来。加大统计技术方法在QC小组活动中的应用力度。帮助企业学习和掌握先进质量管理方法，进而应用于企业经营，提升企业质量管理水平。

二、认真总结和推广卓越绩效模式成功经验

认真总结卓越绩效模式的经验，形成具有行业特色的卓越绩效最佳实践，让更多企业得以分享。同时为广大企业搭建更为丰富、有效的交流渠道与平台，带动更多企业导入卓越绩效模式，走上追求卓越之路。通过企业创奖过程，使企业在管理改进、绩效提升上，充分感受到导入并实施卓越绩效模式的价值，吸引更多企业加入追求卓越的队伍。跟踪获奖企业创新发展，督促其在追求卓越道路上不断改进与提高，从而使创奖活动与时代发展和社会进步的要求相适应，使质量管理工作始终充满生机。

三、完善质量对标体系平台

加强组织领导。成立纺织对标工作领导小组，负责纺织对标工作的协调指导和督促落实，制定对标总体方案，做到组织、措施、责任三到位，推动对标工作深入开展。按照纺织、服装、家纺等不同专业分类指导，确定标杆值选取原则，制定对标指标体系，借助对标平台系统，动态更新并择期公布。标杆示范引导。发现和培育标杆典型企业，确立一批典型示范企业，通过经验交流会、巡回培训等形式推进最佳实践，形成对标工作长效机制。

四、积极配合政府相关部门的工作

继续积极配合工信部，做好相关质量品牌建设工作。积极组织工业产品质量控制和技术评价实验室申报和推荐工作，以适应新型工业化发展需求，提高行业产品质量水平，作为技术服务机构，帮助企业从源头在产品设计、检验、分析和技术改进方面进行质量控制。

五、注重自主品牌的建设

在品牌建设过程中，注重科技成果的转化应用与市场化运作。坚持以质取胜，自主创新。在增强科技硬实力的同时，以现代科技为基础和支撑，促使技术创新与文化创意的融合发展，着力提高文化软实力，提高品牌文化含量，提高品牌企业经营效率和效益，不断推动自主品牌的发展和壮大。

（撰稿人：吴玉华）

中国纺织工业节能减排规划研究

中国纺织工业联合会环境保护与资源节约促进委员会

我国《国民经济和社会发展第十二个五年规划》明确提出，要树立绿色、低碳发展理念，健全激励与约束机制，以节能减排为重点，加快构建资源节约、环境友好的生产方式和消费模式，增强可持续发展能力，提高生态文明水平。纺织工业是我国国民经济的传统支柱产业，资源与环境是制约我国纺织工业可持续发展的瓶颈，资源过度消耗和环境污染问题已成为目前纺织工业发展中急需关注的重点，坚持“低碳、绿色、循环”三大战略支撑点，以创新、科技和管理为基本手段，正确解决资源与环境问题，是实现纺织工业由大变强的重要途径。纺织工业节能减排重点包括几方面的内容：一是大力推进节能降耗，抑制高耗能产业过快增长，加快淘汰落后产能，加强重点用能单位节能管理，制订完善主要产品能耗限额和产品能效标准；二是强化污染物减排和治理，实施主要污染物总量控制，加强印染行业污染治理，减少废水排放量和废气的无组织排放，减少污泥产生量；三是大力推行节能减排成熟技术的示范和推广，完善清洁生产评价指标体系，对高耗能、高污染物排放企业开展清洁生产审核；四是提高企业管理水平，建立科学的节能减排管理机制，定期开展工作宣传和技术培训，加强日常管理和考核，做好能源、资源统计工作。

我国纺织行业节能减排概况

一、纺织工业节能减排取得的进展

在国家大力提倡资源节约、环境保护的政策环境下，纺织工业节能减排取得了一定的成绩。一批节能减排新技术在全行业得到广泛应用，差别化直纺和新型纺丝冷却技术在化纤行业开始推广，高效短流程印染前处理技术在棉及棉混纺织物上得到普遍应用，废水余热回收、中水回用、碱液回收等资源综合利用技术在行业中得到广泛应用，以可再生、可降解的竹浆粕、麻秆浆粕为原料的粘胶纤维实现产业化生产等。

（一）节能成效较为显著

根据中国统计年鉴数据，纺织工业能源消费总量占工业能源消费总量的比例逐年下降，由2006年的4.46%下降至3.94%，万元增加值能耗0.652吨标煤/万元，比2005年下降50.22%，超额完成下降20%的目标，单位增加值综合能耗累计下降约32%。棉纺、化纤、印染等行业主要产品能耗均呈现一定程度下降，其中棉布、万米印染布、和粘胶（长丝）单位产品能耗分别下降了43.29%、28.97%和27.51%。

（二）主要污染物减排取得明显效果

根据中国环境统计年报数据，到2010年底，纺织工业废水治理设施数量明显增加，日处理废水能力达到了1318万吨，同比增长了52.2个百分点；废气治理设施有所增加，其中脱硫设施同比增加了26.1个百分点；五年来共去除化学需氧量812.53万吨，氨氮14.50万吨，二氧化硫94.27万吨，氮氧化物6.84万吨。其中，二氧化硫排放量消减了14.4%，完成了10%的减排任务。百米印染布新鲜水取水量由4.0吨下降到2.5吨，印染行业水回用率由7%提高到15%，单位增加值污水排放量累计下幅超过40%。

二、纺织工业能耗现状

2010年，纺织工业能源消费总量为8339.56万吨标准煤，占工业能源消费量的3.94%，在全国工业能耗中排名第十位。纺织工业能源消费由煤炭、电、天然气、原油、汽油、柴油等构成，主要集中在煤、电和天然气的使用上，三者所占比例超过了90%。根据2010年中国统计年鉴数据，纺织工业中棉纺行业、染整行业和化纤行业能源消耗最大，耗标煤量分别为2269.45万吨、1449.09万吨标煤、1414.81万吨标煤，分别占总能源消耗的27.21%、17.38%和16.96%，三大行业能源消费比例达到61.55%。这三大类行业主要产品共七种，分别为：纱、布、印染布、涤纶（短纤）、涤纶（长丝）、粘胶（短纤）、粘胶（长丝），随着节能技术的推进，纺织产品单耗值均有所下降。

三、纺织工业污染物减排现状

纺织工业污染物减排主要有三方面内容，分别为废水、废气和污泥。根据中国环境统计年报数据，2010年，纺织工业废水排放量29.99亿吨，占全国39个工业行业废水排放总量的14.15%，排名第三位；水的回用率较低，染整行业仅为15%左右；废水中化学需氧量排放量为43.88万吨，占工业总排放量的12%，排名第四位；废气中二氧化硫排放量为36.53万吨，占全国工业的2.14%，排名第八位；“十二五”期间，新增了两个主要污染物指标—氨氮和氮氧化物，2010年氨氮排放量2.20万吨，占工业总排放量的8.98%，排名第三位；氮氧化物排放量21.40万吨，占全国的1.56%，排名第八位。污泥中杂质较多，尤其是印染污泥，含有助剂、浆料、重金属等，属于有毒有害废物，处理难度大。

根据中国环境统计年报数据，2010年，纺织工业废水中约有70%属于印染废水，15%左右为化纤废水。不论印染废水还是化纤废水，都属于高浓度、难降解的有机废水，处理难度较大。其中，印染废水中化学需氧量主要来自于生产过程中使用的染料和化学药剂等，化纤废水中对化学需氧量贡献率最大的是涤纶和粘胶行业。废气主要来源于化纤纺丝工艺和纺织品染色、印花和后整理工序，如纺丝过程中产生的醛类物质，热定型机废气等。

纺织行业节能减排“十二五”规划目标/指标

根据《工业节能“十二五”规划》和《纺织工

业“十二五”发展规划》的文件要求，纺织工业企业到2015年单位工业增加值能源消耗比2010 年降低20%，工业二氧化碳排放强度比2010 年降低20%，单位工业增加值用水量比2010年降低30%，主要污染物排放比2010 年下降10%。“十二五”主要产品单位能耗下降目标：到2015年吨纱（线）混合数综合能耗由2010年的368千克标准煤/吨下降到339千克标准煤/吨，下降目标8%；万米布混合数综合能耗由2010年的1817千克标准煤/万米下降到1672千克标准煤/万米，下降目标8%；万米印染布综合能耗由2298千克标准煤/万米下降到2114千克标准煤/万米，下降目标8%。

纺织工业开展节能减排工作的基本路径

一、调整优化产业结构

抑制高耗能、高排放行业的过快增长，注重化纤、印染行业的发展规模，提高新建项目节能、环保等条件的准入门槛，严格固定资产投资项目节能评估审查、环境影响评价和建设项目用地预审，完善新开工项目管理部门联动机制和项目审批问责制。严格控制高耗能、高排放和资源性产品出口。

表1 2015年主要产品单耗下降目标

序号	指　标	单　位	2010年	2015年	下降目标
1	万米印染布综合能耗	千克标准煤/万米	2298	2114	−8%
2	吨纱（线）混合数综合能耗	千克标准煤/吨	368	339	−8%
3	万米布混合数综合能耗	千克标准煤/万米	1817	1672	−8%
4	粘胶纤维综合能耗（长丝）	千克标准煤/吨	4713	4477	−5%

资料来源：《纺织工业“十二五”发展规划》

表2 “十二五”纺织行业主要污染物减排目标

序号	指标类别		2015年下降目标
1	主要污染物排放量	化学需氧量	−10%
2		二氧化硫	−10%
3		氨氮	−10%
4		氮氧化物	−10%
5		纺织印染行业化学需氧量排放量	−10%
6		纺织印染行业氨氮排放量	−12%

资料来源：《纺织工业“十二五”发展规划》、《节能减排“十二五”规划》

对违规在建的高耗能、高污染物排放项目，环保部门可对其进行行政处罚，金融机构可不予发放贷款。把能源消费总量、污染物排放总量作为能评和环评审批的重要依据，对印染行业实行主要污染物排放总量控制，对新建、扩建项目实施排污量等量或减量置换。中西部地区承接产业转移必须坚持高标准，严禁高污染纺织产业和落后生产能力转入。

二、严格约束主要污染物排放

大力加快和推行共性清洁生产技术的示范和推广，完善清洁生产评价指标体系，开展纺织工业产品生态设计体系建设，对高耗能、高污染物排放重点企业开展强制性清洁生产审核。加强印染行业水污染预防，在棉纺行业推行可生物降解浆料替代PVA浆料技术，在印染行业加快建设碱液回收装置，提升生化处理设施能力，推广清污分流和高浓度纺织废水预处理技术。有自备电厂的纺织企业需清洁利用煤炭资源，重点区域淘汰低效燃煤锅炉，推广使用天然气、生物质成型燃料等清洁能源；加大工业烟粉尘污染防治力度，对燃煤锅炉实施高效除尘改造，实施重点区域内重污染企业搬迁改造，加强建设施工、植被破坏等因素造成的扬尘污染防治等。

三、严格限制新建印染工业项目的准入条件

纺织企业多集中在东部沿海省市，城镇和居民用水量大，水资源供需矛盾较为突出。为加快印染行业结构调整，推进印染行业节水工作，促进印染行业可持续发展，工业和信息化部发布了《印染行业准入条件》（2010年修订版）。该准入条件规定，缺水或水质较差地区原则上不得新建印染项目；水源相对充足地区，地方政府相关部门要科学规划，合理布局，必须在工业园区内集中建设，实行集中供热和污染物的集中处理；缺少环境容量地区，要限制发展印染项目，新建或改扩建项目要与淘汰区域内落后产能相结合；工业园区外企业要逐步搬迁入园，原地改扩建项目，不得增加污染物排放量。

四、重点流域水污染防治建设

加强重点流域水污染综合治理力度，想方设法消减废水和污染物排放总量。在继续坚持淘汰落后、末端治理的基础上，还要从生产环节挖潜，通过技术、设备和工艺升级，提高节能减排水平，促进地表水环境质量持续好转。继续推进织造、印染等符合产业准入门槛要求的部分产能向中西部地区转移，留出空间和容量开展研发和发展高端产能。在已有的相对集中的印染企业集聚区，着力建设一批产业链协作配套完整、资源节约、环境友好的印染工业园区。通过加快转型升级，提高印染行业的精细化、智能化管理，力求打造绿色环保的印染业。

五、推动节能减排技术创新应用

深入实施节能减排科技专项行动，通过国家科技重大专项和国家科技计划（专项）等对节能减排相关科研工作给予支持。完善节能环保技术创新体系，加强基础性、前沿性和共性技术研发，在节能环保关键技术领域取得突破。加强政府指导，推动建立以企业为主体、市场为导向、多种形式的产学研战略联盟，鼓励企业加大研发投入。重点支持成熟的节能减排关键、共性技术与装备产业化示范和应用，加快产业化基地建设。发布节能环保技术推广目录，加快推广先进、成熟的新技术、新工艺、新设备和新材料。加强节能环保领域国际交流合作，加快国外先进适用节能减排技术的引进吸收和推广应用。

六、夯实基础性管理工作，建立科学的节能减排机制

一是通过制定《节能减排领导岗位责任制》、《节能减排管理员岗位责任制》、《企业节能减排管理办法》等制度，使节能减排工作有章可循。二是加强日常管理和考核，认真做好能耗、取用水统计工作，建立能耗、取用水档案并详细记录日用能、用水台账记录等，定期进行能耗、取用水合理性分析汇报。四、健全监督管理体制，坚持每日巡查、抄表，发现问题及时与车间沟通解决，车间能耗、取用水和定额执行情况直接参与当月奖金考核等。五、定期开展节能减排工作宣传和技术培训，安排相关讲座和管理经验交流活动等，普及节能环保知识，宣传好经验、好做法，不断提高企业队伍的素质，带动企业员工加入到创建资源节约型、环境友好型企业的活动中来。

七、健全节能环保法律、法规和标准

完善节能环保法律、法规和标准体系，加快制修订纺织产品强制性能耗限额标准、水效标准、纺织行业清洁生产标准、产品取水定额标准等，完善环境质量标准、排污许可证管理条例、重点用能单位节能管理办法、节能产品认证管理办法等。根据各项节能环保法律、法规和标准，综合考虑地区经济发展水平、产业结构、节能潜力、环境容量及国家产业布局等因素，合理确定本行业节能减排目标。每年由上级政府组织节能减排目标责任评价考核，考核结果作为领导班子和领导干部综合考核评价的重要内容，纳入政府绩效管理。

八、申请国家清洁生产项目资金支持

国家在安排中央预算内技术改造资金时，对运用先进技术和设备、符合《重点工业行业取水指导指标》中先进企业要求的技术改造项目会给予相应的资金支持。各地工业主管部门在安排节能减排资金、地方技术改造项目时，对节水改造项目也有相应的支持政策；对重大、关键节水技术、装备研发项目，要努力争取有关科技经费。鼓励企业、投资机构等加大节水技术研发和改造力度；支持投资机构创新融资方式，开展专业化的节水投资和服务。

纺织工业节能减排重点推广技术

为了落实《建设纺织强国纲要（2011～2020年）》中提出的建设纺织强国任务，实现纺织行业可持续发展，纲要中提出了未来十年内行业要推广的35项节能减排技术，现将部分节能减排重点推广技术介绍如下：

一、低碳节能重点推广技术

（一）太阳能光热技术

太阳能光热技术主要是利用太阳能板集热系统吸收太阳能，产生热水供工业生产用。企业通过太阳能对生产、生活用水进行升温，从而减少蒸汽的用量，达到降低纺织品碳含量的目的，重点推广领域为纺织印染行业。

（二）LED节能灯

LED节能灯具有高效、节能、环保等优势，符合国际上碳减排的有关技术要求。在相同照明效果情况下，比传统光源节能60%以上，使用寿命10倍以上，不存在汞、铅等有毒污染物。重点推广领域为棉纺、化纤、印染行业。

（三）能源优化技术

一是空压系统智能集中控制技术，使空压机的开启及加卸载可以完全由系统根据总管的压力来调节，实现对系统的压力变化快速的调节；压缩空气

通过合理的管网设置，可减少损耗；空压机变频调速系统技术，可按压力的变动量决定电动机的工作频率和转速的大小，实现自动调节方式。空压机热能回收技术，可以回收大量热能来加热水、气等节约能源。重点推广领域为棉纺、化纤行业。二是电力系统，通过无功补偿和谐波治理对系统进行改造，节约电能消耗。三是空调系统，对空调风机和加压水泵进行变频节能改造。配备计算机温度检测系统、保持供水系统压力恒定，降低水蒸气消耗。重点推广领域为棉纺行业。

（四）智能信息化管控系统

对生产过程关键点工艺参数实现在线检测、自动控制和数字化管理，提高产品一次成功率，可减少水、电、气和化学药剂的消耗。重点推广领域为棉纺、印染行业。

二、绿色环保重点推广技术

（一）可生物降解浆料技术

可生物降解浆料可以全部替代或部分替代PVA（聚乙烯醇）上浆，降低退浆废水的CODCr含量，同时可以达到节水、节电、节气的目的。重点推广领域为棉纺行业。

（二）小浴比染色技术

通过智能化控制、改进填装方式、控制水位、提高泵速、改变循环方式等降低染色浴比，从而达到节约用水、蒸汽和染化料的目的。重点推广领域为印染行业。

（三）气流染色技术

与传统溢流机相比，降低了染色浴比，节省染料、化学助剂、辅料等，水和蒸汽消耗量大幅下降，提高了生产效率和产品质量。重点推广领域为针织行业。

（四）麻类纤维生物化学联合脱胶技术

与纯化学脱胶工艺相比，高档纺织纤维制成率可以提高5%以上，并从源头上减少烧碱、硫酸、水玻璃等污染物，废气、废渣排放量大幅减少。重点推广领域为麻纺行业。

三、资源回收重点推广技术

（一）碱液回收技术

利用碱液回收设备对废碱液进行浓缩回收再利用，可达到节能、环保、资源循环利用的目的。重点推广领域为印染行业。

（二）余热回收利用技术

将废气、蒸汽、废水中的热能通过热交换装置进行回收再利用，既可达到环保的要求，又可变废为宝，如锅炉烟气和热定型机废气余热均可回用。重点推广领域为化纤、印染行业。

（三）乙醛回收技术

不仅可以将酯化废水中COD的含量从20000～30000mg/l降至2600mg/l以下，还可以回收99.5%的乙醛，达到节能、环保的目的。重点推广领域为聚酯行业。

（四）废水分质分流及膜法深度处理技术

对印染废水进行清污分流，通过不同预处理后，达到膜法处理要求，经膜法深度处理后，可回用于生产，既降低了废水排放量又提高了水的回用率。重点推广领域为印染行业。

（撰稿人：董廷尉　程晧）

2012年纺织服装行业上市公司情况综述

中国银河证券股份有限公司

纺织服装综合版块上市公司现状与特点

2012年A股纺织服装综合板块的上市公司总数为108家，在A股上市公司总数（2471家）中的占比为4.37%，其中，子板块纺织业的上市公司数量为48家，纺织服装、服饰业为30家，化学纤维制造业24家，皮革、毛皮、羽毛及其制品和制鞋业6家。2012年纺织综合板块新上市公司数量有5家，在当年首发上市公司数（155家）中占比3.23%，其中，在上海交易所上市的有2家，在深圳交易所上市的有3家。

因纺织行业以中小企业为主，盈利能力薄弱，在规模指标方面，纺织上市公司的股本、资产等指标在A股中的占比很小。截止2012三季报，纺织综合版块上市公司总股本在两市总股本中的占比为1.44%，总市值占比1.55%，净资产占比1.21%，总资产占比仅0.34%，远低于纺织上市公司数量在上市公司中的比重。

图1 纺织板块与沪深两市规模比较

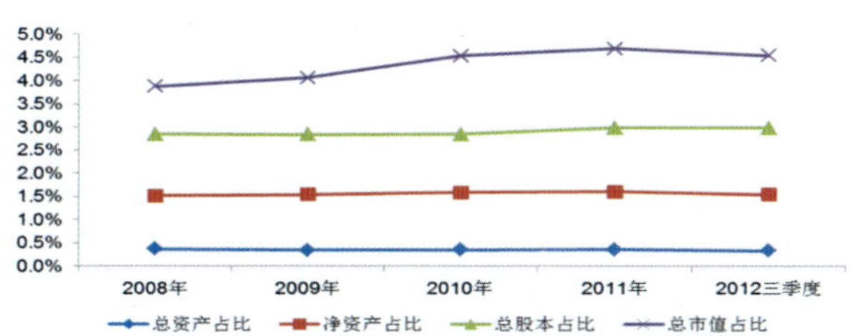

资料来源：WIND资讯、中国银河证券研究部

在每股指标方面，EPS、BPS均低于市场平均水平。2010年至2012年三季报，纺织综合版块的EPS与沪深两市平均EPS均持续下滑，但行业EPS持续低于沪深两市水平。2012年三季报纺织综合版块的BPS虽然较2011年微升，但亦低于两市平均水平。

图2 纺织板块与沪深两市每股收益（EPS）走势比较（元/股）

资料来源：WIND资讯、中国银河证券研究部

图3 纺织板块与沪深两市每股净资产（BPS）走势比较（元/股）

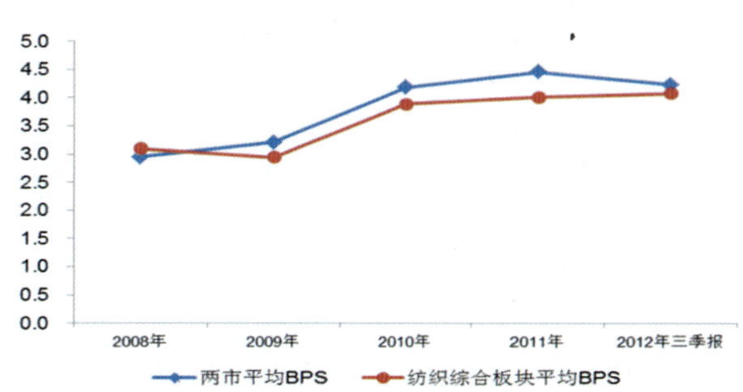

资料来源：WIND资讯、中国银河证券研究部

纺织服装上市公司经营业绩分析

一、上市公司整体业绩大幅下降

纺织综合板块上市公司2012年前三季度平均营

业收入同比下降1.27%，净利润同比大幅下降42.24%。上市公司业绩大幅下滑的原因，主要在于全球经济不景气导致出口萎缩，同时棉花内外价差削弱了纺织企业的竞争力；而国内市场需求不振，服装家纺公司又因渠道快速扩张而带来大量的库存压力。

二、上市公司主要财务指标分析

盈利能力方面，纺织业、服装、化纤子版块的销售净利率均表现下滑，截至2012年三季报，纺织业的销售净利率为3.77%，同比下滑3.34个百分点；服装为9.17%，下滑1.34个百分点；化纤0.19%，明显下滑了5.37个百分点。仅有皮毛制品和制鞋类的销售净利率表现略好，为11.44%，同比略升了0.27个百分点。子版块净资产收益率的变化趋势和销售净利率的变化相似。

在偿债能力方面，各子版块表现不一，总体变化不大。纺织业、服装业、化纤业、皮毛制品和制鞋类的资产负债率分别为47.20%、48.12%、56.31%、26.64%。

在营运效率方面，截至2012年三季度，存货周转率和应收账款周转率总体看同比出现下降，其中服装的存货周转率从2.19降至1.01，下降幅度超过50%。

三、子行业上市公司业绩分析

从各细分子行业来看，据公司2012年三季报，毛纺、棉纺、丝绸、印染、辅料、涤纶、氨纶的净利润下滑幅度明显大于收入的降幅。

女装净利润增速较高，因女装行业样本较少，主要在于朗姿股份（2011年8月上市）的贡献；而鞋帽行业的收入、净利润都有着10%以上增速，同样因样本较少，仅星期六与奥康国际，奥康国际（2012年4月上市），业绩增长同样有贡献。此外，粘胶短纤行业2012年1～9月净利润同比增速达33.59%，同样系样本原因，粘短行业因含有ST公司（如ST吉纤、ST海龙），故致行业增速数据表现异常，拆分看，新乡化纤、南京化纤净利润降幅超过

表1 纺织服装主要子板块收入与净利增长情况

板块名称	2012年1～3季度平均营业总收入（亿元）	2011年1～3季度平均营业总收入（亿元）	同比（%）	2012年1～3季度平均归属母公司股东的净利润（亿元）	2011年1～3季度平均归属母公司股东的净利润（亿元）	同比（%）	2012年1～3季度销售毛利率（%）	2011年1～3季度销售毛利率（%）	增幅（%）
纺织服装综合版块	22.58	22.87	-1.27	0.89	1.55	-42.24	14.47	17.94	-3.47
纺织业	13.82	14.40	-4.04	0.51	0.95	-45.94	15.45	19.31	-3.86
纺织服装、服饰业	20.45	18.18	12.52	1.84	1.82	0.69	38.62	35.15	3.47
化学纤维制造业	45.25	48.89	-7.43	-0.02	2.28	-100.80	6.93	14.50	-7.57
皮革、毛皮、羽毛及其制品和制鞋业	10.79	10.02	7.75	1.24	1.13	9.50	21.90	21.41	0.49

资料来源：WIND资讯、中国银河证券研究部

100%；仅有澳洋科技净利润表现连续增长。

各细分子行业中，只有男装行业收入、净利润增速整体表现稳定趋好（除了雅戈尔、大杨创世下降以外，七匹狼、九牧王、报喜鸟等都是正增长）。

在三费比率方面，各细分子行业大部分都在提高；销售净利率总体同比亦下降。

纺织服装板块二级市场表现

A股市场2012年1月向上震荡，5月至12月初持续下跌，12月中下旬出现明显反弹，纺织各子板块大趋势上与上证综指波动一致。但分行业看，2012年上半年，纺织制造板块表现好于大盘，服装子版块与大盘相近；2012下半年，基于终端库存的压力，服装板块跌幅明显超过大盘，仅纺织制造与大盘波动相近，但2012年12月，纺织制造反弹幅度亦小于综指。而化纤板块的涨跌波动则更加明显。

图4 2012年纺织服装板块与上证指数走势对比

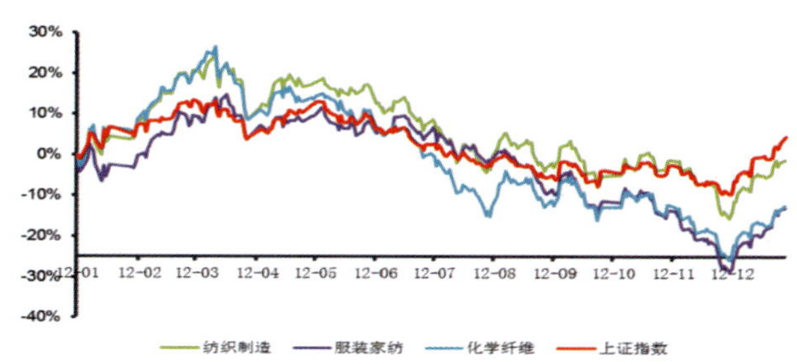

资料来源：WIND资讯、中国银河证券研究部

表2 纺织上市公司财务指标比较

指标		报告期	纺织业	纺织服装、服饰业	化学纤维制造业	皮革、毛皮、羽毛及其制品和制鞋业
盈利能力	销售净利率（%）	2012年1～3季度	3.77	9.17	0.19	11.44
		2011年1～3季度	7.11	10.51	5.56	11.17
	净资产收益率（%）	2012年1～3季度	4.04	8.44	–0.08	10.29
		2011年1～3季度	6.65	9.81	11.36	7.44
偿债能力	流动比率（%）	2012年1～3季度	1.37	1.66	0.89	3.41
		2011年1～3季度	1.21	1.63	1.08	4.85
	资产负债率（%）	2012年1～3季度	47.20	48.12	56.31	26.64
		2011年1～3季度	47.90	49.44	52.38	32.72
营运能力	存货周转率（次）	2012年1～3季度	2.12	1.01	6.07	1.48
		2011年1～3季度	3.27	2.19	5.98	3.09
	应收账款周转率（次）	2012年1～3季度	8.91	7.57	27.28	4.16
		2011年1～3季度	10.35	9.54	35.19	5.49

资料来源：WIND资讯、中国银河证券研究部

2012年纺织服装板块筹资情况

我国上市公司融资规模2011年下滑明显，2012年继续萎缩。截至2012年底，两市通过新股发行、增发、配股及发行可转债共筹资4721亿元。其中155家发行新股，筹资964.23亿元；8家公司配股筹资137.50亿元；增发公司157家，募资合计3462.13亿元；发行可转债公司4家，合计募资157.05亿元；平均每家筹资额14.57亿元。

纺织行业2012年有5只新股在A股发行上市，共筹资58.40亿元；中银绒业通过配股筹资6.10亿元；保定天鹅、ST欣龙、七匹狼、新华锦、报喜鸟通过增发筹资33.75亿元；平均每家筹资额8.93亿元。与两市筹资规模相比，纺织上市公司的融资能力明显低于市场平均水平。

2012年IPO被否的纺织服装公司主要为海澜之家，原因主要在其独立性、存货、经营模式等方面。此外，运动鞋服“贵人鸟”虽然2012年5月已经过会，但因股市低迷、运动鞋服行业不景气，至2012年底，公司仍在等证监会的批文。此外，据WIND数据，2012年纺织服装板块处于上市“落实反馈意见中”、“初审中”状态的公司共计有20家，包括深圳歌力思服饰股份有限公司、江苏AB集团股份有限公司、富贵鸟股份有限公司等等。2013年来

表3 纺织服装各细分行业营收、净利增速及费用率指标表现

单位：%

细分板块	营收同比	净利润同比	销售费用率		管理费用率		财务费用率		销售净利率	
			2012年三季报	2011年三季报	2012年三季报	2011年三季报	2012年三季报	2011年三季报	2012年三季报	2011年三季报
毛纺	−7.62	−120.52	2.30	2.00	6.03	4.75	2.82	2.43	−1.36	3.13
棉纺	−7.33	−51.72	2.79	2.46	5.01	4.51	2.89	1.95	4.50	8.79
丝绸	−1.93	−28.84	4.79	3.61	7.14	6.86	0.89	1.78	3.16	4.87
印染	−2.14	−26.27	1.99	1.70	4.93	3.61	1.38	1.25	4.55	6.83
辅料	−4.25	−6.39	4.74	4.40	8.18	6.89	1.42	1.12	9.89	10.34
男装	8.11	8.40	14.04	12.45	8.54	9.17	3.89	3.86	13.79	14.51
女装	8.34	26.83	15.23	11.14	8.36	8.44	−2.11	−0.38	15.49	13.26
休闲服装	1.19	−14.67	21.22	17.59	3.45	3.37	0.20	0.94	11.13	13.20
鞋帽	20.65	12.12	17.42	17.40	6.01	5.88	−0.27	0.29	11.67	12.56
家纺	13.47	−2.43	24.07	20.99	5.30	5.08	−0.47	−0.77	11.98	13.94
涤纶	−5.35	−87.12	0.94	0.80	2.12	1.86	1.20	0.27	1.35	8.12
粘胶	−34.04	33.59	1.90	1.91	6.79	4.24	5.79	4.24	−8.00	−8.08
氨纶	0.12	−94.06	1.97	1.98	6.91	6.24	0.52	0.39	0.13	7.62

资料来源：WIND资讯、中国银河证券研究部

表4 沪深两市及纺织综合板块一级市场2008年至2012年融资状况

市场融资		2008年		2009年		2010年		2011年		2012年	
		金额	同比(%)	金额	同比(%)	金额	同比(%)	金额	同比(%)	金额	同比(%)
沪深	筹资额(亿元)	3396	-58.21	4466	31.5	10750	140.7	7116	-31.4	4721	-33.7
两市	筹资次数	105	-65.69	249	137.1	531	113.25	481	-9.4	324	-32.6
纺织	筹资额(亿元)	53.49	-25	88.14	64.78	174.54	98.03	197.03	12.89	98.25	-50.1
板块	筹资次数	6	-53.85	11	83.33	21	90.91	22	4.76	11	-50.0

资料来源：WIND资讯、中国银河证券研究部

表5 2012年主要纺织上市公司筹资及项目投向

代码	名称	实际募集总金额(亿元)	筹资类型	拟投项目
002656.SZ	卡奴迪路	6.49	首发募投	营销网络建设项目；信息化系统技术改造项目
603001.SH	奥康国际	20.07	首发募投	营销网络建设项目；信息化系统建设项目；研发中心技改项目
002674.SZ	兴业科技	6.72	首发募投	公司年150万张高档皮革后整饰新技术加工项目；瑞森皮革年加工120万张牛原皮、30万张牛蓝湿皮项目
601339.SH	百隆东方	19.78	首发募投	山东邹城年产25000吨色棉纺项目；江苏淮安高档纺织品生产项目
002687.SZ	乔治白	5.34	首发募投	营销网络建设项目；年产20万套西服、100万件高档衬衫生产项目；设计研发中心建设项目；信息化建设项目
600735.SH	新华锦	4.76	增发	发行股份购买资产
000687.SZ	保定天鹅	5.72	增发	新疆莫代尔纤维产业化项目
000955.SZ	ST欣龙	5.20	增发	拟投资于年产10,000吨水刺非织造材料生产线项目、年产12,000吨高档SXMMS医料卫生防护材料生产线项目以及用于偿还金融机构逾期贷款债务。
002029.SZ	七匹狼	17.66	增发	营销网络优化项目
002154.SZ	报喜鸟	0.41	增发	营销网络优化项目
000982.SZ	中银绒业	6.10	配股	多组份特种纤维高档纺织品纺纱技术改造项目；偿还银行短期借款。

资料来源：WIND资讯、中国银河证券研究部

看，考虑到A股IPO列队等候的公司总计已有800多家，为疏导IPO“堰塞湖”困局，证监会的审查要求将更加严格，2013年纺织服装板块公司的上市之路难以顺畅。

2013年纺织行业发展展望

一、纺织制造业仍面临原料与人工成本方面的挑战

2012年，棉花内外价差问题成为导致纺织制造业业绩不佳的重要因素，中国棉价在国内收储政策的托撑下，明显高于国外，一方面增大了国内纺织企业的用棉成本，一方面降低其国际市场的竞争力；而产品售价在外需复苏不力的宏观经济环境下，提价困难，最终导致企业毛利空间大幅下滑，利润下滑幅度明显超过收入增速。2013年来看，内外价差有可能较2012年收窄，但是中国的棉花储备政策导致纺织行业的窘况仍有可能存在。

此外，人工成本持续刚性上涨的趋势难以避免；党的十八大报告已明确指出2020年城乡人均收入比2010年翻一番；作为劳动密集型行业，人工的持续上涨，同样将不断挤占利润空间。

为化解原料与人工方面的不利影响，中国纺织产能向外转移的趋势持续，例如2012年内，百隆东方在越南准备投建8万锭色纺纱产能、中银绒业计划在柬埔寨投建200万件羊绒服饰产能。

二、品牌服饰步入精细化管理下的相对慢增长时代

从历史来看，品牌服饰业绩增长的驱动因素主要是渠道扩张和提价。但2011年9月份以来终端零售环境一般，直接导致2012年服装终端销售情况下降，存货上升明显，渠道经销商盈利能力在2012年低于往年。

未来几年，品牌服饰将步入精细化管理下的相对慢增长时代。渠道扩张方面，运营时间较长的企业渠道外延式扩张速度将放缓；产品价格方面，向上试价的过程已经结束，未来产品价格难有进一步提升空间。总体上看，未来品牌服饰发展的驱动业绩增长的因素也从原来简单粗暴式的增长转为精细化管理下的平效水平提升。

三、公司上市需切实结合自身的资金需求状况

对公司而言，上市最主要的好处就是筹集企业发展扩大所需的资金。但企业上市一般需要几年的时间，其成功与否也往往受到公司内外因素的综合影响。企业是否要上市，关键还是需要考虑企业自身对资金的需求情况，以及自身的业绩与准备情况。毕竟上市前期也需要公司上下投入大量的财力、物力、人力。此外，对上市时机的选择，还需要考虑宏观经济周期以及政府政策周期的变化。

（撰稿人：马莉 花小伟）

2012年纺织服装专业市场运行报告

中国纺织工业联合会流通分会

2012年纺织服装专业市场建设持续增长、市场经营稳中有升、市场结构逐步优化、问题压力并存的特点，其运行总体态势与国内外宏观经济环境相适应，与行业所处的转型调整阶段相适应；未来纺织服装专业市场进一步发展方向在于模式创新、管理创新、服务创新和品牌创新。

2012年市场运行情况及特点分析

一、市场总体状况

2012年专业市场继续保持增长态势。据流通分会统计，2012年万平米以上纺织服装专业市场共计776家，市场经营总面积6405.74万平米，同比增长6.48%；商铺总数112.91万个，同比增长5.41%；经营商户总数96.16万户，同比增长3.48%；市场成交总额1.79万亿元，同比增长9.10%（如图1）。

图1 2012年我国纺织服装专业市场主要指标增长情况

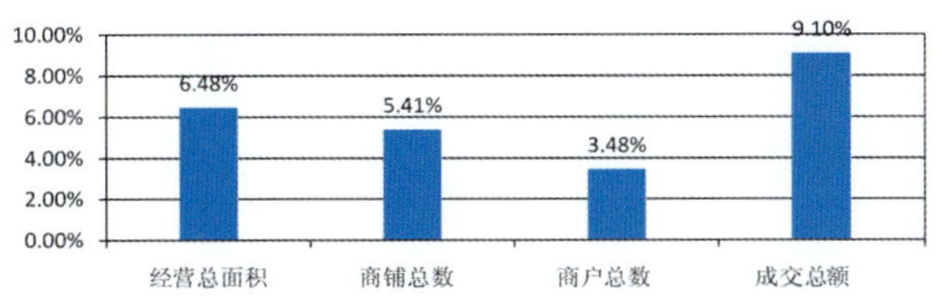

资料来源：流通分会

专业市场运行效率进一步提升，商户经营规模有所扩大。市场成交总额增幅高于经营面积增幅，每平米成交额由2011年的27338元增加到2012年的28009元，增长幅度为2.45%；商铺总数增幅高于商户总数增幅，专业市场商铺集中度有所提高；平均每家商户成交额也由2011年的177万元提升到2012年的186万元。

二、专业市场结构分析

（一）区域结构分析

我国纺织服装专业市场从区域上可以划分为东部、东北、中部和西部四大部分。从经营面积看，东部市场占比68.03%，而东北、中部、西部市场占比分别为7.02%、11.39%和13.56%；从成交金额看，东部市场占比73.63%，而东北、中部、西部市场占比分别为7.40%、10.20%和8.77%。说明东部仍然占据我国纺织服装专业市场大半江山（如图2）。

2012年东部地区、东北地区、中部地区2012年专业市场运行与全国市场总体运行态势基本一致，西部地区专业市场主要指标同比增速均高于其它地区。西部市场经营总面积同比增长11.18%；商铺总数同比增长14.39%；商户总数同步增长5.37%；成交金额同比增长12.15%（如图3），主要得益于成都国际商贸城、泸州西南商贸城两大综合体项目的开业。

从市场运行效率看，西部市场效率不仅远低于东部地区，也低于全国水平，有相当大的提升空间。2012年东部市场每平米成交额30314元，高于全国平均水平8.23个百分点；而东北、中部、西部市场每平米成交额分别为29518元、25087元和18125元。

分析表明，东部地区受制于土地资源、要素成本增长、环境保护政策出台等因素，谋求增长方式转变，以提高服务质量和提升运行效率为主要目标；西部地区受益于产业转移、城市化进程及地方政府扶持，仍以扩大市场规模和抢占市场份额为主要目标。可见，东部、西部市场处于不同的发展阶段。

图2 2012年各地区纺织服装专业市场经营面积、成交额占比情况

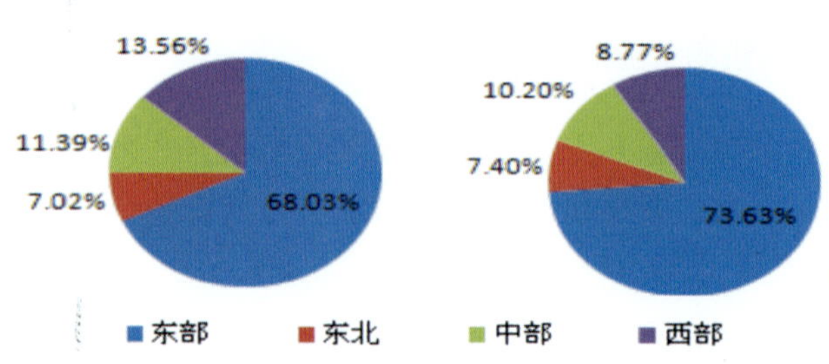

资料来源：流通分会

图3 2012年各地区纺织服装专业市场主要指标同比情况

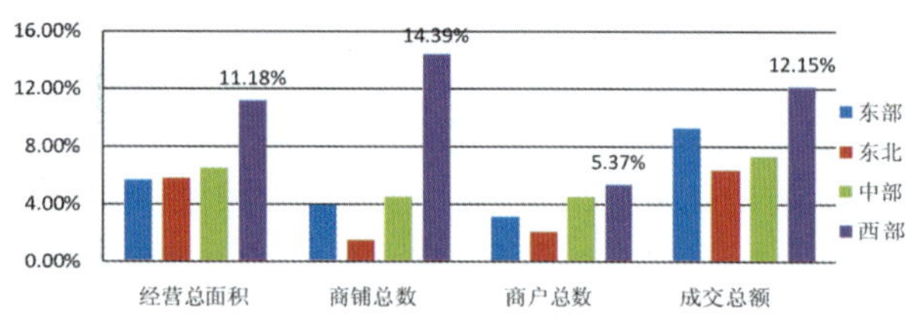

资料来源：流通分会

（二）经营类别结构分析

从经营类别看，我国纺织服装专业市场主要分为原面（辅）料、服装、家纺、小商品和综合五大类。服装市场作为终端产品消费的主要流通渠道，占据全国市场的半壁江山。从经营面积看，原面（辅）料、服装、家纺、小商品和综合五大类分别占全国比重为17.09%、47.02%、5.65%、9.35%和13.11%；从成交金额看，原面（辅）料、服装、家纺、小商品和综合五大类分别占全国比重为23.10%、50.79%、5.73%、7.29%和6.49%（如图4）。

2012年原面（辅）料、服装、家纺、小商品等四类市场主要指标增长保持低速增长；综合类市场营面积、商铺数、商户数、成交总额同比增长13.92%、20.49%、7.39%、15.95%，各项指标的增长比例跃居首位。究其原因，综合型市场注重产业链上下游的延伸，具有较大的辐射广度和强度，在专业市场集中度不高或者产业基础不足的三四线城市，更能满足当地政府、开发商和消费者各方面的需求（如图5）。

从市场运行效率看，原面（辅）料和服装市场从数量规模型逐步向质量效益型转变，小商品和综合市场效率低于全国水平，有相当大的提升空间。2012年原面（辅）料市场每平米成交额37845元，高于全国平均水平35.12个百分点；而服装、家纺、小商品和综合市场每平米成交额分别为30259元、28398元、17346元和13857元。

图4 2012年各类别纺织服装专业市场经营面积、成交额占比情况

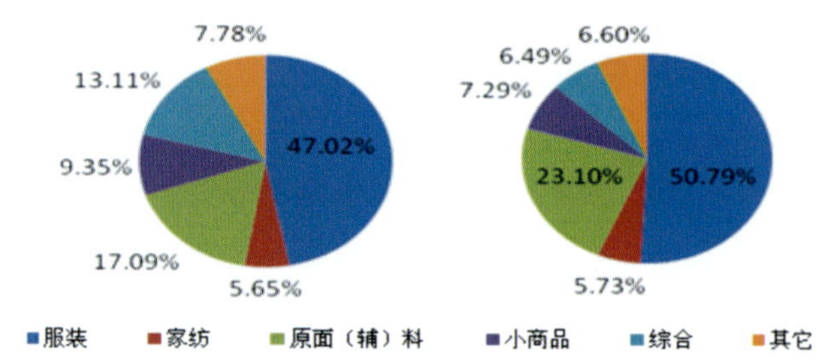

资料来源：流通分会

图5 2012年各类别纺织服装专业市场主要指标同比情况

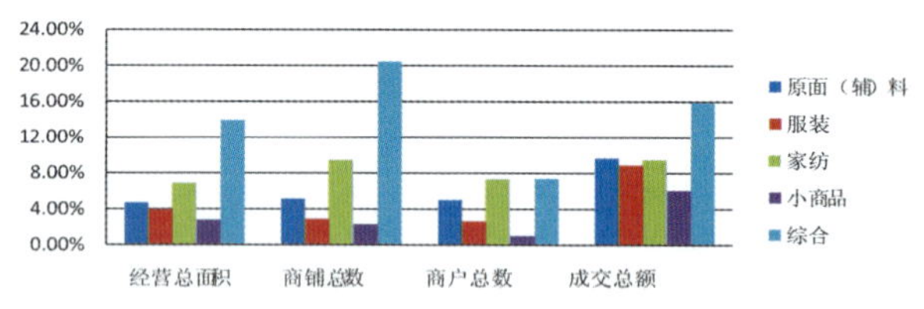

资料来源：流通分会

（三）规模结构分析

从经营规模看，我国纺织服装专业市场主要划分为年度成交额500亿元以上、100～500亿元、50～100亿元和50亿元以下四个层次。4家500亿元以上的超大规模市场集群虽然数量少，但所占全国比重接近五分之一；而年度成交额50亿元以下的市场

数量众多（目前594家）、分布广、经营面积接近六成、成交额超过三分之一。从经营面积看，年度成交额500亿元以上、100～500亿元、50～100亿元和50亿元以下的市场占比分别为17.09%、15.35%、7.65%和59.81%；从成交额看，这四类市场的占比分别为19.52%、31.96%、12.07%和36.46%。

2012年各规模专业市场各项指标保持稳定或增长；其中成交额50亿元以下市场经营面积同比增长11.59%，其他三类市场面积基本保持稳定；而其余四类市场的成交额分别增长15.73%、7.56%、5.25%、8.66%（如图6）。

从市场运行效率看，2012年100～500亿元规模的市场每平米成交额58332元，高于全国平均水平108.26个百分点；而500亿元以上、50～100亿元和50亿元以下规模的市场每平米成交额分别为31982元、44204元和17074元。100～500亿元规模的市场拥有如此骄人的运行效率，是规模效应、地理区位、产业基础、商贸流通氛围、政府支持等多方面因素的综合体现；而在经营面积上所占份额最大的50亿元以下规模市场，其运行效率远低于全国水平，未来这部分市场运行效率的有效提升，将极大推动整体专业市场的销售表现。

图6 2012年各规模纺织服装专业市场经营面积、成交额占比情况

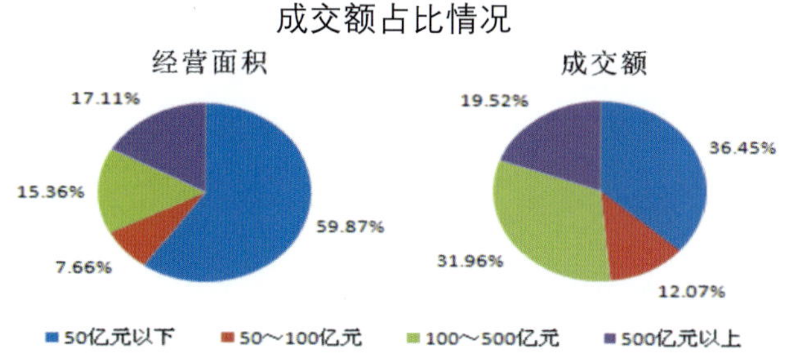

资料来源：流通分会

（四）交易模式结构分析

在电子商务这一商业变革大潮中，纺织服装扮演着重要角色。目前服装鞋帽、纺织化纤类电子商务网站占据我国电子商务网站行业分布数量的冠亚军位置，合计约占19.6%的市场份额。随着电子商务进入新的发展阶段，不仅带来了人们生活方式和消费习惯的改变，食品、日化产品、家用电器等电子商务网站纷纷上线，虽然纺织服装类产品所占份额有所下降，但协同效应推动了纺织服装电商交易额逐年攀升，也进一步带动了专业市场参与电子商务的热情和决心。

据统计，近80%的专业市场已经通过多种形式

表1 2011、2012年新开工市场区域对比情况

区域	市场数量（个）		投资额（亿元）		建筑面积(万平方米)	
	2012年	2011年	2012年	2011年	2012年	2011年
东部	13	28	103.5	316.8	271.9	790.18
东北	3	3	508.2	15	1212.8	32.9
中部	8	10	247.3	174.5	679.3	426
西部	3	5	15.49	54.13	93.3	195.6
合计	27	46	874.49	560.43	2257.3	1444.68

开展电子商务，超过400家专业市场通过自建平台为商户提供电子商务服务。义乌购、五爱购、无锡中国纺织材料交易中心都在2012年纷纷上线，网上轻纺城、中国绸都网也于2012年下半年开通了网上交易系统。

（五）新开工市场分析

2012年新开工纺织服装类专业市场27家，总投资额达到874.49亿元，同比增长56.04%，总建筑面积2257.3万平米，同比增长56.25%（如表1）。

从区域看，新增市场数量集中在广东、浙江等东部区域，投资额和面积集中在东北、中部地区，其中建筑面积1200万平米、投资额高达500亿元的哈尔滨华南城项目的开工，推动了东北新增市场份额的大幅增长，而产业梯度转移也引发中部地区成为开发热地。从经营类别看，新增市场仍以服装类居多，且市场细分趋势进一步加深，出现了经营牛仔面辅料等单类别市场。

三、主要商品交易情况

2012年6月起，流通分会对14家纺织服装专业市场、184家重点商户开展价格监测工作，选取西服上装、西裤、衬衫等17大类服装产品，纯棉、混纺等5大类面料产品的销售量、成交额及价格变化情况，进行月度数据跟踪采集。

（一）价格分析

监测结果显示，2012下半年纯棉面料、化纤长丝面料价格与2011年同期相比，均有一定的增长幅度（如图7）。女上衣、西裤、裙装价格2012下半年月均价走势呈逐渐上行态势，尤其四季度国庆黄金周过后，进入传统的市场旺季，价格处于高位区间，同时与2011年同期相比，2012年全年服装价格处于小幅增长的趋势（如图8）。

2012年棉花价差进一步拉大使我国棉纺织产业链竞争力严重下降，加上用工成本持续上涨，对于广大中小企业影响突出，但反映在国内成品面料、服装产品的售价上，却不够明显；同时由于消费需求不足，造成终端产品价格的提升压力仍然较大，侧面反映出企业的利润空间受到一定的挤压。

图7 2011、2012年6～12月重点面料产品均价变化情况

单位：元/米

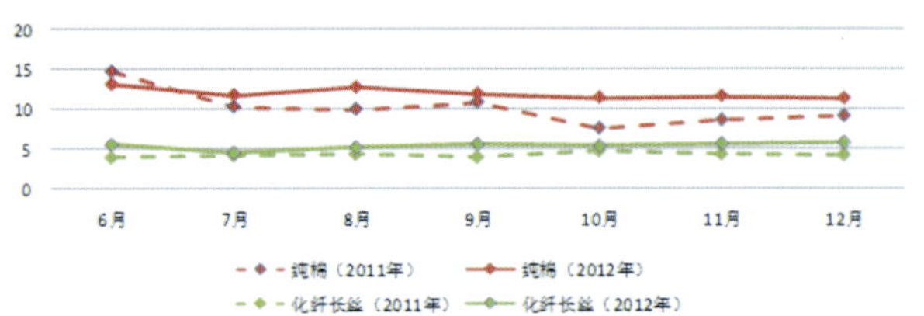

资料来源：流通分会

图8 2012年6～12月重点服装产品均价变化情况

单位：元/件

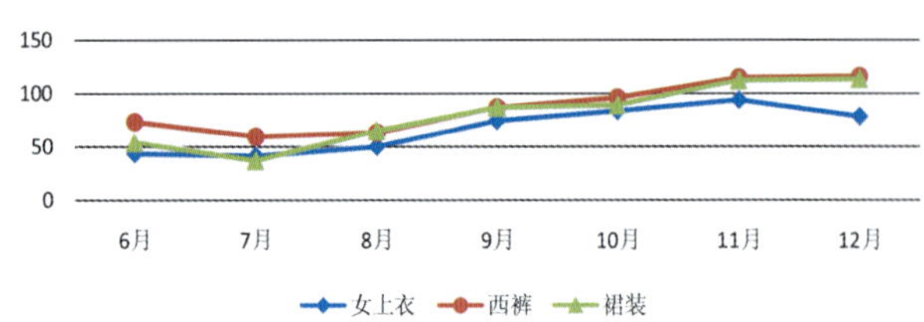

资料来源：流通分会

（二）成交量、成交额分析

监测数据显示，2012年6～9月市场需求持续低迷，专业市场的面料、服装销售量与成交额增速，普遍低于去年同期。但在9月份之后，市场订单逐渐增多，成交增速逐步回暖，尤其是纯棉面料、混纺面料、衬衫等几大类产品，上行态势明显。

2012年11～12月专业市场的销售行情明显回升，成交量有所放大，12月面料产品成交额与2011年同期相比，增长20.63%（如图9）。随着经济回暖和促进消费刺激政策逐步显现成效，服装市场的成交量呈现逐步提升的趋势，服装类产品12月成交额同比达到6月以来的峰值，同比增长9.29%（如图10）。

图9 2012年6～12月面料产品成交量、成交额增速变化情况

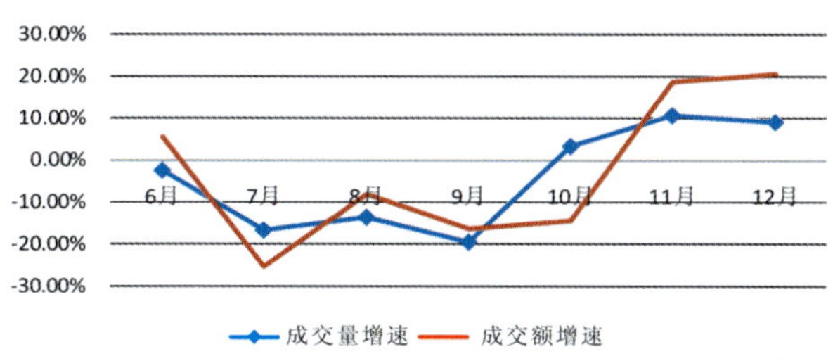

资料来源：流通分会

图10 2012年6～12月服装产品成交量、成交额增速变化情况

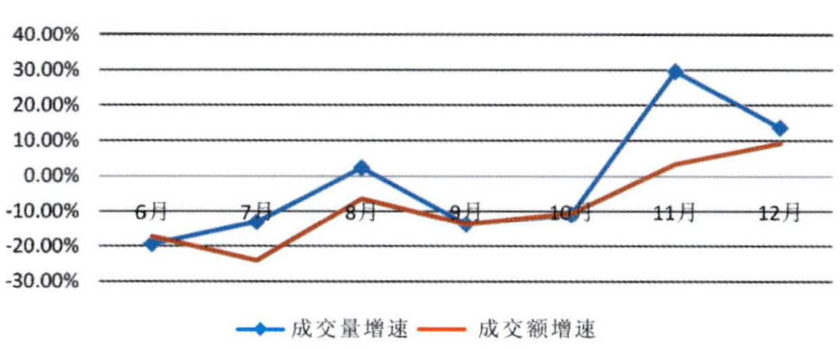

资料来源：流通分会

2012年市场运行存在的问题

2008年以来，严峻的房地产调控政策、商业地产的高投资回报、各地政府的优惠招商政策，带动各地大体量、高规格的专业市场项目纷纷上马，导致纺织服装专业市场领域出现重复建设、同质化竞争的问题，更多的新建项目陷入招商举步维艰、空置率居高不下的局面。据流通分会不完全统计，2008年以来开业市场177家，占市场总数的22.8%；经营面积 2027万平米，占市场总面积的31.64%；而成交额仅为2137亿元，占成交总额的11.91%；每平米成交额为10542元，仅占全国水平的37.64%，市场运行效率亟待提高。

除此之外，专业市场普遍存在模式转换、人才缺失、管理提升、服务单一、品牌培育不足等一系列问题。

一、经营模式转变

专业市场、经营商户在电子商务和信息化应用方面存在较多问题，尤其是中西部地区，市场信息化应用还属于高期望、低水平的状态，相当部分市场面对电子商务冲击束手无策，尚未认识到电子商务革命所带来的机遇。调研数据显示，在已开展电子商务的专业市场中，近70%的市场分布在东部地区，中西部市场仅占30%。九成的专业市场中，受制于硬件环境、文化素质、经营模式和电商普及程度等因素的影响，商户的电商应用比例低于50%，大部分商户尚未形成商品数据库、客户资源管理、财务结算系统化的信息管理机制。

二、管理和服务

部分专业市场的管理服务仍停留在解决商户纠纷和物业管理的初级层面，缺乏规范的管理制度，与专业化、标准化的市场服务体系要求尚存在较大的距离；在硬件服务上，普遍存在配套设施不完善、场内功能分布不明确、经营环境较差、装卸货不够方便等一系列问题。

三、人才

随着专业市场从数量扩张向质量效益转型升级的逐步开展，高素质、复合型、适应型从业人员不足的问题更加突出。大部分市场现有管理人员欠缺战略投资和市场分析能力；而熟悉网站设计开发、运营管理、宣传推广，同时了解批零一体交易特点、采购商商务需求的网络营销人才更为匮乏。

四、品牌

专业市场的品牌建设整体上还存在品牌意识不强、品牌档次不高、品牌创新能力不足等问题，这

不但不利于商户素质和市场成交量的提升，还会大大削弱市场品牌的区域竞争能力。

2013年市场发展趋势和展望

改革开放30余年来，中国纺织服装专业市场在摸索中不断前进，纷纷步入市场发展的里程碑阶段，在改革大潮中走出了一批综合竞争实力强大的市场集群，逐步形成了“千家市场、百万商铺、亿米面积、万亿成交”的繁荣景象，区域版图呈现网状拓展，竞争格局从沿海向内陆延伸；同时“买全国卖全国”的义乌模式，“服务与创新”的白马模式，“时尚与智慧”的红棉模式，叠石桥、五爱、常熟的旅游购物模式等市场创新模式的日益涌现，不断引领专业市场的发展方向。

随着国际国内经济形势的好转，随着专业市场新一轮调整升级的深入，全国纺织服装专业市场尚存在较大的发展和提升空间，预测2013年乃至“十二五”期间，纺织服装专业市场整体将继续保持总量稳定增长、运行效率提升、结构进一步优化的态势，主要商品的价格水平也将维持小幅上涨的趋势。而模式创新、管理创新、服务创新、品牌创新将成为今后专业市场发展的新动力。

一、借力电子商务，实现模式创新

基于电子商务基础上进行商业模式的探索和创新，是促进纺织服装专业市场发展的重要途径。要积极参与到这场革命之中，并为此做出努力和应对，一方面加快线上线下的融合，健全电子商务全方位服务体系，另一方面加强技术开发，由信息服务快速迈向网上交易服务。

二、打造核心竞争力，着重管理创新

纺织服装专业市场已进入“管理为先”的时代，要着力提升和打造核心竞争能力，加强战略管理；注重优化组织结构和管控方式，加强企业管理及运营能力；加强企业内部各层次的管理实践，实现效率提升。

三、开拓运营理念，增强服务创新

专业市场要进一步拓展品牌展示、会议会展、电子商务、设计研发、品牌孵化、商贸物流、媒体推广等产业链的集成与综合服务内容，同时还需将主题消费和体验式购物纳入到市场运营理念之中，真正实现专业市场从“同质化转型”向“市场综合体”的转变。

四、立足生态建构，寻求品牌创新

专业市场的升级发展，离不开品牌的创新，要走全新的品牌化运营之路，加强专业市场的品牌建设能力将成为下一阶段专业市场提升的重要手段。专业市场要充分发挥品牌孵化器的服务功能，真正推动中小品牌的健康成长，构建整个纺织服装行业的品牌生态系统。

（撰稿人：韩梅 刘珊珊）

中国纺织工业发展报告

CHINA TEXTILE INDUSTRY DEVELOPMENT REPORT

2012/2013

原料供求

2012年棉花市场回顾及2013年展望

中国棉花协会

受2011年棉花价格大幅回落影响，2012年我国植棉面积下滑，但由于气象条件总体适宜，棉花长势良好，总产量小幅增长。国际经济危机持续，纺织品需求疲软，国内棉纺织品生产和销售增速趋缓，棉花需求下降，价格回落。国内继续实行临时收储政策，由于收储价格与市场价格差异较大，棉花加工企业以交储作为销售主渠道，加之为满足纺织企业需要，国家投放了一部分储备棉，市场成交较为清淡。在收储政策支撑下，棉花市场运行总体稳定，但国际棉价大幅下跌，内外棉价格保持较大差距，纺织企业进口棉花积极性高涨，棉花进口量大幅增加，创历史新高。

展望2013年，国际金融危机虽然出现缓和趋势，但其影响仍然持续显现，深层次矛盾尚未根除，经济增长缺乏新的支撑，全球经济复苏充满不确定性和不稳定性，纺织品服装需求反弹乏力，我国纺织行业面临较多风险挑战，棉花消费量难有明显增长。同时，由于连续两年收储，我国棉花库存量非常高，加之国际棉花市场总体供大于求，国际棉花价格缺乏大幅回升动力，预计新的一年我国将继续实行临时收储政策，国内价格相对稳定，国内外棉花价差仍将保持较高水平。另外，尽管收储政策保证了棉农的基本收益，但受成本、劳动力等因素影响，植棉比较效益不高，棉农植棉积极性仍然不高，预计棉花面积、产量将有一定幅度下降。

棉花供求基本形势

一、棉花供给

（一）产量小幅增加

2011年，棉花价格从高位大幅回落，棉农收益大幅减少。尽管国家实行了棉花临时收储政策，遏制了棉价进一步下跌，保障了棉农的基本收益，但是与其他作物相比，棉花成本持续上涨、费工费时，比较效益不高，加之棉花市场低迷，2012年棉农植棉积极性继续下降，其中内地因受灾较多、品质较差、符合交储条件数量较少而下降幅度较大，而新疆棉区交储量大，棉农收益相对较好，面积保持基本稳定。国家统计局统计，全国植棉面积7050万亩，同比减少6.7%；中国棉花协会统计为7315万亩，同比减少8.8%。

棉花生长期内，全国大部棉区气温接近常年或偏高、墒情适宜、光照充足，总体有利于棉花播种出苗和生长发育，虽有部分棉区遭遇旱涝、阴雨等气象灾害，但影响范围和程度有限。中国棉花协会监测，播种至10月末，全国棉区综合气象适宜指数为适宜，棉花单产增加，特别是新疆棉区，风调雨顺，棉花获得大丰收，单产创历史新高。国家统计局统计，2012年全国棉花产量684万吨，同比增产3.8%；中国棉花协会统计，全国总产742万吨，同比增长1.9%。截止2013年2月底，全国棉花公证检验量已达687万吨。

图1 2008～2012年我国棉花产量

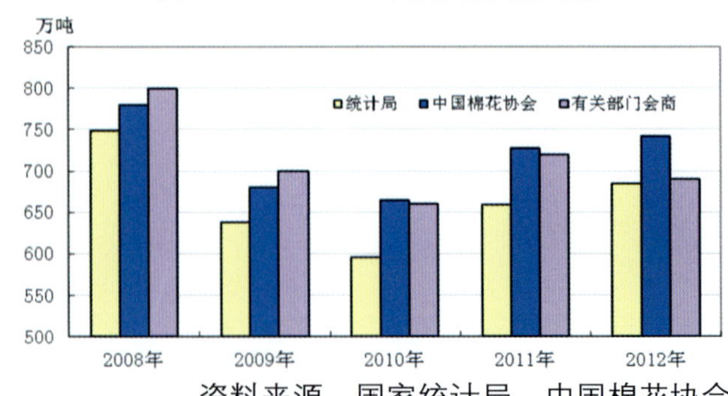

资料来源：国家统计局、中国棉花协会

（二）进口量创历史新高

2012年，在临时收储政策支撑下，国内棉价走势相对稳定，而国际市场受经济形势不佳、需求减弱等因素影响，棉价大幅回落，内外棉价差不断加大，并在相当长一段时间内保持国内棉价高于国际棉价5000～6000元/吨的水平，加之国内市场流通的高等级棉数量较少，纺织企业进口棉花积极性高涨，大部分月份棉花进口量高于上年同期，没有配额的企业通过配额外全关税进口数量也大幅增长。据海关统计，2012年我国累计进口棉花513.7万吨，同比增长52.7%，平均进口价格2298美元/吨，同比下跌18.3%。从进口来源国看，美国、印度、澳大利亚、巴西和乌兹别克斯坦为五个最主要的来源国，其中印度由于年初实行棉花出口禁令，前期进口量大幅下滑，后期虽有所恢复，但仍略低于美国，且进口国家更为分散；从进口贸易方式看，各贸易方式所占比重与常年基本相当，仍以一般贸易为主，占一半以上；配额使用中，配额外进口量大幅增加，全年达到32.6万吨，同比增长2.6倍。

（三）棉花收放储数量较大

2012年跨越了2011和2012两个棉花年度，经历了两次收储和一次放储。2012年1～3月，2011年度临时收储继续进行，截止3月31日，累计成交2011年度棉花313万吨，约占当年度产量四成以上。

2012年度继续实行临时收储制度政策，价格提高到20400元/吨，同比上涨3%。9月10日，临时收储政策启动。截止2012年12月31日，累计收储2012年度棉花536万吨，约占全国总产量七成以上。由于新年度大部分棉花入储，加之上年度储备棉数量较多，国家储备棉数量创历史新高。

在收储启动的同时，为满足纺织企业用棉需要，有关部门决定在新棉大量上市前投放部分储备棉。9月累计成交49万吨，平均品级3.15级，平均长度27.87毫米，加权均价18530元/吨。

图2 2012年我国进口棉花数量价格走势图

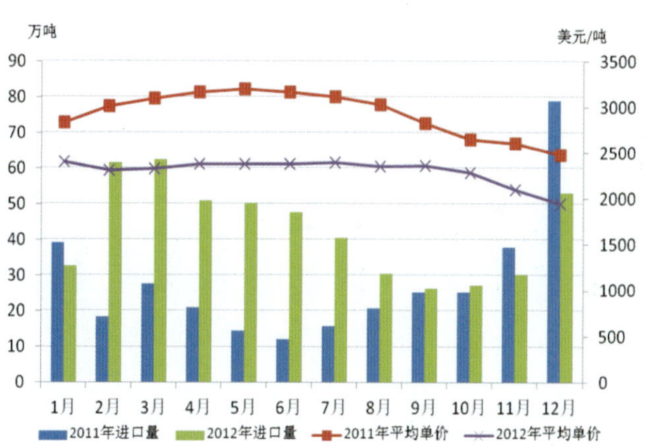

资料来源：中国海关

图3 2012年我国进口棉花分国家图

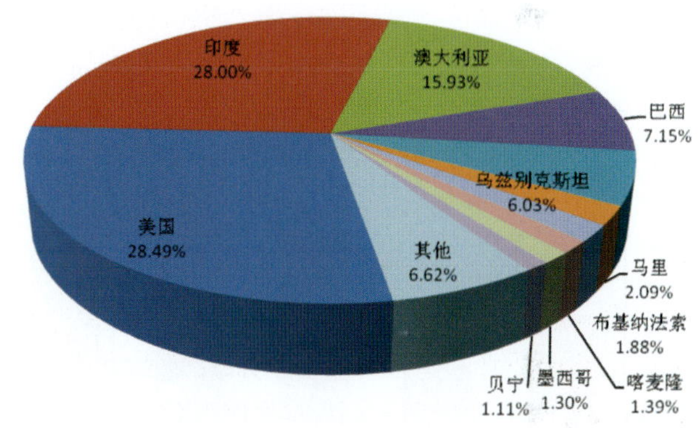

资料来源：中国海关

图4 2012年我国收储与放储成交情况

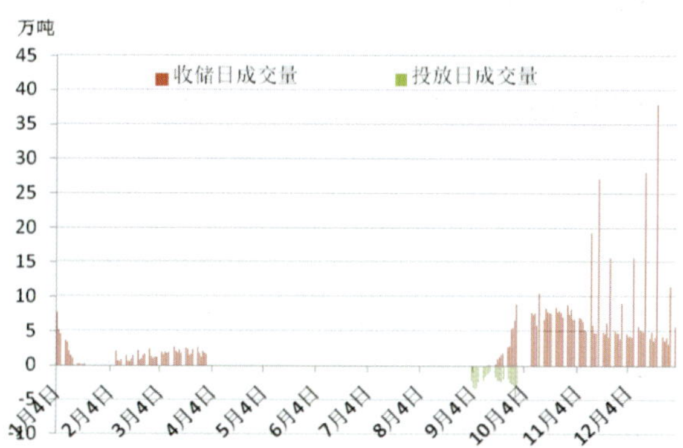

（四）全球棉花产量减少

同样受棉花价格大幅回落影响，2012年全球各国棉花种植面积均较上年有不同程度下降，除美国因天气灾害程度减轻、中国气象条件适宜，棉花单产增长导致增产之外，其他各国棉花产量减少或基本持平，美国农业部（USDA）统计，2012年度全球棉花产量达到2590万吨，较上年下降4.2%，其中巴西和澳大利亚减幅高达20%以上，印度和巴基斯坦减幅也接近10%。尽管产量减少，而消费量小幅增长至2313万吨，增幅3%，但由于期初库存水平较高，期末库存预计可达1782万吨，同比增长18.6%，库存消费比高达77%。

图5 2008～2012年度全球棉花产量

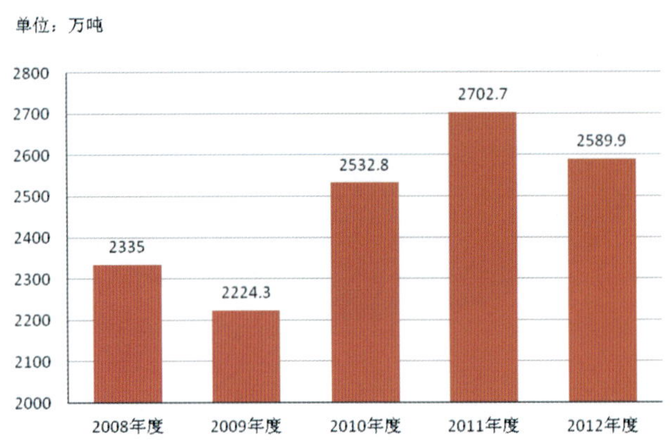

资料来源：美国农业部

二、棉花需求

（一）纺织品出口增幅减弱

2012年，受需求和竞争力双重因素影响，我国纺织品服装出口金额增幅大幅下降、出口数量减少：一方面，全球经济增长复苏缓慢，市场需求减弱，特别是美国、欧盟等传统主要市场进口额减少或增幅明显减缓；另一方面，我国用工成本持续增加、原料等成本价格较高，国际竞争力削弱，部分订单外流，企业普遍反映订单不足，我国在部分市场占有率下降。同时，由于国内外棉花价差较大，加之棉花有配额管理，棉纱进口量大幅增长。

据中国海关统计，2012年我国累计出口纺织品服装2549亿美元，同比增长2.8%，增幅同比回落17个百分点，如果扣除价格上涨因素，实际出口数量为略有下降；其中纺织纱线、织物及制品出口958亿美元，同比增长1.2%，增幅同比回落近22个百分点；服装及衣着附件出口1591亿美元，同比增长3.9%，增幅同比回落14.4个百分点。全年来看，前期出口增长增速下降较为明显，甚至出现负增长，第四季度随着经济形势略有好转以及传统旺季的到来，出口增速有所恢复。

图6 2012年我国纺织品服装出口金额

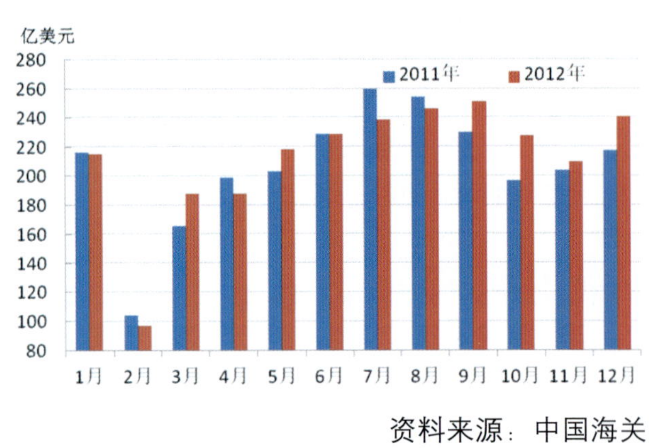

资料来源：中国海关

图7 2012年我国棉纱线进出口数量金额

（二）部分纺织指标增速回落

2012年，市场需求不旺，棉花成交低迷，价格有所回落，受此影响，棉纱价格也再现大幅回落。销售不佳、价格下跌，加之内外棉价差较大等因素影响，纺织行业运行仍然较困难：从原料采购看，基本随用随购，库存水平较低；从产品产量看，纯棉产品产量下降，化纤产品数量增加；从销售情况看，产成品库存压力仍然较大，但出现趋缓趋势；从经营效益看，同比有所下降，但降幅逐月收窄。

尽管纺织行业运行艰难，但从全年数据看仍保持增长态势，部分指标增幅有所回落。国家统计局统计，2012年全国纱产量2984万吨，较上年增长9.8%，增幅同比增加4.2个百分点。产量虽然增长，但由于内外棉价差等因素，化纤使用比例提高，棉花用量减少，加之纺织出口短期内恢复较快增长有一定难度，棉花需求不会有明显增长，有关部门预计，2012年度棉花需求量在900万吨左右。

图8 2008～2012年我国纱产量及增幅

资料来源：国家统计局

图9 2012年我国32支纱价格走势

单位：元/吨

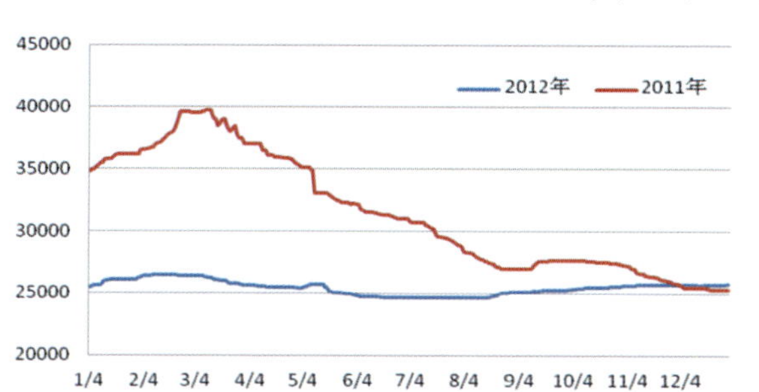

棉花市场运行情况

一、棉花价格保持相对稳定

与2011年价格剧烈波动相反，2012年，国内棉花市场受政策因素主导，价格走势相对平稳，全年波动幅度在1500元/吨以内。年初小幅上涨，3月之后持续回调，新年度收储政策确定之后，在政策支撑之下连续小幅反弹。中国棉花价格指数（CC Index328）年均价18913元/吨，同比下跌20%，年末价格收于19201元/吨，与上年末基本持平。

图10 2012年中国棉花价格指数(CC Index328)走势图

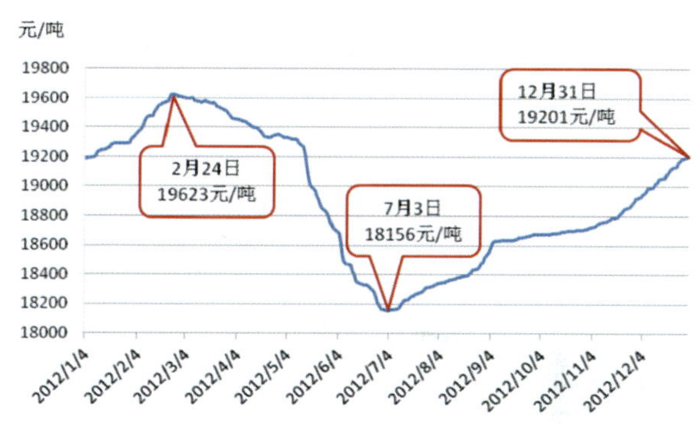

资料来源：中国棉花协会

棉花价格变化分为三个阶段：

第一阶段：1月～2月底，小幅回升

进入2011年，随着收储数量增多，市场流通资源数量减少，加之市场预期新年度植棉面积将有较大幅度下滑，市场各方对后市信心增强，国内棉花期货和电子撮合出现反弹，带动现货价格回升，但由于供需形势没有根本性改观，回升幅度有限。2月底，国内棉花现货价格最回升至19623元/吨，较年初上涨400元/吨。

第二阶段2月底～7月初，持续下跌

临近收储结束，市场没有好转迹象，纺织企业采购仍然不积极，同时，随着国内外棉花价差增加，纺织企业购买进口棉热情高涨，国内现货成交清淡，加之新棉种植面积下降幅度低于预期、对新年度收储存在疑问，市场信心下降，棉花价格持续小幅下滑。到7月初，现货价格最低跌至18000元/吨附近，较2月最高点下跌了1400元/吨以上。

第三阶段：7月初～年底，稳步回升

年度末期，市场资源减少、国际市场趋稳、新年度临时收储政策即将启动，加之纺织企业经营状况略有改善，产成品价格也随棉花趋稳，市场信心有所恢复，棉花价格结束近4个月的下跌，开始稳步小幅回升。特别是临时收储政策正式启动之后，国家多次明确敞开收储不受限，托市作用显现，年底棉花价格再度上涨至19000元/吨以上，较最低点回升1000元/吨以上。

二、棉花销售以交储为主

2012年度临时收储价格为20400元/吨，而市场现货价格大多在19000元/吨上下波动，价格差以及现货销售不畅，导致棉花收购加工企业以交储作为销售主渠道，凡是能满足收储质量要求的棉花基本用于交储，现货销售则十分清淡。为了能尽快交储，棉花企业收购积极性较高，同时，棉农看价格上涨希望不大，多数不再存棉，交售进度明显快于常年。中国棉花协会监测，截止2012年底，全国棉农平均交售进度达到93%，同比加快10个百分点。籽棉上市进度加快，企业积极交储，交储量屡创新高，截止年底累计收储量已超过当年度产量七成。多数棉花进入国库，市场资源量减少，据中国棉花协会对全国132家棉花专业仓库调查，商品棉周转库存在新棉收购高峰期不仅没有增加，反而持续下降，创历史新低。

图11 2012年中国棉花价格指数(CC Index328)、电子撮合主力合约和郑州棉花期货主力合约价格走势图

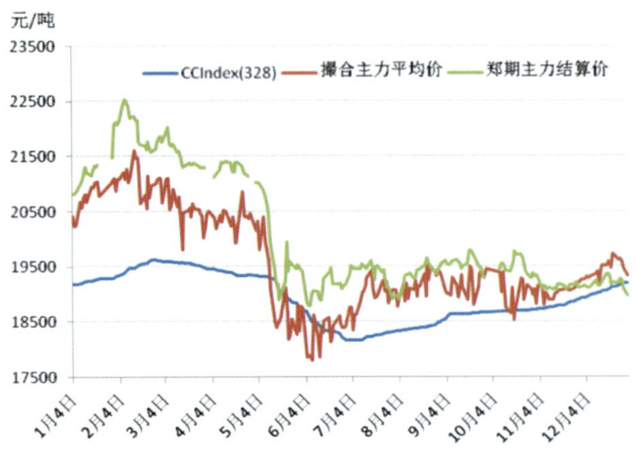

资料来源：中国棉花协会

图12 2012年中国棉花价格指数(CC Index328)与32支棉纱参考价格走势图

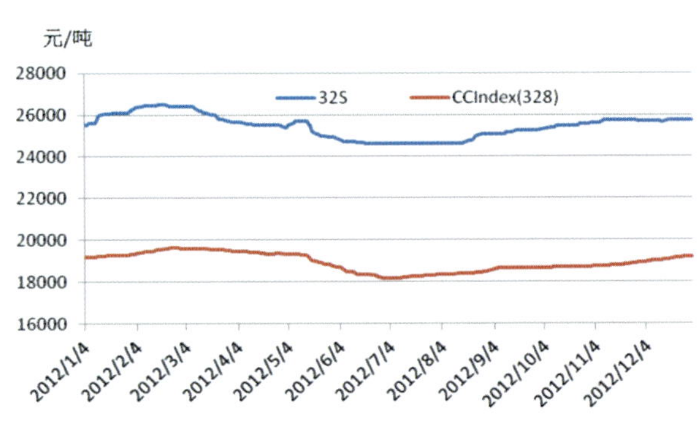

资料来源：中国棉花协会

图13 2012年全国商品棉周转库存变化趋势

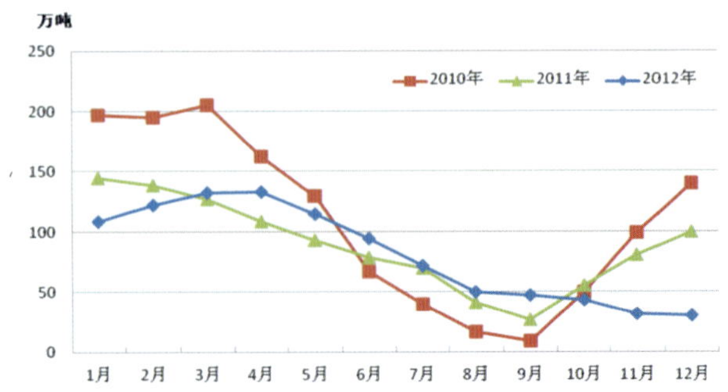

表1 2008～2012年度全球棉花供需平衡表

单位：百万吨

年度	2008/2009	2009/2010	2010/2011	2011/2012	2012/2013（2013年2月预计）
期初库存	13.26	13.4	10.16	10.67	15.03
产量	23.35	22.24	25.33	27.03	25.90
总供给	36.61	35.64	35.49	37.70	40.93
消费量	23.96	25.83	24.83	22.45	23.13
期末库存	13.40	10.16	10.67	15.03	17.82
库存/消费比(%)	55.93	39.32	42.96	66.96	77.05

资料来源：美国农业部

三、棉花市场影响因素分析

（一）供需基本情况

从全球供需来看，2012年度棉花产量减少，但期初库存水平较高，而消费量近5年来没有大幅变化，总体供大于需；从国内供需来看，国内产不足需的状况长期存在，2012年度棉花产量增加，消费量相对稳定，进口量大幅飙升，库存水平很高。供需基本面导致国际棉花价格大幅回落，国内虽然也以下跌为主，但在收储政策支撑下，跌幅较缓。

（二）政策因素

2012年度棉花临时收储政策继续执行，当年度产量大部分入储，收储主导市场，成为影响市场的最重要因素。

为了稳定棉花生产、经营者和用棉企业市场预期，保护棉农利益，保证市场供应，国家发改委等八部门2月公布《2012年度棉花临时收储预案》，决定2012年度继续实行临时收储政策，价格提高到标准级皮棉到库价20400元/吨，同时对特殊情况下的收储范围和收储质量做了调整。收储价格与籽棉收购价格相挂钩，中国棉花协会按照相关参数测算籽棉收购参考价，交储企业不得低于参考价收购。9月10日，市场价格连续5日低于临时收储价，收储工作正式启动。与上年不同，收储价格有明显优势，企业一开始即交储积极，成交量持续增加，年底累计收储棉花已达536万吨。由于国家不设数量限制、敞开收储棉花的政策减少了市场流通量，增强了市场信心，为稳定市场发挥了重要作用，使得国内价格跌幅远远小于国际。同时，收储保护了棉农利益，收储量大的地区，收购进度快，收购价格相对较高，收储量少的地区，收购进度慢，收购价格相对较低。

与此同时，在收储的同时，为满足纺织企业需要，在新棉上市前投放了部分储备棉，购买企业限定为纺织企业，并对购买量进行了限制，竞卖底价为标准级公重18500元/吨。为防止出现“转圈棉”问题，国家发改委等八部门发布了《防止投放的国家储备棉出现“转圈棉”问题的暂行规定》。

（三）国际市场

近年来，国际市场对国内市场影响日益增强，但是2011年度和2012年度由于国内执行临时收储政策，在国际市场大幅下滑时对国内市场形成有利支撑，国内外棉花价格走势出现分歧：一方面，国内价格相对稳定，波动幅度明显小于国际，中国棉花价格指数（CC Index328）年均价18913元/吨，同比下跌20%，而Cotlook A指数全年平均值为89.18美分/磅，较上年下跌42%；另一方面，国内价格在收储期间总体呈现稳中有升态势，而同期国际价格则有涨有跌。尽管如此，但国内外棉花市场联动增强，加上国内进口棉所占比重较大，国际市场对国内仍有影响，国内外市场虽然存在较大差异，但总体趋势趋于一致。

2013年棉花市场展望

2013年，国际金融危机影响持续，欧美日等经济体复苏态势仍不明朗，国内经济发展虽好于国际，但面临的内外部形势仍然复杂，除供需等基本情况外，国内由于储备棉数量巨大，收储和投放政策仍是棉花市场运行主要决定因素。

从棉花供给看，国际方面，由于市场连续两年低迷，全球棉花面积继续呈下滑趋势，预计供应量减少；国内方面，两年的收储政策给市场形成有利支撑，棉农利益得到基本保护，但受成本、劳动力等因素影响，植棉比较效益不高，棉农植棉积极性持续下降。据中国棉花协会年底调查，预计2013年全国棉农平均种植意向减少4.5%，其中新疆由于上年获得丰收、交储量大，效益相对较好，面积保持稳中有升，而内地灾害较多，交储比例较小，面积下降幅度较大。

从棉花需求看，外需方面，国际经济形势比较复杂，复苏前景仍不明朗，需求好转可能性不大，企业对订单好转信心不强，预计我国纺织品服装出口压力难有明显好转，出口额保持平稳或低速增长；内需方面，近几年内需已经成为纺织业发展的主要动力，我国国民经济保持稳定增长，人民收入持续增加，加之新一届政府继续采取一系列惠民生、扩内需的政策，预计纺织品服装国内消费能保持较快增长速度。除了需求之外，劳动力、原材料、资源等成本呈现继续上涨趋势，节能减排要求进一步提高，企业面临成本进一步增大的压力。受多种因素影响，预计2013年我国纺织工业将继续保持增长，但是受棉花价格因素影响，棉花需求不会有明显增长。

从政策层面看，连续两年的收储使得国家储备棉库存水平很高，为满足纺织企业需求，1月起国家

图14 2012年度临时收储数量与中国棉花价格指数（CC Index328）走势图（截止2012年12月31日）

资料来源：中国棉花协会

图15 2012年度临时收储各省成交比例（截止2012年12月31日）

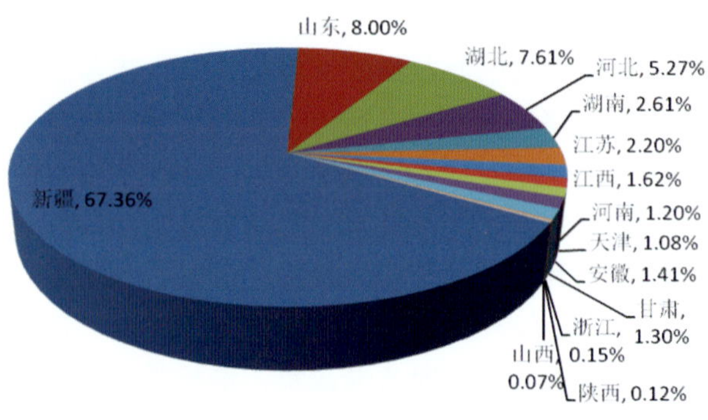

资料来源：中国棉花协会

图16 2012年中国棉花价格指数(CC Index328)与Cotlook A指数折人民币对比图

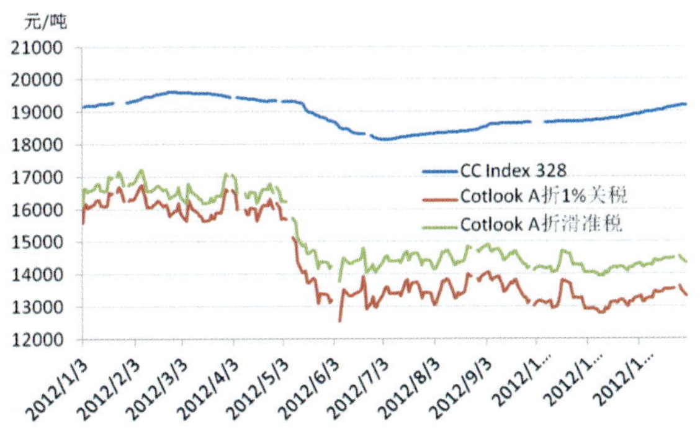

图17 2011年ICE期货近期合约结算价与Cotlook A指数走势图

开始投放储备棉，并可能持续到新棉上市前。新年度临时收储政策尚未公布，预计为保护棉农利益，临时收储政策仍将持续。库存量巨大，出库进度在储备棉投放初期进展不快，仓容紧张矛盾较为突出，可能会对新年度收储造成一定影响。国内市场仍将为储备棉政策所主导，临时收储和投放政策的调整，将成为影响市场的最主要因素。在收储政策支撑作用之下，预计国内棉花价格能保持相对稳定，但由于国际价格缺乏上涨动力，国内外价格仍将有较大差距。

（撰稿人：马爱芳）

2012年羊毛市场回顾及2013年展望

南京羊毛市场

早在全球华人欢度2012年春节的喜庆日子里，世界经济金融形势便开始了风云变幻。加上供应量的紧张情绪，让羊毛价格一直在高位徘徊，采购羊毛品种也变得多样化。我们不得不承认羊毛的竞争力已越来越不及其他低价的纺织纤维。国内许多毛纺厂为了维持生产，已经在减少含毛面料产量或降低配比，采用其他替代纤维或开发新型纤维，羊毛的用量真的是越来越低。

国际羊毛市场行情

一、澳大利亚市场

从2011年圣诞节后澳洲市场开拍，出乎意料地高企，短暂的休市带来了大量的羊毛涌入市场，羊毛市场下跌的趋势也就越来越明显。2012年4月，澳元汇率与市场双双下跌，细支毛首当其冲。中国许多贸易商停止采购或开始观望。有些买家为了降低成本，寻求便宜的羊毛，杂交毛开始坚挺。随后的“黑色五月”带来了金融市场大幅下挫，外需骤减，国际羊毛价格剧烈波动，阴跌的毛价与汇率让许多企业信心大减。由于希腊牵动了欧洲的经济危机加剧，细支毛领跌市场，羊毛过热开始迅速降温直到十月。随着羊毛配额新的一轮评定工作开启，企业或多或少增加买进。由于市场的迅速升温开始让那些观望的企业群起而上。欧洲方面，由于每年

表1 2012年澳大利亚东部拍卖市场指数

	开盘	收盘	最高	最低	平均指数	与2011年均价同比（%）
澳元价（澳分/公斤）	1216	1072	1244（2月15日）	927（9月6日）	1089	−15
美金价（美分/公斤）	1253	1131	1339（2月8日）	946（9月6日）	1127	−14

表2 2012年新西兰羊毛市场常规品种指数表

单位：新元/公斤

	开拍价	收盘价	最高价	最低价	平均价	与2011年均价同比（%）
中支套毛	932	877	940	830	883	−6
细支杂交毛	589	462	589	447	506	−21
粗支杂交毛	547	384	547	342	426	−30

这个季节上市的澳大利亚超细羊毛的质量是一年当中最好的，厂家也纷纷进场。十月澳洲市场出乎意料全面开花，特别是细支毛“涨”声一片。

澳元兑美金汇率让越来越多的人摸不着头脑。2012年初，澳元/美元逼近1.0700，考验2011年10月末高点。正所谓澳洲经济看中国，四月中国的制造业表现疲弱，月初澳元汇率创两个月最高跌幅，到五月汇率第一次跌至1：1以下。九月海南羊毛会议召开期间，美联储推出QE3，澳元/美元受到支撑，9月14日创下了近六个月来的新高1.0548，澳元出乎意料地坚挺。从图1中可以看出汇率的走势已经在一定程度上引导着羊毛价格的走势，成为影响羊毛价格因素中的一个不可控、不可缺的因素。

2012年1～12月，澳洲供应量总计为1795516包，成交1557689包，成交率为86.8%。其中，前五名买家分别是：Viterra羊毛公司购买了143247万包，泰克羊毛购买了142541万包，伦普利（澳）购买了86267万包，福克斯利购买了79753万包，威廉姆斯羊毛公司购买了59214包。

图1 2012年澳大利亚东部拍卖市场指数与澳元兑美金汇率走势

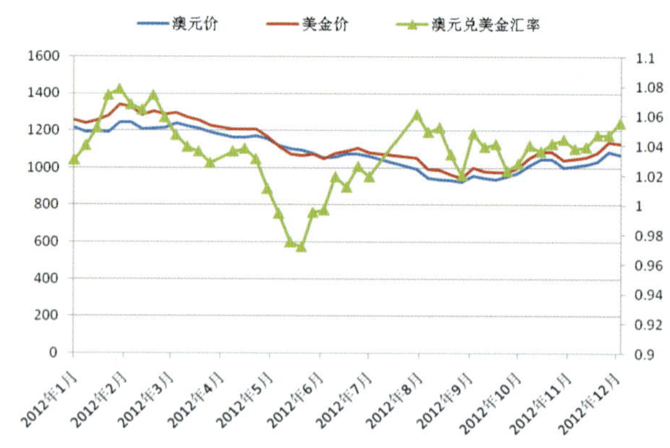

二、新西兰市场

2012年上半年，由于欧洲经济不景气，导致羊毛地毯消费减弱，特别是2012年3月，上海地面装饰材料会议召开之后，地毯订单让人大跌眼镜，新西兰羊毛价格大跌，让行业内很多企业付出了沉重的代价。令人无法接受的高汇率以及需求不旺，羊毛价格不尽人意，许多牧民不愿低价销售自己的羊毛，成交率也随之降低。直到八月份，因为在全球市场中新西兰地毯毛性价比最好，相比英国同等型号的羊毛价格便宜15%～20%，许多工厂很快就意识到这一点，特别是欧洲市场在近期大量采购，市场才大幅反弹。随后供应量紧缺的担忧越发明显，市场竞争激烈，加上欧洲市场越发活跃，市场整体稳步上扬，但2012年末收盘价依旧低于开拍价。

图2 2012年新西兰羊毛市场常规品种价格指数走势

单位：新分/公斤

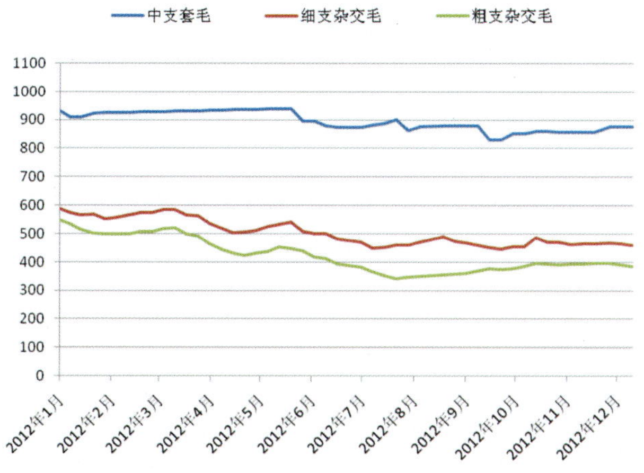

2012年新毛拍卖量为571540包，成交435145万包，成交率为76.1%。购买羊毛的前五名买家是：新西兰国际羊毛公司购买122970万包；马修德公司购买90707万包；福曼公司购买55870万包；JSB公司购买52490万包； 道森羊毛公司购买21165万包。

三、南非羊毛市场

2012年对于南非牧民来说，是十年来最好的一年。南非羊毛市场开市价格大幅上涨，开普羊毛美利奴指数创历史新高位105.15兰特/公斤净毛价。出于对供应量的担忧，四月之前南非羊毛价格继续维持在100兰特/公斤关键线以上（如图3）。同样受到欧元区债务危机以及全球经济增速放缓的影响，来自中国以及欧美的订单量减少，价格开始下跌，一路跌到九月份。

图3 2012年南非开普羊毛美利奴指数走势

单位：兰特分/公斤

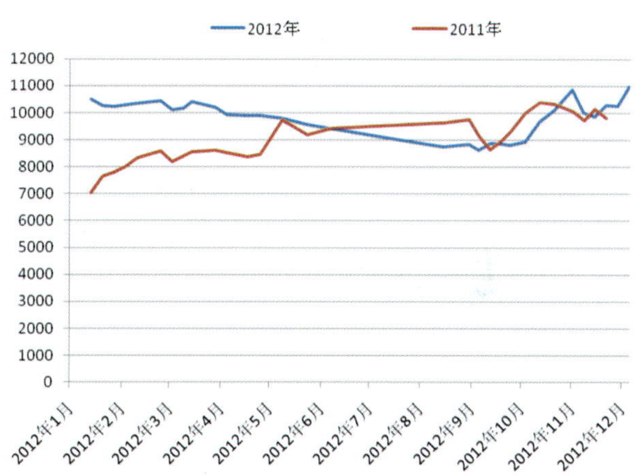

直到九月中旬之后，由于不得不执行本月的装船合同，与澳洲市场一样，南非羊毛市场上扬，但这种反弹并不像人们所期待的持久的价格上涨。2012年末开普羊毛美利奴指数收于109.91兰特/公斤。2012全年供应量为569871包，成交量为541941包，成交率为95.1%。

四、南非马海毛市场

2012年，南非马海毛的需求一直较好，买家对好品质马海毛的相互竞争推动了价格。三月开拍，夏季马海毛拍卖市场整体指数收于91.43兰特/公斤，五月平均市场指数破百，收于100.35兰特/公斤。随着剩余的夏季马海毛供应量不断减少，尽管欧洲不确定因素依然存在，买家依旧竞争激烈，确保库存以满足对马海毛的需求。八月，冬季马海毛首次拍卖价格依旧表现较好，市场指数收于90.70兰特/公斤，与2011年度同期相比下跌2%，年末市场的平均指数收于92.87兰特/公斤。2012全年供应量为1242243公斤，成交量为1202121公斤，成交率为96.8%。

国内羊毛市场

一、南京羊毛市场回顾

2012年是最艰难复杂的一年。早在年初，国内的销售就迎来了淡季，比往年更加严峻，经济的不景气，加上购买力降低、毛线市场不容乐观。下游订单不多，工厂早早就放假。对毛价本身来讲，确实令人鼓舞，但是从全球的羊毛工业和需求订单来讲，同时又是悲观的。

图4 2012年南京羊毛市场综合指数走势图

单位：分/公斤

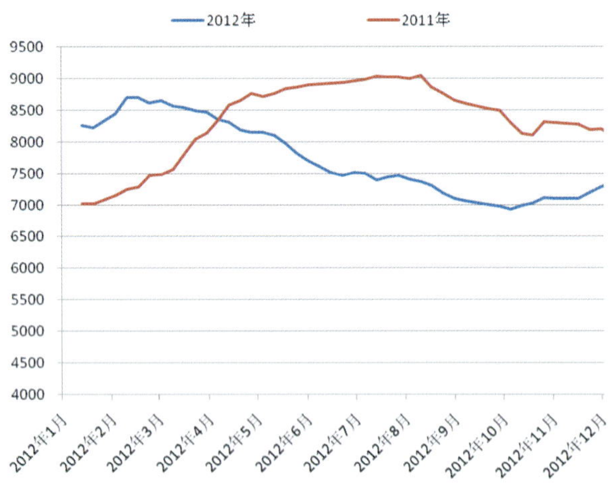

从图4所示，2012年总体走下坡路。1～2月份的小幅上涨，主要是因春节过后，企业逐步恢复正常生产，由于库存极少，大家开始动手买毛，加上国外市场供应量紧缺，羊毛价格在2月第2周的拍卖中出现飙升，带动国内毛价大幅跳高。随之，国内市场开始一路下跌，内销不旺外销萎缩，欧洲的经济危机让市场采购急剧减少，在价格下行的通道中，品牌企业加速消耗库存。直到九月之后，2013年配额政策的启动、以及澳洲市场的反弹，拉动市场在年底之前出现上涨趋势。

二、我国进口原毛以及出口毛条情况

（一）原毛进口情况

2011年进口原毛总量26.32万吨，2012年我国累计进口原毛量约25.03万吨，与去年同比减少了4.9%。进口量下降的原因主要有四个：

第一，全球的羊毛产量下跌是个不争的事实。

第二，大家“买涨不买跌”的心理，导致今年市场进入下行通道，许多企业进入观望期。

第三，受国际大环境影响，市场信心不足。下游需求减少远远超出了供给短缺的影响。更多的企业选择根据订单购买羊毛，缩减生产、降低库存。

第四，劳工成本以及生产成本不断上涨，加上毛价一直高企不下，可替代纤维以及新型纤维不断涌现，导致了企业用毛量越来越少。

（二）毛条出口情况

2011年出口毛条总量4.57万吨，2012年我国累积出口毛条量约3.25万吨，与去年同期相比减少28.89%。由于外需急剧减弱，外销形势不佳，很多以外销为主的毛条企业也采取了部分转内销，在国内需求减弱的同时，让整个内销市场竞争惨烈。半成品与成品库存增多，流动资金减少，企业面临前所未有的困难。

2013年羊毛市场展望

世界经济正在走出低谷，尽管上坡的路漫长而又陡峭，但是毕竟正在上坡。世界几个大陆的经济形势正逐渐摆脱了多年来的困境。中国的经济发展继续通过乡村城镇化拉动内需，保持经济的可持续发展。预计，2013年乃至今后的若干年，中国经济与世界经济将极有可能呈正增长的态势发展。

羊毛原料由于供应量继续紧缺，中国、意大利、印度、台湾地区、日本都在逐渐加大采购澳毛的数量。加上澳元汇率一直保持坚挺，预计羊毛价格将保持高居不下的态势。在2013年毛纺行业的发展前景充满期待。

（撰稿人：蒋雅丽）

2012年聚酯涤纶市场回顾及分析

浙江华瑞信息资讯股份有限公司

PX市场

一、2012年PX市场运行回顾

2012年亚洲PX市场趋势性价格波段不多，主要由大跌后上涨两波行情组成。一季度延续节前涨势并于3月份见顶，在希腊退出欧元区危机等问题的炒作下，3~6月商品市场经历了一波较大幅度的调整，亚洲PX价格也跟随走出一波下跌行情。经历了6月份的盘整，在伊朗制裁和其他中东地缘政治问题

表1 2012年亚洲PX合同结算价及现货均价

单位：美元/吨

2012年	PX合同价 CFR亚洲	现货月均价 CFR中国	中石化结算价 承兑送到
1月		1585	11900
2月	1590	1642	12300
3月	1650	1620	12450
4月	1585	1559	12000
5月	1550	1478	12000
6月	1355	1249	9900
7月	1217.5	1376	10200
8月	1365	1455	10700
9月	1450	1530	11450
10月	1490	1560	11600
11月		1568	11750
12月	1550	1608	12100

炒作下，原油触底反弹，另外欧洲宽松政策延续且加码，7～9月商品市场出现一轮上涨行情，逼近前高后回落。9月开始至年底，市场回归行业基本面，走势较为平淡，小幅波动为主。

图1 亚洲PX现货和MX对比走势图

二、中国PX生产及需求情况分析

2012年，中国PX产能增加不多，包括福佳大化二期70万吨/年，以及镇海炼化扩能的10万吨。至2012年底，中国PX总产能为906万吨/年，比2011年增加80万吨，增幅9.7%。原计划2012年底投产的腾龙石化160万吨/年PX装置推迟至2013年一季度投产。

其他2013年国内仍有部分新项目在建拟建，具体主要有：彭州石化60万吨装置计划2013年投产；中石化（海南）80万吨装置计划2013年投产。另中石化系统内有扬子石化20万吨和上海石化30万吨扩容计划在2013年内完成。此后，中石油（台州）65万吨、中石油（泰州）100万吨、中化泉州石化120万吨、中石化镇海、洛阳、湛江等意向性项目也在建和规划中，上述项目涉及PX产能在500万吨附近。

表2 2012年中国主要PX生产企业及产能

单位：万吨

企业名称	产能
中石化镇海炼化	65+10
中石化扬子石化	80
中石化天津石化	39
中石油辽阳石化	70
中石化洛阳石化	23.5
中石化上海石化	83.5
中石化齐鲁石化	6.5
中石油乌鲁木齐石化	106.5
青岛力东	70
中石化金陵石化	60
中海油惠州	84
福佳大化	70+70
福建炼化	70
合计	906

而从需求的情况来分析，2012年国内PX表观消费量在1379.38万吨左右，相当于可生产PTA的量近2075万吨。而据统计数据显示，2012年国内PTA产量预计在2035万吨附近。因此整体来看，2012年全年国内PX供需状况总体基本平衡，而略有增加，主要由于国内PTA装置大量扩增而PX港口罐区量也同样增加。尤其恒力石化、嘉兴石化、远东石化、逸盛石化的PTA装置投产，并且大量扩建罐储，PX社会库存量也适当增加，由于PX价格一直维持高位，PX开工负荷较高，加上PTA工厂库存建立，PX社会库存比2011年有25万吨增加。

从亚洲市场来看，2013年开始的PX项目规划中，中国、韩国、印度以及中东地区是未来的主要增长区域。而随着近年来这些地区的快速发展，目前在全球市场上的影响力也越来越大。目前中国市场已占全球产能的23.1%左右，2013年中国有280万吨PX投产，而后要到2015年附近中国PX才会迎来新一轮快速发展，后期市场关注点可以放到中东地区，尤其阿美2013年一套PX投产，由于其有丰富的资源作为依托，后期扩增速度可能加快。

PTA市场

一、2012年PTA市场运行回顾

2012年PTA在产能扩增、下游需求增速回落、PX供应偏紧，以及PTA亏损加剧后开工负荷大幅下调的作用下，PTA全年呈现大幅波动，尤其在下半年现货在矛盾中震荡上行，PTA期货全年贴水开始收敛。年初因市场旺季预期，并且预期PTA产能没有有效释放，市场价格高位震荡。而后由于PX高企，PTA亏损之后停车报价对价格一定支撑，但到了后期宏观利空因素发酵，加上下游库存高企，以及PTA新产能集中投放预期，带动现货价格平台高位快速下跌。下半年市场主题在PTA新产能释放和PTA装置实际运行负荷下降之间寻求平衡。尽管下半年逸盛、恒力等数套大型装置陆续开车，PTA绝

表3 2006～2013年国内PX生产消费情况

单位：万吨

年份	2006年	2007年	2008年	2009年	2010年	2011年	2012年	2013年
PX年底产能	376	386	446	726	726	826	906	1116
PX产量	279.06	375	323	475	610	680	770	950
PX进口量	184	288	340.4	370.05	355	498	628.58	838
PX出口量	9.78	23	44.8	30.76	16	37	19.2	38
PX表观消费量	453.28	640	618.6	814.29	949	1148	1379.38	1750
进口依存度%	40.60	45	55	45.40	37.40	44	45.57	47.89

注 当年产能均为年底产能。

对产能迅速攀升至3000万吨之上，但PX与PTA之间矛盾激化，导致PX高位继续攀升，与PTA之间价差拉大，PTA亏损加剧导致部分主流PTA工厂主动限产保价削减负荷，市场价格在成本因素主导下震荡走高，年底在宏观面偏暖、供应偏紧以及下游库存减少下重心上移明显。

图2 2012年内外盘PTA现货走势图

总体来看，全年PTA内外盘现货均价分别达到8290.8元/吨现款船板交货和1091.9美元/吨CFR90天水平（参考CCF现货价格按时间平均值），分别较2011年下跌1547.6元/吨、166.2美元/吨。其中台湾地区货年度均价约在1097.2美元左右，韩国货年度均价约在1086.6美元/吨附近。

二、中国PTA生产及需求情况分析

2012年中国PTA投产继续提速，虽然开出时间比原计划后推，但基本均在三、四季度开出，实现PTA规模快速扩张，并且单套规模越来越大。当年有远东石化140万吨、嘉兴石化150万吨、恒力石化440万吨、逸盛海南200万吨、逸盛大连300万吨等几套涉及1230万吨产能的装置相继投产。并且部分PTA工厂近几年也陆续通过去瓶颈化操作，产能得以扩增，台化兴业、亚东石化、宁波三菱、江阴汉邦产能分别达到90万吨、75万吨、70万吨、70万吨，至年底国内PTA总产能修正至3291万吨，当年绝对产能增幅在61%左右，当年实际新增有效产能约在330万吨左右。目前，中国PTA产能约占亚洲产能的57%左右。全年国内PTA产量达到2035万吨左右，产量增幅高达18.3%，当年平均开工率在87%左右，较2011年时平均95%左右的开工率相比出现大幅下滑；进口量在536.94万吨左右，较

表4 中国PTA生产消费情况及预计

单位：万吨

	2006年	2007年	2008年	2009年	2010年	2011年	2012年	2013年
PTA产能	945	1166	1256	1496	1556	2006	3291	4061
PTA产量	670	980	935	1190	1431	1720	2035	2600
进口量	700.43	700	594.1	622.3	657	652.72	536.94	330
出口量			2.4					50
表观消费量	1370.4	1680	1526.7	1812.3	2088	2372.7	2571.9	2880
进口依存度（%）	51.11	41.67	38.90	34.30	31.50	27.50	21.12	11.46

注 当年产能均为年底产能。

2011年减少115.78万吨，降幅在17.7%。当年国内PTA绝对供应量在2572万吨附近。

而从需求层面来看，2012年全国聚酯产量有望达到2980万吨，较2011年2720万吨增长9.6%；而以上述聚酯产量来测算，相当于消费PTA总量近2563万吨左右，考虑PTA在其他领域仍有少部分应用，预计全年国内PTA消耗量在2624万吨左右。由于下半年开始PTA装置亏损拉大，装置整体运行负荷下降，PTA产量增幅不及产能增幅。此外，外盘供应商也因亏损严重，逐步减少对中国市场的出口量，因此2012年全年供应格局未出现明显过剩格局，至年末PTA的动态社会库存反而2011年底的150万吨，下降至110万吨附近。

目前国内PTA产能约占亚洲的57%以上。未来几年里，周边地区除印度信赖120万吨、中国台湾地区亚东石化一套150万吨、印度石油一套60万吨等少数几套装置在建或拟建之外，其余基本在中国市场，并且台湾地区、韩国等PTA装置可能面临洗盘。而中国市场2012年之后仍有接近2400万吨PTA装置在建或规划拟建，约占当前亚洲市场在建项目总产能的9成以上。而随着这部分产能如期投产，预计到2014年之后，中国PTA产能约占亚洲市场的65%附近。

MEG市场

一、2012年MEG市场运行回顾

2012年MEG行情大幅下跌之后强势反弹态势，整体围绕港口库存、欧洲债务问题以及每年的装置减产等因素展开。MEG市场贸易商参与力度增强，市场受贸易商操作意向在加大，但整体趋势性走势偏强。整体而言市场没有出现2011年MEG偏紧态势，2012年年均价较2011年大幅回落。

图3 2005～2012年MEG内外盘价格走势图

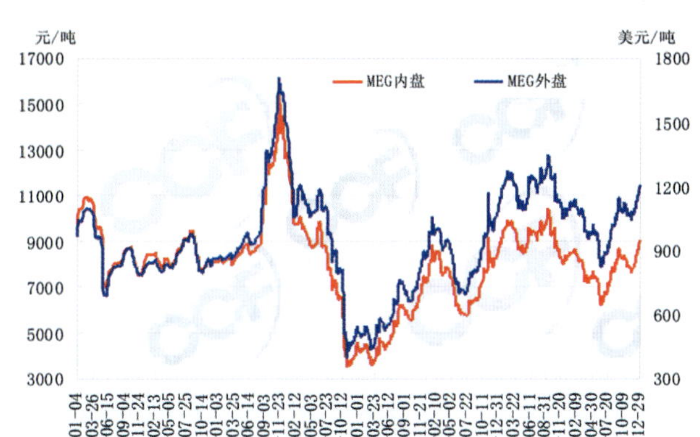

表5 中国MEG生产消费情况及预计

单位：万吨

	2006年	2007年	2008年	2009年	2010年	2011年	2012年	2013年
MEG产能（年底）	151.6	183.6	235.6	255.6	382.6	392.6	452.6	572.6
MEG产量	113	158	175.8	171.7	250	290	300	380
进口量	400	406	480.2	582.8	664.4	727.6	796.6	800
出口量	1.23	2	0	0	0.5	0.6	1.08	0
表观消费量	511.77	562	656	754.5	913.9	1017	1095.5	1180
进口依存度（%）	78.16	72.24	73.20	77.24	72.70	71.54	72.72	67.80

MEG在2012年初延续了春节前反弹，从2月开始远洋货集中到港，港口库存高企，市场恢复至前期弱势态势；在5～6月由于欧洲问题继续升级，市场再次大幅下跌；7～9月随着气氛缓和，以及装置问题造成产量客观减少，MEG偏紧预期再次提起，市场价格快速拉升至1150美元/吨；10～11月价格适度回调，外盘重心最低至在1040美元/吨附近；11月底，随着春节前季节性走高，市场心态恢复良好，重心跳跃式上涨至1200美元/吨。

2012年，MEG整体经济效益较为乐观，传统的乙烯法计算（东北亚乙烯）2012年MEG平均现金流在110美元/吨，相比2011年的284美元/吨下滑174美元/吨；全年整体利润依旧可观，为此2012年MEG装置负荷保持较高的开工率。在3～5月由于乙烯价格高企，东北亚地区的乙烯法稍微亏损，但对MEG开工率影响不大。

二、中国MEG生产及需求情况分析

2012年全球MEG新增产能有限，中国主要为煤化工60万吨投产，但有效产量有限，预计在4万吨左右，亚洲其他地区主要有泰国的TOCGC扩增6万吨，影响较小。2013年初禾元甲醇制MEG装置试车，但其以前基本为实验室阶段，工业化生产第一次实施，具体情况还要看开出之后的状况。中石化武汉的MEG装置预期在6～8月开出，30万吨产能，预期2013年产量在12万吨附近。永金化工的煤制MEG在2013年有20万吨投产，但考虑下游试用范围限制，产量可能有限。

市场需要关注煤制MEG发展情况，在2012年辽通金煤的MEG市场流通量有所增加，永金化工100万吨煤制MEG也陆续投产，据悉日本宇部也开始推出煤制MEG项目，一旦成功对聚酯原料MEG市场格局可能产生较大影响。

2012年，全国聚酯产量有望达到2980万吨，较2011年2720万吨增长9.6%。2012年国内MEG产量预计在300万吨左右，进口量796.62万吨附近，表观需求量在1095.5万吨左右。当前聚酯仍是我国乙二醇的主要消费领域，2012年我国对乙二醇的总需求量约为1088万吨左右，整个社会库存较之2011年年底相比微增8万，主要为港口罐区增加。

整体而言，近年来亚洲市场传统石化线路的MEG产能投资明显放缓，2013年仅中国有宁波禾元和武汉石化项目投产，后期煤制乙二醇的项目预报数目仍然高达500万吨左右，但一方面项目实际执行的进度以及产品品质能否在聚酯上的应用仍需要时间来验证；另一方面，虽然下游聚酯大幅规模扩增，但由于全球经济放缓，实际需求可能跟进有限，后期聚酯开工率可能下滑。

目前，国内乙二醇开工率更多受整体炼油影响，产量可能有限，但2013年可能有所改变，毕竟MEG利润丰厚，预期东北地区的MEG产能有所增加，但对中国市场而言，MEG对外供应依存度依然会保持较高水平。而前期中东地区凭借廉价的天然气等资源优势，成为MEG全球市场新领军力量，通过近年来全球主要MEG供应商来看，SABIC成为全球最大的MEG供应商。

图4 2004～2011年MEG供需走势图

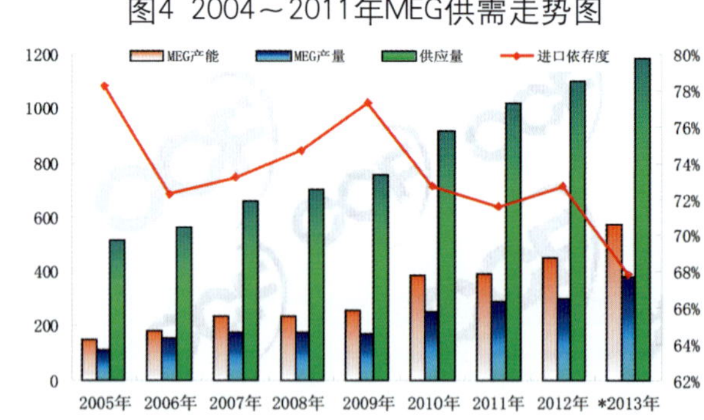

聚酯切片

一、2012年我国聚酯产能投资情况

2012年全年我国新投产直纺聚酯装置有18套，合计产能在555万吨。剔除报废淘汰以及因经营或其

表6 2003～2012年我国聚酯产能产量表

单位：万吨

年份	2004年	2005年	2006年	2007年	2008年	2009年	2010年	2011年	2012年
年底聚酯产能	1650	2057	2121	2306	2492	2648	2788	3200	3700
聚合体产量	1170	1390	1592	1895	1870	2000	2340	2720	2980
切片瓶片进口量	18	12	15	27.8	22.8	24.95	23.74	19.68	18.3
切片瓶片出口量	11.5	52	60	82	95.7	67.98	79.08	104.37	135.9
聚酯负荷（%）	80.3	75.0	76.2	85.6	77.9	77.8	86.1	90.8	86.4

注 聚酯负荷=当年聚酯产量/（当年年底聚酯产能+前一年年底聚酯产能）的平均值。

他因素暂停或将长期停车的装置后，今年聚酯产能的净增量在500万吨。2012年受制于外围需求走弱，以及前期聚酯产能快速扩张的压力，聚酯企业的生产效益受到了明显的影响，新产能投产的时间也一再向后延迟。据统计，截至2012年底，国内直纺聚酯总产能达到3700万吨，较2011年底增长15.6%。根据测算，至2012年底，亚洲地区聚酯总产能达到5720万吨，全球聚酯总产能达到7250万吨；中国聚酯产能分别占到亚洲、全球的64.7%、51%，维持全球聚酯产业的中心地位。

图5 1998～2012年聚酯产能增长及增长率趋势图

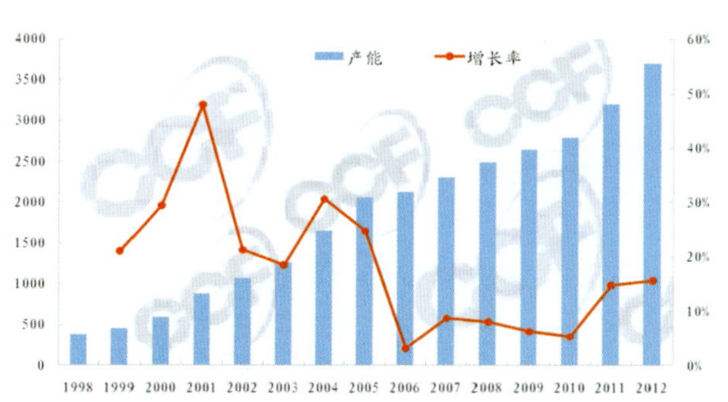

二、2012年聚酯切片市场运行回顾

图6 2012年半光切片有光切片价格走势图

据统计，2012年CCF半光切片的均价为10155元/吨，相比2011年CCF半光切片均价12183元/吨，跌幅相对较大，下跌2028元/吨，跌幅在16.6%。2012年受经济形势整体回落，行业内上游原料价格下跌，自身产能快速扩张带来的产业内部竞争加剧，导致半光切片价格大幅回落。

2012年，聚酯切片价格年初短暂冲高，随后价格持续回落，年内最高点在2月初11325元/吨，最低点在6月底8550元/吨，经历快速下跌后，下半年聚酯切片价格持续反弹。聚酯切片2012年全年基本处于亏损状态，结束连续三年的盈利状态，处于微亏状态，全年均价亏损在53元/吨。

三、中国聚酯切片生产及需求情况分析

2012年是聚酯切片市场集中投产释放集中在9～12月，主要为9月初投产宿迁翔盛40万吨聚酯装置涉及300吨/天半光切片产量、8月初江阴金桥20万吨聚酯装置涉及500吨/天有光切片产量、吴江新民9月中旬投产约15万吨聚酯装置涉及350吨/天半光切片产量、萧山双兔新材料8月底50万吨聚酯装置投产涉及300～400吨/天半光切片产量、桐乡桐昆30万吨10月中聚酯装置涉及300吨/天半光切片产量、仪征化纤11月初新投产20万吨聚酯切片装置，2012年12月即将投产的聚酯装置主要包括桐乡新凤鸣25万吨聚酯装置、长兴桐昆40万吨新装置、浙江尤夫20万吨聚酯装置、嘉兴龙腾20万吨聚酯装置。下半年聚酯切片产能集中投放市场，导致传统聚酯切片供应商切片负荷逐渐降低。

图7 2012年全国各主要地区切片纺开机率

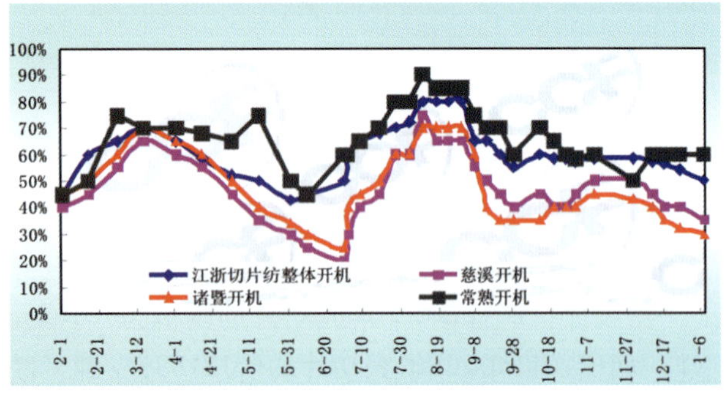

2012年，受宏观经济形势急转直下，聚酯产业链内部产能集中投放造成产业结构调整，特别是涤纶直纺长丝产能快速扩张，切片纺市场份额逐渐压缩。需求面持续偏弱，切片纺市场开机率全年维持低位运行。随着明年聚酯产能仍然将延续投产高峰，需求面低于供应面增长速度，切片市场产业链亏损面延续的可能性较大，开工负荷仍将受到压制，一方面是直纺市场的竞争冲击、另一当面是成本压力体现。

聚酯瓶片

一、2012年聚酯瓶片市场运行回顾

截至2012年12月31日，CCF华东聚酯水瓶片的均价为10473元/吨，比2011年年均价下降2100元/吨，降幅16.7%。全年价格维持下行趋势，三季度出现一波反弹行情。在宏观经济和行业环境都不甚很乐观的情况下，2012年聚酯瓶片价格跌回到2010年的水平。展望2013年，考虑到各国政府促进经济复苏的决心，国外货币政策继续宽松，而国内也有更多宽松预期，可能支撑商品价格；另一方面，聚酯瓶片行业虽然仍将处于过剩周期，消耗产能阶段，但本身并不具有定价权。

图8 2007～2012年国内聚酯水瓶片价格走势图

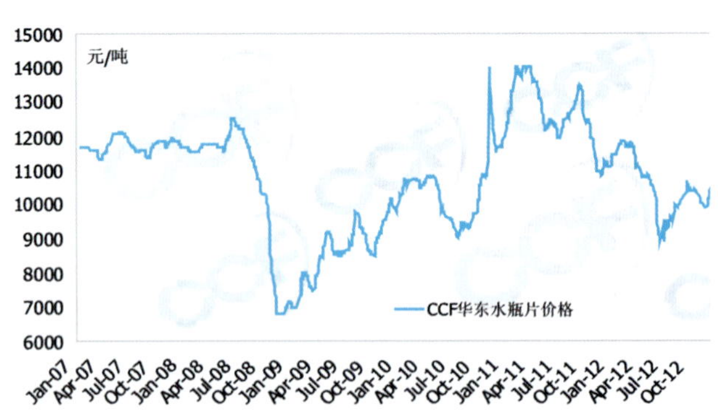

二、中国聚酯瓶片生产及需求情况分析

2012年，聚酯瓶片新产能迎来释放高峰期。经中国化纤信息网修正后，至2012年底中国聚酯瓶片产能为660万吨/年。据统计，2012年全球聚酯瓶片

产能在2400万吨/年附近，而中国聚酯瓶片产能为660万吨/年，占比上升至27.5%附近。大致统计，2013年最有希望投产的是三房巷的30万吨，以及海南逸盛的新产能，不确定是否100万吨全部生产瓶片。

图9 2005～2014年中国聚酯瓶片产能及增长率趋势图

图10 2005～2014年中国聚酯瓶片内需和增长率走势图

尽管效益下滑，装置总体负荷不高，但由于新增产能投放较多，2012年聚酯瓶片产量仍高速增长。经最新测算，全年聚酯瓶片产量为470万吨附近，比2011年增加近50万吨，增幅达11.9%，比2011年16.7%的增速有所下滑。

受累内需增速放缓影响，国内工厂加大出口力度，2012年出口快速增长。据海关统计，全年出口总计达124万吨附近，比2011年的96万吨，增加28万吨，增幅29.2%。进口量累计3.4万吨附近，变化不大。

因此，2012年中国聚酯瓶片的表观需求在346万吨，比2011年的326万吨增加20万吨，较2011年的38万吨增量回落。考虑到聚酯瓶片工厂的库存以及其他一些社会库存（虽签单，但没实际消化），由于12月份饮料工厂开机率提升较为明显，导致12月库存下降明显，这部分存量估计在20万吨水平。因此，实际内需大致在326万吨附近，比2011年的310万吨增长16万吨，增速仅5.2%，远低于去年的14.8%。

2012年，聚酯瓶片内需放缓较为明显，下游各终端总体表现不如人意，不过也仍有适当增长。软饮料仍是全国聚酯瓶片消费最大的下游，2012年占内需的比重下滑至76.5%附近。下游饮料需求格局基本没有变化，仍是寡头格局。分品种看，软饮料增长较快的主要是水饮料，比如农夫山泉、怡宝、达能等；水饮料贡献了大部分水瓶片需求增量；而果汁、茶和碳酸等表现不佳，对热灌和碳酸瓶片需求贡献不大。油脂对聚酯油瓶片的需求增量有限，比重小幅下滑至9.5%，包括食用油、酱油、醋等。受利润水平较为可观影响支撑，片材对聚酯瓶片的需求有所增加，加上其他领域占比有所上升至14.1%附近。

涤纶长丝

一、2012年涤纶长丝市场运行回顾

2012年在终端需求持续疲弱，产能过剩凸显的情况下，涤纶长丝行业景气度继续下滑，上半年行业在恐慌性心理的阴霾下，涤纶长丝工厂抛盘现象普遍，导致价格一路下跌，并在年中达到近几年以来的新低，下半年终端需求开始企稳，虽然总体回暖情况不佳，但前期恐慌性的市场心态逐步好转，涤纶长丝工厂操作相对稳健，在聚酯原料上涨的带动下开始触底反弹。

图11 2012年1～12月CCF价格走势图

整体来看，2012年，涤纶长丝市场价格呈现先抑后扬的走势，利润空间方面，上半年利润空间多处于亏损状态，7～8月份扭亏为盈，之后基本在成本线附近运行，库存方面，2012年涤纶长丝工厂库存在高位运行，说明终端需求持续疲弱，产能过剩凸显。

二、中国涤纶长丝生产及需求情况分析

根据中国化纤信息网的统计，2012年全国涤纶长丝产能预计新增218万吨，其中直纺配套涤纶长丝191万吨，扣除淘汰直纺产能12万吨后，新增直纺产能修正为179万吨，切片纺新增产能50万吨，扣除切片纺淘汰产能11万，新增切片纺产能修正为39万吨。

综合估算，2012年全国涤纶长丝总产能预计达到2641万吨，同比增长9.2%。全年涤纶长丝产量在1957万吨，加上进口量12.03万吨，减去出口量107.9万吨，其表观消费量为1861.13万吨，较去年增加202.11万吨，增幅12.2%。

图12 2012年各月份化纤布产量及同比增长

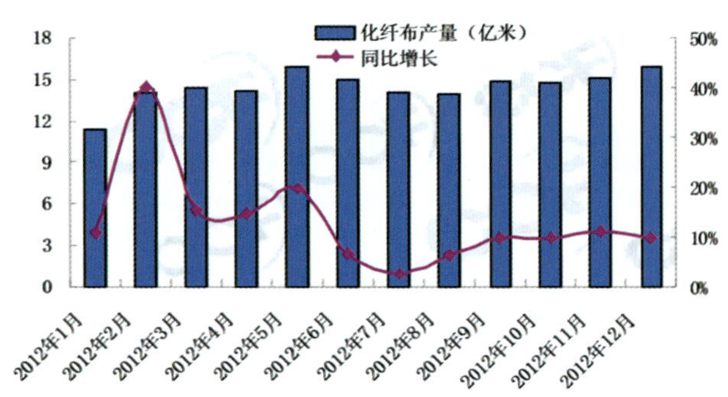

2012年1～12月全国布企业生产运行实现平稳有

表7 2004～2012年我国涤纶长丝各指标情况

单位：万吨

年份	2004年	2005年	2006年	2007年	2008年	2009年	2010年	2011年	2012年
产能	1300	1334	1483	1659.5	1747.5	1899.5	2026.63	2423.63	2641
产量	703.31	784.83	991.33	1217.9	1283	1320	1510	1738	1957
产能利用率（%）	60.7	59.6	70.4	77.51	75.32	72.39	76.92	78.11	77.6
进口量	36.19	28.95	26.46	24.41	17.2	16.8	15.81	15.49	12.03
出口量	13.26	25.48	39.26	62.49	79.48	62.33	81.27	94.47	107.9
表观消费量	726.24	788.3	978.53	1179.82	1220.8	1274.47	1444.54	1659.02	1861.13

注 产能利用率=当年涤纶长丝产量/（当年年底涤纶长丝产能+前一年年底涤纶长丝产能）的平均值；
涤纶长丝产量中包括纯国内聚酯生产的涤纶长丝约1955万吨。

序增长，整体呈现前高后低的趋势，从产量数据看，全年我国化学纤维布产量173.2亿米，累计同比增长16.41%，产量增长明显，局部地区织造企业库存亦有不同程度攀升。

总体来讲，2012年下游终端需求未能表现出如前些年那样强劲主要原因在于内需的增长有限和外销的回落。受此影响，纺织服装产业链各环节库存压力颇大，越往下游延伸库存压力就越明显，至2012年三季度，国内多数品牌服饰重点公司存货同比仍有不同程度的上升，其中品牌男装、家纺库存增长尤为明显，多数保持在20%～30%的同比增幅，说明整年以来服装行业的去库存化并不明显。纺织服装行业在高库存的重压下，2012年无疑是聚酯化纤产业的阵痛年。

直纺涤短

一、2012年直纺涤短市场运行回顾

2012年涤纶短纤总体延续2011年震荡下行走势，上游原料波动及下游需求特点是主导直纺涤短行情的主要因素。而全年呈现下跌趋势的主要因素是直纺涤短产能的快速增长，以及下游需求萎缩造成的供过于求，从阶段性走势来看，大致可分为四个阶段：春节前的短暂反弹、上半年的高位下跌、下半年的修复性反弹、国庆节后的震荡走弱，年底反弹走高。全年来看，1.4D直纺涤短CCF价格指数平均值在10945元/吨。

图13 2012年直纺涤纶短纤维价格走势图

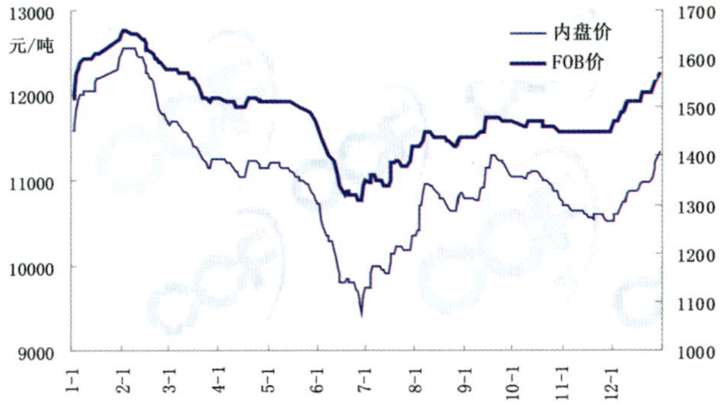

二、中国涤纶短纤生产及需求情况分析

根据装置投产进度来看，2012年为直纺涤短新

表8 2010～2012年国内直纺涤纶短纤维供需平衡表

年份	2010	2011	2012
熔体纺产能（年底）（万吨）	505	522	582
产能增长率（%）	2.64	3.37	11.49
熔体纺产量（万吨）	410	470	423
产量增长率（%）	18.84	14.63	−10
开工率（%）	67.5	81.65	71.19
进口量（万吨）	14	12	11
出口量（万吨）	58	79	65
表观需求量（万吨）	376	441	381

增产能集中投放期。2012年全年，新增产能在60万吨左右，直纺涤纶短纤产能增长率在11.49%，是继2005年以来产能增长率第二峰值。但从新装置投产时间点来看，几套新投产能均出现在下半年四季度，并且新装置产能处于逐步释放的过程，开工率相对较低，产量实际增长不多。从国内涤纶短纤维产量情况来看，2012年直纺涤纶短纤产量在423万吨左右，较2011年减少47万吨左右，降幅在10%左右。

涤纶短纤维全年走势来看，市场持续处于需求担忧氛围下，厂家多谨慎控制风险为主，产品库存维持相对低位。直纺涤短全年表观需求量在381万吨左右，相对去年的441万吨减少60万吨左右或13.6%，同为棉纺织主要原料的涤纶短纤维，在整体市场气氛回落环境下，涤纶短纤维今年需求同样大幅下滑。

涤纶短纤维产能2013年仍有不少新增产能将投产释放，行业之间竞争将更加激烈，涤纶短纤维生产效益难容乐观。价格走势方面来看，涤纶短纤供应量增、需求增长受限预期，原料成本仍将是行业价格走势的主要影响因素。

（撰稿人：高建江、陆迪峰等）

中国纺织工业发展报告

CHINA TEXTILE INDUSTRY DEVELOPMENT REPORT

2012/2013

行业新闻

2012年中国纺织十大新闻

中国纺织报社
《中国纺织》杂志社

新闻一：《纺织工业“十二五”规划》、《建设纺织强国纲要（2011～2020年）》相继发布

1月19日，工业和信息化部发布《纺织工业“十二五”发展规划》，明确了纺织行业的九大重点任务，提出了“十二五”纺织工业发展的指导思想、发展目标、重点任务和政策措施，突出了结构调整、自主创新、品牌建设和可持续发展等重点内容，是未来5年纺织工业发展的指导性文件和实现纺织强国目标的行动纲领，也是纺织工业各行业和各地区编制规划的重要依据。《化纤工业“十二五”发展规划》、《产业用纺织品“十二五”发展规划》同期发布。

5月8日，《建设纺织强国纲要（2011～2020年）》（下称《纲要》）经中国纺织工业联合会讨论通过，成为中国纺织工业发布的首个10年中长期发展规划纲要。《纲要》指出，为实现2020年建成纺织强国的宏伟目标，中国纺织工业要顺应新期待，实现新要求，塑造新优势，完成科学技术进步、品牌建设、可持续发展和人才队伍建设等四大核心任务。《纲要》的发布对于促进全行业积极适应形势变化，抓住未来10年重要的战略机遇期，实现更高水平的新发展具有重要意义。

新闻二：四项纺织成果获年度国家科技奖

在2月14日举行的国家科学技术奖励大会上，与纺织领域相关的4个科技项目获奖：“汉麻秆芯超细粉体改性聚氨酯涂层材料关键技术及产业化”、“高品质熔体直纺超细旦涤纶长丝关键技术开发”、“棉冷轧堆染色关键技术的研究与产业化”获得“国家科学技术进步（通用项目）二等奖”；“棉纤维细胞伸长机制研究”获得“国家自然科学奖二等奖”。

新闻三：内外棉价倒挂伤及纺织业国际竞争力

从2011年四季度开始，国内外棉花价差不断拉大，至2012年四五月份竟高达每吨5400元左右，致使我国纺织服装业成本增长、利润下滑，出口竞争力下降，行业内全面呼吁稳定棉价。

官方数据显示，2012年1～7月，美国从孟加拉、越南、印尼累计进口棉制品量同比分别增加了3.35%、0.97%和2.45%，而从中国累计进口的棉制品数量同比缩减了6.61%。另据中国棉纺织行业协会对重点企业的调查，1～10月我国纱产量同比下降2.3%。扣除价格上涨因素，1～10月我国纺织品服装出口数量同比下降0.9%。1～9月，我国在美国市场的份额与上年同期相比略有增长，但在欧盟和日本的市场份额则分别下降了0.8和2.0个百分点。

为全面掌握新疆棉花及棉纺织经济运行情况，以新疆为“突破口”深入研究棉花生产、流通及其体制方面的改革措施与政策建议，8月7日～11日，中国纺织工业联合会会长王天凯率调研组赴新疆，调研考察棉花种植和棉纺织行业经济形势，为稳定新疆棉花、棉纺生产和推动棉花体制改革建言献

策。新疆维吾尔自治区党委书记张春贤、新疆生产建设兵团政委车俊、司令员刘新齐先后与王天凯一行会面探讨了相关问题。

新闻四：全国首家家纺专业银行现身南通

6月19日，中国民生银行南通家纺支行正式成立，这是全国首家家纺专业支行。该行成立以后将对家纺市场内的企业给予各类金融服务，同时对家纺市场的基础建设与扩建投入给予信贷支持，开创了金融业之先河。此举将为地方金融市场注入新的活力，为家纺产业的发展提供强有力的支撑。

新闻五：魏桥创业新兴际华跻身世界500强

7月9日，美国《财富》杂志正式公布2012年世界500强企业排行榜，山东魏桥创业集团、新兴际华集团榜上有名。

山东魏桥创业集团2011年实现销售收入249.055亿美元，利润11.276亿美元，位列世界500强企业第440位。新兴际华集团则以2011年营业收入1476亿元人民币（折合228.32亿美元）的业绩位列第484位。

新闻六：多所高校欢庆纺织办学百年

10月16日，庆祝中国纺织高等教育100周年暨天津工业大学纺织学科建立100周年纪念会在天津工业大学举行。天津工业大学纺织学科源于1912年创办的北京工业专门学校机织科，这既是天津工业大学的雏形，又是我国纺织高等教育的起点。时至今日，天津工业大学纺织学科已有百年办学历史，我国纺织高等教育也在这百年中走向成熟。

10月18日，西安工程大学举行办学100周年纪念庆典，并以一场主题为“特色高水平大学建设暨协同创新”的论坛拉开了系列纪念活动的序幕。西安工程大学前身为1912年创办的北京高等工业专门学校机织科。历经百年发展，如今学校已经成为一所以工为主、纺织服装为特色的多学科高等学校，先后培养出80000多名各类高级专门技术人才。

新闻七：中国服装家纺自主品牌建设成果发布

11月22日，2012中国服装家纺自主品牌建设成果发布会在北京人民大会堂举行。会上发布了《中国服装家纺自主品牌发展报告（2012年）》和工业和信息化部、中国纺织工业联合会重点跟踪培育的服装家纺自主品牌企业名单，并举行了中国纺织服装品牌网启动仪式。

此次由七个部委和三个协会（联合会）组成的推进服装家纺自主品牌建设部门，将使政府和协会形成合力，促进工业与商业实现有效对接。以此次发布会为契机，服装家纺自主品牌跟踪培育工作将进一步加强，对行业优秀自主品牌建设案例的经验宣传与推广将继续深化，对自主品牌企业的行业性服务工作将不断加强。

新闻八：纺织工人杨普斩获“中华技能大奖”

为大力表彰宣传优秀技能人才的先进事迹和突出贡献，引导广大劳动者走技能成才、技能就业之路，人力资源和社会保障部等十部门12月8日在京召开第十一届高技能人才表彰大会暨全国百家城市职业培训工作推进会，隆重表彰30名“中华技能大奖”获奖者及300名“全国技术能手”。河北省石家庄市常山纺织股份有限公司恒盛分公司织造车间丙班值班长杨普成为纺织行业唯一荣获本届“中华技能大奖”的技术工人。

新闻九：全国纺织服装产业集群工作十年结硕果

12月21日，全国纺织产业集群试点10周年工作会议举行。10年的经历表明，纺织产业集群是中国纺织工业社会化生产发展的重要组织方式，已成为我国纺织工业的主体。

中国纺织工业联合会从2002年开始，将纺织产业集群工作作为发展纺织经济的一项战略性工作。10年来，试点地区由38个市县镇扩大到191个市县镇，其纺织经济总量占全国纺织经济总量的40%以上，纺织集群生动地体现着纺织工业的发展并且以其自身的不断壮大，成为我国纺织经济的基础力量。产业集群还以其得天独厚的优势，在促进科技进步、品牌建设方面起着不可低估的作用。

5月18日，作为专门为国内重点经编产业集群及优秀骨干企业量身定做的大型行业宣传系列活动，“走基层，看纺织”中国经编万里行活动正式启动。活动由中央和地方20余家媒体共同参与，旨在通过踏实走基层，深入看纺织，探索全新的行业宣传模式。活动将历时一年，分阶段深入国内经编产业集群和重点企业进行采访报道，参与活动总人数近千人，总行程将达万里。目前，已先后走访浙江省海宁市马桥镇、江苏省常熟市梅里镇、江苏省常州市、德国卡尔迈耶、福建省长乐市金峰镇等5站。

新闻十：产业用纺织品技术创新等一批产业联盟涌现

12月28日，中国产业用纺织品行业协会联合产业链上下游、科研院校、设备制造和测试中心等，共同组建产业用纺织品产业技术创新战略联盟，以建立以企业为主体、市场为导向、产学研相结合的技术创新体系，加快提升产业技术创新能力。10月中旬，该联盟分支下“安全与防护纺织品专项联盟”已成立。

产业技术创新战略联盟是建设创新型国家战略的重要内容和国家技术创新工程的重要实现渠道。近年来，纺织产业链上的合作创新实践不断涌现，仅2012年就有一大批创新联盟应运而生：

6月19日，纺织服装供应链联盟羽绒分会正式成立，旨在以供应链管理合作为基础，实现联盟成员的信息共享和资源整合。

6月29日，中国纺织信息中心、国家纺织产品开发中心携同中国化纤工业协会、中国服装协会和中国家用纺织品行业协会，联合20家企业发起成立“中国绿色无染纺织创新联盟”，“纤维原液着色”等技术因其绿色环保而被联盟作为研究和推广的重点。

11月21日，由中国资源综合利用协会牵头、29家单位发起的“废旧纺织品综合利用产业技术创新战略联盟”在北京成立，“废旧纺织品综合利用技术研发中心”同时成立。

中国纺织工业发展报告

CHINA TEXTILE INDUSTRY DEVELOPMENT REPORT

2012/2013

年度奖项

2012年度中国纺织工业联合会产品开发贡献奖

中国纺织工业联合会

为推进我国纺织服装行业的产品开发工作，树立行业产品开发的先进典型企业，探索产品研发的创新模式，提高行业科技贡献率和品牌贡献率，促进产品结构调整，推动产业升级和纺织强国建设，中国纺织工业联合会在全行业开展了2012年度中国纺织工业联合会产品开发贡献奖评选活动。

经中国纺织工业联合会产品开发贡献奖评委会对申报企业的资格初审、案例复评和终评，2012年11月26日，决定授予齐鲁宏业纺织集团有限公司等56家对产品开发工作做出贡献的企业“2012年度中国纺织工业联合会产品开发贡献奖”荣誉称号。

同时，鉴于在推动中小纺织服装企业做好产品开发工作方面做出的突出业绩，中国纺织工业联合会决定授予浙江海宁经编生产力促进中心和广州白马服装市场有限公司“2012年度中国纺织工业联合会产品开发推动奖”荣誉称号。

产品开发贡献获奖企业名单（排名不分先后）

1 齐鲁宏业纺织集团有限公司
2 江苏联发纺织股份有限公司
3 山东岱银纺织集团股份有限公司
4 际华三五四二纺织有限公司
5 山东济宁如意毛纺织股份有限公司
6 江苏丹毛纺织股份有限公司
7 南京海欣丽宁长毛绒有限公司
8 湖南华升洞庭麻业有限公司
9 江苏华佳控股集团有限公司
10 丝绸之路控股集团有限公司
11 达利丝绸（浙江）有限公司
12 浙江华欣新材料股份有限公司
13 苏州金辉纤维新材料有限公司
14 唐山三友集团兴达化纤有限公司
15 上海华峰超纤材料股份有限公司
16 福建三宏再生资源科技有限公司
17 龙福环能科技股份有限公司
18 烟台泰和新材料股份有限公司
19 恒逸石化股份有限公司
20 桐昆集团股份有限公司
21 义乌华鼎锦纶股份有限公司
22 裕鑫集团有限公司
23 江苏霞客环保色纺股份有限公司
24 江苏德赛化纤有限公司
25 宁波大发化纤有限公司
26 福建凯邦锦纶科技有限公司
27 丹东优耐特纺织品有限公司
28 辽宁宏丰印染有限公司
29 浙江美欣达印染集团股份有限公司
30 联邦三禾（福建）股份有限公司
31 浙江莱美纺织印染科技有限公司
32 福建省华奇环保印花有限公司
33 青岛即发集团控股有限公司
34 广东健业纺织有限公司
35 青岛雪达集团有限公司
36 泉州海天材料科技股份有限公司
37 义乌市绿康袜业有限公司
38 浙江台华新材料股份有限公司
39 吴江汉通纺织有限公司
40 紫罗兰家纺科技股份有限公司
41 杭州柯力达家纺有限公司
42 江苏腾盛纺工集团

43 真北集团有限公司
44 北京纺织控股有限责任公司
45 常州市宏发纵横新材料科技股份有限公司
46 福建鑫华股份有限公司
47 佛山市斯乐普特种材料有限公司
48 常州市润源经编机械有限公司
49 广东丰凯机械股份有限公司
50 常州市第八纺织机械有限公司
51 江苏迎阳无纺机械有限公司
52 常州市武进五洋纺织机械有限公司
53 卡宾服饰（中国）有限公司
54 江苏华艺服饰有限公司
55 宁波乐町时尚服饰有限公司
56 石狮市佐岸服饰有限公司

产品开发推动奖获奖单位名单

1 浙江海宁经编生产力促进中心
2 广州白马服装市场有限公司

获奖企业（单位）简评

获奖企业及标识	获奖简评
	**1.齐鲁宏业纺织集团有限公司** 企业致力于功能性差别化纤维纱线的开发，是国家功能性差别化纤维纱线产品开发基地。建立了与之相配套的先进技术装备和相适应的研发队伍，拥有发明专利13项。产品以毛、麻、丝等天然纤维与其他新型纤维混纺为特色，开发生产不同比例的高附加值产品，取得了明显的经济效益。目前企业在机生产的新品种达到400多个，新产品比重已占全部产品的80%以上。
	**2.江苏联发纺织股份有限公司** 企业主营高档色织面料及高档色织衬衫，是国家色织产品开发基地。企业建立和完善了产品开发体系，致力于高附加值、高档次产品的开发，拥有授权发明专利6项，软件著作权30项。开发出了潮交联免烫面料、360s纯棉超高支高密弹力色织面料、全天然无莱卡弹力织物等新产品100多个。企业注重人才队伍建设，建有江苏联发现代纺织技术研究院，并与国内知名院校建立合作培养机制。企业通过了ISO9001质量管理体系、AA测量管理体系及欧洲环保纺织品Oeko-Tex Standard 100标准认证。持续15年进入全国色织行业前十位。
	**3.山东岱银纺织集团股份有限公司** 企业致力于竹节纱及差别化产品的开发生产，是国家竹节纱产品开发基地。建有省级企业技术研发中心，设纺纱、牛仔布、毛纺和服装等4个分中心。拥有发明专利5项、实用新型专利15项，参与制定行业标准2项。“一种交捻竹节纱的生产方法”发明专利获得第十四届中国专利金奖。以原液着色纤维应用为代表的色纺纱、以各种功能性纤维为代表的差别化非棉纤维、以涂料染色为代表的环保染色等技术和产品获得市场认可。“岱银”牌化纤及混纺牛仔布获中国棉纺织行业“最具影响力产品品牌”称号。
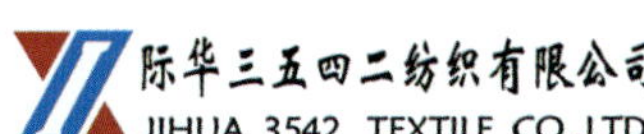	**4.际华三五四二纺织有限公司** 企业是专业从事纺、织、染整、服装 和家纺于一体的综合性企业，主导特色产品包括高支高密纯棉坯布、天丝、天竹、汉麻、木代尔等高档功能性面料。企业近年来拥有发明、实用新型和外观设计等专利177项，参与制定行业标准11项。自主研发生产的“木棉纤维紧密纺混纺纱及生产技术”与“特种涤纶与棉混纺吸湿排汗衬衣面料及生产技术”被列入2012年度国家重点新产品计划。“天丝、天竹等功能性高档家纺面料项目”列入国家科技部火炬计划。企业2008年被认定为国家“高新技术企业”，2009年被认定为“国家级企业技术中心”。

获奖企业及标识	获奖简评
	**5.山东济宁如意毛纺织股份有限公司** 企业主要从事精毛纺面料产品的开发和生产，是国家高新技术企业及国家精毛纺产品开发基地、AWI超细MERINO羊毛合作单位。年产高档精纺面料2000万米。2011—2012年上半年研发新品达到4000余个，其中抗皱、舒适、弹性、自清洁功能于一体的旅行西服畅销国内外市场。2011—2012年，授权实用型专利3项，外观专利12项，参与制定行业（国家）标准4项，完成省部级科研项目2个，经过行业专家认证，具有良好的技术提升和产品收益。企业贯彻执行CSC9000T社会责任管理体系，通过ISO14001环境管理体系认证，取得了Oeko-Tex Standard 100生态纺织品认证证书。
	**6.江苏丹毛纺织股份有限公司** 企业是集精毛纺面料、精毛纺时装产品研发，条染、纺纱、织造、染整、服装生产为一体的综合性企业。重视产学研合作，与国家纺织产品开发中心、国际羊毛局、东华大学、西安工程大学等科研院所建立长期合作关系，并迅速将新产品研发转化为商品，如隔热、降温、阻燃、防尘等功能性面料被总后和武警等部门采用。“丹毛弹”形态记忆精纺面料畅销市场。企业已获得知识产权112项，其中发明专利4项、实用新型专利13项。企业把信息化改造与融合作为企业的核心战略目标，与中科院、美国ROCKWELL公司合作，实施DMMES项目对物料进行流程跟踪。
	**7.南京海欣丽宁长毛绒有限公司** 企业致力于人造毛皮服装面料的开发和生产，主导产品为毛条喂入式人造毛皮。产品具备替代野生动物毛皮的特点，高仿真类人造毛面料成功进入法国PV展。企业注重上下游产业链结合，主导创建了“人造皮草绿色创意联盟”。每月开发新产品数量达到30～50个。企业通过ISO9001、ISO14001管理体系认证及Oeko-Tex Standard100生态纺织品认证。2011年，获得由中国毛纺织行业协会组织的全国人造毛皮产品评奖中的最佳工艺创新奖、精品奖和优质产品奖。
	**8.湖南华升洞庭麻业有限公司** 企业是专注于苎麻加工、纺纱、织造为一体的大型国有企业，是国家苎麻产品开发基地。主导产品有：高支高档含麻纱线、麻类家纺面料、高支细薄麻织物、色纺色织麻产品等。企业建立了完善的产品开发体系，拥有一支素质过硬的研发队伍，并建立了有效的激励机制。企业注重与上下游产业链的紧密结合，将产品研发向终端延伸，特别是与家纺、服装、针织等企业协作开发麻类新产品。获得发明专利5项，实用新型专利2项，参与制定行业标准5项。研发的超高支细薄苎麻织物产品，被评为国家重点新产品。企业通过了ISO9001质量管理体系认证和ISO14001环境管理体系认证。
	**9.江苏华佳控股集团有限公司** 企业是集育种、缫丝、捻线、织造、印染、服装、贸易于一体的产业链完整的丝绸生产企业，是国家丝绸产品开发基地。主导产品包括：中国驰名商标“桑罗”牌丝绸服装、中国名牌“迎春花”牌白厂丝、捻线丝等产品。企业创建了江苏省茧丝绸改性与加工工程技术研究中心、江苏省企业技术中心和国家级博士后科研工作站华佳分站等3个科研平台，注重产学研合作，与多家科研机构和高校建立合作关系。企业拥有授权发明专利9项、授权实用新型专利 25项、授权外观设计专利175项，参与制定行业（国家）标准1项。企业通过了ISO9001质量管理体系认证和ISO14001环境管理体系认证。获得中国丝绸企业10强、国家纺织科技型企业等荣誉称号。
丝绸之路 SILKROAD	**10.丝绸之路控股集团有限公司** 企业集蚕茧收烘、缫丝、织造、丝绸服装、丝绸家纺和贸易于一体，致力于产品研发和科技创新，打造民族丝绸的国际化品牌。企业具有完备的产品开发战略规划和完善的产品开发体系，注重上下游产业链结合，创建了自主品牌“湖商”、家纺品牌“欢莎”。拥有两个在欧洲的品牌设计工作室和省级企业技术中心。重视科研人才引进和培养，拥有制丝、织造、时尚家纺等多个研发团队，建立了绩效考核等激励机制。企业拥有27项专利，申请国家专利35项。企业荣获“全国百家和谐劳动关系模范企业”、“全国服务业500强企业”。

获奖企业及标识	获奖简评
	**11.达利丝绸（浙江）有限公司** 企业是集丝绸与丝绸制品的研发、生产和营销于一体的现代化高科技企业，重点研发高档真丝梭织、针织面料及真丝绸制品，主导产品为真丝宽幅提花面料、真丝屏蔽提花面料、抗绉可机洗真丝绸等。企业产学研结合紧密，建立了多个新产品孵化平台和研发中心。获得专利48项，其中发明专利5项，实用新型专利10项，参与起草制订国家、行业标准13项。“达利发”为中国驰名商标。企业建立了院士工作站，参与的3个重点科技专项和技术创新项目分别获得“纺织之光”中国纺织工业联合会科技进步二、三等奖。
	**12.浙江华欣新材料股份有限公司** 企业主要从事多色系环保纺织新材料的研发，主导产品为环保型彩艳涤纶绣花线及彩色涤纶长丝。企业注重产学研合作，具备完善的产品开发体系，开发出了一系列拥有自主知识产权的新产品、新技术，如“原液着色”技术、“免上浆”技术、“熔体直纺在线配色添加”技术。拥有发明专利4项、实用新型专利5项、外观设计专利4项，参与制定行业标准4项、国家标准2项、实物标样1项。产品被列入国家火炬计划、国家创新基金、国家发改委纺织开发专项、国家财政部科技成果转化项目，多次获得中国纺织工业联合会科技进步奖及中国节能减排功勋企业、中国企业自主创新TOP100企业等荣誉称号。
	**13.苏州金辉纤维新材料有限公司** 企业主要从事功能性差别化涤纶纤维的研发、制造及销售业务，是国家功能性差别化纤维开发基地。企业主导产品包括阻燃、抗菌、高仿真棉麻等功能性差别化涤纶长丝等。典型新产品阻燃涤纶长丝市场占有率高，仿棉系列产品已被成功应用于李宁、匹克、阿迪达斯等国内外著名品牌服装上。企业大力实施“产学研”相结合的研发方式，提高了科技成果向生产转化的速度和效率。企业拥有授权专利18项，其中发明专利4项。参与制定并通过实施的行业（国家）标准10项。企业获省级高新技术产品认定6项，新产品新技术鉴定9项。企业已通过ISO9001质量管理体系认证及Intertek再生聚酯及碳足迹体系认证。
	**14.唐山三友集团兴达化纤有限公司** 企业是行业内具有领先地位的纤维素纤维生产企业。典型新产品包括卫材用高白度短纤维、变性竹浆短纤维、细旦纤维、着色纤维、纺织用阻燃纤维等。企业大力推行与高校和科研院所进行产学研合作开发工作，拥有河北省纤维素纤维工程技术研究中心、博士后工作站、院士工作站等。企业已取得发明专利7项，实用新型专利15项。企业开发的具有完全自主知识产权的6万吨/年粘胶短纤维生产线，使我国纤维素纤维制造技术达到世界领先水平。“高效低碳环保粘胶短纤维成套技术装备及关键技术集成开发”项目获2012年中国纺织工业联合会科技进步一等奖。企业通过了ISO9001、ISO14001、GB/T28001—2001管理体系认证和Oeke-Tex Standard 100生态纺织品认证。
	**15.上海华峰超纤材料股份有限公司** 企业主要从事超细纤维聚氨酯合成革的研发、生产、销售与服务，特色产品包括：彩色超细纤维聚氨酯合成革、超细纤维防护鞋用合成革、超纤阻燃汽车革用基布等。企业拥有上海市企业技术中心，有一支由博士、硕士和学士为骨干的技术研发队伍，新产品产值率58%。企业拥有25项自主知识产权的授权专利。由企业起草、参与制定的轻工行业标准《聚氨酯束状超细纤维合成革》（QB/T2888—2007与烟台万华合作）、《防护鞋用合成革》（QB/T4044—2010）和《合成革用聚氨酯树脂》（QB/T4197—2001与华峰合成树脂合作）已开始实施。
	**16.福建三宏再生资源科技有限公司** 企业主营业务是丙纶纱及其制品的生产经营、废旧塑料的消解和再利用、以及箱包系列产品的研发与销售，是国家聚丙烯再生产品生产研发基地。企业注重产品结构的调整与优化，注重上下游产业链的合作，注重与高等院校联合，积极开展产学研协同创新工作。获得发明专利3项、实用新型专利13项，是《再生丙纶牵伸丝》行业标准起草单位。企业质量管理体系键全，已通过ISO9001、ISO14001以及ISO14024等体系认证。进入2011—2012年度中国纺织服装企业竞争力500强和化纤行业竞争力20强。

获奖企业及标识	获奖简评
	**17.龙福环能科技股份有限公司** 企业专注于再生聚酯长丝的生产及深加工，是国家再生聚酯纤维产品开基地。生产范围涉及瓶片回收、清洗、纤维生产、毛毯生产等。典型产品包括：再生涤纶FDY长丝、再生涤纶绿色低弹丝及再生涤纶毛毯等。企业建有省级“企业技术中心”和“东华大学-龙福环能科技联合研发中心”及“山东省企业院士工作站”。获得发明专利1项，实用新型专利7项，成为再生涤纶低弹丝、再生涤纶预取向丝、再生涤纶牵伸丝三项行业标准制定单位，通过ITS国际再生聚酯管理体系认证。企业自主研发的利用废旧聚酯生产涤纶工业丝和涤纶牵伸丝双双填补了国内技术空白，达到国际领先水平。
	**18.烟台泰和新材料股份有限公司** 企业是全球唯一一家拥有间位芳纶基导电纤维技术和生产间位芳纶基导电纤维的企业。主营产品有氨纶、间位芳纶、对位芳纶等三大系列，均获得Oeko-Tex Standard 100生态纺织品认证。间位芳纶短纤是国家重点新产品。企业建立了高效的产品研发队伍和完善的产品开发激励机制，拥有7项发明专利和1项实用新型专利，参与制定行业（国家）标准11项，获得山东省专利奖一等奖。目前已开发和推广了间位芳纶基导电纤维在军警服装、职业工装、高档西服以及抗静电羊毛衫等服装领域的应用。
	**19.恒逸石化股份有限公司** 企业是集PTA、聚酯纺丝、加弹于一体的大型民营企业集团，先后成功研发了聚酯、PTA、已内酰胺的自主知识产权国产化技术，在行业内具有重要影响。开发了抗静电、阳离子、吸湿排汗、冰凉丝、超仿棉等多个新产品。企业拥有国家级技术中心和博士后工作站，目前已获授权发明专利14项，实用新型专利26项，参与制定国家标准1项，行业标准3项。企业通过了ISO9001、ISO14001管理体系认证，产品获中国名牌、出口名牌、国家免检产品、纺织品牌文化企业50强等荣誉称号。
 桐昆集团	**20.桐昆集团股份有限公司** 企业主要从事聚酯切片和涤纶长丝的生产和经营业务，主导产品包括高性能涤纶差别化POY、FDY、DTY、ITY、BSY和中强纤维等，特色产品包括高性能微消光缝纫专用涤纶丝、涤纶中速混纺型氨替纤维、超透气性仿毛制毯丝、钻石绒纤维、非环吹单板纺雪尼尔纱专用丝等。企业拥有浙江省企业技术中心，与浙江理工大学合作成立了新纤维研发中心。企业获得专利113项，参与制定国家和行业标准6项，近年来承担的国家级火炬计划项目5项，星火计划项目2项。企业通过了ISO14001管理体系认证，获得中国名牌、国家免检产品等荣誉称号，多项新产品荣获中国纺织工业联合会科技进步奖。
	**21.义乌华鼎锦纶股份有限公司** 企业专业从事差别化锦纶长丝研发、生产、销售，主导产品为细旦、超细旦、超粗旦、全消光等差别化、功能性锦纶。企业重视产品创新体系建设，在省级企业研发中心的基础上，组建了“华鼎锦纶省级企业研究院”，开展产学研联盟合作。拥有发明专利5项，主持制定行业标准3项，参与制定行业标准2项。企业自主研发的“多异轻柔针织用锦纶关键技术研究及产品开发”填补了国内空白。企业为国家高新技术企业、国家火炬计划重点高新技术企业。
 裕鑫	**22.裕鑫集团有限公司** 企业以锦纶色纱、锦纶6、锦纶66为核心业务，拥有国内领先的锦纶细旦多孔弹力丝和色纱的核心技术，是国内少数能同时生产锦纶6和锦纶66的企业之一。企业注重产学研结合，已建立省级企业技术中心，自2009年以来累计自主研发新产品12个，其中与高校合作开发新产品1个，形成科技成果转化12个。近3年内获发明专利1项，实用新型专利10项，外观设计专利2项。企业通过了ISO9001、ISO14001、OHSAS18001管理体系认证，锦纶色纱通过了Oeko-Tex Standard100生态纺织品认证。

获奖企业及标识	获奖简评
	**23.江苏霞客环保色纺股份有限公司** 企业致力于环保彩纤、无染彩棉、无染彩纱及针织、机织、家纺、功能性纺织面料用纱的开发，是国家环保彩纤产品开发基地。企业研发团队实力较强，已获得发明专利5项，实用新型专利5项，参与制定3项行业标准，开发的新产品填补了多项国内外产品空白。企业与国家纺织产品开发中心联合优秀面料开发企业，共同组建了“原液着色纺织技术创新联盟”，进行原液着色纤维及其产业化应用研究。企业先后通过了ISO9001、ISO14001管理体系认证，是中国纺织工程学会环保彩纤技术研发中心和中国流行色应用示范基地。
	**24.江苏德赛化纤有限公司** 企业以开发生产差别化、功能化涤纶短纤为主，主导产品如三维卷曲中空纤维、高强棉型涤纶短纤、高档无纺布专用纤维和半光缝纫线用纤维等。企业具有突出的产品创新能力，产品主要定位于家纺和产业用市场，战略规划合理。企业在产学研及上下游一体化开发方面与多家科研院所及高校、下游用户合作开发了市场急需的多个新产品，新产品投产率达到89%。企业已申请专利11项，其中发明专利6项。企业通过了ISO9001质量管理体系认证。
	**25.宁波大发化纤有限公司** 企业致力于再生涤纶短纤开发和生产，生产范围涉及瓶片回收、丝泡料回收/生产、废旧纺织品回收/生产、瓶片清洗、纤维生产等。主导产品有：二维/三维再生中空涤纶短纤维、以废旧纺织品开发的车用纺织品及PET/PEN合金纤维等产品。企业已取得发明专利6项，实用新型专利108项，参与制定3项行业标准和1项再生聚酯瓶片协会标准。企业通过ISO9001、ISO14001、OHSAS18001、Oeko-Tex Standard100等体系认证、国际再生体系及碳足迹等体系认证，是“国家高新技术企业”。
	26.福建凯邦锦纶科技有限公司 企业是集锦纶研发、生产、销售为一体的高新技术企业，主要产品为PA6、FDY、HOY、POY、DTY、加捻丝长丝及产品。典型新产品“抗光功能锦纶长丝FDY”的开发创造了该规格产品的AA级率新的高点，填补国内高端产品的市场空白。企业具有完备的新产品开发实施流程与制度，聘请国内外资深技术专家组织新产品开发，与高校开展产学研合作，具有一定的产业链协同创新能力，已获得6项实用新型专利。企业拥有完善的质量保证体系，先后通过了ISO9001、ISO14001、OHSAS18001管理体系认证。
	**27.丹东优耐特纺织品有限公司** 企业是集纺织面料开发、印染及后整理于一体的生产型企业，是中国环保型印染产品研发生产基地。主导产品是利用冷转移印花技术，开发出的环保印花全棉仿牛仔、尼龙面料等系列产品。企业产品创新体系和产品开发激励机制健全，建立了省级企业技术中心，拥有发明专利3项，参与制定行业技术标准1项。承担的国家“十一五”科技支撑项目“无水印染新技术及智能装备”，属国内首创、国际领先水平。企业通过ISO9001、ISO14001管理体系认证，是纺织技术创新示范企业、国家火炬计划重点高新技术企业。
	**28.辽宁宏丰印染有限公司** 企业主营纯棉、涤棉、涤粘、涤纶等纺织印染品，成功开发三防整理产品、防静电产品、阻燃整理产品、工业水洗类产品等功能性及差别化特色面料。企业拥有一支较强的产品开发队伍，产品创新体系和产品开发激励机制较完善，注重产学研结合，产业链上下游合作转化科研成果，提升了产品开发水平。企业拥有发明专利5项，实用新型专利1项，“差别化纤维面料精细化印花技术及其产品应用开发”项目获中国纺织工业联合会科学技术进步二等奖。企业通过ISO9001质量管理体系、ISO14001环境管理体系认证，是中国纺织服装企业竞争力500强企业。

获奖企业及标识	获奖简评
	**29.浙江美欣达印染集团股份有限公司** 企业致力于生产棉、棉氨纶、麻、涤棉产品的染色、印花和涂层产品，是国家特种工装及休闲面料产品开发基地。企业拥有自主开发的雕印印花技术、冷轧堆染色技术，建有国家级企业技术中心，注重产业链上下游合作和产学研结合。近3年申报专利达80余项，参与制定行业标准5项。企业通过了ISO9001、ISO14001、Oeko-Texstandard100生态纺织品认证、Intertek-CCFA产品碳足迹认证、白名单管理体系认证和GOTS有机纺织品认证，是国家火炬计划重点高新技术企业、中国民营企业制造业500强企业。
	**30.联邦三禾（福建）股份有限公司** 企业是福建省高档成衣染色及功能性休闲面料领军企业，拥有研发、织造、染整、服装、成衣染色及后整理的完整产业链，主导产品包括低碳降温系列机织面料、水晶整理面料、风暴棉、爽洁整理面料、成衣染色系列产品。企业拥有全套进口的高档成衣染色及后整理生产线。企业产品开发管理体系健全，注重产学研结合，拥有实用新型专利7项，。企业通过ISO9001、ISO14001、Oeko-Tex Standard100生态纺织品认证。
	**31.浙江莱美纺织印染科技有限公司** 企业主要从事各类中高档织物面料的研发、生产、加工、销售业务，主导产品为家纺面料、产业用布、伞面绸、服装面料等中高档面料。企业与东华大学开展产学研合作，成立联合研发中心，开发新型环保高档功能性印染面料以及节能减排技术，实现科研成果转化。目前拥有印染技术发明专利2项、实用新型专利10项、计算机软件著作权9项、外观设计专利51项，“省级新产品”6项，2012年获“纺织之光”中国纺织工业联合会科技进步三等奖。企业通过ISO9001、ISO14001及GB/T28001—2011管理体系认证。
	**32.福建省华奇环保印花有限公司** 企业集科研、生产、销售为一体，主导产品是利用冷转移印花技术，开发出国内首创的环保印花全棉仿牛仔、尼龙面料等系列产品。企业拥有自主研发的冷转移环保印花技术与成套冷转移印花生产流水线，是绿色低碳、节能环保的现代纺织高新项目，解决了印花染料环境污染问题，印花品质达到数码印花质量。企业产品创新体系较完善、规范，以冷转移印花技术为基础，注重冷印技术的节能研发和升级、节能技术人才的培训及节能咨询服务。获得20多项国家科研发明及实用新型专利，冷转移尼龙印花面料获2012年中国国际面料设计大赛“最佳科技创新奖”。
	**33.青岛即发集团控股有限公司** 企业主要从事纺织服装研发、生产和出口业务，主导产品包括：甲壳素纤维及针织品、医用敷料，以及其他功能性、多组分纤维混纺针织服装。研发的功能性双面棉织物正面呈现优异的拒水拒油性能，反面呈现亲水导湿性能，达到多功能型面料的要求。企业制定了完善的新产品开发规划，建有国家级企业技术中心、院士专家工作站和博士后科研工作站。拥有授权国家发明专利12项，参与制定行业（国家）标准14项。企业研发的医用甲壳素纤维材料已批量出口到国外多家医用企业，用于临床试验和申请产品批号，海洋生物纤维材料已成为企业今后中长期重点发展的主导产业之一。
 广东健业纺织有限公司 GUANGDONG JIANYE Textile Co.,LTD	**34.广东健业纺织有限公司** 企业致力于快时尚面料的设计、开发、生产和销售。典型产品如北极绒、银河、金彩葱等，采用新工艺、新技术、新材料，取得了较好的销售业绩。企业有一支较强的新产品开发队伍，追求时尚的产品开发理念，积极整合资源，对上游企业的新原料、新工艺、新设备充分利用，具备快速反应的产品开发机制。企业通过网络为客户提供全流程专业服务，形成一个上下游企业密切合作的完整供应链。

获奖企业及标识	获奖简评
	**35.青岛雪达集团有限公司** 企业主要生产高中档针织服装，主导产品分为针织内衣、童装、休闲运动服和家居休闲服等四大系列。企业以科技创新为主导，围绕高附加值产品开发和自主品牌发展战略，建立完善的人才激励机制，重视产学研合作。产品注重功能性和生态环保性，采用新型纤维材料，研发多组分面料产品，提高人体穿着的舒适性和外观新颖性，提高产品附加值，产品多次填补国内及国际空白，获得国家专利8项、国家重点新产品4项，先后参与制定行业标准2项。企业先后被评为“中国民营500强企业”、“中国针织服装制造业十强企业”。
	**36.泉州海天材料科技股份有限公司** 企业是一家集原料开发、面料生产、服装制造为一体的大型高科技纺织企业，致力于新型环保材料、功能性、差别化纺织材料的开发、应用和推广，是国家纬编针织产品开发基地。主要产品为针织面料和服装，产品分为八大功能性面料系列，如吸湿速干系列、生物基绿色环保系列等。企业重视产品开发工作与产业链上下游合作，与国内优秀科研单位、高校共同组建多个产品研发机构，提升了企业的研发能力。企业荣膺“国家火炬计划重点高新技术企业”、“国家星火计划龙头企业技术创新中心”、“国家博士后科研工作站”、“国家产业用纺织品工程研究中心”等荣誉。
	**37.义乌市绿康袜业有限公司** 企业采用新技术开发无缝双层裤等产品，具有从设计、织造、拼缝、染整到包装一体化生产线，旗下拥有“绿康”、“情娜”、“艾丽斯”、“菲尼斯”等多个品牌产品。企业注重技术改造，积极引进国际上较为先进的生产设备，在行业中起到示范和引领作用，开发的第三代无缝双层裤等产品取得了较好的经济效益。企业荣获“2012中国纺织品牌文化创新奖”、“全国质量诚信AAA品牌企业”等称号，绿康品牌被评为“全国放心消费信用品牌”。
	**38.浙江台华新材料股份有限公司** 企业是产业链较为完整的锦纶功能性产品开发企业。主导产品包括：蝉翼纺、尼丝纺、塔丝隆、快干面料、高透湿面料、抗紫外线面料等功能性面料。企业产品开发战略规划目标明确，建立了新产品开发激励机制。企业注重产学研结合，与东华大学建立了合作关系。企业拥有发明专利4项，实用新型或外观设计专利50余项，获得2012年度中国化纤长丝面料名优精品奖和金奖。企业先后通过了ISO9001、ISO14001、Oeko-Tex Standard 100生态纺织品认证。
	**39.吴江汉通纺织有限公司** 企业致力于中高档女装面料开发与生产，是国家环保时装面料开发基地。企业每年研发新产品数量200项以上，主导产品包括环保天然面料系列、超薄高支强捻系列、单丝面料系列等。企业制定了产品开发战略规划和完善的产品开发实施流程，组建了产品研发队伍，建立人才培养激励机制。企业拥有发明专利1项、实用新型8项、外观设计100项。企业通过ISO9001质量管理体系认证，连续9年荣获“中国流行面料入围企业”称号，连续5年入围“中国纺织服装企业竞争力500强”。
	**40.紫罗兰家纺科技股份有限公司** 企业从事功能性家纺产品的研发、生产和销售，主导产品包括无菌家纺产品、持续抑菌家纺产品、精油促睡眠家纺产品等。企业积极开展产学研合作，促进研发成果产业化应用，成为国内家纺行业首家“企业研究生工作站”设站企业。拥有实用新型专利28项，外观设计专利152项、花型版权400件，制定无菌家纺产品企业标准4项。企业获得中国驰名商标、国家免检产品等诸多称号，2012年获中国纺织工业联合会科学技术进步三等奖。

获奖企业及标识	获奖简评

41.杭州柯力达家纺有限公司

企业从事以装饰布为主的新型家纺用品的开发、生产、销售，是沙发布面料开发基地、中国美院教学实验基地。产品开发以市场为导向，注重原创设计，品牌特色鲜明，采用新型花式纱线研发的TENNESSEE、FLORIDA等典型产品，新产品产值率达30%。企业已取得等25项版权登记。企业通过ISO9001质量管理体系认证、“美国沙发布标准”认证、Oeko-Tex Standard 100生态纺织品认证，荣获“2011—2012年度全国纺织服装企业竞争力500强企业”称号。

42.江苏腾盛纺工集团

企业主营功能性、差别化纤维及其提花窗帘面料系列产品的研发、设计、生产、销售等业务，是国家提花遮光窗帘产品开发基地。拥有较为完整的产品开发管理体系，重视产学研合作，与华东理工大学建立了长期合作关系，新产品产值率达42%。2011年企业研发的“多经轴特宽幅提花遮光面料”被评为省“高新技术产品”，采用的原料和配比都为国内外首创。企业拥有发明专利7项、实用新型专利8项、外观专利465项，有10项科技成果通过省级新产品、新技术鉴定。

43.真北集团有限公司

企业主要从事家纺面料的研发、生产及销售，是家纺布艺行业知名企业。企业拥有完善的产品开发管理体系，与四川大学、浙江理工大学等高校建立了长期合作关系。获得国家授权专利270多件，参与制订了《纺织品装饰织物》国家标准，荣获“标准化战略之星”、“全国纺织工业先进集体”、“浙江省专利示范企业”等荣誉称号。企业通过了ISO9001、ISO14000和OSHAS18000管理体系认证。

44.北京纺织控股有限责任公司

企业将产业用纺织品作为纺织主业方向之一，在聚氨酯软体油管、高性能帐篷和医疗用纺织品等3个领域重点发展。产品开发瞄准高端市场、导向明确，企业开发的“城市应急给排水系统”，被列入“十二五”重大科技创新项目计划中，并在“7.21”北京特大洪水的抢险中发挥了巨大的作用。企业注重产业链上下游合作，较好地实现了产学研结合。2011年产业用纺织品的销售收入占企业销售收入的比重已经达到22.36%，2012年上半年达到了29.29%。企业已取得授权专利21项，其中发明专利12项。获省部级以上科技奖4项，参与制定国家标准3项。

45.常州市宏发纵横新材料科技股份有限公司

企业致力于高性能复合材料前沿关键核心技术研究和追踪，是立足于新能源产业高性能纤维复合材料织物应用的专业制造商，主导产品为各类高性能纤维复合材料织物。企业重视上下游产业链的对接和产学研的结合，与国内科研院所和高校建立了长期的产学研合作关系，结成了紧密型科研联合体，承担国家“863计划”课题。企业获授权专利56项，其中发明专利8项、实用新型专利46项、外观专利2项，参与制定国家标准1项。企业通过了ISO9001质量管理体系认证，是江苏省优秀民营科技企业。碳纤维多轴向经编增强复合材料产品于2011年5月被评为“江苏省高新技术产品”。

46.福建鑫华股份有限公司

企业主要从事功能性非织造布和差别化再生聚酯纤维生产以及环保鞋材、汽车内饰材料和环保过滤材料的开发和生产，是国家环保过滤材料开发基地。主导产品包括环保过滤材料、再生差别化纤维、环保鞋材、功能性丽新布、汽车内饰材料、功能性家纺材料等系列产品等。企业将研发定位于战略新兴产业和环保新材料领域，建立了省级技术中心，成立了高效的研发团队，有着完善的绩效考核奖励制度。企业拥有发明专利6项、实用新型专利9项、外观设计专利1项，参与制定行业（国家）标准4项。企业通过ISO9001、ISO14001管理体系认证。

获奖企业及标识	获奖简评
	**47.佛山市斯乐普特种材料有限公司** 企业主要从事各类纺粘法非织造布的研发和生产，主导产品为：聚苯硫醚（PPS）纺粘针刺+水刺滤料，聚酯（PET）纺粘热轧、针刺非织造布等。其中，"PPS纺粘针刺+水刺过滤材料成套技术"为国际首创，已成功应用于火电厂。企业产品开发目标市场明确，建立了较为完善的产品开发管理体系，产品研发费用投入占比4.4%，新产品产值率达62%。企业设备的国产化率为100%，获得发明专利1项，实用新型专利9项，参与制定3项行业（国家）标准，通过了ISO9000质量管理体系认证。
	**48.常州市润源经编机械有限公司** 主要从事经编机械的研发、生产、销售与服务，主导产品包括多梳栉经编机、轴向经编机、高速拉舍尔经编机等七大系列 50余种产品。企业自主研发国内首创的RY-1型缝编机国内市场占有率高，RCD-1型多轴向经编机等多项成果能够替代进口产品，填补了国内空白。目前已累计申请各类专利180余项，已获授权各类专利103项，其中发明专利 24项，承担了5项行业标准的起草工作，其中2项已正式发布。承担了国家重点新产品、国家火炬计划等省级以上项目12项，节能效果显著。
	**49.广东丰凯机械股份有限公司** 企业是纺织机械行业内从事中高端织机的研发、生产、销售和技术服务为一体的知名企业，产品种类、规格齐全，包括剑杆织机、喷气织机、商标机等系列。企业制定了发展战略规划及相关产品的科技发展目标，构建了高效的产品开发团队和实施流程，建立了产学研用的战略合作体系。企业获得各类专利/著作权26项，其中发明专利2项，实用新型专利18项，外观专利2项，软件著作权4项，参与制定了《中华人民共和国纺织行业标准 FZ/T94004—2009》。企业先后通过了ISO9001质量管理体系认证和高新技术企业认证等，荣获国家重点高新技术企业等荣誉称号。
	**50.常州市第八纺织机械有限公司** 企业是专业生产各类经编分段整经机及经编机的厂商，主要从事纺织机械、纺织机械专用配件、装饰用铝合金条板制品等制造业务。企业具有清晰的产品开发战略，技术开发组织建设及实施流程合理，构建完善的项目和人才激励制度，注重产学研结合，与大专院校、科研院所建立了长期的合作关系。整经机市场占有率达85%以上。企业共获授权专利156项，其中发明专利23项，实用新型专利133项，获得软件著作权1项，参与起草国家标准1项。企业通过ISO9001质量管理体系认证。
	**51.江苏迎阳无纺机械有限公司** 企业是国内知名的非织造设备专业制造商，主要从事非织造技术、工艺、设备等的研究、开发、设计、生产、销售和服务。主导产品"迎阳"牌非织造机械市场占有率、出口规模、品牌知名度等在国内非织造机械行业处于领先位置。企业制定了发展战略规划及相关产品的科技发展规划，建立了项目和人才的激励制度和产学研用的战略合作体系。企业拥有江苏省高新技术产品6个，授权发明专利3项，实用新型专利16项。企业主导制修订5项行业标准和1项国家标准，通过了ISO9001质量管理体系认证。
	**52.常州市武进五洋纺织机械有限公司** 企业是生产系列经编机、数控机床、高端纺织品的综合性企业，主导产品包括数控多梳压纱提花经编机、高速双针床经编机、无缝内衣经编机等。企业建有江苏省经编机运动控制工程研究中心，与大专院校、科研院所合作，形成产学研紧密结合的研发团队。企业开发的成形智能化经编装备实现单台装备从纱线上机到服装一次编织完成，降低35%左右的生产成本，新产品产值率达80%。企业获得发明专利2项，实用新型专利46项，外观设计专利40项，参与制定行业标准6项，"五洋"、"柳绿"为"中国驰名商标"。

获奖企业及标识	获奖简评
Cabbeen	**53.卡宾服饰（中国）有限公司** 企业主要从事服装设计、研发及生产业务，为设计师主导品牌，特色产品包括防盗口袋结构、腰围可调节的服装、可变换样式的服装、新型连衣帽结构等。企业建立了高效的产品研发队伍和完善的产品开发激励机制，新产品产值率达70%。企业构建与完善了国际化经营模式，运用SAP ERP系统，提高企业业务流程的运营效率和生产力。2012年保持同比11%的销售增长率。2010—2012年共拥有实用新型专利8项，获中国驰名商标称号，2010年卡宾先生荣获中国设计师最高奖项“金顶奖”。
	**54.江苏华艺服饰有限公司** 企业主导产品包括以现代扎染、成衣染色、牛仔洗水、三维皱褶、雕拔拓印、电脑绣花、特种印花、数码喷印等艺术染整为载体的梭织、针织、机织、勾棒等休闲时装。企业具备完整的生产开发系统，注重产学研结合和上下游联系整合，与高校合作建有“江苏省数字化艺术扎染工程技术研究中心”，有自己完整的供销渠道，新产品产值率达52.8%。企业拥有“成衣染色图形一体化艺术染整工艺”和“成衣三维记忆与喷绘拓印聚集综合工艺”两项发明专利和50项外观设计专利，荣获“江苏纺织十大品牌文化企业”称号，获得省部级科技进步奖3项。
乐町 LED'IN	**55.宁波乐町时尚服饰有限公司** 企业是独立运营的女装品牌，太平鸟集团旗下全资子公司，主要以少女服饰类产品为主。企业以追求“小价格·大时尚”为理念，特色产品“快单”系列，注重设计的国际化时尚元素，为充满活力的年轻少女提供最新最快的时尚资讯。企业具有较强的产品研发能力和完整的渠道体系，市场拓展速度较快，拥有自主设计研发团队，重视人才梯队建设，注重产品研发。产品销售稳定，取得很好的市场影响力，是近年来女装品牌运作成功的案例典范。
	**56.石狮市佐岸服饰有限公司** 企业为国内设计师品牌，集设计研发、生产、销售于一体的现代化服装企业，品牌定位中高档休闲男装，2011年成功在美国纽交所挂牌上市。企业产品开发符合市场需求、导向性明确，产品开发体系完善，产品结构系列化、优质化。企业拥有一支针对市场的快速反应团队，在广东中山拥有庞大的研发与商品供应基地。拥有从德国、日本、意大利等国家引进的先进机器设备，具有年产服装50万件（套）的生产能力。近3年，企业每年销售收入都以近50%的增幅成长。
	**57.浙江海宁经编生产力促进中心** 浙江海宁经编生产力促进中心是海宁经编产业园区的区域企业科技服务机构。中心下设研究中心、服务中心、中试基地，为量大面广的广大中小企业提供技术、检测、管理、人才等服务，提升中小企业的技术、管理水平和产品档次，提升经编产业整体竞争力，使海宁经编真正成为整合、共享、服务、创新的实践基地。中心与国内知名纺织高校建立长期合作。建立了浙江省嘉兴经编产业技术创新服务平台和“浙江省高性能产业用纺织品产业技术创新战略联盟”，开展差异化经编产品研发，中试成功的面料申请知识产权，并在区域内免费推广生产，促进区域内经编企业良性发展。
 中国十大服装专业市场 广州白马服装市场 GUANGZHOU BAIMA GARMENT MARKET	**58.广州白马服装市场** 广州白马服装市场是中国十大服装专业市场、广东省现代批发市场龙头企业、中国服装品牌孵化基地，旨在创建服装流通渠道，推进市场与商家的品牌化建设、搭建行业交流平台和促进服装行业发展。市场注重对商户的原创设计能力培养和服装原创款式版权保护，通过举办服装设计师比赛、大学生时装设计大赛等活动，大力倡导原创设计的文化氛围。市场为商户提供交易新平台，每年举办供需对接会、全国巡展、白马服装采购节，每年场内商户的直接营业额超过30亿元。2010—2011年，场内18个服装品牌获得“中国服装成长型品牌”、5个品牌获得“中国服装优秀渠道品牌”称号。2012年市场荣获“广东时尚服装国际采购中心”和“广东省服装产业转型升级重点培育服务平台”称号。

2012年度中国纺织工业联合会经济论文奖

中国纺织工业联合会

为了进一步推进建设纺织强国战略任务的实施，加快纺织工业结构调整和产业升级，深入加强理论研究，实践分析总结，逐步完善政策措施，中国纺织工业联合会在全行业开展了“2012年中国纺织经济优秀论文”的征集评审工作。

根据中国纺织工业联合会优秀论文评审的有关规定，经中国纺织工业联合会论文评审委员会的初评和终评，2012年12月10日，我联合会决定授予“2012年度中国纺织工业联合会经济论文奖”论文共计37篇，其中《中国化纤行业碳足迹研究与模式探讨》等3篇论文为一等奖；《中部六省承接纺织产业转移能力实证研究》等7篇论文为二等奖；《基于演化博弈视角的绿色纺织业发展路径研究》等11篇论文为三等奖；《低碳经济视角下我国纺织服装业的发展》等16篇论文为鼓励奖（名单详见附件）。

希望受表彰的个人，以此荣誉为起点，再接再厉，创出新的佳绩。继续对行业出现的新问题新形势，加强宏观与微观行业经济研究，献计献策，开拓创新，多出好作品。为促进产业结构调整和升级，努力提高我国纺织经济研究水平作出新的更大贡献。

2012年度中国纺织纺织工业联合会经济论文奖获奖名单

一等奖

序号	论文题目	主要作者	作者单位
1	中国化纤行业碳足迹研究与模式探讨	端小平　吕佳滨　王玉萍　关晓瑞	中国化学纤维工业协会
2	我国废旧纺织品回收及再利用制度建设探究	郭　燕	北京服装学院
3	后MFA中国纺织产业转移和转型	曹利群　杨　峻　顾庆良	东华大学纺织经济与管理研究中心

二等奖

序号	论文题目	主要作者	作者单位
1	中部六省承接纺织产业转移能力实证研究	段文平　田　丽	河南工程学院管理科学与工程系；中国纺织经济研究中心
2	中国化纤行业"走出去"发展战略研究	端小平　郑植艺　郑俊林　付文静　吴文静	中国化学纤维工业协会
3	咸阳市重点国有棉纺企业经营状况及实施产业重组整合方案可行性调研报告	郭　伟　李军训　姜　铸　宋　玉　任志伟	西安工程大学管理学院
4	基于相对偏差距离最小法的纺织服装类高校科技创新能力评价研究——以原纺织部所属本科高校为例	高顺成	河南工程学院管理科学与工程系
5	中国棉花价格形成及政策研究	于　婷　赵　宏	天津工业大学经济学院
6	促进纺织类非遗产品出口的探讨	周　庄　曹立俊	天津工业大学
7	次贷危机以来中国纺织服装企业效率波动及对策分析	叶茂升	武汉纺织大学经济学院

三等奖

序号	论文题目	主要作者	作者单位
1	基于演化博弈视角的绿色纺织业发展路径研究	胡玉莹　张炜熙	天津工业大学经济学院
2	我国纺织产业集群集聚度的评价研究	李军训　李祖香　宋　玉	西安工程大学管理学院
3	基于专利地图的我国纺织业技术创新态势研究	吴金红　陈　强　周　来	武汉纺织大学
4	基于吸收能力的纺织服装企业技术创新研究——以榆林地区企业为例	郭　伟　孙改娜　王文娟	西安工程大学管理学院
5	南通家纺企业经营现状和发展对策	金　鑫	南通市纺织工业协会
6	我国产业用纺织品进口贸易发展研究	颜文书	东华大学
7	苗绣的价值分析及发展策略研究	张玉欣　马艳华　马晓红	天津工业大学
8	纺织行业特色高校可持续发展影响因素分析	曹　克　张　茹	天津工业大学
9	纺织企业制造执行系统的构建	邵景峰　王进富　马晓红　刘　勇	西安工程大学管理学院
10	服装企业生产经营的戴尔模式——MTM单量单裁定制生产	朱碧空	武汉纺织大学服装学院
11	基于平衡计分卡的纺织上市公司战略绩效评价研究	郭　伟　王　娜	西安工程大学管理学院

三等奖

序号	论文题目	主要作者	作者单位
1	低碳经济视角下我国纺织服装业的发展	赵娟霞	天津工业大学
2	中国纺织业的生态发展路径探索	马艳华　刘　洋	天津工业大学现代纺织产业创新研究中心
3	服装产品碳足迹生命周期评价框架研究	卢　安	北京服装学院
4	中国化纤行业生产力布局优化调整的初步研究	端小平　郑俊林　吴文静	中国化学纤维工业协会
5	服装行业加快"转型升级"前景美好	徐静平	仪征化纤
6	陕西纺织产业集群建设中资源整合的风险研究	李军训　王岳龙　彭苏秦	西安工程大学管理学院
7	面向技术创新的纺织行业转型升级研究	张丽丽　李军训　郭　伟	西安工程大学管理学院
8	当前纺织服装行业在发展竞争中面临问题及对策	刘　新	宝鸡九州纺织责任有限公司
9	基于因子分析的北京纺织服装国际竞争力研究	姚　蕾	北京服装学院
10	结构分析法在服装品牌符号创新中的应用	马大力	天津工业大学
11	行业特色高校产学研合作路径探析——以武汉纺织大学为例	张萌萌　夏火松	武汉纺织大学管理学院
12	汉派服装企业内部供应链发展特点分析	周兴建　金　涛　李　顺	武汉纺织大学管理学院
13	服装供应链云商务模型	张文琴　张　彤　罗超华　蔡芳芳　王艳华	西安工程大学管理学院
14	百丽集团全过程管理模式解析	孙　筱　赵洪珊	北京服装学院
15	多功能婚纱式礼服的创新与研究	祁　倩	西安工程大学服装与艺术设计学院
16	中国纺织产业经济新常态与新优势创造	孙　凌	中国纺织工业联合会

全国纺织行业民营企业党建工作十佳企业

中国纺织工业联合会

民营经济的兴起和蓬勃发展是改革开放以来我国纺织行业发生的最深刻、最广泛的变革之一。目前，民营企业已成为我国纺织行业的主体和建设纺织强国的重要力量。

近年来，各地纺织民营企业积极贯彻落实中央关于加强非公企业党建工作的一系列重要文件和指示精神，从增强党的阶级基础、扩大党的群众基础、夯实党的执政基础的战略高度上，适应企业持续、稳定发展的内在需要，按照各地党组织提出的工作要求，坚持求真务实、开拓创新，持续加强和深化企业党建工作，民营企业党建工作在探索中不断前进，在实践中不断提高，在规范中不断加强，总结了一批纺织民营企业党建工作的先进经验，涌现了一批将党建工作与生产经营紧密融合，“抓党建、促发展”的先进典型。

为把先进典型的经验更好地转化为面上的成果，2012年8月2日，中国纺织工业联合会决定命名红豆集团有限公司、波司登股份有限公司、万事利集团有限公司、浙江天圣控股集团有限公司、山东如意科技集团有限公司、孚日集团、北京爱慕内衣有限公司、福建省长乐市华源纺织有限公司、广东金潮集团有限公司、宁夏中银绒业股份有限公司、为“全国纺织行业民营企业党建工作十佳企业”，并予以表彰（中纺联[2012]65号）。

命名表彰红豆集团等十佳企业，是我会大力推进全国纺织行业民营企业党建工作的重要组成部分，旨在发挥十佳企业的引导、辐射和带动作用，提升全行业纺织企业党建工作的规范化、科学化水平，进一步探索适合纺织行业发展需要，创新和加强民营企业党建工作的新路子，推进纺织强国建设。希望受到表彰的单位再接再厉，深入推进企业党建工作，不断丰富和完善党建成果，促进企业又好又快发展，充分发挥辐射和带动作用。各地纺织服装企业要学习、借鉴十佳企业的先进经验和做法，按照中共中央办公厅《关于加强和改进非公有制企业党的建设工作的意见（试行）》的要求，进一步加强企业党建工作，创新活动方式，发挥党组织的政治核心和政治引领作用，提升党建工作水平，团结和凝聚广大职工，充分发挥工人阶级的主力军作用，在推动企业稳定发展和纺织强国建设中建功立业，以抓党建、促发展的优异成绩迎接党的十八大胜利召开。

学习推荐红豆集团党建工作经验及学习周海江同志抓党建促发展的模范事迹

中国纺织工业联合会

红豆集团是我国纺织行业大型民营企业，现有员工2.2万余名，2011年实现销售收入351亿元。红豆集团于1997年6月成立了无锡市第一家民营企业党委，现有党员1218名，103个党（总）支部，现任党委书记为周海江同志。多年来，红豆集团坚持把党的政治优势转化为企业的发展优势，总结出了“铸就红色品格，打造绿色企业，建设幸福红豆”的发展经验，走出了“现代企业制度+党建+社会责任”的成功发展模式，多年来保持了30%以上的快速增长。红豆集团党委也先后获得了江苏省和建党90周年全国先进基层党组织、全国非公企业“双强百佳”党组织荣誉称号，其党建工作经验受到了中组部高度肯定。

红豆集团党委和周海江同志勇于探索、不断创新，回答了在社会主义市场经济条件下，如何在民营企业开展党建工作并发挥作用的党建新课题，对全国纺织民营企业党建工作具有普遍的学习和借鉴意义。为进一步推动纺织民营企业的党建工作，2012年8月2日，中国纺织工业联合会决定向全国纺织企业推荐红豆集团党建工作经验（中纺联[2012]66号），并开展学习周海江同志抓党建、促发展模范事迹的活动。

红豆集团党建工作经验主要表现在：

一是坚持党组织的政治核心和政治引领作用，为企业发展注入党建灵魂。红豆集团党委成立之初，就全面推行各级党组织和经营管理层“交叉任职”，建立起了党组织与经营管理层双向互动机制，形成了党委会、董事会、监事会协调决策管理格局，确保了党组织在企业发展中的政治引领作用。红豆集团大力推行“党员当家最放心”的管理文化，党员在企业管理团队和科研生产经营队伍中处处体现着先进性。

二是坚持党建工作与企业生产经营管理融合共进。红豆集团善于把党员职工紧紧地团结在党组织周围，围绕企业发展的重点和难点问题，开展党建主题活动，发挥党组织的战斗堡垒作用和党员在企业重点岗位、重要环节、重大任务和遍及企业各个岗位的“党员示范岗”中的先锋模范作用，影响和带领广大职工把企业生产经营管理的各项工作落到实处。

三是坚持把党的政治优势转化为企业的发展优势，保证企业的科学发展。在抢抓机遇上，红豆集团把引领企业决策层及时吃透和准确贯彻党的方针政策作为企业发展的最大机遇，并在一次次抓住机遇中实现了企业的跨越发展；在培养人才上，持续实施把党员培养成企业骨干，把企业骨干培育成党员，推动党员骨干成为企业核心人才的“双培一推”工程，壮大了企业人才队伍；在构建和谐上，持用社会主义核心价值观凝聚人心，加强思想政治工作，保持了企业的和谐稳定，从而把党的政治优势转化为企业发展的机遇优势、人才优势和和谐优势，有效地解决了红豆集团在发展过程中的难题。

四是把党支部建到一线，实现党组织的全覆盖。党员在哪里，党组织就建在哪里，党的工作就做到哪里，红豆集团党委坚持把党组织建到最小经营单位，并在红豆柬埔寨工业园建立了中国民营企业第一个境外党支部，实现了党组织从集团总部到一线的全覆盖。红豆集团开国内民营企业之先河，与有关大型国企和政府机关及一百多家外协企业党组织开展“深化统筹基建、结对争先创优”活动，探索了一条党建工作统筹共建和向外延伸覆盖的新路。

五是创建了红豆集团党建工作标准，探索了一条把党的政治优势转化为企业发展优势的科学路径。标准创造性地将现代企业质量管理体系全面导入非公企业党建，将一系列在实践中行之有效的党建理念、体制机制、方式方法、工作流程及载体资源进行整合，通过规范化、制度化的形式固定下来，并通过P（计划）、D（实施）、C（检查）、A（改进）循环方法，使每项工作都能有章可循，持续改进，有效地落实到企业党建工作的方方面面，把企业党建工作从“有形覆盖”提升到“有效覆盖”的新境界。

六是把让广大员工更好地分享企业的发展成果作为党建工作的落脚点，让职工“生活有保障、事业有希望、情绪有释放”，建设幸福红豆。

红豆党建工作经验的形成，在很大程度上源于红豆集团公司党委书记、总裁周海江对中国特色现代企业制度的不懈探索和对党的事业的忠诚。周海江大学时期就加入了中国共产党，1987年辞去大学教职到乡企创业。20多年来，他坚持以抓党建推动企业发展，把党的政治优势转化成企业的发展优势，把一家普通的乡镇企业发展成为年销售收入几百亿元的大型民营企业集团，光荣当选为党的十七大和十八大代表。周海江同志抓党建、促发展的模范事迹，为全国纺织行业的党务工作者树立了学习榜样。

要学习周海江同志积极探索中国特色现代企业制度的企业家精神。他坚持在企业层面积极探索和实践，逐步形成了“现代企业制度+党建+社会责任”的红豆发展模式，实现了企业的快速和可持续发展。

要学习周海江同志坚定的党性原则和高度的党建意识。他始终强调，“我首先是一名党员，然后才是一名企业家”。他坚持把党建作为中国特色现代企业制度铸魂的基础工程来抓，作为企业健康发展的强大精神动力和根本保证来抓，不断增强党组织的凝聚力、战斗力，推动了企业的科学发展。

要学习周海江同志不断创新的时代精神。针对民营企业党建工作的难点和企业发展的实际，周海江同志积极探索创新，总结出了“一核心、三优势、六举措”的红豆党建特色；“一融合双培养三引领”的红豆党建工作法。特别是作为创新成果的《红豆集团党建工作标准》，受到了中央、省、市领导和党建专家学者的充分肯定。

要学习周海江同志高度的社会责任感。周海江提出，企业作为“社会公民”，在享有社会资源的同时，理应承担社会责任，以己之力回报社会，回报党和国家，这种责任和回报就是感恩。他对履行红豆集团的社会责任提出了社会定位、发展定位和内部定位。

要学习周海江同志坚持以人为本，建设企业温情大家庭的文化自觉和人文情怀。他坚持把党建工作与企业文化建设结合起来，将情作为企业文化的核心，使全体党员成为情文化的人格载体，把队伍建设贯穿于企业文化建设始终，形成了企业关爱员工，员工热爱企业的良好企业氛围。

当前，我国纺织行业正在全面实施“十二五”规划和《建设纺织强国纲要（2011—2020年）》。学习借鉴红豆集团党建工作经验，开展学习周海江同志抓党建、促发展模范事迹的活动，对大力推进纺织企业党建工作，具有重大的现实意义。各地纺织企业党组织要结合企业实际，在学习借鉴中总结和完善自身的工作特色，在学习借鉴中理清党建工作思路，按照中共中央办公厅《关于加强和改进非公有制企业党的建设工作的意见（试行）》的要求，不断提升党建工作水平，以抓党建、促发展的优异成绩迎接党的十八大的胜利召开。

2012年度中国纺织十大品牌文化先进单位和个人

中国纺织工业联合会
中国纺织职工思想政治工作研究会
（中国纺织企业文化建设协会）

为深入贯彻党的十七届六中全会精神，加强社会主义先进文化建设，推动纺织行业品牌文化建设深入发展，提升企业软实力，促进纺织品牌强国建设，2012年9月24日，中国纺织工业联合会、中国纺织职工思想政治工作研究会（中国纺织企业文化建设协会）对2012中国纺织十大品牌文化推介活动中，推介出的品牌文化建设成绩突出的单位和个人予以表彰：授予万事利集团有限公司等10家企业“2012中国纺织十大品牌文化”荣誉称号；授予宁夏汇川服装有限公司“中国西部纺织品牌文化创新成就奖”；授予临沂绿因工贸有限公司等13家企业“2012中国纺织品牌文化创新企业”；授予太子龙控股集团有限公司董事长王培火等10位同志“2012中国纺织品牌文化建设杰出人物”荣誉称号（中纺联[2012]76号）。

上述受到表彰的单位和个人，重视自主品牌打造，致力品牌文化建设，坚持把“质量、创新、快速反应、社会责任”作为品牌文化建设的核心价值观，认真实践，身体力行，用实际行动推动社会主义先进文化建设，做出了突出贡献，值得大家学习借鉴。

希望受到表彰的单位和个人发扬成绩，再接再厉，不断超越，发挥示范引领作用，为推动纺织行业品牌战略实施，转变发展方式，加速纺织强国建设做出更大的贡献。

2012年度中国纺织十大品牌文化企业名单

1.万事利集团有限公司	6.内蒙古鹿王羊绒有限公司
2.上海龙头（集团）股份有限公司	7.青海藏羊地毯（集团）有限公司
3.罗莱家纺股份有限公司	8.湖南省忘不了服饰有限公司
4.常州旭荣针织印染有限公司	9.浙江中国轻纺城股份有限公司
5.宁波大发化纤有限公司	10.太子龙控股集团有限公司

中国西部纺织品牌文化创新成就奖获奖企业

宁夏汇川服装有限公司

2012年度中国纺织品牌文化创新企业名单

序号	企业名称	序号	企业名称
1	临沂绿因工贸有限公司	8	浙江凤凰庄纺织品有限公司
2	大连桑扶兰实业有限公司	9	浙江庆盛控股集团有限公司
3	广东宏杰内衣实业有限公司	10	义乌市绿康袜业有限公司
4	天津纺织集团进出口股份有限公司	11	浙江德芙瑞服装股份有限公司
5	上海飞马进出口有限公司	12	旗牌王（中国）纺织服饰有限公司
6	北京光华纺织集团有限公司	13	榆林市蒙赛尔服饰有限责任公司
7	浙江恒力化纤股份有限公司		

2012年度中国纺织品牌文化建设杰出人物

（以姓氏笔划为序）

王培火	太子龙控股集团有限公司	董事长
张国成	常州旭荣针织印染有限公司	副总经理
张恒伟	青海藏羊地毯（集团）有限公司	董事长
陆龙生	上海飞马进出口有限公司	董事长兼总经理
郑浩生	内蒙古鹿王羊绒有限公司	董事长
侯建军	宁夏汇川服装有限公司	董事长兼总经理
翁创杰	广东宏杰内衣实业有限公司	董事长
郭卫东	北京光华纺织集团有限公司	董事长
屠红燕	万事利集团有限公司	董事长
薛伟成	罗莱家纺股份有限公司	董事长

2012年全国纺织劳动关系和谐企业

中国纺织工业联合会
中国财贸轻纺烟草工会

在2012全国纺织劳动关系和谐企业创建活动中，广大纺织企业干部职工以党的十七大和十七届六中全会精神为指导，全面贯彻落实科学发展观和党的全心全意依靠工人阶级的指导方针，坚持以人为本，以创建活动为载体，积极构建和发展规范有序、公正合理、互利共赢、和谐稳定的社会主义新型劳动关系，围绕“十二五”发展规划和纺织强国纲要，努力克服当前错综复杂的国内外经济形势不利影响，将创建活动与稳增长、调结构、惠民生结合起来，广大干部职工密切合作、共渡难关、共谋发展，共创和谐，加大产业结构调整力度，加快产业转型升级步伐，涌现出了一大批劳动关系和谐的先进单位。

为表彰先进，树立典型，发挥示范作用，进一步推动创建活动深入发展，2012年9月24日，中国纺织工业联合会、中国财贸轻纺烟草工会决定授予北京市大华衬衫厂等25个单位“2012全国纺织劳动关系和谐企业”荣誉称号（中纺联［2012］75号）。

希望受到表彰的单位再接再厉，发扬成绩，不断增强创建活动的针对性和实效性，继续做构建和谐劳动关系的表率。各地纺织企业要以先进典型为榜样，借鉴经验、开拓创新，深入开展创建活动，为建设社会主义和谐社会，促进纺织行业健康可持续发展，推动纺织强国建设做出更大的贡献。

2012全国纺织劳动关系和谐企业名单

序号	企业名称	序号	企业名称
1	北京市大华衬衫厂	14	福建嘉达纺织股份有限公司
2	际华三五零二职业装有限公司	15	宏太（中国）有限公司
3	赤峰华源毛业有限公司	16	山东华龙纺织有限公司
4	凯森蒙集团有限公司	17	山东南山纺织服饰有限公司
5	长春同心服装有限公司	18	许昌裕丰纺织有限公司
6	上海德福伦化纤有限公司	19	湖北景天棉花产业集团有限公司
7	波司登股份有限公司	20	湖南金鹰服饰集团有限公司
8	恒田企业有限公司	21	广东忠华棉纺织实业有限公司
9	南通新绿叶非织造布有限公司	22	四川省宜宾惠美线业有限责任公司
10	浙江洁丽雅纺织集团有限公司	23	四川琪达实业集团有限公司
11	浙江华港染织集团有限公司	24	西安四棉纺织有限责任公司
12	浙江立马云山纺织股份有限公司	25	新疆天宏新八棉产业有限公司
13	石狮市大帝集团有限公司		

2012年度全国纺织行业质量奖

中国纺织工业联合会

2012年是贯彻落实“十二五”规划的关键一年，为了树立追求卓越的典范企业，激励和引导纺织企业提高产品、服务质量和经营管理水平，为顾客、企业及其他相关方创造价值，实现卓越绩效，提升企业竞争力，中国纺织联合会按照工业和信息化部深入开展“质量品牌建设年”和“质量兴业”的工作部署，积极开展全国纺织行业质量奖活动，并于2012年3月启动了全国纺织行业质量奖申报评审工作。根据《卓越绩效评价准则》（GB/T19580-2004）和《全国纺织行业质量奖评审管理办法》的有关规定，由全国纺织行业质量奖评审委员会对资料和现场进行了评审。经全国纺织行业质量奖审定委员会审议通过，2012年11月8日，中国纺织工业联合会决定对鲁泰纺织股份有限公司、中国石化仪征化纤股份有限公司、青岛即发集团控股有限公司、江苏阳光集团有限公司、南通双弘纺织有限公司、江苏悦达纺织集团有限公司、富润控股集团有限公司、浙江步森服饰股份有限公司、福建省长乐市长源纺织有限公司、华孚色纺股份有限公司10家企业予以表彰（中纺联[2012]95号）。

希望获奖企业再接再厉，珍惜荣誉，持续改进，不断追求卓越。希望全国纺织企业学习实践《卓越绩效评价准则》GB/T19580-2012和获奖企业的成功经验与做法，不断提高自主创新能力和产品质量水平，积极参与国际竞争，为建设纺织强国做出更大贡献。

全国纺织行业质量奖获奖企业名单

单位	法人代表
鲁泰纺织股份有限公司	刘石祯
中国石化仪征化纤股份有限公司	卢立勇
青岛即发集团控股有限公司	陈玉兰
江苏阳光集团有限公司	陈丽芬
南通双弘纺织有限公司	杨广泽
江苏悦达纺织集团有限公司	朱如华
富润控股集团有限公司	赵林中
浙江步森服饰股份有限公司	王建军
福建省长乐市长源纺织有限公司	郑永光
华孚色纺股份有限公司	孙伟挺

2012年度全国纺织行业质量奖提名奖、鼓励奖及全国纺织行业实施卓越绩效模式先进企业

中国纺织工业联合会

2009年纺织行业通过导入卓越绩效模式，不断创新、持续改进，取得了显著成效。为了激励企业实践卓越绩效模式先进管理方法，促使观念转变和管理创新，2012年中国纺织工业联合会首次开展全国纺织行业质量奖活动，旨在树立先进典型，总结推动企业最佳实践，以提高企业质量管理科学性、有效性，引导企业不断追求卓越。

根据《卓越绩效评价准则》（GB/T19580–2004）和《全国纺织行业质量奖评审管理办法》的有关规定，由全国纺织行业质量奖评审委员会对资料和现场进行评审，经全国纺织行业质量奖审定委员会审议通过，2012年11月8日，我联合会决定授予裕鑫集团有限公司等10家获得全国纺织行业质量奖提名奖、授予孚日集团股份有限公司等12家获得全国纺织行业质量奖鼓励奖、山东云涛家纺有限公司等15家获得全国纺织行业实施卓越绩效模式先进企业称号，授予达利丝绸（浙江）有限公司、山东立昌纺织科技有限公司2家企业全国纺织行业实施卓越绩效模式先进企业特别奖（中纺联[2012]94号）。

希望受表彰企业再接再厉，坚持持续改进，不断追求卓越，努力提高产品、服务和经营质量，为建设我国纺织强国做出新的更大的贡献。

全国纺织行业质量奖提名奖企业名单

序号	企业名称
1	裕鑫集团有限公司
2	希努尔男装股份有限公司
3	安徽华茂纺织股份有限公司
4	达利丝绸（浙江）有限公司
5	广东溢达纺织有限公司
6	南通华强布业有限公司
7	江苏金龙科技股份有限公司
8	山东立昌纺织科技有限公司
9	滨州东方地毯有限公司
10	福建众和股份有限公司

全国纺织行业质量奖鼓励奖企业名单

序号	企业名称
1	孚日集团股份有限公司
2	南通大东有限公司
3	际华三五三四制衣有限公司
4	江苏联发纺织股份有限公司
5	百隆东方股份有限公司
6	浙江古纤道新材料股份有限公司
7	新乡化纤股份有限公司
8	山东芸祥绣品有限公司
9	济南元首针织股份有限公司
10	吉林富邦纺织有限公司
11	经纬纺织机械股份有限公司榆次分公司
12	肇庆天富新合纤有限公司

全国纺织行业实施卓越绩效模式先进企业特别奖企业名单

序号	企业名称
1	达利丝绸（浙江）有限公司
2	山东立昌纺织科技有限公司

2012年全国纺织行业实施卓越绩效模式先进企业名单

序号	企业名称
1	山东云涛家纺有限公司
2	寿光市嘉信生态科技有限公司
3	龙福环能科技股份有限公司
4	山东永翠工艺家纺有限公司
5	淄博兰雁集团有限责任公司
6	保定天鹅股份有限公司
7	山东聊城华润纺织有限公司
8	潍坊裕源纺织有限公司
9	江苏AB集团股份有限公司
10	太仓振辉化纤有限公司
11	义乌市绿康袜业有限公司
12	山西兵娟制衣有限公司
13	天津宏达纺织机械有限公司
14	高密海乐园工艺品有限公司
15	山西格芙兰纺织有限公司

2012年度全国纺织行业优秀质量管理小组

中国纺织工业联合会
中国财贸轻纺烟草工会全国委员会

2012年，中国纺织工业联合会和中国财贸轻纺烟草工会在纺织行业企业积极推进质量管理小组活动，取得了显著成效，并涌现出一批优秀质量管理小组、质量信得过班组、质量管理小组活动优秀企业、质量管理小组活动卓越领导者、质量管理小组活动优秀推进者和质量管理小组活动十大优秀成果。为鼓励和引导纺织企业进一步开展质量管理创新，树立全国纺织行业质量管理的先进典型，全面提升市场竞争力，在行业推荐和企业申报的基础上，组织专家对资料进行了认真审核，召开了成果发表会议。经评审，2012年7月3日，中国纺织工业联合会和中国财贸轻纺烟草工会决定命名经纬纺织机械股份有限公司专件公司罗拉厂技术开发室QC小组等107个小组为2012年度全国纺织行业优秀质量管理小组；五环（集团）股份有限公司并粗车间运二班等33个班组为质量信得过班组；安徽华茂纺织股份有限公司等22家企业为质量管理小组活动优秀企业；富润控股集团有限公司金剑军等24位同志为质量管理小组活动卓越领导者；中国石化仪征化纤股份有限公司张恒丰等18位同志为质量管理小组活动优秀推进者。达利丝绸（浙江）有限公司技术创新小组等10个质量管理小组成果荣获2012年全国纺织行业质量管理小组活动十大优秀成果奖（中纺联[2012]63号）。

请各单位按照我联合会与中国财贸轻纺烟草工会联合发布的《纺织行业优秀质量管理小组活动表彰与奖励意见》对获得国家级、省部级、省部厅局级、公司总厂内的优秀QC小组、信得过班组、优秀推进者、卓越领导者称号的人员予以表彰，有条件的单位要给予适当的物质奖励，积极支持职工参加全国性经验交流活动，促进QC小组活动水平的不断提高。

2012年度全国纺织行业QC小组十大优秀成果

序号	单位	小组名称	课题名称
1	新乡化纤股份有限公司	第二加工车间工艺QC小组	降低加工车间挡车工废丝率
2	达利丝绸（浙江）有限公司	技术创新小组	真丝电磁屏蔽功能面料的研发
3	山东岱银纺织集团股份有限公司	精纺车间细纱QC小组	降低紧密赛络纺JC58.3乙的疵点率
4	青岛宏大纺织机械有限责任公司	机械厂快速反应QC小组	提高JWF1207梳棉机曲轨槽口合格率
5	四川省宜宾海丝特纤维有限责任公司	潜能QC小组	提高亚菲特筒装得率
6	浙江富润科创商务服务中心有限公司	报关QC小组	降低属地报关差错率
7	上海石油化工股份有限公司涤纶事业部	短丝联合装置成品工段QC小组	降低成品包外观缺陷率
8	山东德棉股份有限公司	织一车间QC小组	降低防辐射品种疵布率
9	山东济宁如意毛纺织股份有限公司	染整厂QC小组	降低全毛高支产品匹差回修率
10	山东华源莱动内燃机有限公司	多缸机总装动力先锋QC小组	降低L系列柴油机漏油故障率

2012年全国纺织行业优秀质量管理小组

序号	企业名称	小组名称
1	北京大华天坛服装有限公司	蒸汽尾气回收QC小组
2	际华三五四三针织服饰有限公司	织造织布QC小组
3	唐山三友集团兴达化纤有限公司	电仪车间运转二工段QC小组
4	唐山三友集团兴达化纤有限公司	运达酸浴车间QC小组
5	石家庄常山恒新纺织有限公司	节电攻关QC小组
6	石家庄常山纺织股份有限公司棉一分公司	技术处QC小组
7	恒天纤维集团有限公司	技术中心QC小组
8	恒天纤维集团有限公司	纺丝一分厂QC小组
9	经纬纺织机械股份有限公司榆次分公司	棉纺总装厂工具设备室QC小组
10	经纬纺织机械股份有限公司榆次分公司	专件公司罗拉厂技术开发室QC小组
11	山西兵娟制衣有限公司	技术创新小组
12	际华三五三四制衣有限公司	四车间1—4工组QC小组
13	中国石化上海石油化工股份有限公司涤纶事业部	短丝联合装置成品工段QC小组
14	中国石化仪征化纤股份有限公司	长丝生产中心二装置飞虎QC小组
15	中国石化仪征化纤股份有限公司	PTA2#装置第一QC小组
16	中国石化仪征化纤股份有限公司	聚酯生产中心三装置欣视QC小组
17	连云港鹰游纺机有限责任公司	维修车间QC小组
18	常州旭荣针织印染有限公司	染色QC小组
19	南京际华三五二一特种装备有限公司	无纺滤材事业部QC小组
20	南京际华三五二一特种装备有限公司	技术部新产品开发小组
21	南通双弘纺织有限公司	飞龙QC小组
22	江苏悦达纺织集团有限公司	纺纱二厂QC小组
23	江苏悦达纺织集团有限公司	纺纱三厂QC小组
24	富润控股集团有限公司	计生服务QC小组
25	浙江富润纺织有限公司	条复厂QC小组
26	浙江富润印染有限公司	印花分厂QC小组
27	浙江富润科创商务服务中心有限公司	报关QC小组
28	荣盛石化股份有限公司	纸管部QC小组

序号	企业名称	小组名称
29	浙江双灯家纺有限公司	漂印分厂节能QC小组
30	金富春集团有限公司	富阳天马织造厂QC小组
31	达利丝绸（浙江）有限公司	圆机技术攻关QC小组
32	达利丝绸（浙江）有限公司	技术创新小组
33	达利（中国）有限公司	服装中心工器具开发QC小组
34	达利（中国）有限公司	印染中心印花前道QC小组
35	盛宇家纺集团股份有限公司	“新乐”QC小组
36	盛宇家纺集团股份有限公司	棉被QC小组
37	浙江征天印染有限公司	漂染车间QC小组
38	浙江云山纺织印染有限公司	纺纱分厂成品QC小组
39	华孚色纺股份有限公司	淮北新三棉D5厂QC小组
40	华孚色纺股份有限公司	染色中心、产品研发中心QC小组
41	浙江华峰氨纶股份有限公司	蓝蜘蛛QC小组
42	安徽华茂纺织股份有限公司	安徽华鹏纺织有限公司丝光染色QC小组
43	安徽华茂纺织股份有限公司	安徽华经新型纺织有限公司细纱QC小组
44	安徽华茂纺织股份有限公司	设备处计量室QC小组
45	安徽华茂纺织股份有限公司	动力分厂电气QC小组
46	安徽华茂纺织股份有限公司	六分厂QC小组
47	福建南纺股份有限公司	水刺厂技术攻关QC小组
48	福建南纺股份有限公司	纺纱厂后纺车间众志成城QC小组
49	福建南纺股份有限公司	针刺二厂“开拓者”QC小组
50	山东金号织业有限公司	染整甲班QC小组
51	中国石油化工股份有限公司齐鲁分公司腈纶厂	降低毛条装置蒸汽能耗QC小组
52	济南元首针织股份有限公司	剑锋QC小组
53	济南元首针织股份有限公司	补贸成衣圆领QC小组
54	山东岱银纺织集团股份有限公司	精纺车间细纱Qc小组

序号	企业名称	小组名称
55	山东南山纺织服饰有限公司	染色车间QC小组
56	山东南山纺织服饰有限公司	织造厂设备部QC小组
57	山东济宁如意毛纺织股份有限公司	第一纺纱厂QC小组
58	山东济宁如意毛纺织股份有限公司	染整厂QC小组
59	青岛纺织机械股份有限公司	“高远”QC小组
60	青岛纺织机械股份有限公司	电气公司QC小组
61	青岛宏大纺织机械有限责任公司	机械厂快速反应QC小组
62	青岛宏大纺织机械有限责任公司	清疏设备厂“思拓”QC小组
63	孚日集团股份有限公司	特殊地经凹毛产品技术革新小组
64	孚日集团股份有限公司	准备浆纱QC小组
65	孚日集团股份有限公司	毛巾四厂整装QC小组
66	孚日集团股份有限公司	多色外刮印花产品边部刮花改进小组
67	孚日集团股份有限公司	梦园家居有限公司QC小组
68	帛方纺织有限公司	纺纱二车间QC小组
69	山东德棉股份有限公司	准备车间QC小组
70	山东德棉股份有限公司	织一车间QC小组
71	淄博兰雁集团有限责任公司	电气自动化改造升级攻关小组
72	陵县恒丰纺织品有限公司	贺英华QC小组
73	德州恒丰纺织有限公司	质检处上海自络QC小组
74	德州恒丰纺织有限公司	细纱车间攻关小组
75	新乡化纤股份有限公司	第二加工车间工艺QC小组
76	新乡化纤股份有限公司	第一原液车间工艺QC小组
77	神马实业股份有限公司帘子布公司	捻织二厂捻线技术室QC小组
78	神马实业股份有限公司帘子布公司	浸胶二厂技术室QC小组
79	际华三五四二纺织有限公司	后纺车间钉子QC小组
80	武汉江南实业集团有限公司	前纺工序QC小组

序号	企业名称	小组名称
81	武汉江南实业集团有限公司	细纱车间QC小组
82	广西南宁锦虹棉纺织有限责任公司	联合创新QC小组
83	宜宾长毅浆粕有限责任公司	"云彩"QC小组
84	宜宾长毅浆粕有限责任公司	“环保”QC小组
85	四川琪达实业集团有限公司	3车间QC小组
86	四川省宜宾海丝特纤维有限责任公司	紫荆花QC小组
87	四川省宜宾海丝特纤维有限责任公司	梦幻QC小组
88	四川省宜宾海丝特纤维有限责任公司	潜能QC小组
89	宝鸡大荣纺织有限责任公司	准备车间QC小组
90	宝鸡大荣纺织有限责任公司	细纱车间QC小组
91	五环（集团）股份有限公司	并粗车间质量攻关QC小组
92	五环（集团）股份有限公司	并粗车间运二班第四QC小组
93	西安四棉纺织有限责任公司	新织造车间QC小组
94	西北二棉集团有限公司	前纺QC小组
95	陕西八方纺织有限责任公司	后纺车间QC小组
96	新疆天山毛纺织股份有限公司纺纱厂	纺纱QC小组
97	新疆天山毛纺织股份有限公司纺纱厂	纺纱QC小组
98	新疆天山毛纺织股份有限公司针织一厂	洗缩质量管理小组
99	新疆天山毛纺织股份有限公司针织二厂	针织工段QC小组
100	新疆天山毛纺织股份有限公司针织三厂	针织工段QC攻关小组
101	广东省蚕业技术推广中心	广东省蚕业产品检测中心QC小组
102	赤峰华源毛业有限公司	“超越”QC小组
103	中国石油化工股份有限公司齐鲁分公司腈纶厂	提高高纺速纤维疵点优等品率QC小组
104	恒天重工股份有限公司	冷作分厂技术室QC小组
105	恒天重工股份有限公司	技开中心仿真室QC小组
106	山东华源莱动内燃机有限公司	多缸机总装动力先锋QC小组
107	江苏大生集团有限公司	江苏大生F8QC小组

2012年全国纺织行业质量信得过班组

序号	企业名称	班组名称
1	山东德棉股份有限公司	细纱车间QC小组
2	南京际华三五二一特种装备有限公司	无纺滤材事业部缝袋班组
3	河北宁纺集团有限责任公司	染色车间运转丙班
4	常州旭荣针织印染有限公司	染色课班组
5	金富春集团有限公司	电工班
6	青岛宏大纺织机械有限责任公司	清疏设备厂针布包卷班组
7	青岛宏大纺织机械有限责任公司	机械厂加工中心九班
8	际华三五四三针织服饰有限公司	服饰车间熨烫班组
9	达利丝绸（浙江）有限公司	圆机技术班组
10	达利丝绸（浙江）有限公司	技术创新班组
11	山东岱银纺织集团股份有限公司	生产部工艺班
12	神马实业股份有限公司帘子布公司	细旦丝纺丝乙班
13	江苏悦达纺织集团有限公司	纺纱二厂涡流纺班组
14	江苏悦达纺织集团有限公司	纺纱三厂后整理班组
15	石家庄常山纺织股份有限公司恒盛分公司	准备车间班组
16	石家庄常山纺织股份有限公司棉一分公司	技术质检处纱厂组
17	石家庄常山恒新纺织有限公司	生产技术部班组
18	五环（集团）股份有限公司	并粗车间运二班
19	青岛纺织机械股份有限公司	金惠模具公司绣花机总装班
20	青岛纺织机械股份有限公司	电气公司开关箱班组
21	四川省宜宾海丝特纤维有限责任公司	精练制造部压洗乙班
22	宜宾长毅浆粕有限责任公司	检测中心
23	四川省宜宾惠美线业有限责任公司	综合分析工段
24	山西兵娟制衣有限公司	裁剪车间班组
25	际华三五三四制衣有限公司	二车间3–4工组
26	北京铜牛股份有限公司	织造车间保全班
27	北京铜牛股份有限公司	染印车间印花班组
28	北京光华纺织集团有限公司	科技发展部试化验室
29	北京光华纺织集团五洲佳泰新型涂层材料有限公司	质检部
30	达利（中国）有限公司	针织中心整烫班
31	安徽华茂纺织股份有限公司	七分厂细纱小组
32	安徽华茂纺织股份有限公司	五分厂精梳设备维修管理小组
33	恒天重工股份有限公司	冷作分厂技术科技术组

2012年全国纺织行业优秀质量管理小组活动优秀企业

序号	单位名称
1	南京际华三五二一特种装备有限公司
2	武汉江南实业集团有限公司
3	富润控股集团有限公司
4	金富春集团有限公司
5	帛方纺织有限公司
6	青岛宏大纺织机械有限责任公司
7	达利丝绸（浙江）有限公司
8	山东岱银纺织集团股份有限公司
9	山东金号织业有限公司
10	石家庄常山纺织股份有限公司
11	五环（集团）股份有限公司
12	青岛纺织机械股份有限公司
13	经纬纺织机械股份有限公司榆次分公司
14	宜宾丝丽雅集团海丝特纤维有限责任公司
15	福建南纺股份有限公司
16	宜宾丝丽雅集团有限公司
17	陕西八方纺织有限责任公司
18	达利（中国）有限公司
19	唐山三友集团兴达化纤有限公司
20	四川省宜宾惠美线业有限责任公司
21	安徽华茂纺织股份有限公司
22	江苏大生集团有限公司

2012年全国纺织行业优秀质量管理小组活动卓越领导者

序号	单位名称	获奖人
1	山东德棉股份有限公司	李德志
2	武汉江南实业集团有限公司	叶国华
3	连云港鹰游纺机有限责任公司	孙忠文
4	富润控股集团有限公司	金剑军
5	新疆天山毛纺织股份有限公司	刘圣利
6	金富春集团有限公司	盛建祥
7	帛方纺织有限公司	毕孝圣
8	青岛宏大纺织机械有限责任公司	耿佃云
9	达利丝绸（浙江）有限公司	林平
10	山东岱银纺织集团股份有限公司	李广军
11	石家庄常山纺织股份有限公司	袁立峰
12	德州恒丰纺织有限公司	徐桂珍
13	常州旭荣针织印染有限公司	张国成
14	五环（集团）股份有限公司	王树钦
15	青岛纺织机械股份有限公司	王为学
16	经纬纺织机械股份有限公司榆次分公司	闫志刚
17	孚日集团股份有限公司	杜洪杰
18	陕西八方纺织有限责任公司	张晓光
19	达利（中国）有限公司	连乙文
20	唐山三友集团兴达化纤有限公司	徐学东
21	四川省宜宾惠美线业有限责任公司	廖周荣
22	恒天重工股份有限公司	刘延武
23	山西兵娟制衣有限公司	王兵娟
24	江苏大生集团有限公司	沈建宏

2012年全国纺织行业优秀质量管理小组活动优秀推进者

序号	单位名称	获奖人
1	山东德棉股份有限公司	高文东
2	中国石化仪征化纤股份有限公司	张恒丰
3	浙江富润印染有限公司	李浩武
4	金富春集团有限公司	刘黔秋
5	帛方纺织有限公司	罗秀丽
6	青岛宏大纺织机械有限责任公司	徐海燕
7	达利丝绸（浙江）有限公司	赵淑慧
8	山东岱银纺织集团股份有限公司	刘灿庆
9	石家庄常山纺织股份有限公司	徐跃红
10	五环（集团）股份有限公司	吴宇飞
11	青岛纺织机械股份有限公司	石翠
12	经纬纺织机械股份有限公司榆次分公司	梁建新
13	达利（中国）有限公司	徐眉
14	唐山三友集团兴达化纤有限公司	李友军
15	四川省宜宾惠美线业有限责任公司	段太刚
16	安徽华茂纺织股份有限公司	陆吉
17	恒天重工股份有限公司	刘玉幸
18	江苏大生集团有限公司	赵志华

中国纺织工业发展报告

CHINA TEXTILE INDUSTRY DEVELOPMENT REPORT

2012/2013

统计资料

国内统计

表1 2012年国民经济主要指标

指标名称 Indicators	单位 Unit	数值 Volume	比上年增长(%) Percentage Change over Previous Year
国内生产总值 GDP	亿元 100 million yuan	519322	7.8
规模以上工业企业实现利润 Gained Profit of Enterprises above Designated Size	亿元 100 million yuan	55578	5.3
其中：国有及国有控股企业 State-owned and State-controlling Enterprises	亿元 100 million yuan	14163	-5.1
全部工业增加值 All Industrial Added Value	亿元 100 million yuan	199860	7.9
其中：规模以上企业增加值 Added Value of Enterprises above Designated Size	亿元 100 million yuan		10.0
其中：国有及国有控股企业 State-owned and State-controlled Enterprises	亿元 100 million yuan		6.4
集体企业 Collective-owned Enterprises	亿元 100 million yuan		7.1
股份制企业 Stock Enterprises	亿元 100 million yuan		11.8
外商及港澳台投资企业 Foreign, Hong Kong, Macao and Taiwan Invested Enterprises	亿元 100 million yuan		6.3
私营企业 Private Enterprises	亿元 100 million yuan		14.6
其中：轻工业 Light Industry	亿元 100 million yuan		10.1
重工业 Heavy Industry	亿元 100 million yuan		9.9
全社会完成固定资产投资 Total Fixed Assets Investment in the Whole Country	亿元 100 million yuan	374676	20.3
固定资产投资（不含农户） Fixed Assets Investment Excluding Rural Household	亿元 100 million yuan	364835	20.6
农户投资 Fixed Assets Investment by Rural Household	亿元 100 million yuan	9841	8.3
全年社会消费品零售总额 Social Consumable Retail Total Amount	亿元 100 million yuan	210307	14.3
全国居民消费价格指数 National Residents' Consumption Price Index	上年=100	102.6	2.6
全国城镇居民人均可支配收入 National Urban Residents' Disposable Income Per Capita	元 RMB YUAN	24565	12.6
全国农村居民人均纯收入 National Rural Residents' Net Income Per Capita	元 RMB YUAN	7917	13.5

Table1 Main Indicators of National Economy 2012

指标名称 Indicators	单位 Unit	数值 Volume	比上年增长(%) Percentage Change over Previous Year
全年进出口总额 Imports and Exports Total Value	亿美元 USD 100 million	38668	6.2
其中：出口总额 Export Total	亿美元 USD 100 million	20489	7.9
进口总额 Import Total	亿美元 USD 100 million	18178	4.3
全年进出口差额 Favorable Balance of Imports and Exports	亿美元 USD 100 million	2311	49.2
国家外汇储备 National Foreign Exchange Reserve	亿美元 USD 100 million	33116	4.1
广义货币供应量(M2)余额 Money Supply (M2) Balance in Broad Sense	万亿元 1,000 billion yuan	97.4	13.8
狭义货币供应量(M1)余额 Money Supply (M1) Balance in Narrow Sense	万亿元 1,000 billion yuan	30.9	6.5
流通中现金 (M0)余额 Balance of Cash (M0) in Circulation	万亿元 1,000 billion yuan	5.5	7.7
金融机构本外币存款余额 Home and Foreign Currency Balance of Deposits of Financial Organization	万亿元 1,000 billion yuan	94.3	14.0
全国总人口 National Total Population	万人 10,000 persons	135404	0.5
全年城镇新增就业人员 Urban Newly-increased Employees	万人 10,000 persons	1266	3.7
城镇登记失业率 Urban Registered Unemployment Rate	%	4.1	0.0(百分点)

表2 2012年纺织工业经济指标完成情况汇总表（规模以上全行业）
Table2 Textile Industry Main indicators 2012 (Enterprises above Designated Size)

序号 Number	指标名称 Indicators	单位 Unit	本月止累计 Current Year	去年累计 Previous Year	同比（%）Percentage Change over Previous Year
1	企业单位数 Number of Enterprises	户 household	37406		
2	亏损企业数 Number of Loss-making Enterprises	户 household	4685	3602	30.07
3	亏损面 Proportion of Loss-making Enterprises	%	12.52		
4	主营业务收入 Revenue from Principle Business	万元 10,000 yuan	568522971	514011174	10.61
5	主营业务成本 Cost of Principle Business	万元 10,000 yuan	494877012	448043540	10.45
6	主营业务税金和附加 Taxes and Other Charges on Principal Business	万元 10,000 yuan	2869951	2601333	10.33
7	营业费用 Sales Expenses	万元 10,000 yuan	11368926	9877611	15.10
8	管理费用 Management Expenses	万元 10,000 yuan	16963020	14978453	13.25
9	财务费用 Financial Expenses	万元 10,000 yuan	7247928	5995886	20.88
10	其中：利息支出 Interest	万元 10,000 yuan	6566449	5223753	25.70
11	利润总额 Total Profit	万元 10,000 yuan	30150614	28000302	7.68
12	亏损企业亏损额 Total Loss of Loss-making Enterprises	万元 10,000 yuan	2117855	1437678	47.31
13	应交增值税 The due VATs	万元 10,000 yuan	13862699	12237098	13.28
14	资产合计 Total Assets	万元 10,000 yuan	363859356	328093996	10.90
15	其中：流动资产合计 Total Working Capitals	万元 10,000 yuan	204539073	185578784	10.22
16	其中：应收帐款 Net Receivables	万元 10,000 yuan	40330425	34860532	15.69
17	存货 Inventory	万元 10,000 yuan	57254902	52304286	9.47
18	其中：产成品 Finished Goods	万元 10,000 yuan	26079108	23833119	9.42
19	负债合计 Total Liabilities	万元 10,000 yuan	204122441	185182860	10.23
20	工业总产值（当年价）Total Industrial Output Value (Current Price)	万元 10,000 yuan	578099771	514849231	12.29
21	工业销售产值（当年价）Output Value of Industrial Sales (Current Price)	万元 10,000 yuan	567017724	512538211	10.63
22	出口交货值 Export Delivered Value	万元 10,000 yuan	88980464	86868461	2.43
23	全部从业人员平均人数 Employees' Average Number	人 person	10007170	10108740	-1.00

表3 2012年纺织工业经济指标完成情况汇总表（国有控股）

Table3 Textile Industry Main indicators 2012 (State-owned and State-controlling Enterprises)

序号 Number	指标名称 Indicators	单位 Unit	本月止累计 Current Year	去年累计 Previous Year	同比（%）Percentage Change over Previous Year
1	企业单位数 Number of Enterprises	户 household	492		
2	亏损企业数 Number of Loss-making Enterprises	户 household	135	103	31.07
3	亏损面 Proportion of Loss-making Enterprises	%	27.44		
4	主营业务收入 Revenue from Principle Business	万元 10,000 yuan	17058823	18257581	-6.57
5	主营业务成本 Cost of Principle Business	万元 10,000 yuan	15327014	16330797	-6.15
6	主营业务税金和附加 Taxes and Other Charges on Principal Business	万元 10,000 yuan	72099	64032	12.60
7	营业费用 Sales Expenses	万元 10,000 yuan	314944	315699	-0.24
8	管理费用 Management Expenses	万元 10,000 yuan	949900	926808	2.49
9	财务费用 Financial Expenses	万元 10,000 yuan	309364	282945	9.34
10	其中：利息支出 Interest	万元 10,000 yuan	322822	271215	19.03
11	利润总额 Total Profit	万元 10,000 yuan	465139	608933	-23.61
12	亏损企业亏损额 Total Loss of Loss-making Enterprises	万元 10,000 yuan	290023	247964	16.96
13	应交增值税 The due VATs	万元 10,000 yuan	436764	396731	10.09
14	资产合计 Total Assets	万元 10,000 yuan	21318554	20587178	3.55
15	其中：流动资产合计 Total Working Capitals	万元 10,000 yuan	10844336	10415296	4.12
16	其中：应收帐款 Net Receivables	万元 10,000 yuan	1260543	1215841	3.68
17	存货 Inventory	万元 10,000 yuan	3132726	3166738	-1.07
18	其中：产成品 Finished Goods	万元 10,000 yuan	1520271	1523052	-0.18
19	负债合计 Total Liabilities	万元 10,000 yuan	13545764	13128393	3.18
20	工业总产值（当年价） Total Industrial Output Value (Current Price)	万元 10,000 yuan	14898786	16389325	-9.09
21	工业销售产值（当年价） Output Value of Industrial Sales (Current Price)	万元 10,000 yuan	14626795	15913758	-8.09
22	出口交货值 Export Delivered Value	万元 10,000 yuan	1809914	1913950	-5.44
23	全部从业人员平均人数 Employees' Average Number	人 person	406076	426004	-4.68

表4—1 2012年纺织工业经济指标分省完成情况（规模以上全行业）

省 市	Region	企业户数 Number of Enterprises	亏损企业数 Number of Loss-making Enterprises	亏损面（%） Proportion of Loss-making Enterprises	主营业务收入 Reveneue from Principal Business		
					本月止累计 Current Year	去年累计 Previous Year	同比Compared Ratio(%)
全 国	National Total	37406	4685	12.52	568522971	514011174	10.61
北京市	Beijing	232	54	23.28	2648521	2779042	−4.70
天津市	Tianjin	240	31	12.92	3780476	3172598	19.16
河北省	Hebei	1003	76	7.58	18715818	15936672	17.44
山西省	Shanxi	57	21	36.84	802375	937754	−14.44
内蒙古	Inner Mongolia	194	32	16.49	4821731	4535447	6.31
辽宁省	Liaoning	889	110	12.37	11898500	10519721	13.11
吉林省	Jilin	111	10	9.01	2511323	2321090	8.20
黑龙江	Heilongjiang	68	12	17.65	730834	569828	28.26
上海市	Shanghai	901	273	30.30	8582123	9304825	−7.77
江苏省	Jiangsu	8457	1221	14.44	121925100	112101775	8.76
浙江省	Zhejiang	7399	1133	15.31	99292352	96428427	2.97
安徽省	Anhui	1316	163	12.39	13282513	11202947	18.56
福建省	Fujian	2041	157	7.69	33588247	28864973	16.36
江西省	Jiangxi	774	35	4.52	14535372	11028158	31.80
山东省	Shandong	4271	280	6.56	100753587	87677243	14.91
河南省	Henan	1514	74	4.89	26658025	23401590	13.92
湖北省	Hubei	1359	135	9.93	23031502	18218884	26.42
湖南省	Hunan	458	50	10.92	7651263	7003014	9.26
广东省	Guangdong	4775	611	12.80	50453403	47276310	6.72
广 西	Guangxi	196	30	15.31	2780242	2270448	22.45
海南省	Hainan	7	1	14.29	137050	120765	13.48
重庆市	Chongqing	212	20	9.43	2390131	2189046	9.19
四川省	Sichuan	534	44	8.24	10979088	9853855	11.42
贵州省	Guizhou	13	7	53.85	70591	107700	−34.46
云南省	Yunnan	27	5	18.52	357943	277572	28.96
西 藏	Tibet	2	0	0.00	9592	12194	−21.34
陕西省	Shaanxi	155	42	27.10	2164878	1793750	20.69
甘肃省	Gansu	31	6	19.35	270087	274118	−1.47
青海省	Qinghai	15	2	13.33	312641	207961	50.34
宁 夏	Ningxia	51	3	5.88	1144615	1061121	7.87
新 疆	Xinjiang	104	47	45.19	2243049	2562345	−12.46

Table4—1 Textile Industry Main indicators by Provinces 2012 (Enterprises above Designated Size)

单位：万元
Unit：10,000 yuan

主营业务成本 Cost of Principle Business			主营业务税金和附加 Taxes and Other Charges on Principal Business			营业费用 Sales Expenses		
本月止累计 Current Year	去年累计 Previous Year	同比Compared Ratio(%)	本月止累计 Current Year	去年累计 Previous Year	同比Compared Ratio(%)	本月止累计 Current Year	去年累计 Previous Year	同比Compared Ratio(%)
494877012	448043540	10.45	2869951	2601333	10.33	11368926	9877611	15.10
2032800	2209312	−7.99	12246	9226	32.73	234747	208896	12.37
2835456	2424934	16.93	16419	7640	114.91	594205	394581	50.59
16553312	14056706	17.76	86213	87723	−1.72	284237	250700	13.38
714863	844796	−15.38	4044	3708	9.06	18557	16813	10.37
3798076	3853809	−1.45	23757	71408	−66.73	81322	55157	47.44
10376027	8922108	16.30	61559	61581	−0.03	223803	177471	26.11
2281584	2087329	9.31	14354	15677	−8.44	53586	52608	1.86
663001	506535	30.89	1933	1497	29.10	13215	11921	10.85
6641150	7253425	−8.44	25626	23589	8.64	802868	736184	9.06
108080883	99395656	8.74	513298	442361	16.04	2040023	1717542	18.78
88401136	85393010	3.52	385745	370792	4.03	1570285	1497510	4.86
11668835	9941072	17.38	72260	57011	26.75	228516	178435	28.07
28646457	24634597	16.29	151152	123112	22.78	772727	683263	13.09
12551947	9582492	30.99	51962	41136	26.32	232723	185865	25.21
87081541	76306070	14.12	637925	544276	17.21	1233959	1067970	15.54
22910396	20124519	13.84	176703	191109	−7.54	471295	442654	6.47
19920549	15831357	25.83	175932	146045	20.46	603756	478783	26.10
6232930	5763853	8.14	62781	61297	2.42	221585	185331	19.56
43681959	40873575	6.87	241260	206939	16.58	1201954	1107539	8.52
2388409	1971324	21.16	15840	13467	17.62	31024	19877	56.08
111955	91525	22.32	716	719	−0.40	15201	14953	1.66
2070822	1900560	8.96	18133	11878	52.66	69572	55015	26.46
9572427	8628237	10.94	87728	80929	8.40	236178	208705	13.16
66963	95866	−30.15	142	1184	−88.03	1117	1139	−1.91
270592	204753	32.16	3489	2152	62.10	5610	4409	27.25
6557	9158	−28.41	18	15	22.30	1282	1161	10.34
1755220	1495997	17.33	20260	15752	28.62	38275	35954	6.46
235089	237426	−0.98	951	894	6.36	7316	6987	4.71
275251	179844	53.05	702	391	79.72	2638	1393	89.33
957223	896787	6.74	1195	1929	−38.01	11003	6764	62.67
2093605	2326910	−10.03	5610	5896	−4.86	66348	72031	−7.89

表4-2 2012年纺织工业经济指标分省完成情况（规模以上全行业）

省市	Region	管理费用 Management Expenses			财务费用 Financial Expenses		
		本月止累计 Current Year	去年累计 Previous Year	同比Compared Ratio(%)	本月止累计 Current Year	去年累计 Previous Year	同比Compared Ratio(%)
全　国	National Total	16963020	14978453	13.25	7247928	5995886	20.88
北京市	Beijing	213123	199920	6.60	31309	21415	46.20
天津市	Tianjin	203044	136929	48.28	23003	17216	33.61
河北省	Hebei	358524	315240	13.73	121782	112374	8.37
山西省	Shanxi	46707	58450	-20.09	15136	11893	27.27
内蒙古	Inner Mongolia	125909	113713	10.73	69986	62210	12.50
辽宁省	Liaoning	399577	329843	21.14	84572	64013	32.12
吉林省	Jilin	118109	91251	29.43	43921	44817	-2.00
黑龙江	Heilongjiang	31272	26103	19.80	7434	7874	-5.58
上海市	Shanghai	653869	605171	8.05	73631	72323	1.81
江苏省	Jiangsu	3677723	3268540	12.52	1643654	1334207	23.19
浙江省	Zhejiang	3249768	3049921	6.55	2015086	1773276	13.64
安徽省	Anhui	378946	305012	24.24	146908	110738	32.66
福建省	Fujian	1020641	868611	17.50	412363	332581	23.99
江西省	Jiangxi	310092	258193	20.10	97241	64610	50.50
山东省	Shandong	1819883	1624260	12.04	1182705	942992	25.42
河南省	Henan	548675	469581	16.84	278461	242887	14.65
湖北省	Hubei	783743	606109	29.31	315055	228602	37.82
湖南省	Hunan	254800	224153	13.67	77846	76422	1.86
广东省	Guangdong	2001765	1817478	10.14	274525	190877	43.82
广　西	Guangxi	180352	79886	125.76	22100	18614	18.72
海南省	Hainan	9360	9254	1.15	1431	1123	27.40
重庆市	Chongqing	56529	45001	25.62	25412	23518	8.05
四川省	Sichuan	305192	272113	12.16	129168	104184	23.98
贵州省	Guizhou	4160	3883	7.14	563	338	66.71
云南省	Yunnan	22281	19053	16.94	6369	3648	74.59
西　藏	Tibet	1083	1188	-8.81	29	55	-46.73
陕西省	Shaanxi	70724	69421	1.88	31055	25193	23.27
甘肃省	Gansu	12048	16380	-26.45	2475	3658	-32.33
青海省	Qinghai	10921	7847	39.18	4887	5088	-3.95
宁　夏	Ningxia	20548	17731	15.88	45458	33333	36.38
新　疆	Xinjiang	73653	68218	7.97	64365	65810	-2.20

Table4—2 Textile Industry Main indicators by Provinces 2012 (Enterprises above Designated Size)

单位：万元
Unit:10,000 yuan

其中：利息支出 (Include) Interest			利润总额 Total Profit			亏损企业亏损额 Total Loss of Loss-making Enterprises		
本月止累计 Current Year	去年累计 Previous Year	同比Compared Ratio(%)	本月止累计 Current Year	去年累计 Previous Year	同比增减 Change	本月止累计 Current Year	去年累计 Previous Year	同比Compared Ratio(%)
6566449	5223753	25.70	30150614	28000302	2150312	2117855	1437678	47.31
31381	22803	37.62	176814	171266	5548	28051	21036	33.35
23800	16034	48.43	125190	195766	−70576	38618	15255	153.16
104870	94526	10.94	1210042	965299	244743	58356	51389	13.56
14257	10886	30.97	16746	17180	−435	13656	12789	6.78
77600	58522	32.60	353538	207634	145904	12939	8474	52.69
45977	35950	27.89	552766	415425	137341	35909	28888	24.30
39946	38783	3.00	37556	31155	6401	31319	27874	12.36
6465	6179	4.64	15179	14516	663	20721	9913	109.03
62354	58694	6.24	491305	722422	−231117	106297	63196	68.20
1529968	1219430	25.47	6314666	6039429	275238	442710	238039	85.98
2077020	1677874	23.79	4180982	4924335	−743353	362499	189975	90.81
120566	87199	38.27	696640	517175	179465	59685	27989	113.25
329104	264069	24.63	2485158	2144175	340983	83932	35884	133.90
65066	52014	25.09	936014	682014	254000	38437	12778	200.81
1043248	772700	35.01	6053545	5325847	727699	184007	186464	−1.32
236129	204921	15.23	1945326	1835535	109791	158879	69284	129.32
212183	164848	28.71	995121	802635	192486	95541	81811	16.78
49789	45140	10.30	234310	216198	18112	26073	26440	−1.39
199431	147158	35.52	2088565	1740729	347837	168619	177210	−4.85
18353	15908	15.37	126664	135783	−9120	14352	10397	38.04
228	1003	−77.24	4654	8108	−3454	2346	659	255.75
17671	18022	−1.95	136654	114093	22561	5959	1567	280.32
121004	88943	36.05	593146	507874	85272	30364	11363	167.22
637	−75		−870	1121	−1991	2824	1625	73.78
6886	4560	51.00	49865	44092	5773	1927	1329	44.93
			623	766	−143			
24535	19753	24.21	190826	128338	62489	36296	23550	54.12
2441	3247	−24.82	6116	−3313	9429	3818	9222	−58.60
1601	2150	−25.54	11010	7667	3343	1664	487	242.10
47671	35758	33.32	114295	97352	16942	356	336	6.02
56268	56757	−0.86	8171	−10312	18483	51700	92459	−44.08

表4-3 2012年纺织工业经济指标分省完成情况（规模以上全行业）

省 市	Region	应交增值税 The Due VATs			资产合计 Total Assets		
		本月止累计 Current Year	去年累计 Previous Year	同比Compared Ratio(%)	本月止累计 Current Year	去年累计 Previous Year	同比Compared Ratio(%)
全 国	National Total	13862699	12237098	13.28	363859356	328093996	10.90
北京市	Beijing	103033	83066	24.04	3495152	3111459	12.33
天津市	Tianjin	131033	77210	69.71	4267522	3516505	21.36
河北省	Hebei	347293	315979	9.91	7488440	6408974	16.84
山西省	Shanxi	19665	22514	−12.65	951612	922266	3.18
内蒙古	Inner Mongolia	48834	53966	−9.51	3951739	3467428	13.97
辽宁省	Liaoning	202445	153681	31.73	4815760	4221699	14.07
吉林省	Jilin	33485	36546	−8.38	1711508	1618739	5.73
黑龙江	Heilongjiang	20989	14337	46.40	910412	698434	30.35
上海市	Shanghai	268509	220169	21.96	8318410	8294125	0.29
江苏省	Jiangsu	3406537	3028952	12.47	80416601	72661047	10.67
浙江省	Zhejiang	2301620	2257704	1.95	91591112	85047471	7.69
安徽省	Anhui	264377	198561	33.15	7871211	6697232	17.53
福建省	Fujian	693902	567275	22.32	24902964	21025464	18.44
江西省	Jiangxi	391793	287921	36.08	4937287	4191782	17.78
山东省	Shandong	2667314	2363766	12.84	43434113	38701400	12.23
河南省	Henan	569072	548275	3.79	16372812	13203454	24.00
湖北省	Hubei	498895	382500	30.43	10284712	8674354	18.56
湖南省	Hunan	241135	203737	18.36	3577559	3222367	11.02
广东省	Guangdong	942409	859104	9.70	28023491	27708126	1.14
广 西	Guangxi	64743	43304	49.51	1385200	1048664	32.09
海南省	Hainan	4850	2704	79.35	192805	135086	42.73
重庆市	Chongqing	80883	37248	117.15	1020894	917108	11.32
四川省	Sichuan	413708	346395	19.43	5924352	5088753	16.42
贵州省	Guizhou	829	1432	−42.10	95614	66349	44.11
云南省	Yunnan	11146	11388	−2.12	571000	503878	13.32
西 藏	Tibet	23	56	−59.36	9523	9833	−3.15
陕西省	Shaanxi	68142	49489	37.69	1465791	1288431	13.77
甘肃省	Gansu	2978	2168	37.38	219893	501038	−56.11
青海省	Qinghai	2305	2503	−7.92	306522	239930	27.75
宁 夏	Ningxia	10461	8905	17.47	2093413	1654121	26.56
新 疆	Xinjiang	50293	56246	−10.58	3251930	3248480	0.11

Table4—3 Textile Industry Main indicators by Provinces 2012 (Enterprises above Designated Size)

单位：万元
Unit:10,000 yuan

其中：流动资产合计 Total Working Capitals			其中：应收帐款 (Include) Net Receivables			存货 Inventory		
本月止累计 Current Year	去年累计 Previous Year	同比Compared Ratio(%)	本月止累计 Current Year	去年累计 Previous Year	同比Compared Ratio(%)	本月止累计 Current Year	去年累计 Previous Year	同比Compared Ratio(%)
204539073	185578784	10.22	40330425	34860532	15.69	57254902	52304286	9.47
2497066	2145381	16.39	417172	322845	29.22	774957	740835	4.61
3403803	2695138	26.29	214425	165412	29.63	928850	811232	14.50
3483595	3064755	13.67	589029	476030	23.74	1276688	1165826	9.51
599091	588194	1.85	107212	87231	22.91	190282	206849	−8.01
1974451	1698591	16.24	534346	366777	45.69	627197	575998	8.89
2430655	2100193	15.73	485553	408403	18.89	679722	553693	22.76
725882	650822	11.53	153162	94836	61.50	249666	236822	5.42
475683	438893	8.38	91881	47300	94.25	149364	164025	−8.94
5809806	5847425	−0.64	1756196	1777325	−1.19	1801844	1805574	−0.21
44873929	41432488	8.31	9466574	8231362	15.01	12861359	11555897	11.30
57126244	53117853	7.55	11068043	9851687	12.35	12702020	11722103	8.36
3599507	2965313	21.39	817418	637309	28.26	1113807	935434	19.07
14990959	12624470	18.75	3698556	2906198	27.26	3643932	3152086	15.60
2248019	1892503	18.79	470478	343536	36.95	704023	605598	16.25
19940308	17700601	12.65	2525213	2298166	9.88	6138113	5654357	8.56
7410271	5998187	23.54	948375	841507	12.70	1813191	1517092	19.52
5206309	4414392	17.94	894262	674570	32.57	1672251	1462182	14.37
1548638	1432536	8.10	289804	225139	28.72	645099	568117	13.55
17600682	17193703	2.37	4372760	3885314	12.55	5989954	5805672	3.17
902958	640265	41.03	150872	101248	49.01	343272	246564	39.22
102063	74376	37.22	12485	20248	−38.34	22747	22787	−0.18
539241	479354	12.49	112247	87046	28.95	210612	174301	20.83
2771354	2403384	15.31	397328	335036	18.59	800524	756534	5.81
49162	40113	22.56	4572	3579	27.74	13698	14780	−7.33
304476	236631	28.67	34081	21776	56.51	78525	73327	7.09
7645	7612	0.43	824	192	330.08	1931	4399	−56.09
705346	619435	13.87	86381	66400	30.09	361075	291385	23.92
120374	197636	−39.09	24754	38177	−35.16	37983	63036	−39.75
169553	110117	53.98	27005	22437	20.36	51302	42409	20.97
1502339	1196730	25.54	353977	313145	13.04	702516	610357	15.10
1419664	1571693	−9.67	225441	210306	7.20	668400	765013	−12.63

表4—4 2012年纺织工业经济指标分省完成情况（规模以上全行业）

省 市	Region	其中：产成品 (Include)Manufactured Products			负债合计 Total Liabilities		
		本月止累计 Current Year	去年累计 Previous Year	同比Compared Ratio(%)	本月止累计 Current Year	去年累计 Previous Year	同比Compared Ratio(%)
全 国	National Total	26079108	23833119	9.42	204122441	185182860	10.23
北京市	Beijing	408066	382206	6.77	2130080	2007127	6.13
天津市	Tianjin	766301	641730	19.41	2874326	2494580	15.22
河北省	Hebei	611234	563381	8.49	3605447	3195956	12.81
山西省	Shanxi	73675	97316	−24.29	709220	711871	−0.37
内蒙古	Inner Mongolia	258264	238375	8.34	2398643	2007960	19.46
辽宁省	Liaoning	399465	311967	28.05	2309338	1921392	20.19
吉林省	Jilin	112144	94345	18.87	1155690	964134	19.87
黑龙江	Heilongjiang	89602	94061	−4.74	473071	401983	17.68
上海市	Shanghai	1058758	1055703	0.29	4151601	4259610	−2.54
江苏省	Jiangsu	5883304	5389149	9.17	48553024	44014017	10.31
浙江省	Zhejiang	6043949	5508808	9.71	57469561	53111248	8.21
安徽省	Anhui	480558	417800	15.02	4168335	3552356	17.34
福建省	Fujian	1779454	1493622	19.14	11720445	9861277	18.85
江西省	Jiangxi	411622	316518	30.05	2456319	2071802	18.56
山东省	Shandong	2116202	2056104	2.92	21948030	19032739	15.32
河南省	Henan	734306	658094	11.58	6389129	5861428	9.00
湖北省	Hubei	791986	708323	11.81	5278768	4617223	14.33
湖南省	Hunan	342604	327230	4.70	1775332	1814154	−2.14
广东省	Guangdong	2110818	2049168	3.01	15175542	14873634	2.03
广 西	Guangxi	148509	104346	42.32	825441	564930	46.11
海南省	Hainan	15753	18307	−13.95	85696	87471	−2.03
重庆市	Chongqing	102476	90577	13.14	500128	459769	8.78
四川省	Sichuan	359756	352738	1.99	3096079	2709945	14.25
贵州省	Guizhou	7395	8133	−9.08	49228	36994	33.07
云南省	Yunnan	35780	30837	16.03	304106	261645	16.23
西 藏	Tibet	68	1875	−96.37	3857	4907	−21.41
陕西省	Shaanxi	136670	129495	5.54	799969	681271	17.42
甘肃省	Gansu	17967	31428	−42.83	106434	305491	−65.16
青海省	Qinghai	23137	21895	5.67	177714	115969	53.24
宁 夏	Ningxia	453271	383394	18.23	1089584	919426	18.51
新 疆	Xinjiang	306015	256194	19.45	2342308	2260553	3.62

Table4—4 Textile Industry Main indicators by Provinces 2012 (Enterprises above Designated Size)

单位：万元
Unit:10,000 yuan

工业总产值（当年价） Total Industrial Output Value (Current price)			工业销售产值（当年价） Output Value of Industrial Sales (Current price)			出口交货值 Export Delivered Value		
本月止累计 Current Year	去年累计 Previous Year	同比Compared Ratio(%)	本月止累计 Current Year	去年累计 Previous Year	同比Compared Ratio(%)	本月止累计 Current Year	去年累计 Previous Year	同比Compared Ratio(%)
578099771	514849231	12.29	567017724	512538211	10.63	88980464	86868461	2.43
2225554	2307621	−3.56	2073317	2194277	−5.51	460197	542528	−15.18
3741837	3201153	16.89	3704409	3142329	17.89	867071	833713	4.00
18970542	16079161	17.98	18415899	15507690	18.75	1300026	1125364	15.52
849637	879740	−3.42	794189	870155	−8.73	70612	56893	24.11
4931344	4410005	11.82	4882062	11177224	−56.32	754333	357176	111.19
12790189	10981826	16.47	12254633	10532913	16.35	2438693	2212924	10.20
2680314	2555705	4.88	2664084	2506313	6.29	251230	216244	16.18
817430	611697	33.63	807796	572245	41.16	102580	83345	23.08
8290356	8853437	−6.36	8314110	8680277	−4.22	2117222	2354515	−10.08
123941483	112706401	9.97	121642478	111625975	8.97	18429135	17794185	3.57
102570357	96914094	5.84	99732633	94480232	5.56	22508215	23185094	−2.92
13568024	11242761	20.68	13321672	10947966	21.68	2080695	1919601	8.39
34962071	29520258	18.43	33812851	28645817	18.04	5783406	5236423	10.45
14036004	11223069	25.06	13872404	11077588	25.23	2112868	1819138	16.15
98914244	86647804	14.16	99443355	86735268	14.65	10728159	10889282	−1.48
26277531	22761679	15.45	25947761	22295304	16.38	739488	684236	8.07
24373033	19505184	24.96	23629459	18921776	24.88	2405255	2120635	13.42
7959420	7273180	9.44	7771306	7097238	9.50	258340	301291	−14.26
52795321	46614083	13.26	51307783	45630422	12.44	14041945	13689604	2.57
3011207	2495595	20.66	2833507	2385923	18.76	212812	220332	−3.41
142148	122767	15.79	137532	118134	16.42	40754	43746	−6.84
2553660	2236549	14.18	2437489	2138953	13.96	296901	244179	21.59
11015743	9516126	15.76	10893337	9450942	15.26	652383	604309	7.96
79853	95944	−16.77	74315	86961	−14.54	1323	1446	−8.53
350043	271049	29.14	333681	256616	30.03	31295	29802	5.01
9389	11573	−18.87	8950	12134	−26.24			
2321136	1907696	21.67	2214903	1818477	21.80	106254	123885	−14.23
322265	271320	18.78	287003	258291	11.12	14011	15848	−11.59
349422	234319	49.12	346644	229855	50.81	33129	12906	156.69
1105132	1078187	2.50	1070455	990940	8.02	113191	114333	−1.00
2145086	2319250	−7.51	1987707	2149978	−7.55	28941	35484	−18.44

表4-5 2012年纺织工业经济指标分省完成情况（规模以上全行业）
Table4-5 Textile Industry Main indicators by Provinces 2012 (Enterprises above Designated Size)

省市	Region	全部从业人员平均人数（人） Employees' Average Number (Person)		
		本月止累计 Current Year	去年累计 Previous Year	同比Compared Ratio(%)
全国	National Total	10007170	10108740	-1.00
北京市	Beijing	67728	71812	-5.69
天津市	Tianjin	125144	121380	3.10
河北省	Hebei	298922	295055	1.31
山西省	Shanxi	27522	28041	-1.85
内蒙古	Inner Mongolia	45884	47802	-4.01
辽宁省	Liaoning	197895	202598	-2.32
吉林省	Jilin	55944	48526	15.29
黑龙江	Heilongjiang	26630	23525	13.20
上海市	Shanghai	196007	211238	-7.21
江苏省	Jiangsu	1898804	1919017	-1.05
浙江省	Zhejiang	1555491	1621358	-4.06
安徽省	Anhui	315899	292422	8.03
福建省	Fujian	632883	611266	3.54
江西省	Jiangxi	224368	217862	2.99
山东省	Shandong	1304173	1315555	-0.87
河南省	Henan	509361	496727	2.54
湖北省	Hubei	442652	418127	5.87
湖南省	Hunan	151127	146656	3.05
广东省	Guangdong	1447557	1543595	-6.22
广西	Guangxi	67004	62344	7.47
海南省	Hainan	5631	6048	-6.89
重庆市	Chongqing	49166	49298	-0.27
四川省	Sichuan	198340	185397	6.98
贵州省	Guizhou	4663	5923	-21.27
云南省	Yunnan	9833	8317	18.23
西藏	Tibet	139	243	-42.80
陕西省	Shaanxi	73241	75537	-3.04
甘肃省	Gansu	8413	15035	-44.04
青海省	Qinghai	6558	6286	4.33
宁夏	Ningxia	10956	10591	3.45
新疆	Xinjiang	49235	51159	-3.76

表5-1 2012年纺织工业经济指标分行业完成情况（规模以上全行业）

行 业 Industrial Sectors	企业户数 Number of Enterprises	亏损企业数 Number of Loss-making Enterprises	亏损面（%） Proportion of Loss-making Enterprises	主营业务收入 Reveneue from Principal Business		
				本月止累计 Current Year	去年累计 Previous Year	同比 Compared Ratio(%)
纺织行业 The Overall Textile Industry	37406	4685	12.52	568522971	514011174	10.61
纺织业 Textile	20370	2437	11.96	321735589	286867212	12.15
棉纺织及印染精加工 Cotton Textile & Dyeing, Printing and Finishing Process	10553	1348	12.77	195852522	174004390	12.56
棉纺纱加工 Cotton Spinning Sector	5585	774	13.86	120676797	106339800	13.48
棉织造加工 Cotton Weaving Sector	3266	309	9.46	46395577	40662365	14.10
棉印染精加工 Cotton Textile Dyeing, Printing and Finishing Sector	1702	265	15.57	28780148	27002225	6.58
毛纺织及染整精加工 Wool Textile & Dyeing,Printing and Finishing Process	1149	177	15.40	20135305	18600588	8.25
毛条和毛纱线加工 Wool Top and Yarn Processing Sector	610	89	14.59	9201826	8720780	5.52
毛织造加工 Wool Weaving Sector	368	65	17.66	8720510	7893293	10.48
毛染整精加工 Wool Textile Dyeing,Printing and Finishing Sector	171	23	13.45	2212970	1986514	11.40
麻纺织及染整精加工 Bast Fiber Textile & Dyeing,Printing and Finishing Process	281	35	12.46	4248959	3711661	14.48
麻纤维纺前加工和纺纱 Bast Fiber Prespinning Processing & Spinning Sector	112	11	9.82	1980708	1694613	16.88
麻织造加工 Bast Fiber Weaving Sector	156	18	11.54	2104056	1843862	14.11
麻染整精加工 Bast Fiber Textile Dyeing,Printing and Finishing Sector	13	6	46.15	164196	173186	−5.19
丝绢纺织及印染精加工 Silk and Schappe Textile & Dyeing, Printing and Finishing Process	950	122	12.84	11111858	9697192	14.59
缫丝加工 Filature Sector	495	58	11.72	6439287	5457908	17.98
绢纺和丝织加工 Schappe Spinning & Silk Weaving Sector	393	50	12.72	4160501	3762119	10.59
丝印染精加工 Silk Printing, Dyeing and Finishing Sector	62	14	22.58	512070	477165	7.32

Table5—1 Textile Industry Main indicators by Industrial Sectors 2012 (Enterprises above Designated Size)

单位：万元
Unit：10,000 yuan

主营业务成本 Cost of Principle Business			主营业务税金和附加 Taxes and Other Charges on Principal Business			营业费用 Sales Expenses		
本月止累计 Current Year	去年累计 Previous Year	同比 Compared Ratio(%)	本月止累计 Current Year	去年累计 Previous Year	同比 Compared Ratio(%)	去年累计 Previous Year	去年累计 Previous Year	同比 Compared Ratio(%)
494877012	448043540	10.45	2869951	2601333	10.33	11368926	9877611	15.10
282662781	253330248	11.58	1586926	1494222	6.20	4473891	3919113	14.16
173304027	154477083	12.19	943645	903840	4.40	2331730	2018942	15.49
106594441	94281560	13.06	600526	597027	0.59	1418276	1215820	16.65
41014102	36006740	13.91	210946	195032	8.16	568846	474404	19.91
25695485	24188783	6.23	132173	111781	18.24	344609	328719	4.83
17663876	16563442	6.64	89531	87555	2.26	235314	199876	17.73
7900373	7665211	3.07	37057	47979	−22.76	103231	97440	5.94
7878552	7132011	10.47	33269	31422	5.88	86794	81161	6.94
1884951	1766220	6.72	19206	8154	135.55	45289	21276	112.86
3590688	3210019	11.86	35858	32298	11.02	99230	76954	28.95
1631910	1451167	12.46	16254	13471	20.67	41472	28354	46.26
1811876	1600071	13.24	19003	18116	4.90	56035	46973	19.29
146902	158781	−7.48	600	711	−15.66	1723	1627	5.93
9798772	8612495	13.77	69285	62138	11.50	131449	119874	9.66
5673567	4853541	16.90	47264	43200	9.41	76157	69028	10.33
3665597	3337911	9.82	20097	16361	22.83	49791	45729	8.88
459608	421043	9.16	1925	2577	−25.32	5501	5116	7.52

表5-2 2012年纺织工业经济指标分行业完成情况（规模以上全行业）

行业 Industrial Sectors	企业户数 Number of Enterprises	亏损企业数 Number of Loss-making Enterprises	亏损面（%） Proportion of Loss-making Enterprises	主营业务收入 Reveneue from Principal Business		
				本月止累计 Current Year	去年累计 Previous Year	同比 Compared Ratio(%)
化纤织造及印染精加工 Filament Weaving & Dyeing, Printing and Finishing Process	1416	133	9.39	16080738	15001994	7.19
化纤织造加工 Filament Weaving Sector	1196	114	9.53	11926516	11238417	6.12
化纤织物染整精加工 Filament Fabric Dyeing, Printing and Finishing Sector	220	19	8.64	4154221	3763577	10.38
针织或钩针编织物及其制品制造 Knitting and Braiding Textiles	2592	265	10.22	28954121	25869311	11.92
针织或钩针编织物织造 Knitted and Braided Fabric Processing Sector	1882	198	10.52	20323711	18404203	10.43
针织或钩针编织物印染精加工 Knitted and Braided Fabric Dyeing, Printing and Finishing Sector	223	24	10.76	3807984	3268136	16.52
针织或钩针编织品制造 Knitted and Braided Products Manufacturing Sector	487	43	8.83	4822427	4196973	14.90
家用纺织制成品制造 Home Textile Made-Ups Manufacturing	1831	198	10.81	24289186	21712400	11.87
床上用品制造 Bed Linen Manufacturing Sector	941	87	9.25	12797644	11463923	11.63
毛巾类制品制造 Towel Manufacturing Sector	318	28	8.81	6041837	5356627	12.79
窗帘、布艺类产品制造 Curtain Manufacturing Sector	221	30	13.57	2348463	2110521	11.27
其他家用纺织制成品制造 Other Home Textile Made-ups Sector	351	53	15.10	3101241	2781329	11.50
非家用纺织制成品制造 Non-Home Textile Made-Ups Manufacturing	1598	159	9.95	21062901	18269675	15.29
非织造布制造 Nonwoven Fabric Sector	771	67	8.69	10134168	8417305	20.40
绳、索、缆制造 Rope, Cords & Cables Large and Thick Rope Sector	203	13	6.40	1889399	1688358	11.91
纺织带和帘子布制造 Belt and Cord Fabric Sector	257	30	11.67	5781722	5144574	12.38
篷、帆布制造 Canvas Manufacturing Sector	149	21	14.09	1345975	1292273	4.16
其他非家用纺织制成品制造 Other Non-Home Textile Made-ups Sector	218	28	12.84	1911635	1727165	10.68

Table5-2 Textile Industry Main indicators by Industrial Sectors 2012 (Enterprises above Designated Size)

单位：万元
Unit:10,000 yuan

主营业务成本 Cost of Principle Business			主营业务税金和附加 Taxes and Other Charges on Principal Business			营业费用 Sales Expenses		
本月止累计 Current Year	去年累计 Previous Year	同比 Compared Ratio(%)	本月止累计 Current Year	去年累计 Previous Year	同比 Compared Ratio(%)	去年累计 Previous Year	去年累计 Previous Year	同比 Compared Ratio(%)
14342713	13409611	6.96	69352	59584	16.39	163199	149448	9.20
10662785	10074249	5.84	47403	40864	16.00	121578	110448	10.08
3679929	3335361	10.33	21949	18720	17.25	41621	39000	6.72
24907789	22573749	10.34	154062	165969	-7.17	477966	407680	17.24
17783167	16202061	9.76	87885	77123	13.95	309167	270564	14.27
3069890	2786719	10.16	33783	62929	-46.32	79648	54665	45.70
4054732	3584969	13.10	32395	25918	24.99	89150	82451	8.13
20957174	18726963	11.91	115171	99268	16.02	571390	530203	7.77
10921775	9764089	11.86	58232	49334	18.04	364502	323257	12.76
5311683	4686605	13.34	27914	25852	7.97	86024	95587	-10.00
2054962	1861869	10.37	12549	9789	28.19	45572	41662	9.38
2668754	2414399	10.53	16476	14292	15.28	75292	69697	8.03
18097742	15756887	14.86	110023	83570	31.65	463614	416136	11.41
8578859	7144158	20.08	55315	44063	25.54	268889	242364	10.94
1567569	1429413	9.67	10141	6678	51.86	37086	30937	19.88
5185225	4578994	13.24	24597	16099	52.78	67470	66624	1.27
1150338	1135660	1.29	9465	7659	23.58	31983	28836	10.92
1615750	1468662	10.02	10506	9072	15.81	58186	47376	22.82

表5-3 2012年纺织工业经济指标分行业完成情况（规模以上全行业）

行业 Industrial Sectors	企业户数 Number of Enterprises	亏损企业数 Number of Loss-making Enterprises	亏损面（%）Proportion of Loss-making Enterprises	主营业务收入 Reveneue from Principal Business		
				本月止累计 Current Year	去年累计 Previous Year	同比 Compared Ratio(%)
纺织服装、服饰业 Garment and Accessory Manufacturing	14501	1741	12.01	168338765	152217123	10.59
机织服装制造 Woven Garment Manufacturing	11207	1320	11.78	135530044	121190764	11.83
针织或钩针编织服装制造 Knitted Garment Manufacturing	2477	311	12.56	24473461	23541350	3.96
服饰制造 Garment Accessory Manufacturing	817	110	13.46	8335260	7485009	11.36
化学纤维制造业 Chemical Fiber Manufacturing	1796	408	22.72	67389651	64448196	4.56
纤维素纤维原料及纤维制造 Cellulose Fiber（Raw Material）and Fiber Manufacture	316	63	19.94	16858053	15736539	7.13
化纤浆粕制造 Pulp Sector	84	17	20.24	2341153	2582502	-9.35
人造纤维（纤维素纤维）制造 Man-made Fiber（Cellulose Fiber）Sector	232	46	19.83	14516900	13154036	10.36
合成纤维制造 Synthetic Fiber Manufacturing	1480	345	23.31	50531598	48711657	3.74
锦纶纤维制造 Polyamide Fiber Sector	163	16	9.82	5494326	5097216	7.79
涤纶纤维制造 Polyester Fiber Sector	679	176	25.92	37760709	36747758	2.76
腈纶纤维制造 Acrylic Fiber Sector	21	8	38.10	400639	371449	7.86
维纶纤维制造 Polyvinyl Fiber Sector	9	4	44.44	352335	398323	-11.55
丙纶纤维制造 Polypropylene Fiber Sector	60	10	16.67	618502	511375	20.95
氨纶纤维制造 Polyurethane Fiber Sector	37	19	51.35	1527561	1489969	2.52
其他合成纤维制造 Other Synthetic Fiber Sector	511	112	21.92	4377526	4095568	6.88
纺织专用设备制造 Textile Machinery Manufacturing	739	99	13.40	11058967	10478643	5.54

Table5—3 Textile Industry Main indicators by Industrial Sectors 2012 (Enterprises above Designated Size)

单位：万元
Unit：10,000 yuan

主营业务成本 Cost of Principle Business			主营业务税金和附加 Taxes and Other Charges on Principal Business			营业费用 Sales Expenses		
本月止累计 Current Year	去年累计 Previous Year	同比 Compared Ratio(%)	本月止累计 Current Year	去年累计 Previous Year	同比 Compared Ratio(%)	去年累计 Previous Year	去年累计 Previous Year	同比 Compared Ratio(%)
140938444	127437974	10.59	997736	849464	17.45	5973925	5082143	17.55
112708162	100571029	12.07	803977	692257	16.14	5226715	4389989	19.06
21149457	20474881	3.29	146777	114460	28.23	530186	490831	8.02
7080825	6392064	10.78	46982	42747	9.91	217024	201323	7.80
62003238	58503153	5.98	182305	177071	2.96	619327	600611	3.12
15153095	14207853	6.65	64940	56068	15.82	246263	224822	9.54
2086261	2306996	−9.57	16187	15067	7.43	36374	40785	−10.81
13066834	11900857	9.80	48753	41001	18.91	209889	184037	14.05
46850143	44295300	5.77	117365	121004	−3.01	373064	375790	−0.73
4891085	4577037	6.86	14720	15537	−5.25	56446	49614	13.77
35304325	33493844	5.41	81104	84032	−3.48	231946	238223	−2.64
371620	338556	9.77	2863	2612	9.62	3619	3776	−4.15
317596	338915	−6.29	1689	1772	−4.66	10029	10552	−4.96
525781	451711	16.40	3432	3035	13.08	10069	13867	−27.39
1350677	1279908	5.53	4081	4156	−1.82	23182	22826	1.56
4089059	3815329	7.17	9476	9859	−3.89	37773	36933	2.28
9272550	8772166	5.70	102984	80576	27.81	301783	275744	9.44

表5-4 2012年纺织工业经济指标分行业完成情况（规模以上全行业）

行业 Industrial Sectors	管理费用 Management Expenses			财务费用 Financial Expenses		
	本月止累计 Current Year	去年累计 Previous Year	同比 Compared Ratio(%)	本月止累计 Current Year	去年累计 Previous Year	同比 Compared Ratio(%)
纺织行业 The Overall Textile Industry	16963020	14978453	13.25	7247928	5995886	20.88
纺织业 Textile	8019971	6955886	15.30	4449470	3733723	19.17
棉纺织及印染精加工 Cotton Textile & Dyeing, Printing and Finishing Process	4322191	3770912	14.62	2714413	2264884	19.85
棉纺纱加工 Cotton Spinning Sector	2268797	2019885	12.32	1759431	1434670	22.64
棉织造加工 Cotton Weaving Sector	1122979	926635	21.19	575764	492623	16.88
棉印染精加工 Cotton Textile Dyeing, Printing and Finishing Sector	930416	824392	12.86	379218	337592	12.33
毛纺织及染整精加工 Wool Textile & Dyeing,Printing and Finishing Process	465827	410404	13.50	275938	209146	31.94
毛条和毛纱线加工 Wool Top and Yarn Processing Sector	198459	191038	3.88	130002	92928	39.90
毛织造加工 Wool Weaving Sector	190597	164550	15.83	109567	90970	20.44
毛染整精加工 Wool Textile Dyeing,Printing and Finishing Sector	76771	54816	40.05	36368	25248	44.04
麻纺织及染整精加工 Bast Fiber Textile & Dyeing,Printing and Finishing Process	128708	109941	17.07	62198	51882	19.88
麻纤维纺前加工和纺纱 Bast Fiber Prespinning Processing & Spinning Sector	59283	48810	21.46	29564	20854	41.77
麻织造加工 Bast Fiber Weaving Sector	61817	55092	12.21	26651	25010	6.56
麻染整精加工 Bast Fiber Textile Dyeing,Printing and Finishing Sector	7608	6039	25.98	5982	6018	-0.59
丝绢纺织及印染精加工 Silk and Schappe Textile & Dyeing, Printing and Finishing Process	340154	270575	25.72	130839	111670	17.17
缫丝加工 Filature Sector	191166	139271	37.26	75787	66516	13.94
绢纺和丝织加工 Schappe Spinning & Silk Weaving Sector	131011	112725	16.22	44568	36796	21.12
丝印染精加工 Silk Printing, Dyeing and Finishing Sector	17977	18578	-3.24	10484	8358	25.43

Table5—4 Textile Industry Main indicators by Industrial Sectors 2012 (Enterprises above Designated Size)

单位：万元
Unit: 10,000 yuan

其中：利息支出 (Include) Interest			利润总额 Total Profit			亏损企业亏损额 Total Loss of Loss-making Enterprises		
本月止累计 Current Year	去年累计 Previous Year	同比 Compared Ratio(%)	本月止累计 Current Year	去年累计 Previous Year	同比增减 Change	去年累计 Previous Year	去年累计 Previous Year	同比 Compared Ratio(%)
6566449	5223753	25.70	30150614	28000302	2150312	2117855	1437678	47.31
4078663	3268542	24.79	17000271	14924194	2076078	1130097	773438	46.11
2489189	1999135	24.51	10103718	9087575	1016142	832224	547973	51.87
1603210	1272622	25.98	6522477	5886328	636149	546338	374229	45.99
519733	413852	25.58	2332575	2098115	234459	158552	68462	131.59
366246	312661	17.14	1248667	1103132	145535	127335	105282	20.95
251935	195646	28.77	1109125	999059	110066	62489	38025	64.34
120486	92728	29.93	566307	508254	58053	27639	12273	125.21
99158	79508	24.71	409999	385696	24303	30232	20738	45.78
32291	23409	37.94	132819	105109	27710	4618	5014	−7.91
50597	40828	23.93	216704	185554	31150	11978	4223	183.62
23378	14782	58.15	108453	89013	19440	2891	841	243.62
23210	21164	9.67	107227	94879	12349	7014	1884	272.38
4009	4882	−17.88	1024	1663	−639	2073	1498	38.37
123064	109496	12.39	594022	457364	136659	25587	29624	−13.63
68583	61911	10.78	373691	268591	105101	11718	18664	−37.22
44427	39388	12.79	203892	170061	33831	8725	7660	13.89
10053	8197	22.64	16440	18713	−2273	5144	3300	55.91

表5-5 2012年纺织工业经济指标分行业完成情况（规模以上全行业）

行 业 Industrial Sectors	管理费用 Management Expenses			财务费用 Financial Expenses		
	本月止累计 Current Year	去年累计 Previous Year	同比 Compared Ratio(%)	本月止累计 Current Year	去年累计 Previous Year	同比 Compared Ratio(%)
化纤织造及印染精加工 Filament Weaving & Dyeing, Printing and Finishing Process	386201	336532	14.76	351209	309245	13.57
化纤织造加工 Filament Weaving Sector	260509	222910	16.87	237954	203654	16.84
化纤织物染整精加工 Filament Fabric Dyeing, Printing and Finishing Sector	125692	113622	10.62	113255	105591	7.26
针织或钩针编织物及其制品制造 Knitting and Braiding Textiles	936733	821895	13.97	425120	355083	19.72
针织或钩针编织物织造 Knitted and Braided Fabric Processing Sector	648721	563013	15.22	282037	234328	20.36
针织或钩针编织物印染精加工 Knitted and Braided Fabric Dyeing, Printing and Finishing Sector	131788	112609	17.03	72410	61937	16.91
针织或钩针编织品制造 Knitted and Braided Products Manufacturing Sector	156225	146273	6.80	70673	58818	20.16
家用纺织制成品制造 Home Textile Made-Ups Manufacturing	687597	604273	13.79	251636	230314	9.26
床上用品制造 Bed Linen Manufacturing Sector	388378	326677	18.89	112325	95776	17.28
毛巾类制品制造 Towel Manufacturing Sector	111664	110402	1.14	61401	66533	−7.71
窗帘、布艺类产品制造 Curtain Manufacturing Sector	74176	68325	8.56	36798	31855	15.52
其他家用纺织制成品制造 Other Home Textile Made-ups Sector	113379	98869	14.68	41112	36151	13.72
非家用纺织制成品制造 Non-Home Textile Made-Ups Manufacturing	752560	631354	19.20	238118	201499	18.17
非织造布制造 Nonwoven Fabric Sector	408987	312406	30.92	112655	91097	23.66
绳、索、缆制造 Rope, Cords & Cables Large and Thick Rope Sector	54463	43944	23.94	15071	12847	17.31
纺织带和帘子布制造 Belt and Cord Fabric Sector	135026	136298	−0.93	80258	68394	17.35
篷、帆布制造 Canvas Manufacturing Sector	65320	59374	10.01	17326	19059	−9.09
其他非家用纺织制成品制造 Other Non-Home Textile Made-ups Sector	88764	79332	11.89	12808	10101	26.80

Table5—5 Textile Industry Main indicators by Industrial Sectors 2012 (Enterprises above Designated Size)

单位：万元
Unit：10,000 yuan

其中：利息支出 (Include)Interest			利润总额 Total Profit			亏损企业亏损额 Total Loss of Loss—making Enterprises		
本月止累计 Current Year	去年累计 Previous Year	同比 Compared Ratio(%)	本月止累计 Current Year	去年累计 Previous Year	同比增减 Change	去年累计 Previous Year	去年累计 Previous Year	同比 Compared Ratio(%)
326344	263256	23.96	734050	676133	57917	36895	24823	48.63
214078	168612	26.97	539448	506331	33118	29262	18782	55.80
112266	94644	18.62	194602	169802	24799	7633	6041	26.35
391391	292228	33.93	1603813	1230308	373505	53285	42791	24.52
251434	191877	31.04	966662	772242	194420	43017	35585	20.89
81448	57272	42.21	302620	193676	108944	5946	3725	59.62
58510	43080	35.82	334531	264390	70141	4322	3480	24.17
223540	186941	19.58	1474410	1308438	165971	54823	42299	29.61
103823	82970	25.13	907977	836725	71252	25615	13788	85.77
49601	46600	6.44	324173	269027	55146	7368	12223	−39.72
32683	25782	26.77	115292	100023	15269	7292	2470	195.19
37434	31589	18.51	126968	102664	24304	14548	13818	5.28
222603	181013	22.98	1164430	979762	184668	52817	43680	20.92
97946	78121	25.38	627964	520889	107075	15789	17887	−11.73
12920	9898	30.52	117896	90955	26941	2092	2401	−12.87
80942	66505	21.71	235481	207018	28463	16765	11335	47.90
16445	15547	5.78	72461	56135	16327	5401	7347	−26.49
14350	10942	31.15	110628	104765	5863	12771	4711	171.11

表5-6　2012年纺织工业经济指标分行业完成情况（规模以上全行业）

行业 Industrial Sectors	管理费用 Management Expenses			财务费用 Financial Expenses		
	本月止累计 Current Year	去年累计 Previous Year	同比 Compared Ratio(%)	本月止累计 Current Year	去年累计 Previous Year	同比 Compared Ratio(%)
纺织服装、服饰业 Garment and Accessory Manufacturing	6905860	6095729	13.29	1431174	1196815	19.58
机织服装制造 Woven Garment Manufacturing	5562193	4839534	14.93	1110484	913344	21.58
针织或钩针编织服装制造 Knitted Garment Manufacturing	1028211	958595	7.26	228926	201035	13.87
服饰制造 Garment Accessory Manufacturing	315457	297601	6.00	91765	82436	11.32
化学纤维制造业 Chemical Fiber Manufacturing	1447710	1374536	5.32	1231014	968254	27.14
纤维素纤维原料及纤维制造 Cellulose Fiber (Raw Material) and Fiber Manufacture	452995	429578	5.45	375965	301586	24.66
化纤浆粕制造 Pulp Sector	74538	72466	2.86	54236	50955	6.44
人造纤维（纤维素纤维）制造 Man-made Fiber (Cellulose Fiber) Sector	378457	357112	5.98	321730	250630	28.37
合成纤维制造 Synthetic Fiber Manufacturing	994715	944958	5.27	855048	666669	28.26
锦纶纤维制造 Polyamide Fiber Sector	113095	95340	18.62	113703	91653	24.06
涤纶纤维制造 Polyester Fiber Sector	666051	640772	3.95	591144	462596	27.79
腈纶纤维制造 Acrylic Fiber Sector	7881	7648	3.05	13616	11630	17.07
维纶纤维制造 Polyvinyl Fiber Sector	29075	31411	-7.44	12855	11904	7.98
丙纶纤维制造 Polypropylene Fiber Sector	16627	18534	-10.29	8337	5841	42.74
氨纶纤维制造 Polyurethane Fiber Sector	78095	72337	7.96	49607	37087	33.76
其他合成纤维制造 Other Synthetic Fiber Sector	83891	78915	6.31	65789	45959	43.15
纺织专用设备制造 Textile Machinery Manufacturing	589479	552302	6.73	136270	97093	40.35

Table5—6 Textile Industry Main indicators by Industrial Sectors 2012 (Enterprises above Designated Size)

单位：万元
Unit：10,000 yuan

其中：利息支出 (Include) Interest			利润总额 Total Profit			亏损企业亏损额 Total Loss of Loss—making Enterprises		
本月止累计 Current Year	去年累计 Previous Year	同比 Compared Ratio(%)	本月止累计 Current Year	去年累计 Previous Year	同比增减 Change	去年累计 Previous Year	去年累计 Previous Year	同比 Compared Ratio(%)
1186254	926582	28.02	10173975	9235219	938756	443646	293206	51.31
926543	707819	30.90	8416032	7675098	740934	355442	233614	52.15
183844	155680	18.09	1266097	1132580	133517	65879	43858	50.21
75867	63083	20.27	491847	427541	64306	22325	15735	41.89
1183317	943256	25.45	2252651	3142223	—889572	506669	345130	46.81
348746	272856	27.81	657726	595098	62628	195074	214655	—9.12
51566	49026	5.18	77795	71937	5858	24094	33928	—28.98
297181	223830	32.77	579931	523162	56770	170981	180727	—5.39
834571	670400	24.49	1594925	2547124	—952199	311595	130475	138.82
103778	90440	14.75	333067	285532	47535	22092	12686	74.14
590061	472756	24.81	1113817	2026936	—913119	168104	50067	235.76
14214	12217	16.35	—2637	8341	—10977	15665	4254	268.25
12752	12381	2.99	—14133	8829	—22962	18593	8964	107.41
7777	5061	53.67	35148	24662	10487	2987	2667	11.99
45632	33868	34.73	25813	77820	—52007	56011	24899	124.95
60357	43677	38.19	103849	115005	—11156	28143	26938	4.47
118216	85373	38.47	723717	698668	25049	37444	25903	44.55

表5-7 2012年纺织工业经济指标分行业完成情况（规模以上全行业）

行业 Industrial Sectors	应交增值税 The Due VATs			资产合计 Total Assets		
	本月止累计 Current Year	去年累计 Previous Year	同比 Compared Ratio(%)	本月止累计 Current Year	去年累计 Previous Year	同比 Compared Ratio(%)
纺织行业 The Overall Textile Industry	13862699	12237098	13.28	363859356	328093996	10.90
纺织业 Textile	7823740	6803350	15.00	199956865	179319088	11.51
棉纺织及印染精加工 Cotton Textile & Dyeing, Printing and Finishing Process	4771622	4223302	12.98	116459066	104139118	11.83
棉纺纱加工 Cotton Spinning Sector	3012641	2702422	11.48	68486027	59825750	14.48
棉织造加工 Cotton Weaving Sector	1070863	889690	20.36	28003812	25078741	11.66
棉印染精加工 Cotton Textile Dyeing, Printing and Finishing Sector	688118	631190	9.02	19969228	19234627	3.82
毛纺织及染整精加工 Wool Textile & Dyeing,Printing and Finishing Process	477511	409967	16.48	13575787	12155565	11.68
毛条和毛纱线加工 Wool Top and Yarn Processing Sector	208143	183975	13.14	6055438	5275643	14.78
毛织造加工 Wool Weaving Sector	217805	192159	13.35	6155856	5469269	12.55
毛染整精加工 Wool Textile Dyeing,Printing and Finishing Sector	51564	33832	52.41	1364493	1410653	−3.27
麻纺织及染整精加工 Bast Fiber Textile & Dyeing,Printing and Finishing Process	117521	101477	15.81	2614915	2266414	15.38
麻纤维纺前加工和纺纱 Bast Fiber Prespinning Processing & Spinning Sector	52816	46377	13.88	933578	794688	17.48
麻织造加工 Bast Fiber Weaving Sector	60321	53211	13.36	1525277	1327383	14.91
麻染整精加工 Bast Fiber Textile Dyeing,Printing and Finishing Sector	4385	1889	132.07	156059	144344	8.12
丝绢纺织及印染精加工 Silk and Schappe Textile & Dyeing, Printing and Finishing Process	354292	266584	32.90	6443093	5703039	12.98
缫丝加工 Filature Sector	245286	171724	42.84	3381256	3010904	12.30
绢纺和丝织加工 Schappe Spinning & Silk Weaving Sector	98640	84867	16.23	2651954	2301651	15.22
丝印染精加工 Silk Printing, Dyeing and Finishing Sector	10366	9994	3.72	409883	390485	4.97

Table5—7 Textile Industry Main indicators by Industrial Sectors 2012 (Enterprises above Designated Size)

单位：万元
Unit：10,000 yuan

其中：流动资产合计 Total Working Capitals			其中：应收帐款 (Include) Net Receivables			存货 Inventory		
本月止累计 Current Year	去年累计 Previous Year	同比 Compared Ratio(%)	本月止累计 Current Year	去年累计 Previous Year	同比 Compared Ratio(%)	去年累计 Previous Year	去年累计 Previous Year	同比 Compared Ratio(%)
204539073	185578784	10.22	40330425	34860532	15.69	57254902	52304286	9.47
107729955	96217655	11.96	21089234	18159069	16.14	31545622	28643498	10.13
59492783	53081107	12.08	10184661	8861105	14.94	17977986	16316034	10.19
33110409	28801645	14.96	4336737	3714539	16.75	11052355	9908718	11.54
15502274	13873222	11.74	3087896	2623753	17.69	4323485	3852890	12.21
10880100	10406239	4.55	2760028	2522813	9.40	2602146	2554426	1.87
8102040	7005394	15.65	1676988	1477755	13.48	3023794	2756287	9.71
4012313	3525772	13.80	856484	731157	17.14	1658128	1495870	10.85
3292439	2751580	19.66	616087	553135	11.38	1127333	1055462	6.81
797289	728042	9.51	204416	193463	5.66	238332	204955	16.28
1326265	1189983	11.45	266555	206502	29.08	513843	505356	1.68
419912	359988	16.65	86233	61368	40.52	156158	136699	14.23
830161	760236	9.20	166218	131220	26.67	322548	336598	−4.17
76193	69760	9.22	14104	13914	1.36	35138	32059	9.60
3804777	3400118	11.90	677159	587308	15.30	1324992	1200006	10.42
1964919	1782852	10.21	285329	243783	17.04	793887	742107	6.98
1601251	1395764	14.72	340530	295709	15.16	453158	391835	15.65
238607	221502	7.72	51300	47816	7.29	77947	66065	17.99

表5-8　2012年纺织工业经济指标分行业完成情况（规模以上全行业）

行业 Industrial Sectors	应交增值税 The Due VATs			资产合计 Total Assets		
	本月止累计 Current Year	去年累计 Previous Year	同比 Compared Ratio(%)	本月止累计 Current Year	去年累计 Previous Year	同比 Compared Ratio(%)
化纤织造及印染精加工 Filament Weaving & Dyeing, Printing and Finishing Process	388653	345481	12.50	13704509	12399037	10.53
化纤织造加工 Filament Weaving Sector	250126	225957	10.70	9958198	8801093	13.15
化纤织物染整精加工 Filament Fabric Dyeing, Printing and Finishing Sector	138527	119525	15.90	3746311	3597945	4.12
针织或钩针编织物及其制品制造 Knitting and Braiding Textiles	573389	495229	15.78	20589329	18178963	13.26
针织或钩针编织物织造 Knitted and Braided Fabric Processing Sector	405200	355790	13.89	13282771	11857799	12.02
针织或钩针编织物印染精加工 Knitted and Braided Fabric Dyeing, Printing and Finishing Sector	75763	58173	30.24	3963558	3308619	19.79
针织或钩针编织品制造 Knitted and Braided Products Manufacturing Sector	92427	81266	13.73	3343000	3012545	10.97
家用纺织制成品制造 Home Textile Made-Ups Manufacturing	637403	576204	10.62	13302035	12376198	7.48
床上用品制造 Bed Linen Manufacturing Sector	342754	294016	16.58	6864385	6261095	9.64
毛巾类制品制造 Towel Manufacturing Sector	139674	138622	0.76	2755338	2604586	5.79
窗帘、布艺类产品制造 Curtain Manufacturing Sector	74217	67662	9.69	1714797	1677935	2.20
其他家用纺织制成品制造 Other Home Textile Made-ups Sector	80757	75904	6.39	1967515	1832582	7.36
非家用纺织制成品制造 Non-Home Textile Made-Ups Manufacturing	503348	385105	30.70	13268131	12100753	9.65
非织造布制造 Nonwoven Fabric Sector	260416	201348	29.34	5669891	4914752	15.36
绳、索、缆制造 Rope, Cords & Cables Large and Thick Rope Sector	53986	37609	43.54	869019	766799	13.33
纺织带和帘子布制造 Belt and Cord Fabric Sector	105328	76045	38.51	4221680	4046696	4.32
篷、帆布制造 Canvas Manufacturing Sector	34573	33105	4.44	1025860	1002841	2.30
其他非家用纺织制成品制造 Other Non-Home Textile Made-ups Sector	49045	36998	32.56	1481681	1369664	8.18

Table5—8 Textile Industry Main indicators by Industrial Sectors 2012 (Enterprises above Designated Size)

单位：万元
Unit：10,000 yuan

其中：流动资产合计 Total Working Capitals			其中：应收帐款 (Include) Net Receivables			存货 Inventory		
本月止累计 Current Year	去年累计 Previous Year	同比 Compared Ratio(%)	本月止累计 Current Year	去年累计 Previous Year	同比 Compared Ratio(%)	去年累计 Previous Year	去年累计 Previous Year	同比 Compared Ratio(%)
8084585	7296705	10.80	1602735	1365570	17.37	1734614	1462918	18.57
6093923	5313484	14.69	1260128	1070902	17.67	1398016	1165752	19.92
1990662	1983221	0.38	342607	294668	16.27	336599	297166	13.27
11443436	10003367	14.40	3027161	2359487	28.30	2963680	2648816	11.89
7864673	6876682	14.37	2039236	1620411	25.85	2089238	1847971	13.06
1734373	1502409	15.44	506698	325022	55.90	427950	390699	9.53
1844390	1624276	13.55	481227	414055	16.22	446493	410147	8.86
8001170	7407187	8.02	1711341	1525520	12.18	2221777	2042719	8.77
4341552	3947658	9.98	1069173	903427	18.35	1165449	1025730	13.62
1381165	1292908	6.83	212821	199460	6.70	495497	488186	1.50
1120297	1077156	4.01	182783	185626	−1.53	249181	232456	7.19
1158157	1089467	6.30	246564	237007	4.03	311650	296347	5.16
7474898	6833793	9.38	1942636	1775822	9.39	1784936	1711361	4.30
3062202	2657790	15.22	954808	801130	19.18	726348	674155	7.74
420430	374702	12.20	113776	106319	7.01	116093	114817	1.11
2564148	2453148	4.52	512796	536742	−4.46	558682	538025	3.84
672385	646816	3.95	162411	147600	10.04	210176	211661	−0.70
755733	701336	7.76	198844	184031	8.05	173637	172704	0.54

表5-9　2012年纺织工业经济指标分行业完成情况（规模以上全行业）

行业 Industrial Sectors	应交增值税 The Due VATs			资产合计 Total Assets		
	本月止累计 Current Year	去年累计 Previous Year	同比 Compared Ratio(%)	本月止累计 Current Year	去年累计 Previous Year	同比 Compared Ratio(%)
纺织服装、服饰业 Garment and Accessory Manufacturing	4542456	3914146	16.05	98261928	89231931	10.12
机织服装制造 Woven Garment Manufacturing	3732021	3160002	18.10	78961189	71378665	10.62
针织或钩针编织服装制造 Knitted Garment Manufacturing	568866	543555	4.66	14530619	13368226	8.70
服饰制造 Garment Accessory Manufacturing	241570	210589	14.71	4770121	4485040	6.36
化学纤维制造业 Chemical Fiber Manufacturing	1133673	1200408	−5.56	56637820	51358667	10.28
纤维素纤维原料及纤维制造 Cellulose Fiber (Raw Material) and Fiber Manufacture	430677	376212	14.48	15982535	14444879	10.65
化纤浆粕制造 Pulp Sector	65945	67125	−1.76	1897606	1840643	3.09
人造纤维（纤维素纤维）制造 Man-made Fiber (Cellulose Fiber) Sector	364732	309088	18.00	14084929	12604236	11.75
合成纤维制造 Synthetic Fiber Manufacturing	702996	824196	−14.71	40655285	36913789	10.14
锦纶纤维制造 Polyamide Fiber Sector	63978	59030	8.38	4560742	3865013	18.00
涤纶纤维制造 Polyester Fiber Sector	544462	672382	−19.02	29119983	26194997	11.17
腈纶纤维制造 Acrylic Fiber Sector	5418	3941	37.47	421113	406873	3.50
维纶纤维制造 Polyvinyl Fiber Sector	2174	6336	−65.69	672991	894325	−24.75
丙纶纤维制造 Polypropylene Fiber Sector	11184	8676	28.91	464058	413900	12.12
氨纶纤维制造 Polyurethane Fiber Sector	24469	21340	14.66	2628852	2643393	−0.55
其他合成纤维制造 Other Synthetic Fiber Sector	51311	52491	−2.25	2787546	2495288	11.71
纺织专用设备制造 Textile Machinery Manufacturing	362830	319194	13.67	9002742	8184309	10.00

Table5—9 Textile Industry Main indicators by Industrial Sectors 2012 (Enterprises above Designated Size)

单位：万元
Unit：10,000 yuan

其中：流动资产合计 Total Working Capitals			其中：应收帐款 (Include) Net Receivables			存货 Inventory		
本月止累计 Current Year	去年累计 Previous Year	同比 Compared Ratio(%)	本月止累计 Current Year	去年累计 Previous Year	同比 Compared Ratio(%)	去年累计 Previous Year	去年累计 Previous Year	同比 Compared Ratio(%)
62156306	56862479	9.31	14699421	12797589	14.86	17051047	15577754	9.46
49899224	45622074	9.38	11585157	10114445	14.54	13697083	12568913	8.98
9157568	8370333	9.41	2343314	2000511	17.14	2550305	2277256	11.99
3099515	2870072	7.99	770950	682634	12.94	803660	731586	9.85
29044476	27306333	6.37	3373431	2877392	17.24	7343715	6747373	8.84
7620270	6865206	11.00	962243	795118	21.02	2154809	2050777	5.07
886897	947702	−6.42	131134	136184	−3.71	265141	330155	−19.69
6733373	5917505	13.79	831109	658934	26.13	1889668	1720622	9.82
21424206	20441127	4.81	2411188	2082273	15.80	5188906	4696597	10.48
2737102	2555534	7.10	372043	312754	18.96	597062	633449	−5.74
15125901	14449953	4.68	1413647	1244370	13.60	3766125	3274135	15.03
262975	250823	4.84	22357	29431	−24.04	50199	42307	18.65
174317	243609	−28.44	27074	43694	−38.04	65992	87119	−24.25
267946	222123	20.63	51270	35307	45.21	53291	47413	12.40
1162531	1250825	−7.06	148337	119737	23.89	311577	308508	0.99
1693435	1468260	15.34	376460	296980	26.76	344660	303666	13.50
5608335	5192317	8.01	1168339	1026483	13.82	1314518	1335661	−1.58

表5-10 2012年纺织工业经济指标分行业完成情况（规模以上全行业）

行 业 Industrial Sectors	其中：产成品 (Include)Manufactured Products			负债合计 Total Liabilities		
	本月止累计 Current Year	去年累计 Previous Year	同比 Compared Ratio(%)	本月止累计 Current Year	去年累计 Previous Year	同比 Compared Ratio(%)
纺织行业 The Overall Textile Industry	26079108	23833119	9.42	204122441	185182860	10.23
纺织业 Textile	13664797	12506157	9.26	112173043	101241152	10.80
棉纺织及印染精加工 Cotton Textile & Dyeing, Printing and Finishing Process	7615066	7069525	7.72	64334223	58149461	10.64
棉纺纱加工 Cotton Spinning Sector	4440768	4126053	7.63	36691494	32426689	13.15
棉织造加工 Cotton Weaving Sector	2123295	1875275	13.23	15814493	14450705	9.44
棉印染精加工 Cotton Textile Dyeing, Printing and Finishing Sector	1051003	1068198	-1.61	11828236	11272066	4.93
毛纺织及染整精加工 Wool Textile & Dyeing,Printing and Finishing Process	1411779	1268265	11.32	7571768	6755678	12.08
毛条和毛纱线加工 Wool Top and Yarn Processing Sector	903390	779615	15.88	3418815	3016093	13.35
毛织造加工 Wool Weaving Sector	421973	411436	2.56	3210810	2854815	12.47
毛染整精加工 Wool Textile Dyeing,Printing and Finishing Sector	86416	77214	11.92	942144	884770	6.48
麻纺织及染整精加工 Bast Fiber Textile & Dyeing,Printing and Finishing Process	272491	265304	2.71	1310743	1125652	16.44
麻纤维纺前加工和纺纱 Bast Fiber Prespinning Processing & Spinning Sector	70486	57306	23.00	424644	357838	18.67
麻织造加工 Bast Fiber Weaving Sector	182555	191074	-4.46	770157	665066	15.80
麻染整精加工 Bast Fiber Textile Dyeing,Printing and Finishing Sector	19450	16925	14.92	115943	102748	12.84
丝绢纺织及印染精加工 Silk and Schappe Textile & Dyeing, Printing and Finishing Process	541119	504662	7.22	3546436	3159491	12.25
缫丝加工 Filature Sector	293526	285217	2.91	1847699	1667788	10.79
绢纺和丝织加工 Schappe Spinning & Silk Weaving Sector	220253	195353	12.75	1435478	1243133	15.47
丝印染精加工 Silk Printing, Dyeing and Finishing Sector	27340	24091	13.49	263259	248570	5.91

Table5—10 Textile Industry Main indicators by Industrial Sectors 2012 (Enterprises above Designated Size)

单位：万元
Unit：10,000 yuan

工业总产值（当年价）Total Industrial Output Value (Current price)			工业销售产值（当年价）Output Value of Industrial Sales (Current price)			出口交货值 Export Delivered Value		
本月止累计 Current Year	去年累计 Previous Year	同比 Compared Ratio(%)	本月止累计 Current Year	去年累计 Previous Year	同比 Compared Ratio(%)	去年累计 Previous Year	去年累计 Previous Year	同比 Compared Ratio(%)
578099771	514849231	12.29	567017724	512538211	10.63	88980464	86868461	2.43
324918331	286846106	13.27	319959618	289335864	10.58	38160273	37216447	2.54
196041195	173167174	13.21	194086966	171287534	13.31	14931255	14891745	0.27
119745276	105444148	13.56	119481376	104936804	13.86	4695828	4606031	1.95
46833240	40643133	15.23	45799530	39769575	15.16	5164847	5208914	−0.85
29462679	27079894	8.80	28806059	26581156	8.37	5070580	5076800	−0.12
20445080	18637770	9.70	19959049	18065049	10.48	2470852	2363649	4.54
9254526	8717862	6.16	9014237	8399877	7.31	899924	806851	11.54
8869335	7950616	11.56	8710974	7774775	12.04	1402992	1393919	0.65
2321219	1969292	17.87	2233838	1890397	18.17	167936	162880	3.10
4307435	3848247	11.93	4232765	3722955	13.69	394473	408875	−3.52
1993527	1747828	14.06	1951921	1706187	14.40	124453	136121	−8.57
2129858	1919243	10.97	2111545	1844988	14.45	258784	257152	0.63
184050	181176	1.59	169300	171780	−1.44	11236	15602	−27.98
11493791	9894903	16.16	11158850	9621084	15.98	1188472	1130099	5.17
6695266	5651066	18.48	6458995	5464731	18.19	438328	401424	9.19
4265415	3767158	13.23	4178207	3685977	13.35	697898	677133	3.07
533110	476680	11.84	521648	470376	10.90	52247	51542	1.37

表5-11 2012年纺织工业经济指标分行业完成情况（规模以上全行业）

行业 Industrial Sectors	其中：产成品 (Include)Manufactured Products			负债合计 Total Liabilities		
	本月止累计 Current Year	去年累计 Previous Year	同比 Compared Ratio(%)	本月止累计 Current Year	去年累计 Previous Year	同比 Compared Ratio(%)
化纤织造及印染精加工 Filament Weaving & Dyeing,Printing and Finishing Process	882247	724977	21.69	9221991	8378534	10.07
化纤织造加工 Filament Weaving Sector	755707	619461	21.99	6620926	5852887	13.12
化纤织物染整精加工 Filament Fabric Dyeing,Printing and Finishing Sector	126539	105516	19.92	2601065	2525647	2.99
针织或钩针编织物及其制品制造 Knitting and Braiding Textiles	1232813	1060373	16.26	11836556	10413016	13.67
针织或钩针编织物织造 Knitted and Braided Fabric Processing Sector	917089	790603	16.00	7672588	6879682	11.53
针织或钩针编织物印染精加工 Knitted and Braided Fabric Dyeing,Printing and Finishing Sector	124396	105112	18.35	2324096	1879958	23.62
针织或钩针编织品制造 Knitted and Braided Products Manufacturing Sector	191329	164658	16.20	1839871	1653376	11.28
家用纺织制成品制造 Home Textile Made-Ups Manufacturing	954962	873523	9.32	7489082	6925439	8.14
床上用品制造 Bed Linen Manufacturing Sector	517229	446087	15.95	3659477	3272571	11.82
毛巾类制品制造 Towel Manufacturing Sector	186431	177512	5.02	1529726	1501018	1.91
窗帘、布艺类产品制造 Curtain Manufacturing Sector	130851	135228	-3.24	1051352	1032128	1.86
其他家用纺织制成品制造 Other Home Textile Made-ups Sector	120451	114696	5.02	1248528	1119722	11.50
非家用纺织制成品制造 Non-Home Textile Made-Ups Manufacturing	754321	739528	2.00	6862244	6333882	8.34
非织造布制造 Nonwoven Fabric Sector	307934	311529	-1.15	2779473	2473899	12.35
绳、索、缆制造 Rope, Cords & Cables Large and Thick Rope Sector	52885	50657	4.40	369696	323352	14.33
纺织带和帘子布制造 Belt and Cord Fabric Sector	267147	237523	12.47	2523635	2400220	5.14
篷、帆布制造 Canvas Manufacturing Sector	63358	70366	-9.96	582666	565498	3.04
其他非家用纺织制成品制造 Other Non-Home Textile Made-ups Sector	62998	69454	-9.30	606773	570914	6.28

Table5—11 Textile Industry Main indicators by Industrial Sectors 2012 (Enterprises above Designated Size)

单位：万元
Unit:10,000 yuan

工业总产值（当年价） Total Industrial Output Value (Current price)			工业销售产值（当年价） Output Value of Industrial Sales (Current price)			出口交货值 Export Delivered Value		
本月止累计 Current Year	去年累计 Previous Year	同比 Compared Ratio(%)	本月止累计 Current Year	去年累计 Previous Year	同比 Compared Ratio(%)	去年累计 Previous Year	去年累计 Previous Year	同比 Compared Ratio(%)
16670452	15279603	9.10	16239370	15061472	7.82	1661852	1722890	−3.54
12440949	11453420	8.62	12051004	11272661	6.90	1407843	1458416	−3.47
4229502	3826183	10.54	4188366	3788810	10.55	254009	264474	−3.96
29777507	26232262	13.51	29172798	32677764	−10.73	7401791	6841430	8.19
21069299	18760804	12.30	20568904	18404323	11.76	5747272	5477650	4.92
3736189	3259790	14.61	3792947	10149605	−62.63	758945	424129	78.94
4972018	4211668	18.05	4810947	4123836	16.66	895574	939652	−4.69
24918726	21839395	14.10	24439644	21436604	14.01	6190007	6099609	1.48
13025270	11424281	14.01	12778488	11222772	13.86	3219692	3076717	4.65
6001411	5331544	12.56	5881843	5209928	12.90	1210430	1302716	−7.08
2432748	2181141	11.54	2393639	2158987	10.87	970840	900221	7.84
3459297	2902429	19.19	3385675	2844918	19.01	789045	819956	−3.77
21264147	17946752	18.48	20670177	17463403	18.36	3921573	3758148	4.35
10572969	8679612	21.81	10263462	8414253	21.98	1964198	1773362	10.76
1908690	1697623	12.43	1893057	1679703	12.70	376971	344444	9.44
5435014	4585776	18.52	5231021	4450992	17.52	572668	703275	−18.57
1386381	1281874	8.15	1346842	1233540	9.19	562611	545914	3.06
1961093	1701867	15.23	1935795	1684914	14.89	445126	391154	13.80

表5-12 2012年纺织工业经济指标分行业完成情况（规模以上全行业）

行 业 Industrial Sectors	其中：产成品 (Include)Manufactured Products			负债合计 Total Liabilities		
	本月止累计 Current Year	去年累计 Previous Year	同比 Compared Ratio(%)	本月止累计 Current Year	去年累计 Previous Year	同比 Compared Ratio(%)
纺织服装、服饰业 Garment and Accessory Manufacturing	8309224	7667985	8.36	50969798	47112048	8.19
机织服装制造 Woven Garment Manufacturing	6972324	6497686	7.30	40245659	37135551	8.38
针织或钩针编织服装制造 Knitted Garment Manufacturing	1026638	891711	15.13	8228633	7646265	7.62
服饰制造 Garment Accessory Manufacturing	310262	278588	11.37	2495506	2330232	7.09
化学纤维制造业 Chemical Fiber Manufacturing	3639948	3222659	12.95	35678457	31844735	12.04
纤维素纤维原料及纤维制造 Cellulose Fiber (Raw Material) and Fiber Manufacture	949690	788874	20.39	10739121	9465929	13.45
化纤浆粕制造 Pulp Sector	125137	151122	-17.19	1384626	1340116	3.32
人造纤维（纤维素纤维）制造 Man-made Fiber (Cellulose Fiber) Sector	824553	637753	29.29	9354495	8125813	15.12
合成纤维制造 Synthetic Fiber Manufacturing	2690259	2433784	10.54	24939336	22378806	11.44
锦纶纤维制造 Polyamide Fiber Sector	314256	322874	-2.67	2951088	2455118	20.20
涤纶纤维制造 Polyester Fiber Sector	1951467	1716026	13.72	17891911	16058247	11.42
腈纶纤维制造 Acrylic Fiber Sector	26379	23301	13.21	296254	281222	5.35
维纶纤维制造 Polyvinyl Fiber Sector	42246	36176	16.78	390996	510452	-23.40
丙纶纤维制造 Polypropylene Fiber Sector	29413	21481	36.93	297041	264761	12.19
氨纶纤维制造 Polyurethane Fiber Sector	131779	147045	-10.38	1321528	1259968	4.89
其他合成纤维制造 Other Synthetic Fiber Sector	194719	166882	16.68	1790518	1549039	15.59
纺织专用设备制造 Textile Machinery Manufacturing	465140	436319	6.61	5301143	4984925	6.34

Table5—12 Textile Industry Main indicators by Industrial Sectors 2012 (Enterprises above Designated Size)

单位：万元
Unit：10,000 yuan

工业总产值（当年价） Total Industrial Output Value (Current price)			工业销售产值（当年价） Output Value of Industrial Sales (Current price)			出口交货值 Export Delivered Value		
本月止累计 Current Year	去年累计 Previous Year	同比 Compared Ratio(%)	本月止累计 Current Year	去年累计 Previous Year	同比 Compared Ratio(%)	去年累计 Previous Year	去年累计 Previous Year	同比 Compared Ratio(%)
173029446	153204561	12.94	169271556	149833168	12.97	45702883	44691922	2.26
139234898	122084558	14.05	136219835	119148750	14.33	32461278	31488303	3.09
25202441	23577253	6.89	24634494	23277495	5.83	10300214	10454395	−1.47
8592107	7542751	13.91	8417227	7406923	13.64	2941391	2749225	6.99
68885288	64282853	7.16	66781277	63114033	5.81	4416264	4238129	4.20
17076696	15647999	9.13	16551002	15306558	8.13	1782327	1613151	10.49
2414299	2604456	−7.30	2310434	2471103	−6.50	126931	172668	−26.49
14662398	13043543	12.41	14240567	12835455	10.95	1655396	1440483	14.92
51808592	48634854	6.53	50230275	47807476	5.07	2633937	2624978	0.34
5907512	5181631	14.01	5623216	5044895	11.46	373903	329155	13.59
38552791	36565644	5.43	37469639	36091526	3.82	1808845	1883939	−3.99
389966	378475	3.04	368163	359865	2.31	842	13547	−93.78
285275	350505	−18.61	282559	333932	−15.38	58713	62966	−6.75
604544	509854	18.57	597275	487506	22.52	32034	28186	13.65
1538214	1548758	−0.68	1484601	1462034	1.54	175713	170440	3.09
4530290	4099987	10.50	4404821	4027718	9.36	183888	136745	34.47
11266707	10515712	7.14	11005273	10255146	7.31	701044	721963	−2.90

表5-13 2012年纺织工业经济指标分行业完成情况（规模以上全行业）

行业 Industrial Sectors	全部从业人员平均人数（人） Employees' Average Number (Person)		
	本月止累计 Current Year	去年累计 Previous Year	同比 Compared Ratio(%)
纺织行业 The Overall Textile Industry	10007170	10108740	−1.00
纺织业 Textile	4952395	5014990	−1.25
棉纺织及印染精加工 Cotton Textile & Dyeing, Printing and Finishing Process	2874901	2947267	−2.46
棉纺纱加工 Cotton Spinning Sector	1763846	1811462	−2.63
棉织造加工 Cotton Weaving Sector	639218	656444	−2.62
棉印染精加工 Cotton Textile Dyeing, Printing and Finishing Sector	471837	479361	−1.57
毛纺织及染整精加工 Wool Textile & Dyeing, Printing and Finishing Process	284887	294007	−3.10
毛条和毛纱线加工 Wool Top and Yarn Processing Sector	113982	121117	−5.89
毛织造加工 Wool Weaving Sector	137383	137825	−0.32
毛染整精加工 Wool Textile Dyeing, Printing and Finishing Sector	33522	35065	−4.40
麻纺织及染整精加工 Bast Fiber Textile & Dyeing, Printing and Finishing Process	96397	94590	1.91
麻纤维纺前加工和纺纱 Bast Fiber Prespinning Processing & Spinning Sector	37028	35928	3.06
麻织造加工 Bast Fiber Weaving Sector	52865	52028	1.61
麻染整精加工 Bast Fiber Textile Dyeing, Printing and Finishing Sector	6504	6634	−1.96
丝绢纺织及印染精加工 Silk and Schappe Textile & Dyeing, Printing and Finishing Process	202878	201080	0.89
缫丝加工 Filature Sector	127665	126063	1.27
绢纺和丝织加工 Schappe Spinning & Silk Weaving Sector	64869	64605	0.41
丝印染精加工 Silk Printing, Dyeing and Finishing Sector	10344	10412	−0.65

Table5—13 Textile Industry Main indicators by Industrial Sectors 2012 (Enterprises above Designated Size)

行业 Industrial Sectors	全部从业人员平均人数（人） Employees' Average Number (Person)		
	本月止累计 Current Year	去年累计 Previous Year	同比 Compared Ratio(%)
化纤织造及印染精加工 Filament Weaving & Dyeing, Printing and Finishing Process	247456	239396	3.37
化纤织造加工 Filament Weaving Sector	166307	160721	3.48
化纤织物染整精加工 Filament Fabric Dyeing, Printing and Finishing Sector	81149	78675	3.14
针织或钩针编织物及其制品制造 Knitting and Braiding Textiles	562943	558759	0.75
针织或钩针编织物织造 Knitted and Braided Fabric Processing Sector	403692	401502	0.55
针织或钩针编织物印染精加工 Knitted and Braided Fabric Dyeing, Printing and Finishing Sector	66697	64905	2.76
针织或钩针编织品制造 Knitted and Braided Products Manufacturing Sector	92554	92352	0.22
家用纺织制成品制造 Home Textile Made—Ups Manufacturing	382784	379638	0.83
床上用品制造 Bed Linen Manufacturing Sector	191206	182508	4.77
毛巾类制品制造 Towel Manufacturing Sector	94973	99282	−4.34
窗帘、布艺类产品制造 Curtain Manufacturing Sector	33866	34631	−2.21
其他家用纺织制成品制造 Other Home Textile Made—ups Sector	62739	63217	−0.76
非家用纺织制成品制造 Non—Home Textile Made—Ups Manufacturing	300149	300253	−0.03
非织造布制造 Nonwoven Fabric Sector	135563	130096	4.20
绳、索、缆制造 Rope, Cords & Cables Large and Thick Rope Sector	30636	29703	3.14
纺织带和帘子布制造 Belt and Cord Fabric Sector	63009	68591	−8.14
篷、帆布制造 Canvas Manufacturing Sector	33895	35054	−3.31
其他非家用纺织制成品制造 Other Non—Home Textile Made—ups Sector	37046	36809	0.64

表5-14 2012年纺织工业经济指标分行业完成情况（规模以上全行业）
Table5-14 Textile Industry Main indicators by Industrial Sectors 2012 (Enterprises above Designated Size)

行业 Industrial Sectors	全部从业人员平均人数（人） Employees' Average Number (Person)		
	本月止累计 Current Year	去年累计 Previous Year	同比 Compared Ratio(%)
纺织服装、服饰业 Garment and Accessory Manufacturing	4439213	4493482	1.21
机织服装制造 Woven Garment Manufacturing	3547408	3559383	-0.34
针织或钩针编织服装制造 Knitted Garment Manufacturing	683136	721498	-5.32
服饰制造 Garment Accessory Manufacturing	208669	212601	-1.85
化学纤维制造业 Chemical Fiber Manufacturing	478038	462961	3.26
纤维素纤维原料及纤维制造 Cellulose Fiber (Raw Material) and Fiber Manufacture	163067	156581	4.14
化纤浆粕制造 Pulp Sector	26188	27657	-5.31
人造纤维（纤维素纤维）制造 Man-made Fiber (Cellulose Fiber) Sector	136879	128924	6.17
合成纤维制造 Synthetic Fiber Manufacturing	314971	306380	2.80
锦纶纤维制造 Polyamide Fiber Sector	35060	30783	13.89
涤纶纤维制造 Polyester Fiber Sector	220706	214260	3.01
腈纶纤维制造 Acrylic Fiber Sector	2500	2491	0.36
维纶纤维制造 Polyvinyl Fiber Sector	4160	8622	-51.75
丙纶纤维制造 Polypropylene Fiber Sector	6674	6593	1.23
氨纶纤维制造 Polyurethane Fiber Sector	12180	12251	-0.58
其他合成纤维制造 Other Synthetic Fiber Sector	33691	31380	7.36
纺织专用设备制造 Textile Machinery Manufacturing	137524	137307	0.16

表6 2012年纺织工业产量汇总表（规模以上全行业）

序号 Number	名称 Products	单位 Unit	企业户数 Number of Enterprises	本年累计 Current Year	累计同比(%) Percentage Change over Previous Year
1	纱 Yarn	万吨 10,000 ton		2984	9.80
2	布 Cloth	万米 10,000 meters	3612	6597085	11.56
3	其中：色织布（含牛仔布） Yarn-dyed Fabric (including Denim)	万米 10,000 meters	228	236510	-0.68
4	其中：棉布 Cotton Cloth	万米 10,000 meters	2067	3812227	13.15
5	棉混纺布 Blended Cloth	万米 10,000 meters	908	1121461	11.23
6	化学纤维布 Pure Chemical Fiber Cloth	万米 10,000 meters	1017	1663398	8.27
7	印染布 Dyed and Printed Fabric	万米 10,000 meters	982	5660197	-2.06
8	绒线（毛线）Wool Yarn	吨 ton	178	425498	3.07
9	毛机织物（呢绒）Woolen fabrics	万米 10,000 meters	153	60303	1.40
10	亚麻布(含亚麻≥55%) Linen Fabrics	万米 10,000 meters	54	43351	-75.79
11	苎麻布（含苎麻≥55%） Ramie Fabrics	万米 10,000 meters	32	52764	20.69
12	蚕丝 Silk	吨 ton	362	125973	10.28
13	其中：绢纺丝 Schappe Silk	吨 ton	38	12495	-27.48
14	蚕丝及交织机织物(含蚕丝≥50%) Silk Textile	万米 10,000 meters	255	69696	10.38
15	蚕丝被 Silk Quilt	万条 10,000 pieces	81	6215	125.19
16	非织造布 Nonwoven	吨 ton	367	2364724	23.08
17	帘子布 Cord fabric	吨 ton	54	751390	10.16
18	服装 Garments	万件 10,000 pieces	10013	2672834	6.20

Table 6 Main Products Output of Textile Industry 2012 (Enterprises above Designated Size)

序号 Number	名称 Products	单位 Unit	企业户数 Number of Enterprises	本年累计 Current Year	累计同比(%) Percentage Change over Previous Year
19	梭织服装 Non-knit Clothes	万件 10,000 pieces	6848	1350950	7.73
20	其中：羽绒服装 Down & feather clothes	万件 10,000 pieces	390	29685	7.52
21	西服套装 Suits	万件 10,000 pieces	591	62879	11.90
22	衬衫 Shirts	万件 10,000 pieces	624	103425	4.19
23	针织服装 Knit clothes	万件 10,000 pieces	3703	1321884	4.68
19	化学纤维 Chemical Fiber	吨 ton	862	37921556	11.20
25	其中：人造纤维 Cellulose Fiber	吨 ton	65	3480325	32.43
26	其中：粘胶短纤维 Viscose Fiber	吨 ton	38	2492113	31.95
27	粘胶纤维长丝 Viscose Filament	吨 ton	14	240648	4.37
28	醋酸纤维长丝 Cellulose Acetate Fiber	吨 ton	4	315200	7.15
29	其中：合成纤维 Synthetic Fiber	吨 ton	804	34441231	9.43
30	其中：锦纶纤维 Nylon (Polyamide Fiber)	吨 ton	143	1814631	15.03
31	涤纶纤维 Polyester Fiber	吨 ton	537	30570304	9.46
32	腈纶纤维 Acrylic Fiber	吨 ton	12	693467	−1.93
33	维纶纤维 Polyvinyl Fiber	吨 ton	6	87073	47.83
34	丙纶纤维 Polypropylene Fiber	吨 ton	56	368605	20.96
35	氨纶纤维 Spendex Fiber	吨 ton	34	307512	16.29

表7-1 2012年纺织工业产量分地区汇总表（规模以上全行业）

省 市	Region	布（万米）Cloth (10,000 meters)		色织布（万米）Yarn-dyed Fabric (10,000 meters)		棉布（万米）Cotton Cloth (10,000 meters)	
		本年累计 Current Year	累计同比(%) Percentage Change over Previous Year	本年累计 Current Year	累计同比(%) Percentage Change over Previous Year	本年累计 Current Year	累计同比(%) Percentage Change over Previous Year
全 国	National Total	6597085	11.56	236510	-0.68	3812227	13.15
北京市	Beijing	351	3.66		0.00	335	4.51
天津市	Tianjin	19854	-30.11	4826	-2.07	16675	-32.79
河北省	Hebei	656707	13.52	3883	-12.79	545844	17.91
山西省	Shanxi	4707	-29.62			4125	-30.13
内 蒙	Inner Mongolia	4153	20.68			133	-50.98
辽宁省	Liaoning	39540	-26.66	976	5.58	24859	-36.20
吉林省	Jilin	4191	1.03			4003	8.06
黑龙江	Heilongjiang	1409	-18.70				
上海市	Shanghai	17097	-15.86	6085	-11.10	7360	-1.01
江苏省	Jiangsu	803438	7.42	101476	0.62	478098	1.79
浙江省	Zhejiang	1432170	4.94	28580	15.79	271586	12.35
安徽省	Anhui	97447	2.90	1417	141.87	46561	-14.92
福建省	Fujian	481543	19.58	535	0.35	93700	21.48
江西省	Jiangxi	92650	13.54	2240	3.94	43302	-18.48
山东省	Shandong	1434137	20.02	41913	-7.75	1155085	19.52
河南省	Henan	278341	6.12	466	7.15	248702	10.04
湖北省	Hubei	691619	24.78	1709	-1.48	559819	26.02
湖南省	Hunan	35341	3.16	16959	-16.63	21754	2.45
广东省	Guangdong	235432	0.65	17390	0.32	141144	4.80
广 西	Guangxi	2289	-22.48	616	15.79	809	-28.94
海南省	Hainan						0.00
重庆市	Chongqing	46234	-2.00			17867	-22.45
四川省	Sichuan	141880	13.21			77252	25.13
贵州省	Guizhou	548	-30.56			0	0.00
云南省	Yunnan	419	63.04			419	63.04
西 藏	Tibet						0.00
陕西省	Shaanxi	65006	1.87	7438	19.41	42214	-6.39
甘肃省	Gansu	289	-68.88			289	-68.88
青海省	Qinghai						
宁 夏	Ningxia						
新 疆	Xinjiang	10292	183.43			10292	183.43

Table7—1 Main Products Output of Textile Industry by Provinces 2012 (Enterprises above Designated Size)

棉混纺布（万米） Blended Cloth (10,000 meters)		化学纤维布（万米） Pure Chemical Fiber Cloth (10,000 meters)		印染布（万米） Dyed and Printed Fabric (10,000 meters)	
本年累计 Current Year	累计同比(%) Percentage Change over Previous Year	本年累计 Current Year	累计同比(%) Percentage Change over Previous Year	本年累计 Current Year	累计同比(%) Percentage Change over Previous Year
1121461	11.23	1663398	8.27	5660197	−2.06
17	−10.96			180	−40.73
2531	−15.74	649	8.68	828	−41.19
48913	−15.10	61950	6.88	41630	7.01
582	−22.48			12605	18.72
		4020	26.81		
6840	−15.15	7842	13.79	25044	51.29
188	−57.66				
1409	−18.70				
105	6.70	9631	−24.67	6024	−29.21
102659	−7.10	222682	32.73	499424	9.29
224408	6.72	936177	2.57	3348834	−3.79
17710	39.28	33176	21.73	10645	61.13
169166	14.07	218677	23.36	594537	6.24
36765	47.14	12583	259.32	7900	−15.86
215847	29.92	63205	1.29	384621	−5.41
15192	−31.57	14447	2.75	136634	−16.80
109203	28.77	22596	−10.47	36733	17.80
12195	8.55	1392	−22.23	7072	−75.55
63257	12.29	31032	−27.66	465534	−2.80
876	−26.84	604	−2.11	342	14.22
26416	22.46	1951	−24.00	18709	−9.40
59314	0.78	5313	12.21	53305	6.49
140	173.17	408	−44.71		
				2157	42.28
7729	5.60	15063	32.17	7439	8.90

表7-2 2012年纺织工业产量分地区汇总表（规模以上全行业）

省 市	Region	绒线（毛线）（吨） Knitting Wool (ton)		毛机织物（呢绒）（万米） Woolen Fabrics (10,000 meters)		亚麻布（万米） Linen (10,000 meters)	
		本年累计 Current Year	累计同比(%) Percentage Change over Previous Year	本年累计 Current Year	累计同比(%) Percentage Change over Previous Year	本年累计 Current Year	累计同比(%) Percentage Change over Previous Year
全 国	National Total	425498	3.07	60303	1.40	43351	-75.79
北京市	Beijing	860	86.83	103	-60.73		
天津市	Tianjin	1286	-8.21	143	-16.86		
河北省	Hebei	83461	20.70	222	-22.90		
山西省	Shanxi	83	-12.84				
内 蒙	Inner Mongolia			753	-43.97		
辽宁省	Liaoning	1526	-37.99			1031	31.67
吉林省	Jilin			1861	-1.24	44	-52.48
黑龙江	Heilongjiang	5	-97.79			5784	25.06
上海市	Shanghai			314	-19.64		
江苏省	Jiangsu	132823	-5.51	29044	-5.00	16937	33.25
浙江省	Zhejiang	35314	8.25	6010	-0.73	888	-20.93
安徽省	Anhui	1905	-31.78	111	-31.19	1250	-67.17
福建省	Fujian	3100	-17.51				
江西省	Jiangxi		0.00	2286	32.57		
山东省	Shandong	55521	11.99	10204	8.65	3364	23.59
河南省	Henan	35947	12.31	331	15.29		
湖北省	Hubei			2981	0.61	11624	-92.31
湖南省	Hunan	35619	37.87	4294	85.19	1221	1.81
广东省	Guangdong	35185	-22.94	492	5.73		
广 西	Guangxi						
海南省	Hainan						
重庆市	Chongqing	686	-82.37			462	52.32
四川省	Sichuan			336	18.73		
贵州省	Guizhou						
云南省	Yunnan					746	30.66
西 藏	Tibet						
陕西省	Shaanxi						
甘肃省	Gansu	896	-1.10	459	-6.63		
青海省	Qinghai			28	-28.40		
宁 夏	Ningxia	922	-6.77				
新 疆	Xinjiang	360	-18.26	332	-12.55		

Table7—2 Main Products Output of Textile Industry by Provinces 2012 (Enterprises above Designated Size)

苎麻布（万米） Ramie Fabrics (10,000 meters)		蚕丝（吨） Silk (ton)		绢纺丝(吨) Schappe Silk (ton)	
本年累计 Current Year	累计同比(%) Percentage Change over Previous Year	本年累计 Current Year	累计同比(%) Percentage Change over Previous Year	本年累计 Current Year	累计同比(%) Percentage Change over Previous Year
52764	20.69	125973	10.28	12495	−27.48
		55	−13.70		
2827	122.77	2463	28.57		
77	−29.17	22727	−6.88	3234	−51.79
		14467	−0.83	7779	−6.43
		8139	−1.26		
32428	28.38	3021	56.02		
		5567	31.31	115	4.33
909	6.32	572	12.80		
15964	12.48				
		1548	15.42		
		28770	44.51	936	3.12
559	−72.49	3545	5.93	143	191.84
		27555	1.50	287	−74.80
		128	−29.95		
		2777	37.50		
		4642	5.71		

表7–3 2012年纺织工业产量分地区汇总表（规模以上全行业）

省市	Region	蚕丝及交织物（万米）Silk Textile (10,000 meters)		蚕丝被（万条）Silk Quilt (10,000 pieces)		非织造布（吨）Nonwoven Fabric (ton)	
		本年累计 Current Year	累计同比(%) Percentage Change over Previous Year	本年累计 Current Year	累计同比(%) Percentage Change over Previous Year	本年累计 Current Year	累计同比(%) Percentage Change over Previous Year
全　国	National Total	69696	10.38	6215	125.19	2364724	23.08
北京市	Beijing					33312	8.06
天津市	Tianjin					19823	23.90
河北省	Hebei					39553	9.18
山西省	Shanxi			1	167.65	1910	49.17
内　蒙	Inner Mongolia						
辽宁省	Liaoning	158	−36.03	450	41.71	156134	29.94
吉林省	Jilin					697	−26.01
黑龙江	Heilongjiang					13699	15.21
上海市	Shanghai	220	−18.42	76	22.19	52877	40.66
江苏省	Jiangsu	8353	−17.23	92	60.11	275928	42.41
浙江省	Zhejiang	20750	5.45	266	24.58	644873	20.78
安徽省	Anhui	7673	62.60	226	25.57	167307	79.73
福建省	Fujian			2	1150.00	141972	35.52
江西省	Jiangxi	91	−29.67			84552	19.27
山东省	Shandong	1772	6.30	4468	207.23	282693	23.48
河南省	Henan			98	51.78	71021	40.26
湖北省	Hubei			281	33.68	111510	47.75
湖南省	Hunan			17	−9.56	12149	1.39
广东省	Guangdong			69	7.47	210736	−20.47
广　西	Guangxi	2342	14.62	17	12.86		
海南省	Hainan		0.00			7597	14.53
重庆市	Chongqing	1803	14.51	37	13.26	15603	−4.38
四川省	Sichuan	26534	16.77	78	47.67	20287	50.17
贵州省	Guizhou						
云南省	Yunnan						
西　藏	Tibet						
陕西省	Shaanxi			37	139.22		
甘肃省	Gansu						
青海省	Qinghai						
宁　夏	Ningxia						
新　疆	Xinjiang					492	−59.27

Table7—3 Main Products Output of Textile Industry by Provinces 2012 (Enterprises above Designated Size)

帘子布（吨） Cord fabric (ton)		服装（万件） Garments (10,000 pieces)		梭织服装（万件） Woven Clothes(10,000 pieces)	
本年累计 Current Year	累计同比(%) Percentage Change over Previous Year	本年累计 Current Year	累计同比(%) Percentage Change over Previous Year	本年累计 Current Year	累计同比(%) Percentage Change over Previous Year
751390	10.16	2672834	6.20	1350950	7.73
		11206	−16.88	6428	−17.65
		14245	0.93	13216	0.25
		69730	76.94	42142	34.88
		1305	−5.83	1035	−7.83
		3277	18.94	2985	21.32
		62184	45.66	53491	53.60
		25121	16.39	2966	12.23
		3549	19.02	3549	19.02
290	−82.04	50441	−5.93	23817	−3.06
217451	18.27	394981	4.29	278628	5.65
106989	3.95	365474	−5.12	157942	−12.75
29726	29.53	80695	18.74	57142	24.96
9708	40.19	329391	8.38	114998	9.07
		119331	1.81	50553	24.08
284512	10.46	360465	9.21	119925	11.50
56712	8.89	75817	26.62	39444	20.04
		98759	17.27	75929	10.71
		26497	4.18	11245	0.49
46002	−14.57	537184	0.73	263517	5.79
		11755	−11.20	9496	0.06
		916	−8.50	867	−9.50
		9717	11.10	5164	13.55
		15397	32.15	12276	33.36
		466	−3.98	466	−1.99
		953	150.95	748	377.77
		1961	30.99	1959	31.21
		149	6.44	149	6.44
		543	59.05	541	58.29
		494	19.91	76	3.93
		833	−13.29	256	−24.05

表7-4 2012年纺织工业产量分地区汇总表（规模以上全行业）

省 市	Region	羽绒服装（万件） Down & feather clothes (10,000 pieces)		西服套装（万件） Suits (10,000 pieces)		衬衫（万件） Shirts (10,000 pieces)	
		本年累计 Current Year	累计同比(%) Percentage Change over Previous Year	本年累计 Current Year	累计同比(%) Percentage Change over Previous Year	本年累计 Current Year	累计同比(%) Percentage Change over Previous Year
全 国	National Total	29685	7.52	62879	11.90	103425	4.19
北京市	Beijing	288	−12.71	1037	−19.35	1019	−15.37
天津市	Tianjin	2516	21.71	500	−2.09	904	−12.03
河北省	Hebei	359	14.80	680	29.15	7138	37.26
山西省	Shanxi	4	735.71	226	79.81	306	5.68
内 蒙	Inner Mongolia			183	22.95	31	70.94
辽宁省	Liaoning	406	65.36	1752	2.02	3207	77.81
吉林省	Jilin			59	4.86	87	−36.50
黑龙江	Heilongjiang	65	−9.98	22		3264	20.09
上海市	Shanghai	304	−17.19	1280	−22.00	2860	−15.68
江苏省	Jiangsu	8994	6.13	15604	10.18	25276	4.30
浙江省	Zhejiang	2902	−5.88	4737	−17.12	28229	−7.14
安徽省	Anhui	550	−8.93	1149	15.62	733	82.33
福建省	Fujian	1320	−16.35	846	−35.50	1329	−36.58
江西省	Jiangxi	6607	24.59	4686	21.65	3876	142.60
山东省	Shandong	2426	4.26	5414	20.31	6286	−16.91
河南省	Henan	683	34.16	6625	73.26	751	−11.98
湖北省	Hubei	453	−53.74	2714	20.80	575	52.91
湖南省	Hunan	218	49.92	5987	14.67	308	48.08
广东省	Guangdong	1062	9.03	7841	12.43	14711	7.80
广 西	Guangxi			167	15.61	838	58.27
海南省	Hainan						
重庆市	Chongqing	88	49.44	324	16.45	1042	13.57
四川省	Sichuan	263	308.19	492	−10.27	504	7.09
贵州省	Guizhou	136	72.13		0.00		
云南省	Yunnan			85	23.19		
西 藏	Tibet						
陕西省	Shaanxi	43	23.23				
甘肃省	Gansu			14	123.11	39	−59.63
青海省	Qinghai			390	54.20	24	13.01
宁 夏	Ningxia			51	−7.85	25	40.83
新 疆	Xinjiang			15	−41.55	65	47.19

Table7−4 Main Products Output of Textile Industry by Provinces 2012 (Enterprises above Designated Size)

针织服装（万件） Knit Clothes(10,000 pieces)		化学纤维（吨） Chemical Fiber (ton)		人造纤维（吨） Cellulose Fiber (ton)	
本年累计 Current Year	累计同比(%) Percentage Change over Previous Year	本年累计 Current Year	累计同比(%) Percentage Change over Previous Year	本年累计 Current Year	累计同比(%) Percentage Change over Previous Year
1321884	4.68	37921556	11.20	3480325	32.43
4778	−15.82	788	0.55		
1028	10.51	110516	−13.43		
27589	237.82	358376	56.15	321345	61.71
270	2.72	4504	−12.79		
291	−0.98	26741	0.00		
8693	10.50	178371	−6.06	62990	−2.54
22155	16.97	295708	−0.06	54551	−14.60
		106679	−19.53		
26625	−8.37	482407	−6.33		
116353	1.17	12716413	9.78	1275487	72.57
207533	1.64	16721144	11.48	213147	18.57
23553	5.96	262126	−1.27	53547	−13.36
214393	8.02	2720869	20.05	6514	−4.66
68778	−10.06	378937	32.17	304543	30.05
240541	8.11	941314	8.25	216353	3.17
36373	34.62	531435	0.69	142981	−9.77
22830	46.11	179375	23.50	106640	18.54
15252	7.07	39163	18.99		
273667	−3.71	565515	10.65	35243	−16.38
2258	−39.73				
49	13.41	47654	−13.00		
4552	8.45	39516	−37.44		
3121	27.60	705512	15.19	183350	−3.48
204	−8.39	38644	8.37	35214	−1.25
			0.00		
2	−50.00	27876	19.71	26446	14.29
3					
418	23.33				
576	−7.46	441974	35.39	441974	35.39

表7-5 2012年纺织工业产量分地区汇总表（规模以上全行业）

省市	Region	粘胶短纤维（吨） Viscose Fiber（ton）		粘胶纤维长丝（吨） Viscose Filament（ton）		醋酸纤维长丝（吨） Cellulose Acetate Fiber（ton）	
		本年累计 Current Year	累计同比(%) Percentage Change over Previous Year	本年累计 Current Year	累计同比(%) Percentage Change over Previous Year	本年累计 Current Year	累计同比(%) Percentage Change over Previous Year
全国	National Total	2492113	31.95	240648	4.37	315200	7.15
北京市	Beijing						
天津市	Tianjin						
河北省	Hebei	300090	68.92	21255	0.86		
山西省	Shanxi						
内蒙	Inner Mongolia						
辽宁省	Liaoning	53386	−3.98	9604	6.33		
吉林省	Jilin	35919	−22.26	18631	5.41		
黑龙江	Heilongjiang						
上海市	Shanghai						
江苏省	Jiangsu	624087	83.23	56843	−5.90	218297	9.50
浙江省	Zhejiang	174926	21.80	10905	35.86		
安徽省	Anhui	53547	−13.36				
福建省	Fujian	2204	−33.48				
江西省	Jiangxi	297456	30.27	7087	21.62		
山东省	Shandong	210943	7.22	5410	13.09		
河南省	Henan	91869	−14.58	47115	10.40		
湖北省	Hubei	92289	22.16	14351	−0.43		
湖南省	Hunan						
广东省	Guangdong					35243	−2.10
广西	Guangxi						
海南省	Hainan						
重庆市	Chongqing						
四川省	Sichuan	113423	−6.74	49447	5.97		
贵州省	Guizhou						
云南省	Yunnan					35214	−1.25
西藏	Tibet						
陕西省	Shaanxi					26446	14.29
甘肃省	Gansu						
青海省	Qinghai						
宁夏	Ningxia						
新疆	Xinjiang	441974	35.39				

Table7—5 Main Products Output of Textile Industry by Provinces 2012 (Enterprises above Designated Size)

合成纤维（吨） Synthetic Fiber (ton)		锦纶纤维（吨） Nylon Fiber (ton)		涤纶纤维（吨） Polyester Fiber (ton)	
本年累计 Current Year	累计同比(%) Percentage Change over Previous Year	本年累计 Current Year	累计同比(%) Percentage Change over Previous Year	本年累计 Current Year	累计同比(%) Percentage Change over Previous Year
34441231	9.43	1814631	15.03	30570304	9.46
788	0.55				
110516	−13.43			106423	−12.19
37031	20.28			34570	39.80
4504	−12.79			4504	−12.79
26741	0.00				
115381	−7.88	3364	−45.90	92042	−9.44
241157	3.94			52078	99.78
106679	−19.53			35951	−42.24
482407	−6.33	7287	−40.86	289127	−10.69
11440926	5.50	552624	30.64	10476440	4.35
16507996	11.39	446134	−2.39	15648204	11.98
208579	2.39	34958	14.66	92102	20.15
2714355	20.12	492130	35.16	2179776	16.70
74395	41.57	24681	27.73	49714	49.63
724961	9.86	45376	−10.48	338745	30.95
388454	5.17	112885	2.00	212730	7.79
72735	31.58			23822	−1.75
39163	34.13	23638	34.76	1693	88.11
530272	13.09	71554	−16.92	353894	23.40
47654	−13.00			47654	−13.00
39516	−37.44			23746	−48.23
522163	23.58			503660	25.18
3430				3430	
1430	872.79				

表7—6 2012年纺织工业产量分地区汇总表（规模以上全行业）

省 市	Region	腈纶纤维（吨）Acrylic Fiber (ton)		维纶纤维（吨 Polyvinyl Formal Fiber (ton)		丙纶纤维（吨）Polypropylene Fiber (ton)	
		本年累计 Current Year	累计同比(%) Percentage Change over Previous Year	本年累计 Current Year	累计同比(%) Percentage Change over Previous Year	本年累计 Current Year	累计同比(%) Percentage Change over Previous Year
全 国	National Total	693467	−1.93	87073	47.83	368605	20.96
北京市	Beijing						
天津市	Tianjin					4093	18.36
河北省	Hebei					2461	−59.38
山西省	Shanxi						
内 蒙	Inner Mongolia			26741			
辽宁省	Liaoning	13054	16.00				
吉林省	Jilin	180885	−8.09				
黑龙江	Heilongjiang	70068	0.62			660	−3.65
上海市	Shanghai	167786	4.30			4489	−13.00
江苏省	Jiangsu	18485	−4.99			86862	−2.66
浙江省	Zhejiang	119654	7.65			37993	−5.26
安徽省	Anhui	63823	−19.01	17696	−0.34		
福建省	Fujian			22423	10.85		
江西省	Jiangxi						
山东省	Shandong	59712	0.91			116889	63.15
河南省	Henan					23913	16.26
湖北省	Hubei					46401	53.27
湖南省	Hunan			6110	12.09		
广东省	Guangdong					43178	20.87
广 西	Guangxi						
海南省	Hainan						
重庆市	Chongqing			14103	−8.80	1667	−8.86
四川省	Sichuan						
贵州省	Guizhou						
云南省	Yunnan						
西 藏	Tibet						
陕西省	Shaanxi						
甘肃省	Gansu						
青海省	Qinghai						
宁 夏	Ningxia						
新 疆	Xinjiang						

Table7—6 Main Products Output of Textile Industry by Provinces 2012 (Enterprises above Designated Size)

氨纶纤维（吨） Spendex Fiber (ton)	
本年累计 Current Year	累计同比Percentage Change over Previous Year(%)
307512	16.29
13711	6.17
49270	0.22
152214	11.47
20026	167.97
26151	3.60
13533	78.44
31177	22.97
1430	872.79

注 规模以上企业划分标准为年主营业务收入2000万元及以上工业法人企业。

Note Enterprises above designated size refer to enterprises whose revenue from principle business is over 20 million yuan per year.

资料来源（表1～表7）：国家统计局

Source(Table 1～7): National Bureau of Statistics of China

表8 全国纺织品服装出口贸易总值表

年度 Year	项目 Item	进出口 Import and Export (亿美元) (USD 100 Million)	出口 Export (亿美元) (USD 100 Million)	进口 Import (亿美元) (USD 100 Million)	贸易差额 Balance of Trade (亿美元) (USD 100 Million)	累计同比(%) Percentage Change over Previous Year		
						进出口 Import and Export	出口 Export	进口 Import
2001年	全国 The Whole Nation	5097.68	2661.55	2436.13	225.42	7.50	6.80	8.20
2001年	纺织 Textile Industry	680.48	543.23	137.25	405.98	1.66	2.41	−1.19
2001年	纺织占全国比重 Textile vs. Nation(%)	13.35	20.41	5.63	180.10			
2002年	全国 The Whole Nation	6207.90	3255.70	2952.20	303.50	21.78	21.80	21.20
2002年	纺织 Textile Industry	773.87	630.18	143.69	486.49	13.72	16.01	4.69
2002年	纺织占全国比重 Textile vs. Nation(%)	12.47	19.36	4.87	160.29			
2003年	全国 The Whole Nation	8512.10	4383.70	4128.40	255.30	37.10	34.60	39.90
2003年	纺织 Textile Industry	960.70	804.84	155.86	648.98	24.15	27.72	8.47
2003年	纺织占全国比重 Textile vs. Nation(%)	11.29	18.36	3.78	254.20			
2004年	全国 The Whole Nation	11547.40	5933.60	5613.80	319.80	35.70	35.40	36.00
2004年	纺织 Textile Industry	1141.89	973.85	168.04	805.81	18.86	21.01	7.81
2004年	纺织占全国比重 Textile vs. Nation(%)	9.89	16.41	2.99	251.97			
2005年	全国 The Whole Nation	14221.20	7620.00	6601.20	1018.80	23.20	28.40	17.60
2005年	纺织 Textile Industry	1346.34	1175.35	170.99	1004.36	17.90	20.69	1.76
2005年	纺织占全国比重 Textile vs. Nation(%)	9.47	15.42	2.59	98.58			
2006年	全国 The Whole Nation	17606.90	9690.80	7916.10	1774.70	23.80	27.20	20.00
2006年	纺织 Textile Industry	1651.36	1470.85	180.51	1290.34	22.66	25.14	5.57
2006年	纺织占全国比重 Textile vs. Nation(%)	9.38	15.18	2.28	72.71			

Table8 China's Import and Export Total Value of Textile and Apparel

年度 Year	项目 Item	进出口 Import and Export (亿美元) (USD 100 Million)	出口 Export (亿美元) (USD 100 Million)	进口 Import (亿美元) (USD 100 Million)	贸易差额 Balance of Trade (亿美元) (USD 100 Million)	累计同比(%) Percentage Change over Previous Year		
						进出口 Import and Export	出口 Export	进口 Import
2007年	全国 The Whole Nation	21738.30	12180.20	9558.20	2622.00	23.50	25.70	20.80
2007年	纺织 Textile Industry	1943.53	1756.16	187.37	1568.79	17.43	19.11	3.69
2007年	纺织占全国比重 Textile vs. Nation(%)	8.94	14.42	1.96	59.83			
2008年	全国 The Whole Nation	25616.30	14285.50	11330.90	2954.60	17.80	17.20	18.50
2008年	纺织 Textile Industry	2082.70	1896.24	186.46	1709.78	7.16	7.98	−0.49
2008年	纺织占全国比重 Textile vs. Nation(%)	8.13	13.27	1.65	57.87			
2009年	全国 The Whole Nation	22072.66	12016.63	10056.03	1960.61	−13.90	−16.00	−11.20
2009年	纺织 Textile Industry	1882.56	1713.32	169.24	1544.08	−9.61	−9.65	−9.24
2009年	纺织占全国比重 Textile vs. Nation(%)	8.53	14.26	1.68	78.76			
2010年	全国 The Whole Nation	29727.60	15779.30	13948.30	1831.00	34.70	31.30	38.70
2010年	纺织 Textile Industry	2323.21	2120.01	203.20	1916.81	23.46	23.76	20.44
2010年	纺织占全国比重 Textile vs. Nation(%)	7.81	13.44	1.46	104.69			
2011年	全国 The Whole Nation	36420.6	18986.00	17434.60	1551.40	22.50	20.30	24.90
2011年	纺织 Textile Industry	2772.80	2541.23	231.57	2309.66	19.35	19.87	13.96
2011年	纺织占全国比重 Textile vs. Nation(%)	7.61	13.38	1.33	148.88			
2011年	全国 The Whole Nation	38667.6	20489.40	18178.30	2311.10	6.20	7.90	4.30
2011年	纺织 Textile Industry	2873.64	2625.63	248.01	2377.62	3.64	3.32	7.10
2011年	纺织占全国比重 Textile vs. Nation(%)	7.43	12.81	1.36				

表9 全国纺织品服装分月度进出口贸易总值表

年月 Month/Year	进出口 Import and Export	出口 Export	进口 Import	贸易差额 Balance of Trade	1至当月累计 From January to This Month			
					进出口 Import and Export	出口 Export	进口 Import	贸易差额 Balance of Trade
2011年1月 01/2011	239.80	221.62	18.18	203.44	239.80	221.62	18.18	203.44
2011年2月 02/2011	119.40	106.94	12.46	94.48	359.17	328.54	30.63	297.91
2011年3月 03/2011	191.22	170.14	21.08	149.06	550.38	498.66	51.72	446.94
2011年4月 04/2011	223.29	203.89	19.40	184.49	773.66	702.55	71.11	631.44
2011年5月 05/2011	227.47	208.72	18.75	189.97	1001.08	911.23	89.85	821.38
2011年6月 06/2011	254.45	234.26	20.19	214.07	1255.45	1145.42	110.03	1035.39
2011年7月 07/2011	286.01	265.84	20.17	245.67	1541.44	1411.22	130.22	1281.00
2011年8月 08/2011	281.26	260.43	20.83	239.60	1822.63	1671.58	151.05	1520.53
2011年9月 09/2011	256.12	235.65	20.47	215.18	2078.70	1907.17	171.53	1735.64
2011年10月 10/2011	220.97	202.08	18.89	183.19	2299.64	2109.19	190.45	1918.74
2011年11月 11/2011	230.03	209.49	20.54	188.95	2529.46	2318.44	211.02	2107.42
2011年12月 12/2011	243.47	222.91	20.56	202.35	2772.80	2541.23	231.57	2309.66

Table9 China's Import and Export Total Value of Textile and Apparel by Month

单位：亿美元
Unit：USD 100 million

年月 Month/Year	进出口 Import and Export	出口 Export	进口 Import	贸易差额 Balance of Trade	1至当月累计 From January to This Month			
					进出口 Import and Export	出口 Export	进口 Import	贸易差额 Balance of Trade
2012年1月 01/2012	234.53	221.24	13.29	207.95	234.53	221.24	13.29	207.95
2012年2月 02/2012	120.26	100.26	20.00	80.26	354.78	321.49	33.29	288.20
2012年3月 03/2012	215.75	194.21	21.54	172.67	570.51	515.68	54.83	460.85
2012年4月 04/2012	213.75	194.38	19.37	175.01	784.24	710.03	74.21	635.82
2012年5月 05/2012	247.18	225.24	21.94	203.30	1031.38	935.23	96.15	839.08
2012年6月 06/2012	256.12	235.53	20.59	214.94	1287.35	1170.68	116.67	1054.01
2012年7月 07/2012	268.06	245.25	22.81	222.44	1555.28	1415.82	139.46	1276.36
2012年8月 08/2012	275.66	252.64	23.02	229.62	1830.86	1668.39	162.47	1505.92
2012年9月 09/2012	280.20	258.60	21.60	237.00	2111.00	1926.93	184.07	1742.86
2012年10月 10/2012	254.53	234.53	20.00	214.53	2365.46	2161.41	204.05	1957.36
2012年11月 11/2012	238.35	216.40	21.95	194.45	2603.68	2377.70	225.98	2151.72
2012年12月 12/2012	270.02	248.00	22.02	225.98	2873.64	2625.63	248.01	2377.62

表10　2012年纺织品服装进出口额

项目 Item	出口 Export						进口 Import					
	小计 Subtotal		纺织品 Textiles		服装 Garments		小计 Subtotal		纺织品 Textiles		服装 Garments	
	当年 Current Year	同比(%) Percentage Change over Previous Year	当年 Current Year	同比(%) Percentage Change over Previous Year	当年 Current Year	同比(%) Percentage Change over Previous Year	当年 Current Year	同比(%) Percentage Change over Previous Year	当年 Current Year	同比(%) Percentage Change over Previous Year	当年 Current Year	同比(%) Percentage Change over Previous Year
一、贸易方式 Mode of Trade	2625.63	3.32	1024.08	1.49	1601.55	4.53	248.01	7.10	199.76	4.33	48.25	20.33
1.一般贸易 Normal Trade	1978.31	2.72	802.48	0.47	1175.84	4.32	104.01	26.96	67.82	29.00	36.19	23.30
2.进料加工 Import Material Processing	323.88	1.37	153.24	1.16	170.64	1.56	86.76	0.33	84.77	-0.03	1.99	18.63
3.来料加工 Raw Materials on Client's Demand	90.62	-11.17	7.27	-25.75	83.35	-9.62	41.32	-12.91	39.52	-12.85	1.80	-14.25
4.其他贸易 Others	232.82	20.09	61.09	24.66	171.73	18.55	15.88	1.08	7.61	-12.95	8.27	18.66
二、主要类型企业 Major Type of Enterprises												
1.国有进出口公司 State-owned Trade Enterprises	369.88	-6.55	128.76	-8.67	241.12	-5.37	28.52	12.44	23.58	14.59	4.94	3.19
2.集体企业 Collective-owned Enterprises	93.17	-8.65	42.57	-9.46	50.60	-7.95	5.84	11.79	5.01	6.01	0.84	65.63
3.三资企业 Foreign-Investment Enterprises	701.93	-3.10	272.15	-3.38	429.78	-2.92	160.94	2.58	132.80	-1.24	28.14	25.48
4.民营企业 Non State-Owned Enterprises	1460.66	10.73	580.60	7.64	880.06	12.87	52.71	19.52	38.38	21.02	14.33	15.70
三、主要国家地区 Major Countries and Regions												
1.亚洲地区 Asia	1167.55	8.20	539.74	1.13	627.80	15.12	205.75	7.19	174.81	4.99	30.94	21.60
(1)香港地区 Hongkong, China	164.33	6.29	79.28	-2.80	85.05	16.43	5.15	-21.15	3.66	-26.36	1.49	-4.51
(2)澳门地区 Macao, China	3.54	-18.10	2.02	-7.00	1.52	-29.31	0.20	11.78	0.04	-1.30	0.16	15.89
(3)台湾地区 Taiwan, China	12.32	-14.41	5.61	-16.51	6.71	-12.57	31.65	-4.89	31.11	-5.09	0.54	8.30
(4)日本 Japan	283.67	0.81	60.57	-0.72	223.10	1.24	36.14	-3.40	33.55	-6.52	2.59	69.99
(5)韩国 Korea	60.12	-8.91	27.18	-11.97	32.94	-6.23	26.67	0.62	23.28	-5.13	3.39	72.37
(6)土耳其 Turkey	20.88	-13.65	15.52	-15.34	5.36	-8.35	3.58	15.51	1.30	7.43	2.28	20.69

Table10 China's Import and Export of Textile and Apparel 2012

单位：亿美元
Unit：USD 100 million

项目 Item	出口 Export						进口 Import					
	小计 Subtotal		纺织品 Textiles		服装 Garments		小计 Subtotal		纺织品 Textiles		服装 Garments	
	当年 Current Year	同比(%) Percentage Change over Previous Year	当年 Current Year	同比(%) Percentage Change over Previous Year	当年 Current Year	同比(%) Percentage Change over Previous Year	当年 Current Year	同比(%) Percentage Change over Previous Year	当年 Current Year	同比(%) Percentage Change over Previous Year	当年 Current Year	同比(%) Percentage Change over Previous Year
(7)东盟 Eastern Union	270.41	35.02	160.16	11.64	110.24	94.08	24.16	16.28	17.39	11.24	6.77	31.61
2.欧洲 European	607.88	−8.06	158.04	−0.90	449.83	−10.33	31.57	7.35	16.40	−0.47	15.17	17.32
(1)欧盟 EU	483.43	−11.68	120.76	−5.83	362.67	−13.48	30.42	7.42	15.80	−0.76	14.62	17.92
3.非洲 Africa	161.73	16.96	94.35	5.03	67.38	39.07	1.56	23.01	0.26	67.31	1.30	16.75
4.大洋州 Oceania	58.67	6.06	16.99	4.46	41.67	6.73	0.26	3.52	0.25	4.18	0.01	−21.24
(1)澳大利亚 Australia	49.93	6.94	14.26	5.78	35.67	7.42	0.20	12.41	0.19	13.56	0.00	−23.41
5.北美自由贸易区 North America Free−trade Area	473.94	3.38	146.46	4.30	327.47	2.98	8.47	1.64	7.75	−1.52	0.72	55.83
(1)美国 USA	410.74	3.77	119.17	4.49	291.57	3.48	7.68	−0.35	7.13	−3.31	0.55	64.63
(2)加拿大 Canada	40.23	−5.62	11.56	2.44	28.68	−8.52	0.37	0.38	0.30	−5.46	0.07	34.64
(3)墨西哥 Mexico	22.96	14.85	15.73	4.22	7.23	47.58	0.42	63.62	0.33	76.46	0.09	30.05
6.欧盟、美国 EU, USA	894.17	−5.20	239.93	−0.97	654.24	−6.66	38.11	5.75	22.93	−1.57	15.18	19.15
7.非欧盟、美国 Non−EU, USA	1731.41	8.35	784.12	2.27	947.28	13.95	209.91	7.35	176.83	5.15	33.07	20.87
四、分原料加工 Divided on Raw Material Processing												
1.棉制产品 Cotton Products	901.35	2.94	254.23	−3.33	647.12	5.64	89.10	22.52	73.73	24.72	15.37	12.95
2.毛制产品 Wool Products	62.48	−7.16	21.10	−4.85	41.38	−8.29	14.62	0.67	8.58	−6.60	6.04	13.17
3.麻制产品 Bast Products	12.08	−3.10	12.08	−3.10	0.00	0.00	1.35	−3.07	1.35	−3.07	0.00	0.00
4.丝制产品 Silk Products	28.98	−2.93	13.62	−3.05	15.35	−2.81	2.39	2.17	0.87	−17.75	1.52	18.64
5.化纤制产品 Chemical Fiber Products	1151.24	3.33	532.80	3.02	618.44	3.59	102.43	−3.54	89.81	−5.15	12.61	9.79
6.未列名其他材料 Others	469.51	6.26	190.25	5.59	279.26	6.71	38.12	10.79	25.42	−2.34	12.70	51.54

表11-1 2012年纺织品服装分省进出口额

省市名称 Region	出口 Export						进口 Import					
	小计 Subtotal		纺织品 Textiles		服装 Garments		小计 Subtotal		纺织品 Textiles		服装 Garments	
	当年 Current Year	同比(%) Percentage Change over Previous Year	当年 Current Year	同比(%) Percentage Change over Previous Year	当年 Current Year	同比(%) Percentage Change over Previous Year	当年 Current Year	同比(%) Percentage Change over Previous Year	当年 Current Year	同比(%) Percentage Change over Previous Year	当年 Current Year	同比(%) Percentage Change over Previous Year
1.北京 Beijing	25.89	-3.24	6.70	-6.95	19.19	-1.87	15.97	37.79	12.60	38.67	3.37	34.57
2.天津 Tianjin	24.35	-0.73	9.90	6.46	14.44	-5.12	3.71	-5.02	2.88	-8.96	0.82	11.92
3.河北 Hebei	53.64	5.41	16.32	-2.17	37.33	9.10	1.07	11.04	0.96	9.41	0.11	27.74
4.山西 Shanxi	2.55	127.59	1.21	43.15	1.35	382.78	0.07	8.45	0.06	-1.01	0.01	318.04
5.内蒙古 Inner Mongolia	9.89	25.39	2.25	16.98	7.63	28.11	0.01	-28.25	0.01	-19.42	0.00	-57.16
6.辽宁 Liaoning	53.10	8.95	11.31	9.50	41.78	8.81	11.05	-2.15	7.39	-9.21	3.66	16.10
沈阳 Shenyang	1.63	-5.00	0.56	17.26	1.07	-13.54	0.20	-1.28	0.15	1.48	0.05	-8.73
大连 Dalian	26.47	2.56	2.99	11.23	23.48	1.56	5.08	5.64	3.56	-6.97	1.52	55.10
7.吉林 Jilin	8.36	5.12	2.34	-0.20	6.01	7.35	1.03	1.22	0.72	14.34	0.31	-20.42
长春 Changchun	1.22	8.34	0.17	-5.13	1.05	10.91	0.20	42.66	0.19	45.31	0.00	-41.38
8.黑龙江 Heilongjiang	33.30	-2.77	9.76	66.18	23.54	-17.04	0.68	214.05	0.17	68.30	0.51	342.47
哈尔滨 Ha′er bin	1.33	41.74	0.86	17.10	0.47	131.39	0.02	185.25	0.01	79.88	0.01	1930.54
9.上海 Shanghai	212.49	-1.80	71.28	0.99	141.21	-3.15	51.52	9.92	24.96	-4.85	26.56	28.68
10.江苏 Jiangsu	431.08	1.21	193.78	-0.61	237.30	2.75	29.64	2.57	26.99	2.03	2.65	8.37
南京 Nanjing	58.13	-2.89	16.92	-4.74	41.21	-2.10	2.11	27.82	1.96	24.44	0.15	96.69

Table11－1 China's Import and Export of Textile and Apparel by Provinces 2012

单位：亿美元
Unit：USD 100 million

省市名称 Region	出口 Export						进口 Import					
	小计 Subtotal		纺织品 Textiles		服装 Garments		小计 Subtotal		纺织品 Textiles		服装 Garments	
	当年 Current Year	同比(%) Percentage Change over Previous Year	当年 Current Year	同比(%) Percentage Change over Previous Year	当年 Current Year	同比(%) Percentage Change over Previous Year	当年 Current Year	同比(%) Percentage Change over Previous Year	当年 Current Year	同比(%) Percentage Change over Previous Year	当年 Current Year	同比(%) Percentage Change over Previous Year
11.浙江 Zhejiang	619.31	−0.32	332.10	0.67	287.21	−1.44	22.98	14.66	21.57	15.41	1.41	4.23
宁波 Ningbo	72.88	−7.95	28.04	−3.30	44.83	−10.64	3.05	97.02	2.93	98.48	0.12	67.10
12.安徽 Anhui	39.95	39.42	15.88	20.74	24.07	55.27	2.15	48.73	2.12	48.92	0.03	37.14
13.福建 Fujian	192.65	13.83	51.14	11.13	141.51	14.84	8.49	3.48	8.12	2.72	0.36	23.91
厦门 Xiamen	8.73	−2.47	3.94	8.89	4.79	−10.18	1.62	−11.03	1.48	−13.86	0.13	39.92
14.江西 Jiangxi	36.79	18.60	8.53	4.30	28.26	23.72	0.91	−0.60	0.85	−6.25	0.06	394.06
15.山东 Shandong	203.56	−2.84	97.51	−4.63	106.05	−1.14	15.95	−0.33	15.23	−0.41	0.72	1.38
青岛 Qingdao	45.24	−11.00	19.81	−9.61	25.43	−12.05	3.85	−15.18	3.61	−15.47	0.24	−10.70
16.河南 Henan	18.05	5.80	9.73	−5.09	8.32	22.20	0.43	72.44	0.41	70.45	0.02	141.29
17.湖北 Hubei	23.08	15.82	5.57	4.61	17.50	19.92	1.66	17.07	1.55	13.36	0.11	118.39
武汉 Wuhan	6.45	−9.84	1.63	−3.99	4.81	−11.67	0.21	39.89	0.16	12.38	0.05	980.12
18.湖南 Hunan	6.64	6.84	2.94	8.37	3.70	5.66	0.66	10.97	0.61	6.09	0.06	113.54
19.广东 Guangdong	432.79	0.06	117.12	−0.91	315.66	0.42	77.64	2.60	70.99	3.21	6.65	−3.52
广州 Guangzhou	61.33	7.69	11.61	−16.01	49.72	15.29	5.42	10.61	4.88	8.29	0.54	37.02
深圳 Shenzhen	21.16	−9.40	5.56	1.20	15.59	−12.66	6.12	−7.33	5.73	−10.26	0.40	76.29

表11-2 2012年纺织品服装分省进出口额
Table11-2 China's Import and Export of Textile and Apparel by Provinces 2012

单位：亿美元
Unit：USD 100 million

省市名称 Region	出口 Export						进口 Import					
	小计 Subtotal		纺织品 Textiles		服装 Garments		小计 Subtotal		纺织品 Textiles		服装 Garments	
	当年 Current Year	同比(%) Percentage Change over Previous Year	当年 Current Year	同比(%) Percentage Change over Previous Year	当年 Current Year	同比(%) Percentage Change over Previous Year	当年 Current Year	同比(%) Percentage Change over Previous Year	当年 Current Year	同比(%) Percentage Change over Previous Year	当年 Current Year	同比(%) Percentage Change over Previous Year
20.广西 Guangxi	42.97	90.21	6.55	35.50	36.41	105.11	0.51	−8.08	0.46	−12.40	0.05	66.71
21.海南 Hainan	1.91	−8.00	0.56	−4.18	1.34	−9.52	0.24	−24.63	0.17	−31.72	0.06	4.70
22.四川 Sichuan	25.29	3.48	11.54	−2.69	13.76	9.30	0.83	8.08	0.32	7.28	0.51	8.60
成都 Chengdu	13.53	−5.95	5.19	−14.01	8.35	−0.13	0.62	0.35	0.12	−23.49	0.50	8.18
23.重庆 Chongqing	17.29	6.97	6.89	3.50	10.40	9.41	0.32	42.99	0.21	48.90	0.11	32.65
24.贵州 Guizhou	4.88	2849.30	0.82	1430.73	4.06	3526.81	0.03	367.01	0.03	1965.55	0.01	16.97
25.云南 Yunnan	4.92	−36.27	3.90	−7.49	1.02	−70.97	0.01	−19.84	0.01	−26.53	0.00	129.22
26.西藏 Tibet	15.81	136.03	1.76	101.81	14.06	141.15	0.06	56.03	0.05	55.67	0.00	62.28
27.陕西 Shaanxi	5.11	52.38	2.63	3.61	2.48	203.40	0.07	25.03	0.07	25.02	0.00	25.22
西安 Xi′an	1.44	9.50	0.88	−2.41	0.56	35.55	0.03	16.41	0.03	18.90	0.00	−1.95
28.甘肃 Gansu	3.34	92.12	0.97	43.46	2.37	123.10	0.01	1243.53	0.00	−17.21	0.01	4566.26
29.青海 Qinghai	2.10	11.64	1.38	6.58	0.72	22.76	0.05	2.26	0.05	2.28	0.00	−54.29
30.宁夏 Ningxia	2.54	83.52	0.78	103.91	1.76	75.77	0.01	−68.14	0.01	−76.06	0.00	−15.47
31.新疆 Xinjiang	72.03	−1.63	20.93	9.56	51.09	−5.58	0.27	80.76	0.20	42.94	0.07	887.90

2007 -2013
CTEF
行业年度经济学术盛会
中国纺织经济论坛
CHINA TEXTILE ECONOMIC FORUM

表12－1　2012年纺织原料及制品章类进出口额

单位：亿美元
Unit：USD 100 million

类章 Category and Chapter	全贸易方式 Multi－Trade Mode		一般贸易 Normal Trade		进料加工 Import Material Processing		来料加工 Raw Materials on Client's Demand	
	当年 Current Year	同比(%) Percentage Change over Previous Year	当年 Current Year	同比(%) Percentage Change over Previous Year	当年 Current Year	同比(%) Percentage Change over Previous Year	当年 Current Year	同比(%) Percentage Change over Previous Year
一、出口 Export								
十一大类(50～63章) Eleven Categories (Chapter 50－63)	2460.71	2.29	1848.93	1.87	302.99	－1.01	87.41	－11.75
50章、丝及丝绸 Chapter 50:Silk and Silk Cloth	17.07	－2.23	16.84	－1.99	0.07	－40.95	0.01	－31.96
51章、毛及毛织品 Chapter 51:Wool and Woolen Fabric	25.84	－12.69	17.19	－7.38	5.74	－21.73	2.15	－27.03
52章、棉及棉织品 Chapter 52:Cotton and Cotton Fabric	148.39	－4.25	100.25	－9.68	39.24	6.10	0.68	－27.32
53章、麻及麻织品 Chapter 53:Bast and Bast Fabric	10.69	－5.54	8.40	－8.05	1.10	－13.11	0.00	－44.02
54章、化纤长丝及织品 Chapter 54:Chemical Fiber Filament and Fabric	143.02	3.51	114.33	3.85	23.84	－2.07	0.24	－34.81
55章、化纤短纤织品 Chapter 55:Chemical Fiber Spun Fabric	106.24	－4.94	80.44	－3.57	18.97	－19.75	0.58	－10.08
56章、絮、毡、非织造布 Chapter 56:Wadding, Felt, Non－woven Fabric	35.40	2.35	27.78	3.24	5.00	4.05	0.71	－43.99
57章、铺地织品 Chapter 57:Floor Cloth	24.04	3.46	20.69	4.68	1.89	－8.51	0.08	－51.66
58章、特种织物花边 Chapter 58:Special Fabric Lace	46.38	1.46	41.03	1.35	2.52	1.27	1.09	－8.81
59章、涂层布及工业用布 Chapter 59:Coating and Industrial Fabric	68.49	－5.60	55.49	－5.18	9.87	－10.41	0.16	－66.24

Table12—1 Import and Export of Textile Raw Material and Manufactures by Chapters 2012

单位：亿美元
Unit：USD 100 million

类章 Category and Chapter	全贸易方式 Multi—Trade Mode		一般贸易 Normal Trade		进料加工 Import Material Processing		来料加工 Raw Materials on Client's Demand	
	当年 Current Year	同比(%) Percentage Change over Previous Year	当年 Current Year	同比(%) Percentage Change over Previous Year	当年 Current Year	同比(%) Percentage Change over Previous Year	当年 Current Year	同比(%) Percentage Change over Previous Year
60章、针织布 Chapter 60:Knitting Fabric	112.20	4.88	81.27	3.13	27.51	7.16	0.68	−23.97
61章、针织服装及附件 Chapter 61:Knitting Garments and Accessories	870.49	8.58	663.76	7.44	61.51	2.17	24.00	−8.64
62章、梭织服装及附件 Chapter 62:Tatting Garments and Accessories	612.25	−2.94	436.52	−2.22	80.60	−3.65	54.51	−10.31
63章、其它纺织织物 Chapter 63:Other Fabric	240.22	5.94	184.93	4.54	25.13	11.70	2.51	−18.54
二、进口 Import								
十一大类(50～63章) Eleven Categories (Chapter 50—63)	408.54	8.69	200.17	18.41	109.27	−0.46	42.63	−13.17
50章、丝及丝绸 Chapter 50:Silk and Silk Cloth	0.95	−14.92	0.21	10.19	0.37	−19.59	0.32	−21.08
51章、毛及毛织品 Chapter 51:Wool and Woolen Fabric	35.85	−6.65	19.06	−6.96	4.24	−12.91	4.85	−10.64
52章、棉及棉织品 Chapter 52:Cotton and Cotton Fabric	186.79	26.81	97.79	42.16	49.74	5.86	5.82	−18.40
53章、麻及麻织品 Chapter 53:Bast and Bast Fabric	6.03	−20.73	4.19	−7.19	1.04	−37.63	0.25	−10.73
54章、化纤长丝及织品 Chapter 54:Chemical Fiber Filament and Fabric	37.78	−7.02	11.08	−7.21	15.93	−4.24	8.54	−13.15
55章、化纤短纤织品 Chapter 55:Chemical Fiber Spun Fabric	33.83	−6.00	18.94	0.24	8.87	−8.91	4.44	−17.67

表12-2 2012年纺织原料及制品章类进出口额
Table12-2 Import and Export of Textile Raw Material and Manufactures by Chapters 2012

单位：亿美元
Unit：USD 100 million

类章 Category and Chapter	全贸易方式 Multi-Trade Mode		一般贸易 Normal Trade		进料加工 Import Material Processing		来料加工 Raw Materials on Client's Demand	
	当年 Current Year	同比(%) Percentage Change over Previous Year	当年 Current Year	同比(%) Percentage Change over Previous Year	当年 Current Year	同比(%) Percentage Change over Previous Year	当年 Current Year	同比(%) Percentage Change over Previous Year
56章、絮、毡、非织造布 Chapter 56：Wadding，Felt，Non-woven Fabric	11.54	-2.96	5.55	6.84	3.81	-8.29	1.71	-14.05
57章、铺地织品 Chapter 57：Floor Cover	1.47	7.21	0.80	-3.30	0.20	160.08	0.03	-79.83
58章、特种织物花边 Chapter 58：Special Fabric Lace	7.36	0.54	1.21	11.30	3.35	4.33	2.58	-4.28
59章、涂层布及工业用布 Chapter 59：Coating and Industrial Fabric	19.33	-3.07	6.58	8.69	8.25	-4.98	3.66	-15.21
60章、针织布 Chapter 60：Knitting Fabric	23.59	-3.59	2.81	-7.02	11.39	0.03	8.77	-7.12
61章、针织服装及附件 Chapter 61：Knitting Garments and Accessories	13.45	13.28	10.26	17.66	0.59	-7.94	0.32	-19.87
62章、梭织服装及附件 Chapter 62：Non-Knit Garments and Accessories	26.63	11.61	19.38	13.13	1.06	44.50	1.21	-20.02
63章、其他纺织织物 Chapter 63：Other Fabric	3.94	-4.03	2.32	4.99	0.42	-18.66	0.12	-2.64

数据来源（表8～表12）：中国海关
Source（Table8～12）：China Customs

国际统计

表1 世界和中国纺织纤维产量（含PP纤维）

Table1 The Output of Textile Fiber all over the World and in China (PP Fiber included)

单位：万吨
Unit：10,000 ton

年份 Year	世界纤维产量 Fiber Production all over the World				中国纤维产量 Fiber Production in China			
	总计 Total	天然纤维 Natural Fiber	化学纤维 Chemical Fiber		总计 Total	天然纤维 Natural Fiber	化学纤维 Chemical Fiber	
			小计 Subtotal	合纤 Synthetic Fiber			小计 Subtotal	合纤 Synthetic Fiber
2000	5515.0	2125.6	3389.4	3199.4	1178.6	484.4	694.2	629.5
2001	5570.4	2210.6	3359.7	3150.1	1449.8	608.3	841.5	780.4
2002	5750.0	2157.2	3592.8	3381.0	1552.3	561.1	991.2	915.1
2003	6092.8	2301.1	3791.7	3565.7	1809.0	563.3	1245.7	1147.2
2004	6912.3	2855.8	4056.5	3801.5	2146.8	674.6	1472.2	1355.6
2005	6961.5	2679.7	4081.8	3822.4	2323.6	665.8	1657.8	1527.3
2006	7068.9	2800.4	4389.2	4127.6	2780.2	755.8	2024.4	1906.9
2007	7622.9	2834.6	4788.3	4450.1	3248.4	851.2	2397.2	2239.2
2008	7095.0	2538.8	4556.2	4311.7	3273.1	842.6	2430.5	2267.8
2009	7175.4	2383.4	4792.0	4474.4	3456.8	723.3	2733.5	2552.2
2010	8018.1	2787.1	5231.0	4902.6	3645.7	689.3	2956.4	2781.7
2011	8720.0	3211.6	5508.4	5160.3	3990.2	791.5	3198.7	3009.7

表2 世界和中国天然纤维及化学纤维比重

Table2 The Proportion of Natural Fiber and Chemical Fiber all over the World and in China

单位：%
Unit：%

年份 Year	世界 World				中国 China			
	总计 Total	天然纤维 Natural Fiber	化学纤维 Chemical Fiber		总计 Total	天然纤维 Natural Fiber	化学纤维 Chemical Fiber	
			小计 Subtotal	合纤 Synthetic Fiber			小计 Subtotal	合纤 Synthetic Fiber
2000	100.0	38.5	61.5	58.8	100.0	41.1	58.9	53.4
2001	100.0	39.7	60.3	55.6	100.0	42.0	58.0	53.8
2002	100.0	37.6	62.5	56.8	100.0	36.1	63.9	59.0
2003	100.0	37.8	62.2	58.5	100.0	31.1	68.9	63.4
2004	100.0	41.3	58.7	55.0	100.0	31.4	68.6	63.1
2005	100.0	39.6	60.4	56.6	100.0	28.7	71.3	65.7
2006	100.0	37.9	62.1	58.4	100.0	27.2	72.8	68.6
2007	100.0	37.2	62.8	58.4	100.0	26.2	73.8	68.9
2008	100.0	35.8	64.2	60.8	100.0	25.7	74.3	69.3
2009	100.0	33.2	66.8	62.4	100.0	20.9	79.1	73.8
2010	100.0	34.8	65.2	61.1	100.0	18.9	81.1	76.3
2011	100.0	36.8	63.2	59.2	100.0	19.8	80.2	75.4

表3 全球纺织纤维结构变化
Table3 The Structural Change of Global Textile Fiber

单位：万吨
Unit：10,000 tonon

年 份 Year		2011年 Year 2010		2000年 Year 2000		2011/2000增减 Percentage Change of 2011 over 2000	
		产 量 Output	占（%）Proportion（%）	产 量 Output	占（%）Proportion（%）	增减量 Change	占（%）Proportion（%）
总计	Total	8442.6	100.0	5515.0	100.0	2927.6	3.9
化纤	Chemical Fiber	5508.4	65.2	3389.4	61.5	2119	4.5
棉花	Cotton	2727.7	32.3	1917.0	34.8	810.7	3.3
羊毛	Wool	110.2	1.3	134.3	2.4	−24.1	−1.8
丝、麻等	Silk, Linen & others	96.3	1.1	74.3	1.3	22	2.4

注 羊毛为洗净毛，麻中不含黄麻。
Note The wool refers to the scoured wool and the jute is not included.

表4 世界合成纤维产量
Table4 The Output of Global Synthetic Fiber

单位：：万吨
Unit：10,000 ton

年 份 Year	合 计 Total	涤 纶 Terylene			锦 纶 Polyamide Fiber	腈 纶 Acrylic Fiber	丙 纶 Polypropylene	PVA纤维及其他 PVA Fiber and Others
		小 计 Subtotal	长 丝 Filament	短 纤 Staple Fiber				
2000	3199.4	1891.2	1088.9	802.3	411.8	266.8	598.4	31.2
2001	3150.1	1928.0	1116.4	811.6	367.5	255.5	566.4	32.7
2002	3381.0	2095.6	1211.5	884.1	390.5	274.2	591.3	29.4
2003	3565.7	2225.8	1304.5	921.3	399.2	267.8	615.9	57.0
2004	3901.5	2420.7	1407.4	1013.3	401.7	281.3	648.7	49.1
2005	3998.4	2645.1	1547.9	1097.2	385.1	269.7	647.6	50.9
2006	4127.6	2780.8	1665.1	1115.7	388.3	253.4	647.3	57.8
2007	4450.1	3109.4	1894.9	1244.6	389.1	240.6	646.7	64.2
2008	4311.7	3099.1	1886.7	1212.4	359.6	183.7	599.4	69.9
2009	4474.2	3281.3	2026.9	1254.4	360.8	198.0	567.9	66.2
2010	4902.5	3639.8	2293.7	1346.1	382.2	198.7	600.0	81.8
2011	5160.3	3868.5	2432.6	1435.9	387.7	201.9	615.4	86.8

表5 世界合成纤维分品种构成
Table5 The Categories of Global Synthetic Fiber

单位：%
Unit：%

年份 Year	合计 Total	涤纶 Terylene			锦纶 Polyamide Fiber	腈纶 Acrylic Fiber	丙纶 Polypropylene	PVA纤维及其他 PVA Fiber and Others
		小计 Subtotal	长丝 Filament	短纤 Staple Fiber				
2000	100.0	59.1	34.0	25.1	12.9	8.3	18.7	1.0
2001	100.0	61.2	35.4	25.8	11.7	8.1	18.0	1.0
2002	100.0	62.0	35.8	26.2	11.5	8.1	17.5	0.9
2003	100.0	62.4	36.6	25.8	11.2	7.5	17.3	1.6
2004	100.0	64.2	37.6	26.6	10.7	7.2	16.6	1.3
2005	100.0	66.2	38.7	27.4	9.6	6.7	16.2	1.3
2006	100.0	67.4	40.3	27.1	9.4	6.1	15.7	1.4
2007	100.0	69.8	42.0	27.8	8.7	5.5	14.5	1.5
2008	100.0	71.9	43.8	28.1	8.3	4.3	13.9	1.6
2009	100.0	73.3	45.3	28.0	8.1	4.4	12.7	1.5
2010	100.0	74.2	46.8	27.4	7.8	3.9	12.2	1.7
2011	100.0	75.0	47.1	27.8	7.5	3.9	11.9	1.7

表6 世界主要国家（地区）化纤产量（含PP纤维）
Table6 The Output of Chemical Fiber (Including PP Fibers) of Main Countries and Regions in the World

单位：万吨
Unit：10,000 ton

年份 Year	全球 World	中国 China	美国 USA	西欧 West Europe	台湾地区 Taiwan, China	韩国 Korea	日本 Japan	印度 India	中国占(%) Proportion of China
2000	3389.4	694.2	475.1	430.9	341.1	278.1	161.2	180.0	20.3
2001	3359.7	841.5	406.9	382.8	310.5	248.7	153.5	182.2	25.0
2002	3592.8	991.2	474.6	392.5	335.6	245.4	136.1	197.6	27.6
2003	3791.7	1245.7	415.7	400.6	333.2	228.5	128.1	212.8	32.9
2004	4056.4	1511.0	428.8	382.0	326.9	233.0	125.5	229.1	37.2
2005	4246.0	1817.7	410.0	*461.9	287.4	182.9	120.2	225.2	42.8
2006	4389.2	2024.4	379.2	*452.8	270.4	162.6	117.5	257.9	46.1
2007	4788.5	2397.2	365.9	*445.3	268.9	162.6	116.6	291.7	50.1
2008	4556.2	2430.5	309.9	*322.5	221.1	148.4	101.6	308.2	53.3
2009	4792.2	2733.5	267.6	289.1	234.3	152.9	81.2	343.4	57.0
2010	5231.0	2956.4	284.4	311.3	250.1	168.7	85.4	357.7	56.5
2011	5508.4	3198.7	277.1	312.5	233.0	168.2	86.3	386.0	58.1

注 * 为全欧洲产量。
Note The data with "*" refers to the output of the whole Europe.

表7 世界主要国家（地区）合成纤维产量（含PP纤维）

Table7 The Output of Synthetic Fiber (Including PP Fibers) of Main Countries and Regions

单位：万吨
Unit:10,000 ton

年 份 Year	全 球 World	中 国 China	美 国 USA	西 欧 West Europe	台湾地区 Taiwan, China	韩 国 Korea	日 本 Japan	印 度 India	中国占（%） Proportion of China
2000	3199.4	629.5	459.2	385.2	326.9	277.5	147.3	150.2	19.7
2001	3150.1	780.4	394.3	339.0	297.8	248.7	142.8	157.0	24.8
2002	3381.0	915.2	466.5	349.3	324.2	244.8	129.3	169.0	27.1
2003	3565.7	1147.2	402.7	356.5	321.0	227.1	119.8	179.2	32.2
2004	3822.4	1394.4	418.0	331.5	313.4	231.6	115.9	191.4	36.7
2005	3998.4	1712.1	405.1	*411.3	275.9	182.1	113.5	195.7	42.8
2006	4127.6	1906.9	376.7	*402.8	257.2	161.7	110.9	226.9	46.2
2007	4450.1	2239.2	360.9	*392.3	255.3	160.8	108.0	256.1	50.3
2008	4311.7	2267.8	307.6	*355.0	210.5	147.6	94.7	278.1	52.6
2009	4541.3	2552.2	265.6	253.1	223.5	152.9	75.7	310.6	56.2
2010	4902.5	2781.7	281.9	269.0	240.4	168.7	79.1	322.7	56.7
2011	5160.3	3009.7	274.5	268.7	224.8	168.3	80.1	348.9	58.3

注 * 为全欧洲产量。
Note The date with "*" refers to the output of the whole Europe.

表8 全球化学纤维产量地域分布（不含PP纤维）（一）

Table8 Global Geographical Distributions of the Chemical Fiber Output (PP Fiber Excluded) Part1

单位：万吨
Unit:10,000 ton

年 份 Year	全 球 World		亚 洲 Asia		西 欧 Western Europe	
	产 量 Output	占（%） Proportion	产 量 Output	占（%） Proportion	产 量 Output	占（%） Proportion
2000	2822.2	100.0	1877.4	66.5	279.8	9.9
2001	2793.2	100.0	1954.7	70.0	257.0	9.2
2002	3000.8	100.0	2143.8	71.4	257.9	8.6
2003	3179.8	100.0	2331.0	73.3	257.0	8.1
2004	3480.1	100.0	2612.8	75.1	242.5	7.0
2005	3598.4	100.0	2644.5	77.8	184.2	5.4
2006	3741.9	100.0	2999.1	80.1	214.2	5.7
2007	4102.7	100.0	3388.8	82.6	206.5	5.0
2008	3956.8	100.0	3349.8	84.7	181.6	4.6
2009	4227.9	100.0	3696.2	87.4	149.3	3.5
2010	4302.6	100.0	3751.4	87.2	128.0	3.0
2011	4544.9	100.0	3994.6	87.9	127.1	2.8

表9 全球化学纤维产量地域分布（不含PP纤维）（二）
Table9 Global Geographical Distributions of the Chemical Fiber Output (PP Fiber Excluded) Part2

单位：万吨
Unit：10,000 ton

年 份 Year	东 欧 Eastern Europe		北 美 North America		南美、非洲等 South America, Africa etc.	
	产 量 Output	占（%） Proportion	产 量 Output	占（%） Proportion	产 量 Output	占（%） Proportion
2000	70.2	2.5	408.4	14.5	186.4	6.6
2001	65.2	2.3	342.3	12.3	174.0	6.2
2002	64.1	2.1	354.1	11.8	180.9	6.1
2003	67.1	2.1	340.3	10.7	184.4	5.7
2004	75.6	2.2	355.8	10.2	193.3	5.5
2005	62.9	1.8	326.4	9.6	187.7	5.5
2006	61.3	1.6	293.4	7.8	173.9	4.6
2007	60.7	1.5	275.6	6.7	171.1	4.2
2008	57.0	1.4	224.9	5.7	143.5	3.6
2009	48.3	1.1	194.2	4.6	139.9	3.3
2010	49.6	1.2	216.9	5.0	156.7	3.6
2011	48.9	1.1	214.5	4.7	159.8	3.5

表10 全球合成纤维产量地域分布（不含PP纤维）（一）
Table10 Global Geographical Distributions of the Synthetic Fiber Output (PP Fiber Excluded) ——Part1

单位：万吨
Unit：10,000 ton

年 份 Year	全 球 World		亚 洲 Asia		西 欧 Western Europe	
	产 量 Output	占（%） Proportion	产 量 Output	占（%） Proportion	产 量 Output	占（%） Proportion
2000	2601.1	100.0	1738.4	66.8	234.1	9.0
2001	2583.7	100.0	1818.1	70.4	213.2	8.3
2002	2789.0	100.0	1998.2	71.6	214.7	7.7
2003	2949.8	100.0	2171.3	73.6	214.8	7.3
2004	3151.1	100.0	2358.6	74.8	196.8	6.2
2005	3350.9	100.0	2614.1	78.0	176.0	5.2
2006	3480.3	100.0	2794.2	80.3	168.5	4.8
2007	3803.4	100.0	3152.2	82.9	159.9	4.2
2008	3702.3	100.0	3144.6	84.9	139.4	3.8
2009	3906.3	100.0	3421.9	87.6	113.3	2.9
2010	4302.6	100.0	3751.4	87.2	128.0	3.0
2011	4544.9	100.0	3994.6	87.9	127.1	2.8

表11 全球合成纤维产量地域分布（不含PP纤维）（二）

Table11 Global Geographical Distributions of the Synthetic Fiber Output (PP Fiber Excluded) ——Part2

单位：万吨
Unit:10,000 ton

年份 Year	东欧 Eastern Europe		北美 North America		南美、非洲等 South America, Africa etc.	
	产量 Output	占（%） Proportion	产量 Output	占（%） Proportion	产量 Output	占（%） Proportion
2000	58.9	2.3	391.0	15.0	178.7	6.9
2001	55.4	2.1	327.4	12.7	169.6	6.6
2002	54.9	2.0	344.2	12.3	177.0	6.4
2003	57.4	1.9	330.8	11.2	175.6	6.0
2004	60.3	1.9	344.6	10.9	190.9	6.1
2005	58.5	1.7	323.1	9.6	178.9	5.3
2006	57.0	1.6	291.0	8.4	175.2	5.0
2007	54.3	1.4	270.6	7.1	166.2	4.4
2008	54.4	1.5	222.6	6.0	141.3	3.9
2009	45.8	1.2	192.2	4.9	136.7	3.5
2010	49.6	1.2	216.9	5.0	156.7	3.6
2011	48.9	1.1	214.5	4.7	159.8	3.5

表12 全球合成纤维生产国(地区)15强(不含PP纤维)

Table12 The Proportion of Synthetic Fiber Output and Producing Capacity of Global Top 15 Countries and Regions (PP Fiber Excluded)

序号 Rank	国别（地区） Countries (Regions)		产量占全球（%） Proportion of Output		产能占全球（%） Proportion of Producing Capacity	
			2010	2011	2010	2011
1	中国	China	63.1	63.3	62.0	66.7
2	美国	U.S.A.	4.2	4.0	4.0	3.6
3	台湾地区	Taiwan, China	5.0	4.6	4.9	3.9
4	印度	India	7.1	7.4	7.9	7.3
5	西欧	Western Europe	2.8	2.8	2.7	2.4
6	韩国	Korea	3.5	3.4	3.2	2.9
7	印度尼西亚	Indonesia	2.6	2.6	2.6	2.3
8	日本	Japan	1.6	1.4	1.8	1.3
9	泰国	Thailand	2.1	2.0	2.1	1.9
10	土耳其	Turkey	1.5	1.7	1.6	1.5
11	巴基斯坦	Pakistan	1.1	1.1	1.4	1.0
12	马来西亚	Malaysia	0.8	0.8	0.9	0.7
13	独联体	CIS	0.7	0.7	0.8	0.7
14	墨西哥	Mexico	0.4	0.4	0.5	0.4
15	巴西	Brazil	0.7	0.6	0.6	0.6
	合计	Total	97.3	97.1	97.1	97.2

表13 全球棉花产量地域分布
Table13 Global Geographical Distribution of Cotton Output

单位：万吨
Unit: 10,000 ton

年份 Year	全球 World	亚、澳洲 Asia, Australia	北美 North America	南美 South America	西欧 Western Europe	东欧 Eastern Europe	非洲 Africa
2000	1917.0	1079.5	381.7	121.4	51.9	139.2	143.3
2001	2070.5	1148.9	444.7	102.1	47.8	146.6	180.5
2002	1931.9	1070.8	398.9	103.4	45.3	147.1	166.5
2003	2060.6	1138.4	397.4	166.3	41.8	146.3	170.4
2004	2620.0	1504.8	520.2	166.3	50.0	174.6	204.1
2005	2439.4	1372.3	494.4	166.0	45.8	172.3	189.0
2006	2565.8	1536.9	514.0	149.0	36.7	179.9	149.3
2007	2627.7	1658.9	431.9	189.4	32.6	180.3	134.0
2008	2339.6	1500.6	291.6	140.2	25.7	154.0	157.1
2009	2177.5	1512.5	274.4	148.7	23.7	128.2	90.0
2010	2487.5	1568.7	445.4	199.9	22.3	146.9	104.3
2011	2727.7	1809.2	396.1	191.7	34.0	145.0	151.4
*2012	2548.0	1661.3	416.1	151.6	33.5	145.5	134.0

注 *为预计数。
Note The data with "*" is the estimated data.

表14 世界主要国家棉花产量
Table14 Cotton Output of Main Countries in the World

单位：万吨
Unit: 10,000 ton

年份 Year	全球 World	中国 China	美国 U.S.A.	印度 India	巴基斯坦 Pakistan	巴西 Brazil	独联体 CIS	土耳其 Turkey	中国占（%） The Proportion of China
2000	1917.0	432.0	379.0	235.0	170.0	85.8	139.5	88.0	22.7
2001	2070.5	479.9	435.2	258.4	185.3	72.0	158.9	90.1	23.2
2002	1931.9	492.0	374.4	230.7	169.8	76.7	147.1	90.1	25.7
2003	2060.6	486.9	397.4	300.8	173.4	130.9	146.4	93.2	23.6
2004	2620.0	631.9	506.1	407.9	248.2	131.8	174.6	91.0	24.1
2005	2439.4	581.8	478.9	380.4	230.7	127.3	172.3	90.0	23.9
2006	2565.8	706.4	469.9	458.9	209.1	145.7	179.9	80.5	27.5
2007	2627.7	807.7	418.2	535.4	184.5	160.3	180.3	85.0	30.7
2008	2339.6	672.8	278.9	458.9	209.1	119.3	Na	67.5	28.8
2009	2177.5	684.9	265.4	504.9	201.9	119.4	Na	44.0	31.5
2010	2487.5	639.9	394.1	552.5	190.7	196.0	Na	45.0	25.7
2011	2727.7	739.9	339.1	560.0	229.4	188.4	Na	75.0	27.1
*2012	2548.0	685.9	372.4	544.6	214.6	149.0	Na	63.0	26.9

注 *为预计数。
Note The data with "*" is the estimated data.

表15 全球棉花耗用量地域分布
Table15 Global Geographical Distribution of Cotton Consumption

单位：万吨
Unit：10,000 ton

年份 Year	全球 World	亚、澳洲 Asia and Australia	南北美 South and North America	西欧 Western Europe	东欧 Eastern Europe	非洲 Africa
2000	1969.9	1297.1	377.4	107.3	90.9	97.2
2001	2013.5	1420.6	345.5	96.7	97.0	53.7
2002	2070.8	1459.7	358.8	94.5	103.1	54.7
2003	2133.8	1607.3	313.3	69.3	89.6	54.4
2004	2339.6	1805.8	327.3	60.0	69.3	77.3
2005	2392.1	1839.7	315.2	56.2	73.9	107.1
2006	2621.5	2140.8	290.7	54.5	70.7	64.8
2007	2638.7	2165.5	295.1	33.6	68.7	75.6
2008	2309.5	1914.0	253.7	30.0	69.1	42.8
2009	2461.1	2053.4	259.9	24.3	64.6	58.9
2010	2449.2	2041.0	264.4	19.9	61.4	62.5
2011	2277.5	1913.7	234.1	18.4	61.6	49.8
*2012	2354.4	1991.8	232.8	17.3	57.5	55.1

注 *为预计数。
Note The data with "*" is the estimated data.

表16 全球棉花耗用量地域分布比例
Table16 Global Geographical Distribution of Cotton Consumption (by proportion of consumption)

单位：%
Unit：%

年份 Year	全球 World	亚、澳洲 Asia and Australia	南北美 South and North America	西欧 Western Europe	东欧 Eastern Europe	非洲 Africa
2000	100.0	65.8	19.2	5.4	4.6	4.9
2001	100.0	70.5	17.2	4.8	4.8	2.7
2002	100.0	70.5	17.3	4.6	5.0	2.6
2003	100.0	75.4	14.7	3.2	4.2	2.5
2004	100.0	77.1	14.0	2.6	3.0	3.3
2005	100.0	76.9	13.2	2.3	3.1	4.5
2006	100.0	81.7	11.1	2.1	2.7	2.5
2007	100.0	82.1	11.2	1.3	2.6	2.9
2008	100.0	82.9	11.0	1.3	3.0	1.9
2009	100.0	83.4	10.6	1.0	2.6	2.4
2010	100.0	83.3	10.8	0.8	2.5	2.6
2011	100.0	84.0	10.3	0.8	2.7	2.2
*2012	100.0	84.6	9.9	0.7	2.4	2.3

注 *为预计数。
Note The data with "*" is the estimated data.

表17 世界主要国家棉花耗用量（一）
Table17 The Cotton Consumption of Main Countries all over the World ——Part1

单位：万吨
Unit：10,000 ton

年 份 Year	全 球 World	占总（%） Proportion	中 国 China	占总（%） Proportion	美 国 U.S.A.	占总（%） Proportion	印 度 India	占总（%） Proportion
2000	1969.9	100.0	538.5	27.3	192.9	9.8	288.5	14.6
2001	2013.5	100.0	549.9	27.3	168.1	8.3	290.7	14.4
2002	2070.8	100.0	559.9	27.0	177.4	8.6	296.5	14.3
2003	2133.8	100.0	709.9	33.3	141.3	6.6	294.9	13.8
2004	2339.6	100.0	819.9	35.0	136.1	5.8	330.0	14.1
2005	2392.1	100.0	859.9	35.9	129.3	5.4	346.4	14.5
2006	2621.5	100.0	1049.8	40.0	106.7	4.1	398.9	15.2
2007	2638.7	100.0	1089.8	41.3	100.2	3.8	401.0	15.2
2008	2309.5	100.0	899.8	39.0	78.4	3.4	382.6	16.6
2009	2461.1	100.0	1010.1	41.0	75.4	3.1	422.1	17.2
2010	2462.9	100.0	1002.3	40.7	73.8	3.0	456.0	18.5
2010	2449.2	100.0	979.2	40.0	84.9	3.5	448.2	18.3
2011	2277.5	100.0	1029.9	45.2	71.8	3.2	442.0	19.4
*2012	2354.4	100.0	1042.9	44.3	74.0	3.1	455.6	20.3

注 *为预计数。
Note The data with "*" is the estimated data.

表18 世界主要国家棉花耗用量（二）
Table18 The Cotton Consumption of Main Countries all over the World ——Part2

单位：万吨
Unit：10,000 ton

年 份 Year	巴基斯坦 Pakistan	占总（%） Proportion	土耳其 Turkey	占总（%） Proportion	日 本 Japan	占总（%） Proportion	巴 西 Brazil	占总（%） Proportion
2000	171.0	8.7	112.1	5.7	25.0	1.3	90.0	4.6
2001	185.0	9.2	130.0	6.5	22.1	1.1	86.0	4.3
2002	194.3	9.4	140.0	6.8	21.7	1.0	87.5	4.2
2003	210.0	9.8	132.5	6.2	17.7	0.8	80.0	3.7
2004	230.0	9.8	155.0	6.6	16.5	0.7	93.5	4.0
2005	241.5	10.1	155.0	6.5	16.7	0.7	90.0	3.8
2006	259.2	9.9	150.0	5.9	13.0	0.5	86.0	3.3
2007	257.4	9.8	135.0	5.1	12.5	0.5	99.6	3.8
2008	245.2	10.6	114.0	4.9	10.3	0.4	93.7	4.1
2009	230.7	9.4	130.0	5.3	7.5	0.3	100.2	4.1
2010	220.0	9.0	125.0	5.1	8.1	0.3	99.0	4.0
2011	216.3	9.5	125.0	5.5	6.3	0.3	88.8	3.9
*2012	233.6	9.9	132.5	5.6	5.7	0.2	89.7	3.8

注 *为预计数。
Note The data with "*" is the estimated data.

资料来源（表1～18）：Fiber Organon
Source（Table 1～18）：Fiber Organon

表19 世界棉花贸易情况
Table19 The Trade Status of Cotton in the World

单位：万吨
Unit：10,000 ton

	年 份	Year	2005	2006	2007	2008	2009	2010	*2011
出 口 Export	全 球	World	973.8	810.5	836.1	655.1	777.2	768.0	836.4
	美 国	U.S.A.	382.1	283.3	297.3	289.0	262.1	314.0	234.1
	C F A 区	CFA Area	101.0	38.4	58.9	47.0	56.1	48.0	56.5
	乌兹别克斯坦	Uzbekistan	102.0	98.0	88.7	56.0	82.0	60.0	53.2
	印 度	India	75.1	96.0	153.0	50.5	142.0	110.0	163.6
	澳大利亚	Australia	62.8	46.5	26.5	26.0	46.0	55.0	86.0
	巴 西	Brazil	42.9	28.3	48.6	59.6	43.3	44.0	90.0
进 口 Import	全 球	World	961.0	814.2	831.6	651.8	775.6	761.0	836.4
	中 国	China	420.0	230.6	251.1	152.3	237.4	261.0	419.5
	东亚、澳洲	Eastern Asia & Australia	177.4	189.9	186.0	165.7	189.4	177.0	171.2
	欧洲、土耳其	Europe & Turkey	127.5	134.4	108.5	86.9	117.6	98.0	76.4
	独 联 体	CIS	33.3	32.2	27.1	24.2	21.0	14.0	15.6
	巴基斯坦	Pakistan	35.2	50.2	85.1	47.5	34.2	31.0	17.0

注 *为预计数。
Note The data with "*" is the estimated data.

资料来源：国际棉花咨询委员会
Source：ICAC

表20 世界主要国家羊毛产量（原毛）
Table20 Raw Wool Output of the Main Countries all over the World

单位：万吨
Unit：10,000 ton

年 份 Year	全 球 World	中 国 China	澳大利亚 Australia	新西兰 New Zealand	东 欧 Eastern Europe	土耳其 Turkey	阿根廷 Argentina	南非 South Africa	中国占（%）The Proportion of China
2000	233.0	29.2	67.0	26.0	18.7	5.0	5.7	4.8	12.5
2001	223.8	29.4	60.0	24.6	18.8	7.0	6.0	4.7	13.1
2002	221.7	29.3	56.9	25.3	18.9	7.0	6.4	4.6	13.2
2003	214.0	33.8	54.7	22.7	19.5	5.4	6.8	4.2	15.8
2004	214.6	37.4	52.3	21.8	19.5	5.4	7.9	4.6	17.4
2005	215.9	37.9	52.0	23.1	19.7	5.4	8.0	4.6	17.6
2006	214.6	39.5	50.8	39.5	19.7	5.4	7.8	4.6	18.4
2007	217.1	36.3	47.7	21.8	21.9	4.6	7.8	4.5	16.7
2008	210.7	40.5	43.8	20.5	22.5	4.7	6.5	4.5	19.2
2009	196.6	36.8	39.6	15.8	23.8	4.0	6.1	4.8	18.7
2010	204.6	38.7	37.5	18.6	44.2	3.0	6.2	4.8	18.9
2011	199.9	39.3	37.7	17.8	44.7	3.0	5.4	4.6	19.7

表21 美国纺织纤维最终用途分布
Table21 The Ultimate Use of Textile Fiber in USA

单位：万吨
Unit：10,000 ton

年份 Year	衣着 Clothing	家用 Home textile	地毯 Carpet	工业及其他 Industial Textile and others	合计 Total
2000	274.1	130.0	204.1	203.3	811.5
2001	242.1	115.1	185.4	186.6	729.1
2002	217.6	108.2	198.3	188.6	712.7
2003	188.4	93.8	200.2	186.7	669.1
2004	164.5	79.1	203.6	193.6	640.8
2005	156.5	70.7	205.2	195.3	627.6
2006	133.5	57.8	191.8	187.7	570.8
2007	76.3	41.8	174.5	187.0	479.6
2008	66.7	36.1	148.2	168.6	419.7
2009	49.7	26.6	128.0	155.4	359.6
2010	58.3	30.1	133.2	163.9	385.5
2011	56.8	28.9	127.1	159.9	372.7

表22 美国人均纤维表观消费量
Table22 US Per Capita Fiber Apparent Consumption

年份 Year	国内总纤维消费量(万吨) Total Fiber Consumption (10,000 ton)					人口（百万） Population(million persons)	人均消费（kg/年） Consumption Per Capita (kg/year)
	化纤 Chemical Fiber	棉花 Cotton	羊毛 Wool	其他 Others	合计 Total		
1990	446.1	262.5	13.3	29.6	751.6	250.0	30.1
2000	607.5	446.5	16.9	33.8	1104.7	282.4	39.2
2001	590.1	427.6	17.5	27.2	1062.5	285.6	37.3
2002	632.1	450.1	17.3	28.5	1127.9	288.6	39.2
2003	667.5	454.9	18.3	36.0	1176.6	291.0	40.5
2004	673.2	467.4	19.3	45.0	1208.9	293.7	41.0
2005	692.3	506.8	18.5	41.3	1258.9	296.4	42.5
2006	669.5	518.5	18.6	39.5	1246.1	298.2	41.8
2007	700.1	526.1	16.7	35.9	1281.7	300.9	42.7
2008	598.8	452.4	18.2	32.9	1102.3	304.5	36.3
2009	536.2	403.7	15.4	25.3	980.6	307.2	32.0
2010	595.0	451.1	17.8	26.1	1089.9	310.2	35.2
2011	582.4	381.8	17.8	26.4	1008.4	312.2	32.3

资料来源（表20～22）：Fiber Organon
Source (Table 20～22)：Fiber Organon

表23 2011年全球纺织品、成衣进出口额
Table23 Global Import and Export of Textile and Apparel in 2011

单位：亿美元
Unit: USD 100 million

年份 Year	出口额 Export			进口额 Import		
	合计 Total	纺织品 Textiles	成衣 Garments	合计 Total	纺织品 Textiles	成衣 Garments
2011	7060.1	2935.5	4124.6	7417.4	3106.0	4311.4
2010	6029.5	2515.3	3514.2	6334.7	2661.3	3673.4
2000	3526.9	1548.7	1978.2	3668.5	1638.7	2029.8
2011/2010 (%)	17.1	16.7	17.4	17.1	16.7	17.4
2011/2000年均增长(%) Average Annual Change from 2000 to 2010	6.5	6.0	6.9	6.6	6.0	7.1

表24 2011年中国纺织品、成衣进出口额
Table24 China's Import and Export of Textile and Apparel in 2011

单位：亿美元
Unit: USD 100 million

年份 Year	出口额 Export			进口额 Import			贸易顺差 Trade Surplus
	合计 Total	纺织品 Textiles	成衣 Garments	合计 Total	纺织品 Textiles	成衣 Garments	
2011	2481.8	944.1	1537.7	229.1	189.0	40.1	2252.7
2010	2066.9	768.7	1298.2	202.0	176.8	25.2	1864.9
2000	522.1	161.4	360.7	140.2	128.3	11.9	381.9
2011/2010 (%)	20.1	22.8	18.5	13.4	6.9	59.3	20.8
2011/2000年均增长(%) Average Annual Change from 2000 to 2010	15.2	17.4	14.1	4.6	3.6	11.7	17.5

表25 2000～2011年中国纺织品、成衣出口额占全球出口份额
Table25 The Proportion of China's Export Value of Textile and Garment to the World's 2000～2011

单位：亿美元
Unit：USD 100 million

年份 Year	纺织品出口 Export Value of Textile			成衣出口 ExportValue of Garment		
	全球 World	中国 China	中国占（%） Ratio of China(%)	全球 World	中国 China	中国占（%） Ratio of China(%)
2000	1548.7	161.3	10.4	1978.2	360.7	18.2
2001	1474.7	168.3	11.4	1944.5	366.5	18.8
2002	1538.2	205.6	13.4	2038.7	413.0	20.3
2003	1722.8	269.0	15.6	2335.7	520.6	22.3
2004	1940.0	334.3	17.2	2598.8	618.6	23.8
2005	2025.5	410.5	20.3	2780.2	741.6	26.7
2006	2182.3	486.8	22.3	3094.5	953.8	30.8
2007	2382.4	560.3	23.5	3472.9	1155.2	33.3
2008	2491.3	653.7	26.2	3641.5	1204.0	33.1
2009	2103.6	598.2	28.4	3163.8	1072.6	33.9
2010	2515.3	768.7	30.6	3514.2	1298.2	36.9
2011	2935.5	944.1	32.2	4124.6	1537.7	37.3

表26 2000～2011年中国纺织品、成衣进出口贸易状况
Table26 China's Export of Textile and Garment 2000～2011

单位：亿美元
Unit：USD 100 million

年份 Year	出口额 Export			进口额 Import			贸易顺差 Trade Surplus
	合计 Total	纺织品 Textiles	成衣 Garments	合计 Total	纺织品 Textiles	成衣 Garments	
2000	522.1	161.4	360.7	140.2	128.3	11.9	381.9
2001	534.8	168.3	366.5	138.4	125.7	12.7	396.4
2002	618.6	205.6	413.0	144.2	130.6	13.6	474.4
2003	789.6	269.0	520.6	156.4	142.2	14.2	633.2
2004	952.9	334.3	618.6	168.4	153.0	15.4	784.5
2005	1152.1	410.5	741.6	171.3	155.0	16.3	980.8
2006	1440.6	486.8	953.8	180.8	163.6	17.2	1259.8
2007	1715.5	560.3	1155.2	186.2	166.4	19.8	1529.3
2008	1857.7	653.7	1204.0	185.7	162.9	22.8	1672.0
2009	1670.8	598.2	1072.6	167.8	149.4	18.4	1503.0
2010	2066.9	768.7	1298.2	202.0	176.8	25.2	1864.9
2011	2481.8	944.1	1537.7	229.1	189.0	40.1	2252.7

表27　2011年全球纺织品进出口国(地区)15强
Table27　The Top 15 Textile Trading Countries (Regions) in the World in 2011

单位：亿美元
Unit：USD 100 million

出口 Export				进口 Import			
国家（地区） Countries（Regions）		金额 Value	占全球（%） Proportion to the world(%)	国家（地区） Countries（Regions）		金额 Value	占全球（%） Proportion to the world(%)
全　球	World	2935.5	100.0	全　球	World	3106.0	100.0
中　国	China	944.1	32.2	欧盟(27国)	EU(27)	839.7	27.0
欧盟(27国)	EU(27)	765.3	26.1	自欧盟(27国)外	From External EU	311.9	10.0
向欧盟(27国)外	To External EU	237.5	8.1	美　国	U.S.A.	253.6	8.2
印　度	India	150.2	5.1	中　国	China	189.0	6.1
美　国	U.S.A.	137.8	4.7	香港地区	Hongkong, China	110.5	3.6
韩　国	Korea Rep	123.7	4.2	日　本	Japan	92.0	3.0
香港地区	Hongkong, China	112.8	3.8	越　南	Vietnam	86.7	2.8
台湾地区	Taiwan, China	110.2	3.8	土耳其	Turkey	75.6	2.4
土耳其	Turkey	107.7	3.7	墨西哥	Mexico	58.6	1.9
巴基斯坦	Pakistan	90.8	3.1	韩　国	Korea Rep	56.6	1.8
日　本	Japan	80.4	2.7	印度尼西亚	Indonesia	56.5	1.8
印度尼西亚	Indonesia	47.9	1.6	孟加拉	Bangladesh	55.6	1.8
泰　国	Thailand	40.7	1.4	加拿大	Canada	45.0	1.4
越　南	Vietnam	37.7	1.3	巴　西	Brazil	43.0	1.4
墨西哥	Mexico	21.4	0.7	俄罗斯	Russia	37.6	1.2
马来西亚	Malaysia	20.4	0.7	印　度	India	34.0	1.1

表28 2011年全球成衣进出口国(地区)15强
Table28 The Top 15 Garment Trading Countries (Regions) in the World in 2011

单位：亿美元
Unit：USD 100 million

出口 Export				进口 Import			
国家（地区） Countries（Regions）		金额 Value	占全球（%） Proportion to the world(%)	国家（地区） Countries（Regions）		金额 Value	占全球（%） Proportion to the world(%)
全　球	World	4124.6	100.0	全　球	World	4311.4	100.0
中　国	China	1537.7	37.3	欧盟(27国)	EU(27)	1890.5	43.8
欧盟(27国)	EU(27)	1162.4	28.2	自欧盟(27国)外	From External EU	1008.6	23.4
向欧盟(27国)外	To External EU	280.4	6.8	美　国	U.S.A.	885.9	20.5
香港地区	Hongkong，China	245.0	5.9	日　本	Japan	329.3	7.6
孟加拉	Bangladesh	199.4	4.8	香港地区	Hongkong，China	172.5	4.0
印　度	India	143.6	3.5	加拿大	Canada	95.3	2.2
土耳其	Turkey	139.5	3.4	俄罗斯	Russia	75.7	1.8
越　南	Vietnam	131.5	3.2	瑞　士	Switzerland	61.4	1.4
印度尼西亚	Indonesia	80.5	2.0	韩　国	Korea Rep	61.1	1.4
美　国	U.S.A.	52.2	1.3	澳大利亚	Australia	58.4	1.4
墨西哥	Mexico	46.4	1.1	中　国	China	40.1	0.9
马来西亚	Malaysia	45.7	1.1	土耳其	Turkey	32.7	0.8
泰　国	Thailand	45.6	1.1	阿联酋	United Arab Emirates	31.5	0.7
巴基斯坦	Pakistan	45.5	1.1	挪　威	Norway	29.0	0.7
斯里兰卡	Sri Lanka	42.1	1.0	沙　特	Saudi Arabia	28.4	0.7
柬埔寨	Cambodia	40.5	1.0	墨西哥	Mexico	27.4	0.6

表29 2011年全球纺织品、成衣出口国(地区)10强
Table29 The Top 10 Export Countries (Regions) of Textile and Garment in the World in 2011

单位：亿美元
Unit：USD 100 million

排序 Rank	国别（地区） Countries（Regions）		合计 Total	纺织品 Textiles	成衣 Garments	占全球(%) Proportion to the world(%)
	全 球	World	7060.1	2935.5	4124.6	100.0
1	中 国	China	2481.8	944.1	1537.7	35.2
2	欧盟（27国）*	EU(27)	517.9	237.5	280.4	7.3
3	香港地区	Hongkong，China	357.9	112.8	245.0	5.1
4	印 度	India	293.8	150.2	143.6	4.2
5	土耳其	Turkey	247.2	107.7	139.5	3.5
6	孟加拉	Bangladesh	215.3	15.9	199.4	3.0
7	美 国	U.S.A.	190.0	137.8	52.2	2.7
8	越 南	Vietnam	169.3	37.7	131.5	2.4
9	韩 国	Korea Rep	165.8	123.7	18.4	2.0
10	巴基斯坦	Pakistan	136.3	90.8	45.5	1.9

注 *为欧盟（27国）向区外出口。
Note The data with "*" refers to the external trade of EU.

表30 2011年全球纺织品、成衣进口国(地区)前10名
Table30 The Top 10 Import Countries(Regions) of Textile and Garment in the world in 2011

单位：亿美元
Unit：USD 100 million

排序 Rank	国别（地区） Countries（Regions）		合计 Total	纺织品 Textiles	成衣 Garments	占全球(%) Proportion to the world(%)
	全 球	World	7417.4	3106.0	4311.4	100.0
1	欧盟（27国）*	EU(27)	1320.5	311.9	1008.6	17.8
2	美 国	U.S.A.	1139.5	253.6	885.9	15.4
3	日 本	Japan	421.3	92.0	329.3	5.7
4	香港地区	Hongkong，China	283.0	110.5	172.5	3.8
5	中 国	China	229.1	189.0	40.1	3.1
6	加拿大	Canada	140.3	45.0	95.3	1.9
7	韩 国	Russia	117.7	56.6	61.1	1.6
8	俄罗斯	Turkey	113.3	37.6	75.7	1.5
9	土耳其	Korea	108.3	75.6	32.7	1.5
10	墨西哥	Mexico	86.0	58.6	27.4	1.2

注 *为欧盟（27国）自区外进口。
Note The data with "*" refers to the external trade of EU.

表31 2011年美国进口纺织品、成衣前5名供应国(地区)
Table31 The Top 5 Textile and Garment Suppliers of the U.S.A. in 2011

单位：亿美元
Unit：USD 100 million

排序 Rank	纺织品进口 Textile Import				成衣进口 Garment Import			
	国家（地区）Countries (Regions)		金额 Value	占总（%）Proportion to total value(%)	国家（地区）Countries (Regions)		金额 Value	占总（%）Proportion to total value(%)
	总　额	Total Value	253.6	100.0	总　额	Total Value	885.9	100.0
1	中　国	China	95.6	37.7	中　国	China	349.4	39.4
2	印　度	India	29.9	11.8	越　南	Vienam	69.6	7.9
3	欧盟（27国）	EU(27)	26.5	10.4	印度尼西亚	Indonesia	54.0	6.1
4	巴基斯坦	Pakistan	17.2	6.8	孟加拉	Bangladesh	47.0	5.3
5	墨西哥	Mexico	16.2	6.4	墨西哥	Mexico	40.9	4.6
	以上5国（地区）合　计	Above 5	185.4	73.1	以上5国（地区）合　计	Above 5	560.9	63.3

表32 2011年欧盟(27国)进口纺织品、成衣前5名供应国(地区)
Table32 The Top 5 Textile and Garment External Suppliers of EU(27) in 2011

单位：亿美元
Unit：USD 100 million

排序 Rank	纺织品进口 Textile Import				成衣进口 Garment Import			
	国家（地区）Countries (Regions)		金额 Value	占总（%）Proportion to total value(%)	国家（地区）Countries (Regions)		金额 Value	占总（%）Proportion to total value(%)
	总　额	Total Value	311.9	100.0	总　额	Total Value	1008.6	100.0
1	欧盟(27国)内	To Internal EU	99.6	31.9	欧盟(27国)内	To Internal EU	443.9	44.0
2	中　国	China	52.1	16.7	中　国	China	116.5	11.6
3	土耳其	Turkey	34.9	11.2	土耳其	Turkey	104.8	10.4
4	印　度	India	26.1	8.4	孟加拉	Bangladesh	71.5	7.1
5	巴基斯坦	Pakistan	12.8	4.1	印　度	India	33.9	3.4
	以上5国（地区）合　计	Above 5	225.5	72.3	以上5国（地区）合　计	Above 5	770.6	76.5

表33　2011年日本进口纺织品、成衣前5名供应国(地区)
Table33　The Top 5 Textile and Garment Suppliers of Japan in 2011

单位：亿美元
Unit：USD 100 million

排序 Rank	纺织品进口 Textile Import				成衣进口 Garment Import			
	国家（地区） Countries (Regions)		金额 Value	占总（%） Proportion to total value(%)	国家（地区） Countries (Regions)		金额 Value	占总（%） Proportion to total value(%)
	总　额	Total Value	92.0	100.0	总　额	Total Value	329.3	100.0
1	中　国	China	52.8	57.4	中　国	China	263.1	79.9
2	欧盟（27国）	EU(27)	6.5	7.0	越　南	Vietnam	18.3	5.5
3	印度尼西亚	Indonesia	6.3	6.8	欧盟（27国）	EU(27)	14.5	4.4
4	台湾地区	Taiwan, China	4.9	5.3	泰　国	Thailand	4.7	1.4
5	韩　国	Korea Rep	4.6	5.0	韩　国	Korea Rep	4.1	1.3
	以上5国（地区）合　计	Above 5	75.1	81.6	以上5国（地区）合　计	Above 5	304.6	92.5

表34　2011年中国纺织品、成衣在美国、欧盟(27国)、日本三大进口市场中所占份额
Table34 The Propotion of the Textile and Garment Import Value from China in U.S.A., EU(27) and Japan in 2011

单位：亿美元
Unit：USD 100 million

国别（地区） Countries and Regions		总进口额 Total Import Value			从中国进口额 Import Value from China			中国占（%） Proportion of China(%)
		总计 Total	纺织品 Textile	成衣 Garment	总计 Total	纺织品 Textile	成衣 Garment	
美国	U.S.A.	1139.5	253.6	885.9	445.0	95.6	349.4	39.1
欧盟（27国）*	EU(27)	1320.5	311.9	1008.6	543.5	99.6	443.9	41.2
日本	Japan	421.3	92.0	329.3	315.9	52.8	263.1	75.0

注　*为欧盟(27国)自区外进口额。
Note　The data with "*" refers to the import value from external EU.

表35　2010～2011年亚洲主要国家(地区)纺织品、成衣出口贸易变化
Table 35 The Export of Textile and Garment in Asia from 2010 to 2011

单位：亿美元
Unit：USD 100 million

2010年名次 Rank in 2010	国别（地区） Countries and Regions		纺织品出口 Textile Export		成衣出口 Garment Export		合计 Total	
			2010	2011	2010	2011	2010	2011
1	中　国	China	768.7	944.1	1298.2	1537.7	2066.9	2481.8
2	香港地区	Hongkong, China	113.1	112.8	240.5	245.0	353.6	357.9
3	印　度	India	128.3	150.2	112.3	143.6	240.6	293.8
4	孟加拉	Bangladesh	12.6	15.9	156.6	199.4	169.2	215.3
5	越　南	Vietnam	30.6	37.7	103.9	131.5	134.5	169.3
6	韩　国	Korea	109.7	123.7	16.1	18.4	125.8	142.1
7	巴基斯坦	Pakistan	78.5	90.8	39.3	45.5	117.8	136.3
8	印度尼西亚	Indonesia	41.4	47.9	68.2	80.5	109.6	128.4
9	台湾地区	Taiwan, China	97.2	110.2	9.8	9.9	107.0	120.1
10	泰　国	Thailand	37.6	40.7	43.0	45.6	80.6	86.3
11	日　本	Japan	70.9	80.4	5.3	6.0	76.2	86.3
12	马来西亚	Malaysia	16.7	20.4	38.8	45.7	55.5	66.0
13	斯里兰卡	Sri Lanka	1.7	2.0	34.9	42.1	36.6	44.1
14	柬埔寨	Cambodia	0.2	0.3	30.4	40.5	30.6	40.8
15	菲律宾	Filipine	1.7	1.8	17.6	14.0	19.3	15.8
16	新加坡	Singapore	8.1	8.5	10.7	11.9	18.8	20.4
17	尼泊尔	Nepal	2.6	2.9	0.8	0.9	3.3	3.8
18	澳门地区	Macao, China	0.5	0.5	1.7	1.4	2.2	1.9
	以上合计	Total Value of the Above	1520.1	1790.8	2228.1	2619.6	3748.1	4410.4

资料来源（表23～35）：世界贸易组织
Source (Table 23～35): World Trade Organization

CHINA TEXTILE

中国纺织英文刊

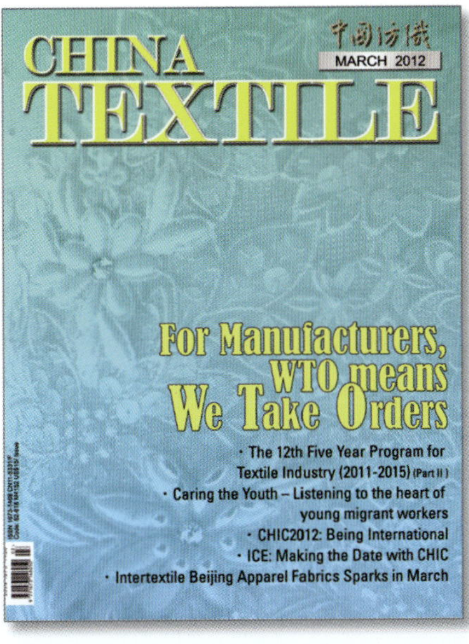

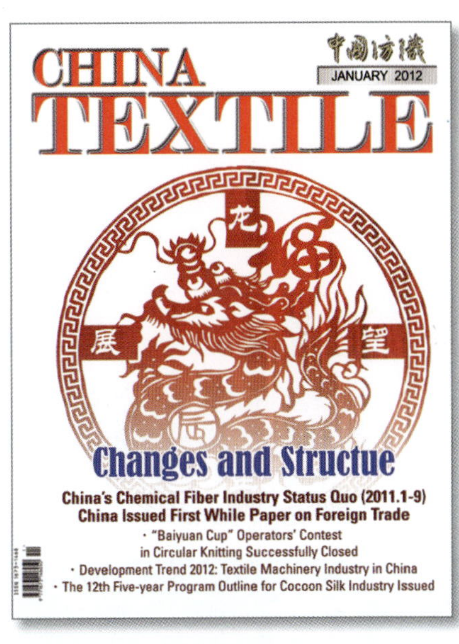

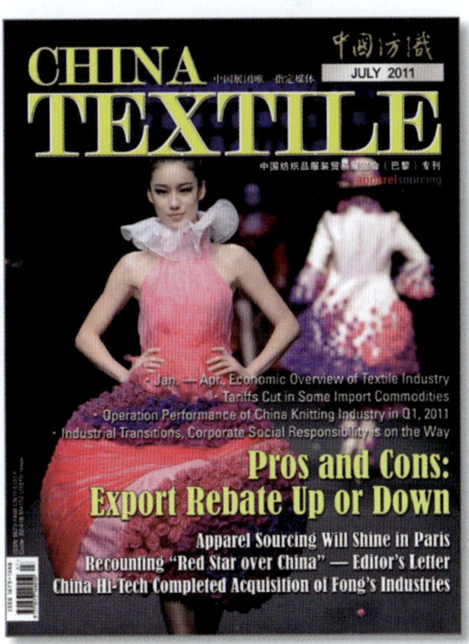

订阅电话Tel / 010-85229008 传真Fax / 010-85229008 联系人Contact / 李雪 邮箱Email / zgfz_lx@126.com

e-save

能源生产对环境造成持久的影响，能耗使每天的生产成本日益增加。卓越的工程能力和纺织品生产的所有相关流程的经验，帮助我们开发既节约投资又环境友好的机械设备。

工业产品生产始终对环境产生一定的影响。通过减少资源使用，急剧降低二氧化碳排放量等，这些影响不断地最小化，欧瑞康纺织集团的社会责任得以体现并在未来可持续发展方面付诸行动。

comprehensive efficiency

早在2004年，欧瑞康纺织集团开始建立**e-save**节能认证制度 – 一种绿色标签，授予那些能显著降低能耗的元件和机械品牌，并获得成功。在过去的几年里中，**e-save**标签已成为综合效益的重要标志。它强调有益于经济福利的欧瑞康纺织技术优越性，同时也体现了对有限资源的可持续管理能力。

欧瑞康纺织的节能创新主要体现在以下四个方面：

经济

欧瑞康纺织集团的客户具有非常良好进行经济智能投资的意识。他们的目标是同时拥有最高的生产率和最优异的产品质量。欧瑞康纺织机械的高效率和可持续性，满足了这些要求，并有助于巩固和扩大我们客户的市场地位。

人体工程学

我们往往会低估符合人体工程学设计的元件和机械所带来的影响。其实，优化设计的设备在许多方面为生态平衡提供支持：劳动力成本和维护所需的停机时间大大降低了，从而确保了始终如一的品质和高效率的生产。

2007 -2013
CTEF